大学生就业指导与创业咨询

黄明霞　余仕良　康瀚月　著

国家一级出版社　中国纺织出版社　全国百佳图书出版单位

图书在版编目（CIP）数据

大学生就业指导与创业咨询 / 黄明霞，余仕良，康瀚月著. —北京 ：中国纺织出版社，2018. 9（2018.12重印）

ISBN 978-7-5180-5331-5

Ⅰ. ①大… Ⅱ. ①黄… ②余… ③康… Ⅲ. ①大学生—职业选择—高等学校—教材 Ⅳ. ①G647. 38

中国版本图书馆 CIP 数据核字（2018）第 191415 号

大学生就业指导与创业咨询

策划编辑：樊雅莉　　　　责任印制：王艳丽

中国纺织出版社出版发行

地址：北京市朝阳区百子湾东里 A407 号楼　邮政编码：100124

销售电话：010-67004422　传真：010-87155801

http：//www. c-textilep. com

E-mail：faxing@c-textilep. com

中国纺织出版社天猫旗舰店

官方微博 http：//weibo. com/2119887771

三河市宏盛印务有限公司印刷　各地新华书店经销

2018 年 9 月第 1 版　2018 年 12 月第 2 次印刷

开本：710 x 1000　1/16　印张：28. 5

字数：390 千字　定价：60. 00 元

前　言

随着我国高等教育体制改革的不断深入，高等教育从精英化教育走向了大众化教育，随之亦带来了就业制度的重大变革，毕业生就业由国家宏观调控、学校推荐、学生和用人单位双向选择的就业模式已经建立起来，在这种以市场为导向的就业模式下，如何使我们的学生适应新的形势，运用正确的价值观念、道德标准和行为规范求职择业成为迫切需要解决的问题。高校就业工作事关广大毕业生前途命运、社会稳定，也是考核高校工作的重要指标。因而对学生们进行科学有效的就业指导，提供准确的社会需求信息，指导求职择业的基本技巧，帮助学生顺利就业成为高校义不容辞的责任。

大学毕业走上工作岗位，是人生的一大转折，能否在此转折之际，尽早对社会形成准确的认识，继而相应地在心理、观念、技能等方面做好准备，对自己今后的职业生涯进行有效的规划，是大学生能否顺利完成向社会人的转变、逐步走向成功的关键。

伴随着全社会对大学生就业问题的关注，如何进一步改进毕业生就业指导工作，也成为大家关注的热点。近年来，大学生就业指导工作已呈现出多形式、多元化的局面。政府、学校以及中介机构（包括平面和网络媒体）纷纷八仙过海、各显其能，为大学生的求职就业牵线搭桥、出谋划策，并已形成了较大的规模。他们为大学生的求职择业提供了多种形式的指导和服务，为用人单位与大学生之间搭建了沟通与合作的桥梁。

为了更好地提供大学生就业理论指导，特编写《大学生就业指导与创业咨询》以作参考。本书以经济学、人力资源管理、社会学、心理学、法律为理论基础，探讨了就业领域的科学性、规律性和实践性。内容不仅涵盖了国家有关毕业生就业的政策、法律、法规、职业生涯规划理论、职业生涯管理以及就业形势和就业技巧，而且探讨了创业的基本问题。衷心希望本书能为大学生提供有价值的参考，并帮助他们成功就业和创业。

本书由黄明霞（沈阳建筑大学）编写了第一章至第五章，余仕良（武汉生物工程学院）编写了第六章至第九章，康瀚月（营口理工学院）编写了第十章至第十四章。

本书的编写过程中参考了相关的书籍和网站，在此对这些资料的作者一并表示感谢。

由于时间仓促，加上我们水平有限，本书中的缺点和不足在所难免，敬请广大读者批评和指正。

黄明霞　余仕良　康瀚月

2018 年 6 月

目 录

第一章　大学生就业指导概论

第一节　大学生就业指导的含义及历史发展

一、就业及大学生就业指导的概念

所谓就业，就是劳动者同生产资料相结合，从事经济和其他有益于社会的劳动，并以此获取劳动报酬。就业必须是较长时间连续进行某项活动，并通过该项活动稳定地获得经济收入。偶然参加某项活动并不算就业。同时，就业必须是从事社会活动并得到社会承认，否则也不算就业。就业是全社会所有具备劳动能力的人所面临的最普遍、最基本，也是最重要的现象。人的基本职责是劳动。人要维持生活，就得工作，就得“挣钱”，同时在工作中实现自己的价值，为社会做出贡献。

为了实现自己的价值，为社会做出贡献，劳动者必须选择最能发挥自己作用的工作，与生产资料和工作岗位全面、迅速、有效地结合，为这种结合而开展的工作就是就业指导。就业指导也可称为“求职择业指导”“职业指导”或“职业辅导”。它有狭义和广义之分。狭义的就业指导是给被指导者传递就业信息，帮助其求职与择业，为其与职业的结合牵线搭桥。广义的就业指导则是以被指导者的自身特点、意愿与社会职业的需要相协调为前提，帮助和指导其树立正确的就业意识，并为其选择职业、准备就业，以及在职业中求发展、求进步等提供知识、经验和技能，组织劳动力市场以及推荐介绍、组织招聘等与就业有关的综合性社会咨询服务活动。就业指导的目的是使无业者有业，有业者敬业，敬业者乐业，乐业者创业。

大学生就业指导，是指针对大学生开展的旨在提高学生素质、明确就业形势、提供方法技巧培训、进行相关服务的一系列有利于大学生求职择业及职业生涯规划的教学、咨询、座谈等活动。一方面要为全面提高学生的素质和其顺利就业提供多方面的服务；另一方面则是要帮助和引导学生根据自身特点和社会职业的需要，选择最能发挥自己才能的职业，全面、迅速、有效地与工作岗位结合，实现其人生价值和社会价值。

二、大学生就业指导的历史沿革

（一）创始期（1908 年至第一次世界大战期间）

就业指导的正式创立一般以帕森斯 1908 年在波士顿创立职业局为起点，因而帕森斯被认为是就业指导的创始者。他主张在公立学校开设职业课程，配置专门的职业咨询工作者。这样，就业指导活动便逐渐渗透到学校内部。英国差不多在同时也注意到了这个问题：1909 年，国家指定就业介绍所负责安置青年就业；同年又规定地方教育机构要承担就业指导的责任。这一阶段的就业指导工作呈现以下特点。

1. 就业指导工作建立在经验的基础上

由于当时心理学尚未建立完整的体系，与就业指导理论密切有关的社会学、人类学，也正处于发展阶段，在这种缺乏理论基础与有效测验工具的情况下，帕森斯根据多年的工作经验首先提出了就业指导的三大要素，从而对后来的就业指导工作产生了深远而广泛的影响，在以后数十年陆续发展成为更具效益的指导措施。

2. 就业指导工作的内容比较单一，主要围绕“人职匹配”进行

根据帕森斯提出的就业指导三要素，就业指导工作的范围主要限于三个方面：一是了解个人，指导工作者帮助青年了解自身的生理特点、能力、需要、兴趣等个性特征；二是了解职业，帮助青年获得有关社会各种职业的规范、要求、条件及有关职业状况的资料；三是人职匹配，指导青年结合自身素质与职业要求作出适当判断，进行职业选择。

3. 职业教育与就业指导相结合

在缺乏理论基础的情况下，就业指导工作初期的重心主要在于就业资料的收集与传递，再配合就业教育与训练的实施，提供青年就业的准备与指导。因此，就业指导与就业技术教育结合一体，就业指导人员大多为职业教育工作者。然而当时的就业资料大多为个人收集的资料，其有效度缺乏客观的验证，而就业指导人员也因缺乏心理学方面的基础，对当事人所做的指导也仅以建议的方式，传递职业信息，这种情形到20世纪30年代心理学与心理测量发展后，开始逐渐得到改善，就业指导也在各种理论与测量工具充实之后，逐渐与职业技术教育分离。

（二）发展期（第一次世界大战后至第二次世界大战期间）

第一次世界大战后，就业指导由美国迅速遍及欧美及日本许多国家和地区，尤其在学校，就业指导工作普遍开展，并日趋科学化、制度化，具体表现在以下两个方面。

1. 心理测验的发展及其在就业指导中的广泛运用

随着心理科学的发展，各种心理测验的兴起，从事就业指导的人员便用心理测验的方法去获得有关求职者的能力倾向、职业兴趣及个性特征等资料。自20世纪20年代起，心理测量工具陆续编制出版。20世纪初已有个别智力量表的编制与使用，第一次世界大战期间，美国编制出用于甄选从军人员的智力测验。接着各种用以就业指导的心理测验陆续编制出版；1931年美国成立的“明尼苏达就业安置研究中心”编制的多种职业能力测验，包括“明尼苏达文书性向测验”“明尼苏达空间关系测验”“明尼苏达纸形板测验”等；美国联邦政府劳工部就业服务处进一步发展出综合性、通用性的测验。上述数种测验在第二次世界大战前后已普通使用。除此之外，因统计学的发展及测验技术的改进，有更多测验量表陆续发展，以客观标准化的方式探究个人以及从业人员的各种特质。

2. 就业资料的系统整理与出版

美国联邦政府就业服务处，负责平衡人力供需、执行就业指导，其工作除编制有关的心理测验、收集各地区人力供需状况等资料外，同时根据调查各种职业所需的条件、待遇、福利、升迁、发展等资料，编辑“职业分类词典"，进行各项有关就业指导的研究工作，并定期出版《职业展望手册》《职业展望季刊》等刊物，提供给指导人员更具体的参考资料。近些年，职业资料的分析与整理更趋于完整和充裕，呈现资料的方式也由书面形式转向多元化，配合视听器材与计算机而产生更大的功效，继而结合测验资料与职业资料为一体，能即时提供给求职者具体择业方向的计算机辅助系统也已经研发问世。

（三）成熟期（第二次世界大战后至今）

第二次世界大战前的就业指导工作，主要仍以心理测验和职业资料服务为主。第二次世界大战后，科技的迅速发展推动了就业指导工作的全面发展。许多心理学家、社会学家、职业指导专家不满意于传统的以就业为中心的就业指导工作。他们从发展心理学、自我心理学，乃至社会学、经济学的方法来探讨职业选择与适应行为的问题，倾向于从整体的观点研究个人身心发展的过程以及影响职业选择与适应的心理及社会因素。近 10 年来，就业指导专家们致力于个人整体生计发展的研究，不仅是就业问题，且包括就业后的职业适应问题，乃至退休后的适应，以及职业生活以外的其他各种角色与生活方式等。

理论上的突破导致就业指导实践的发展。一是指导范围的扩大，从传统、狭隘的就业指导扩展到个体职业生活的全面指导，包括职业价值观、生活形态与目标以及个性全面发展的探讨，把就业指导上升到生计发展教育的高度；二是指导工作向纵深发展，广泛运用心理治疗理论与方法开展职业咨询服务，从而赋予就业指导以新的含义。

三、大学生就业指导的特点

大学生就业指导工作具有连续性与阶段性、普通性与特殊性、政策性与思想性、科学性与实用性等鲜明的特点。

（一）连续性与阶段性

大学生就业指导的连续性是指就业指导工作员贯穿于大学生培养和就业的全过程，其内容是渐进的和连续的，其目的是共同的，即为全面提高大学生素质，为其顺利就业提供多方面的服务，以使大学生这种知识劳动力资源得到合理配置。

大学生就业指导的阶段性是指就业指导工作分阶段进行，各个阶段的内容和要求有所侧重，前一阶段是后一阶段的基础。具体地讲，在新生入学后，即要根据对社会需要情况的预测，帮助学生认识和了解所学专业，热爱本专业，稳定专业思想，指导学生尽快适应学校生活；随后，则应根据社会对专业人才素质的要求，指导学生认清肩负的历史使命，珍惜学校生活，发奋学习，全面提高自身素质，为将来的就业竞争创造条件；在准备就业阶段，就业指导即为学生提供多方面、多形式的具体服务，并依据职业岗位的特殊需要，指导学生弥补思想、知识、能力和心理上的不足，以缩短其走向社会后适应的时间，实现由学生到职业工作者的转变。

（二）普遍性与特殊性

大学生就业指导的普遍性包含以下三层意思：一是不同年级、不同培养方式、不同学历层次、不同科类、不同地区的学生都需要得到相应的就业指导；二是广大毕业生和用人单位普遍要求学校开展就业指导；三是各种就业指导的内容和目的具有共同之处。大学生就业指导的普遍性要求学校必须充分认识和重视这一工作，并采取多种方式和途径予以实施。

由于地区或行业经济文化发展不平衡，各学校毕业生在就业过程中所面对的主要地区、行业层次和范围不同，所遇到的主要问题和存在的主要矛盾也不尽相同，甚至有很大差异，因而就业指导工作具有特殊性。对于一所学校来讲，解决好特殊问题，是搞好就业指导工作的重点和关键。

（三）政策性与思想性

国家对毕业生资源的宏观管理与调控作用是通过一系列就业方针、政策和法律来实现的。高校作为国家就业政策的具体执行者，必须紧紧围绕国家的就业政策而开展就业指导工作，充分实现政策的导向作用。然而，在宣传贯彻国家就业政策的过程中，离不开深入细致的思想工作。思想工作既是就业指导的内容，也是就业指导的实施途径之一。在就业指导工作中，发挥思想工作的优势，就能及时发现和解决学生在就业过程中存在的种种思想问题，就能帮助毕业生树立起正确的人生观、价值观和道德观，处理好个人就业意愿与社会需要之间的矛盾。可以说，思想工作是执行好国家就业政策、做好就业工作的重要保证，思想性也是我国大学生就业指导工作的显著特点。

（四）科学性与实用性

就业指导工作的科学性具体表现在：对就业形势的预测要切合实际，要有客观依据；要全面积极地理解、宣传和执行国家的就业方针政策，处理好国家需要、学校办学和毕业生就业三者的关系，就业指导的内容应系统完整，有较强的针对性，指导方法要灵活多样，为毕业生乐于接受；收集就业信息的方法要正确；并要对收集到的信息进行合理必要的筛选等。就业指导的实用性是指就业指导工作要针对学生在就业准备和就业过程中所遇到的各种实际问题，给予及时的帮助指导。如帮助学生树立正确的求职观念和竞争意识，克服依赖心理和盲目攀比心理，为他们提供周到的政策咨询、就业信息、求职技巧等多方面服务和帮助，帮助学生了解社会对人才的要求，尽早按社会需要塑造和完善自己等。实用性是大学生就业指导工作的出发点和落脚点，而科学性则是实用性得以实现的前提和保证。

第二节　大学生就业指导的内容及原则

一、大学生就业指导的内容

（一）就业政策指导

就业政策是国家为完成一定时期的就业任务而制定的行为准则。大学生就业必然要受到国家就业方针政策的制约。国家根据经济建设和社会发展需要及各个时期的发展重点，制定总的就业政策和需要重点照顾的地区、行业、部门和单位。这些应是学生就业指导的依据。在学生就业中，一些毕业生由于对就业政策缺乏了解，择业时往往在思想上带有很大的随意性和盲目性。学校只有通过就业指导，广泛宣传就业政策，才能引导毕业生走出择业的“误区”，才能使毕业生根据国家需要并结合个人实际，有针对性地选择职业。

（二）就业信息指导

就业信息是指通过各种媒介传递的有关就业方面的消息和情况，它是择业的基础。就业信息指导就是学校通过多种渠道收集和掌握社会需求信息，通过整理、归纳和分析，预测就业动态和人才的供需矛盾，了解和掌握用人单位对人才素质的要求，并及时将信息传递给学生，以对他们的求职择业及自我塑造和发展起到帮助和导向作用。此外，在学生就业中，往往存在收集信息不全面，容易被假象迷惑的现象。就业信息指导，可使学生学会全面准确地收集就业信息，并结合自己情况对其进行加工处理，去伪存真。

（三）就业观指导

就业观是学生选择职业的前提，是他们对职业的基本评价和看法，也是其世界观、人生观和价值观在就业问题上的反映。由于政治、经济、文化教育和社会因素的影响，学生的就业观是不相同的，择业标准也是多样化的。有的把收入放在第一位，有的把地区放在第一位，有的把收入放在第一位，有的则把出国放在第一位等。因此，要通过就业观指导，首先，使学生树立远大的理想和抱负，树立较强的事业心和艰苦奋斗的思想，把个人理想与国家需要结合起来，避免和纠正择业中的短期行为，抵制眼前功利的诱惑，真正做到以事业为重；其次，帮助学生确立高尚的求职道德，无论对用人单位或作为竞争对手的其他同学，都应该采取诚实正直、实事求是、与人为善的态度，决不能在求职择业中吹嘘自己，贬低别人，更不应采取拉关系、走后门等不正当行为。

（四）就业技巧指导

求职是一门艺术，有许多技术和技巧。求职择业技巧对于学生能否成功择业影响极大。一般来说，面临就业的学生，普遍思想准备不足，有惶恐感，缺乏择业技巧。通过就业技巧指导，首先，要帮助学生认识自己的个性特点，诸如专业、爱好、特长、志愿、身体状况、实际能力等，确定最能发挥自己聪明才智和最符合自己心愿的择业目标，以便使他们在不同的需求形势下选择适宜或比较适宜的工作；其次，要帮助学生提高本职择业的能力，掌握自荐、应聘和面试的技巧；再次，帮助学生在择业时树立竞争意识和把握机遇的意识，以便使其在求职择业中保持主动。

（五）就业心理指导

学生在走向就业市场，参与“双向选择”的过程中，在择业定向及选择职业岗位方面，由于主观上的不稳定性和不成熟性，客观上的诸多制约因素及就业的压力和困惑，容易在择业时产生矛盾心理。例如，患得患失，难以抉择，急躁焦虑，临阵怯场，缺乏自信，自暴自弃等。要通过就业心理指导，帮助学生培养健康的心理，提高心理素质。

（六）“走向社会”的指导

学生从学校走向社会，是人生道路上的一大转折。在他们刚刚走上新的工作岗位之时，由于环境发生了变化，需要一个适应过程。在这个过程中，要完成从学生到职业工作者的角色转变，需要经历社会化和再社会化的过程。如何尽快适应环境，进入新的角色状态，完成工作以后的心理调适，这也是就业指导需要解决的问题。要通过“走向社会”的指导，帮助学生及时调整自己的心理，尽早进入新的角色状态；尽快适应环境，适应社会，树立信心和责任感，用自己所学知识在实际工作中乐业、敬业，脚踏实地地干一番事业。

二、大学生就业指导的原则

原则是人们处理问题时依据的准绳。大学生就业指导的原则是高等学校开展就业指导工作应遵循的标准、法则或规范。大学生就业指导应遵循以下四个原则。

（一）教育性原则

教育性原则是大学生就业指导的首要原则，因为就业指导工作不单纯是帮助学生求职择业，而是作为一个教育过程来体现的。它要求就业指导工作必须着眼于学生综合素质和整体素质的培养和提高，通过一系列活动，促进学生身心健康发展。同时，学生就业指导也是学生教育的一个重要方面，特别是在职业理想教育、择业观教育、职业道德教育等方面体现了很强的教育性。它是思想教育和品德教育的载体，是把思想教育与品德教育落到实处的一个有效途径。

（二）系统性原则

学生就业指导不同于社会上其他职业申请者进行应试选拔、改行或下岗再就业的指导，也不是毕业时才有的临时性工作，而是一个发展过程，是一项系统工程。它贯穿于学校生活的始终，并分阶段有计划地进行，这样才能使学生较早地做好就业准备。同时，就业指导不仅是就业指导者的事情，学校的教师、管理人员都有责任，社会、家庭等各方面也要配合学校做好此项工作。

（三）辅助性原则

学生是就业指导的对象，也是就业指导活动的主体。要使就业指导工作富有成效，就必须发挥学生的主体作用。就业指导仅仅是一种外因，是一种辅助性因素，指导者不可能把就业意识、就业观念及职业素质简单地转化为学生个人的内在品质，也不可能决定学生的就业方向。学生就业指导实际上是在指导者的引导帮助下，学生自我认识、自我教育、自我提高的过程。

（四）实践性原则

大学生就业指导是一门应用性学科，是实践性很强的工作。它以激励、引导、测验、训练为手段，以提高学生综合素质和求职择业及社会适应能力为目标，指导和帮助学生明确奋斗目标，正确认识社会和了解自己，在社会实践中检验和锻炼自己，培养新观念，开拓新视野，并自觉调整自己的行为以适应不断变化的社会要求。

第三节　大学生就业指导的规划与实施

一、大学生就业指导的规划

大学生就业指导规划的基本程序如下。

（一）策划阶段

1. 指导课题的构思

指导课题的来源主要有三个方面：一为当事人所提出的问题；二为指导人员的主观经验，或教师、家长的建议；三为学校教育的计划要求。但不管指导课题来源如何，均应以被指导者的需要为依据。在构思指导课题时，首先要对所构思的课题进行价值评估，以确定是否有必要发展为正式的计划。

2. 需要与资料的评估

在初步确定所构思的指导课题后，紧接着的工作是资料的搜集与评估，包括以下工作。

(1) 谁需要这项指导服务？为此，计划之前必须进行“需要性评估”工作，以作为该项计划存在的依据，并作为拟订计划目标的参考。

(2) 资料搜集：确定该指导课题有存在的必要后，即着手搜集有关资料，作为具体计划的参考。

(3) 资料评价：此项工作目的在于评价有助于本计划的各种资料，包括人员、资源、可能提供的服务等。

3. 拟订初步计划

根据评估结果，比较各种计划的适合性，选择可行的指导策略与方法，并进而拟订初步计划，就指导的目标、对象与方法，作一纲要式的描述。

(二) 设计阶段

1. 拟订具体目标

指导目标应力求清晰具体，以提供执行者明确的方向。具体目标的拟订可采取三项步骤逐步完成：①确定计划的目的；②根据计划目的提出一般目标——学生或当事人在指导后应有的行为表现；③依据一般目标再进一步描述为具体而特定的行为改变目标，包括表现该行为的时间、情境、频率及具体内容。

2. 确定指导（或训练）内容

指导内容反映了计划目标的具体要求。如果计划目标是使学生或当事人了解各种职业对应聘者的资格要求，则指导内容应为各种职业知识的传授。

3. 确定指导方式

指导方式与方法是达成指导目标的措施与途径。根据指导目标的性质与指导内容的特点而选择相应的指导方式与方法，如测验、咨询、职业指导课、参观访问、信息服务、专题报告会等。

4. 试验与修正

试验工作的目的在于了解计划是否可行，其效果能否达到预期目标，在实际执行之前应作何种修正或补充。因此在选定样本后，可设计小规模的试验计划，分配人员主持各项必要的活动，从而搜集试验的结果，以此评估计划内容中的各项措施，决定是否值得加以推广，再作必要的修正，进而拟订正式的计划。

（三）执行与评价阶段

1. 任务的分配

根据计划中各项工作内容及性质的要求，分别指派有关人员负责执行。

2. 检查执行情况

在计划执行过程中，针对指导对象的反应，随时加以研究分析，作为进一步执行时的参考。

3. 结果评价

计划执行结果依原来设计的内容与目标进行分析，看是否与计划目标相结合。

上述各阶段为指导计划制订的基本步骤，策划人员可依课题的性质与规模大小，作适当的调整，并配合评价工作进行整体的规划。

二、大学生就业指导的实施

（一）就业指导实施的基本策略

就业指导在实施过程中可因课题性质采取两种不同的策略：一为治疗式的就业指导；二为发展式的就业指导。前者以协助当事人即刻解决其所面临的职业选择或适应问题为主；后者不是即刻解决具体问题，而是从职业发展的观点出发，以帮助指导对象（尤其是学生）发展正确的职业自我概念，提高其自我决策的能力为主要目的。

1. 治疗式指导

治疗式指导方式以问题为主，大部分是针对职业选择或适应困难，因此所需指导时间也较短暂，指导人员最主要的工作是鉴定问题的性质与原因，再运用指导或咨询技术协助解决。

当事人所面临的问题可能多种多样，鉴定这些问题的性质及其产生的原因与形成过程，以便指导人员与当事人深入了解问题的症结所在，称之为“诊断”。

（1）诊断的目的。

①了解当事人的问题、症状与类别。

②了解当事人的问题发生的原因。

③了解当事人的问题的形成过程及其影响因素。

（2）诊断的方式。

为了达到上述三个目的，需采取不同的诊断方式。

①差异性诊断：通过心理测验来鉴别当事人的问题类别。

②动力性诊断：目的在于了解问题产生的背景原因，主要涉及个人心理上的动机、需要及焦虑、依赖等人格倾向。指导人员通过观察、晤谈及人格测验资料，探究问题的原因。

③决策性诊断：目的在于探究问题形成的过程。根据决策论与发展论的观点，将问题的形成视为决策的过程，当事人面对某一决策关键时，可能因能力、技术上的缺陷或其他心理原因，以致做出错误的选择。

对问题进行诊断后，根据诊断结果采取适当的指导或咨询措施，或是提供信息，或是澄清观念，或是提供实际的选择途径。

2. 发展式指导

发展式指导策略的主要目的在于协助学生或当事人获取有助其职业发展的知识、技能与态度。由于其着重长期性的发展，因而需针对不同阶段不同需要的目标设计指导计划。从这种意义上来讲，就业指导工作与教育工作有相辅相成的关系。

根据这一指导策略的目的，就业指导工作的重点在于就业观念的培养与就业决策能力的发展。这项工作宜自儿童早期开始，就将就业指导纳入整个教育的范围之中。因为涉及职业自我概念及价值体系的建立，需要靠长期的学习训练与经验积累，方能达到目的。

以上两种指导策略各有其功能，两者相辅相成。一般来说，治疗式指导策略较适应于个别式指导，在解决当事人所面临的具体而现实的问题中比较适用；而发展式指导策略较适应于团体指导，为学校就业指导的有效策略。

（二）就业指导的实施方式

实施就业指导的方式有个别与团体两种方式。

1. 个别方式

由于当事人的问题具有个别性，或时间、地点不易安排，因此应以个别方式处理。一般是指导人员与当事人的个别晤谈。随着计算机技术在职业指导中的应用，可以计算机辅助系统部分取代个别晤谈方式。

就业指导人员与当事人面对面地进行交谈，其内容可涉及职业信息的提供与讨论，指导人员也可运用各种咨询技术，引导当事人自我认识、自我探索，并辅之以角色扮演、行为改变等方法进行咨询。当事人也可在指导人员的协助下，独自操作计算机辅助系统，获得有关信息或其他有益的学习经验，同时可以进行价值澄清、决策技巧的模拟学习活动。

2. 团体方式

团体指导方式由于指导对象众多，可以通过指导人员（或老师）与学生以及学生之间彼此的交互作用过程中，形成的团体动力来增进个人自我的了解与认识。指导方式又可分为两种。

（1）团体教学：主要用于职业信息的传授。除利用讲授法、座谈会以外，也可运用各种教学媒体（如幻灯片、电影、录像等）传递当事人所需要的信息。

（2）团体咨询：交涉及动机、情绪、价值观等问题时，采用团体（但人数不宜过多）方式进行咨询，可借团体的动力作用而激发成员彼此的凝聚力与信任感，从而达到较个别咨询更好的咨询效果。

（三）就业指导的实施方法

1. 专门开设系统的就业指导课或就业指导讲座

这是许多高校对学生进行就业指导采用的主要方法。此种方法主要采用教与学、讲与听的形式，从正面进行灌输与引导，帮助学生解答就业过程中可能遇到的各种问题。其特点是内容正规、系统、全面，所提供的就业信息、就业政策具有权威性。主讲人多是具体从事就业指导工作且经验丰富的教师、管理人员或就业指导等部门的领导。

2. 开展就业咨询

就业咨询是就业指导工作最常用的方法。此种方法采用启发教育、平等协商、共同探讨等形式解决学生就业中的有关问题，为其选择职业提供意见和建议。这种咨询既可以是面对面的，也可以是书面的；既可以是正式的，也可以是非正式的；既可以是定期的，也可以是非定期的。咨询的内容十分广泛，既包括就业形势、就业政策、就业信息，也包括择业心理、自我评价和求职择业技巧等各个方面。提供咨询者既可以是管理人员、教师或就业指导工作人员，也可以是家长、亲友、校友或同学。此种就业指导方法的特点是针对性强，不受时间、地点的限制，气氛宽松，灵活多样。

3. 进行心理测试

学生在求职择业过程中，最困难的莫过于对自己的正确认识和评价。通过心理测试，对学生的性格、志趣、爱好、价值观等方面进行客观评价，可以帮助他们正确认识和评价自己，并依据自身的特点和优势扬长避短地选择职业。

4. 提供就业信息

提供的就业信息包括：用人单位的需求信息，社会对学生素质的普遍要求及每种职业对就业者素质的具体要求，就业形势的分析与预测，各专业的供求情况等。这种方法既可以帮助学生认情形势，审时度势，实事求是地择业，也可以帮助学生按照社会和职业的要求来塑造和完善自己。

5. 其他方法

（1）个案分析：即对以往学生就业过程中正、反两方面最有代表性的若干实例进行分析比较，找出其成功或失败的原因，供学生在就业活动中借鉴。

（2）模拟训练：即通过对假想求职择业活动中可能出现的各种情况，以及在假想基础上的演示或情景练习，训练学生灵活应变和运用各种技巧的能力，以克服临场的紧张或恐惧心理，提高成功的概率。

（3）组织参观访问或参加有关社会实践：使学生具体了解某些职业或专业，同时也可以使其亲身体验一些社会职业。

（4）帮助学生制订个人求职择业的计划：可以使学生求职有目的、有计划，并起到指导、督促、检查的作用。

第四节　大学生就业指导的目的与意义

高校毕业生是我国宝贵的人力资源。做好大学生就业指导工作，无论对大学生本人，还是对国家、对培养他们的高校或科研院所，都具有重要的现实意义和深远的历史意义。

一、帮助毕业生树立正确的就业观

就业观是指对职业选择的基本看法，是个体在一定的世界观、人生观和价值观的指导下，对自己未来从事职业和发展目标的基本认识和态度。就业观对人才求职、择业和进行就业准备有着直接影响。它能直接指导人们的职业选择，并通过职业选择、职业活动体现出来。就业观是具体化的人生观，是每个有劳动能力的人对人生的基本态度问题。每个毕业生从学校走向社会，从学校生活步入职业生活，无疑是对其人生态度的一次考验。为此，要着重处理好三种关系。

一是事业与谋生的关系——事业重于谋生。就业作为人们谋生的手段，是人类社会的普遍现象。但是，就业绝不仅仅是为了谋生，而应该把自己从事的职业融合在祖国的事业、所在地区的事业、所在单位的事业中去，激发为事业努力工作的热情，奠定就业的坚实基础。

二是奉献与索取的关系——奉献重于索取。就业，当然要通过自己的劳动获取一定的报酬。但是，社会要发展，人人都有对社会做奉献的责任。从这个意义上讲，在就业岗位上的劳动可以衡量个人对人类、对社会创造的价值和贡献的大小。所以，毕业生应具有奉献重于索取的思想，并逐步形成自己的就业观。

三是发展与眼前的关系——发展重于跟前。毕业生走向社会，总企望有一个高起点，这是可以理解的。但是，现实形势下往往没有足够的理想岗位供毕业生选择。为此，不能把眼光仅仅盯在眼前，而要着眼未来，并对未来充满信心。

总之，一个人的就业观可以折射出这个人的世界观、人生观。从这个意义上来说，就业观是具体化了的世界观和人生观。每个大学生都希望毕业后能找到一个理想的职业，但从我国目前的实际情况看，由于生产力发展水平还比较低，各地的经济发展也不平衡，地区之间、城乡之间在生活方式、工作环境、劳动报酬等方面都存在着较大的差异。因此，一方面，毕业生个人的愿望不可能都得到满足；另一方面，由于自主择业将就业的主动权在很大程度上交到了毕业生个人手中，毕业生就业的主动性增强，在这种情况下，不少大学生对毕业后何去何从反而没有主见。这就要求大学生能够正确认识社会，止确认识自己，树立正确的人生观。

第一，树立国家和人民的利益高于一切的思想。职业活动既是人们为社会服务的途径，同时又是人们谋生的手段。就业观不同的人，二者的比重是迥然不同的。一个具有崇高理想的人，总是把造福人类、造福社会作为自己奋斗的根本目标。爱迪生说："我的人生哲学是工作，我要揭开自然的奥秘，并以此为人类造福。我们在世短暂的一生中，我不知道还有什么比这种服务更好的了。"瑞典著名化学家诺贝尔曾豪迈地宣称"我是世界的公民，应为人类而生"。他终生实践自己的诺言。造福人类，造福社会，是一切品德高尚、功勋卓著的人们工作的根本目的。作为新世纪的青年一代，更应确立崇高的职业理想，把个人的理想融入祖国和人民的共同理想中，立志将所学知识报效祖国，为祖国和人民的利益无私奉献。

第二，把个人愿望和社会需要结合起来，统筹考虑。"人的本质是一切社会关系的总和"，在社会历史进程中，不可能完全自由地实现自己的意志和愿望。社会主义国家代表着全体社会成员的共同利益，为了这个共同利益，个人的活动必须服从社会的安排。只有这样，才能形成合力，推动社会向前发展。

第三，把为社会做贡献与实现自我价值有机结合起来。一个人有没有价值，能不能实现自己的价值，关键在于对社会有没有贡献。一个人的思想和行为对社会有积极的作用和意义时，才具有价值。自我价值是由社会决定的。个人在社会上作用的大小、贡献的多少，要看其劳动成果得到社会承认的多少。自我价值只有在它所属的集体的价值实现后才能实现，这是因为人的价值是通过个人和集体的关系表现出来的，个人在集体中的影响是衡量个人价值的尺度。国家鼓励毕业生到生产经营的一线去，面向基层，面向乡镇企业，因为那里急需各类专业人才，毕业生在那里可以大显身手，实现自己的人生价值。

二、帮助毕业生进行正确的职业选择

职业选择是指求职者根据自己的职业意向、职业兴趣、职业能力以及个性特点、社会需要等，在众多的职业岗位中选择适合自己的职业岗位的过程。它包括两个方面的含义：一方面是择业者对用人单位的选择，另一方面是用人单位对就业者的选择。可见，职业选择是一种双向的选择，任何绝对意义上的单向选择，都不能构成职业与劳动者的最优化、最有效的结合。职业对择业者而言，是个人挑选就业岗位的过程，即个人基于对不同职业的不同看法，出于不同的兴趣爱好，结合自身条件，对职业岗位做出选择。一般说来，个人选择职业时需考虑的因素有：职业的社会地位、劳动报酬、福利待遇、工作环境、工作条件及工作地点、个人的才能和特长、兴趣爱好等。这些因素对每个选择职业的具体人来说，不可能面面俱到，各人情况不同，考虑的重点也各不相同。

职业与人生紧密相连，职业选择的好与坏、正确与否，直接影响着劳动者积极性的发挥，甚至对劳动者的整个职业生活都会产生重要影响。一个人能否为国家、社会做出贡献，个人生活是否幸福，在很大程度上取决于他的职业选择。开展就业指导，引导学生遵循职业选择原则，做好职业选择，无论对社会还是对个人，都具有十分重要的意义。

（一）正确的职业选择应遵循的原则

1. 客观性原则

客观性原则是指职业选择必须从客观实际出发。一是从择业者自身的实际出发，将个人的职业意愿和自身的素质与能力结合起来，对自己所拥有的知识、能力、技能、个性等特点有充分的了解，并认真评价个人职业意愿的可行性，判断自己能否胜任某种职业或某种工作；二是对职业岗位空缺与需求的可能性做出客观的分析，在进行职业选择时，必须考虑社会职业岗位的需要，而不能只考虑自己的主观意愿。

2. 主动性原则

主动性原则是指择业者应克服消极等待心理，积极主动地创造就业条件，参与就业竞争，捕捉就业机会，自主创业，在职业岗位上发挥才能，为社会做出贡献。

3. 协同性原则

协同性原则是指在职业选择时，要处理好社会需要与个人需要的关系，正确地处理好个人、集体、国家三者之间的利益关系，把个人利益和社会需要协调、统一起来。大学生不应过分强调个人的职业理想和利益，而要努力把自己的职业思想与社会需要结合起来，主动地服从社会需要，把社会需要看成是择业的主要依据，把个人的理想自觉地统一到国家和社会的需要中去。

4. 比较性原则

比较性原则包括两个方面：一是个人条件和岗位要求的比较，要比较一下自己对岗位的适应能力和岗位对自己的需要是否协调一致；二是职业与职业之间的横向比较，在职业选择初期，人们的职业兴趣往往比较广泛，不仅仅局限在某一职业的选择上，这就使得择业者面临如何选取适合自己的职业的问题。通过比较，就能较好地从诸多职业中选择出一个较适合自己，自己又能胜任的职业。

5. 主次性原则

人们在选择职业时往往受到很多因素的影响，其中有客观的因素，也有主观的因素；有合理的因素，也有不合理的因素。在选择职业时，不可能各种因素都得到满足。因此，必须分析哪些是主要因素，哪些是次要因素，哪些是客观因素，哪些是主观因素。要分清主次，抓住主要的、现实的、合理的因素。如果在选择职业时死抱着一些次要的、不切实际的条件不放，将会丧失很多就业机会，甚至难以就业。

（二）正确选择职业的重要意义

1. 有利于实现劳动者与职业岗位的优化组合

职业岗位要求的多样性与择业者自身特点的差异性，决定了只有经过双向选择，才能使劳动者与职业岗位获得优化组合，即劳动者得到最合适的职业岗位，岗位得到最合适的劳动者；否则，不具备某一职业岗位特定要求的劳动者在职业选择的过程中，就必然会被这一职业岗位拒之门外。当然，劳动者一般也不会在自身条件与某一职业特定要求悬殊太大的情况下，去谋求这一职业。随着经济形势、企业形势和个人就业意识的变化和发展，劳动者的职业生活中，也有可能通过职业的再选择，不断优化其与职业岗位的组合，提高对职业的适应性，做到人尽其才、才尽其用。

2. 有利于充分调动人的积极性，提高劳动生产率

一般而言，择业者只有选择了与自己的爱好、兴趣、能力、气质、性格等基本一致的职业岗位，才能更有利于个人才能的发挥，从而取得较好的社会效益和经济效益，为社会做出较大的贡献，才能把工作不仅仅看成是谋生的手段，也看成是自我价值实现的途径；反之，一个人如果对自己的工作缺乏兴趣，用非所长，那么，他的才能就会受到压抑，其工作积极性也难以得到调动，也就会影响劳动生产率的提高。

3. 有利于大学毕业生顺利就业

大学生能否顺利就业，既取决于社会需求和自身的素质，也取决于就业指导工作。毕业生初次就业，对许多方面不熟悉、不了解，甚至十分陌生。毕业生往往对自己不能客观评价，估计过高，期望值过高，择业时易犯片面性、绝对性、理想化等错误。在人才已进入市场的今天，就业指导不仅能够帮助大学生以正确的价值观念、道德标准和行为规范参与求职就业活动，增强大学生适应新的就业形势的能力，而且能为他们提供准确的需求信息和择业技巧，从而为毕业顺利就业搭起桥梁，铺平道路。

4. 有利于促进大学毕业生的发展和成才

求发展、求成才是高校大学生普遍共同的美好愿望，他们对社会贡献如何，个人生活方式将怎样，特别是能否发展好、成才快，同他们毕业后迈向社会的这一步关系重大。当选择能与自己的兴趣、能力和特长相吻合的职业职位时，就能精神饱满，奋发努力，快速发展，茁壮成长。人生的诀窍就是经营长处。在人生的坐标系里，一个人如果站错了位置，用自己的短处而不是长处来谋生，那是非常可怕的，他可能会在卑微和失意中沉沦。在选择职业时同样也是这个道理，你无须考虑这个职业能给你带来多大利益，能不能使你成名，你应该选择最能使你全力以赴的职业，应该选择最能使你的品格和长处得到充分发展的职业。微软公司总裁比尔·盖茨的最高文凭是中学，因为他没有读完哈佛大学就经营他的计算机公司去了。他是及早发现自己的长处，并果断地去经营自己长处的人，其结果是使他自己成为世界首富。

经营自己的长处能给你的人生增值，经营自己的短处会使你的人生贬值。如果选择不当，在人生道路上会出现种种曲折甚至坎坷，影响当前的发展和

未来的前途，富兰克林的“宝贝放错了地方便是废物”就是这个意思。因此，就业指导能帮助毕业生找到一个比较适合自己的工作岗位，使其心情舒畅、信心百倍地走向社会，为将来的发展和成才创造条件，打下基础。

5. 有助于国家对人才资源的合理配置

我国社会主义的现代化建设需要大量的高素质人才，从总量上来讲，我们国家的大学毕业生还不能完全满足社会需求。但是，我们现在面临的现实问题是：一方面“用武之地”找不到“英雄”；另一方面“英雄无用武之地”。一方面社会各行各业，尤其是生产第一线和艰苦行业，以及边远地区、贫困地区急需大量人才；另一方面人才大量积压，许多大学毕业生找不到工作，人才资源浪费严重。在市场经济条件下如何合理地配置人才资源，已经成为国家面临的突出问题。过去，我国高等院校毕业生实行“统包统分”“包当干部”的就业制度，一方面使国家背上了沉重的“包袱”，用人单位和毕业生自身缺少选择的权利，严重制约了用人单位、高等院校、毕业生三方的积极性；另一方面计划经济体制制约了劳动力资源的合理配置，不能与生产资料实现最优化的组合，造成了人才的相对浪费。显然，过去“统包统分”的计划手段，已经完全不能适应新形势的要求。市场经济对毕业生进行求职择业指导，就是要改变过去那种人才资源配置不合理的现象，使用人单位了解各类专业情况和使用方向，了解毕业生的心理和生理特点，以便科学、合理地安排和使用毕业生，使毕业生的才能、知识、兴趣与所从事的工作相吻合，真正做到人尽其才，才尽其用；同时，使毕业生充分地了解社会发展对人才的需求，从而找到最适合自己的位置，充分发挥自己的才能，达到人才资源合理配置的目的。

6. 有利于促进教育改革和提高学校声望

高校是培养人才的摇篮，毕业生是高校的“产品”。毕业生的社会需求如何，他们能否适应社会和用人单位的需求、能否在岗位上创造业绩、用知识回报社会等情况，对学校的声誉和发展至关重要。学校毕业生就业情况好，毕业生就业率高，其社会声誉就高，学生报考学校的情况就好；招生质量好，利于学生的培养，培养的学生素质好、能力强、社会适应性强，又推动就业工作的顺利开展。因此，开展大学生就业指导工作，有利于高校招生和就业工作“出入口”良性循环的形成。

第二章　大学生的就业环境与就业制度

第一节　大学生就业现状与前景分析

大学生就业是我国政府高度重视的一个难点问题，也是社会普遍关注的热点问题。随着我国经济社会发展，当代大学生在就业问题上面临着许多矛盾，就业环境呈现出许多新情况，就业形势发生了重大变化。

一、大学生就业的环境现状

就业环境是包括与大学毕业生择业有关的政治、经济、文化等社会环境。就业环境对毕业生择业的影响作用是多方面的，有些是直接的、现实的，有些则是间接的、潜在的；有些是积极的、正面的，有些则是消极的、负面的。就业环境是一种社会存在。毕业生在择业前需要正确认识自己所处的就业环境特点，既要追求自己的职业理想，更要符合社会的实际需要。正确地认识和把握我国当前的就业形势，是大学生顺利就业、理性择业、奋发创业的重要条件。当我国高等教育从精英阶段过渡到大众化教育阶段，大学生就业也进入了一个“大众化就业”时代，高校毕业生就业问题成为社会舆论的焦点。每年数百万的大学毕业生涌向社会寻求职业，就业状况直接关系到毕业生的切身利益，关系到社会稳定，更关系到高等教育的发展和科教兴国战略的实施。

（一）市场经济发展给大学生就业带来巨大变化

新中国成立后到20世纪80年代中期，我国大学毕业生实行由国家负责统一计划的“统包统分”就业模式，这种分配模式是我国高度集中的计划经济和计划体制的产物。它与我国当时的政治、经济体制是相适应的。这一常态环境具有平面单向度的特点，此环境中各要素认同服从国家计划的模式观念。这种就业环境下的大学毕业生的就业就是服从国家的分配。随着社会主义市场经济体制的建立与发展，原有常态环境越来越不适应社会发展的需要。20世纪80年代中期至1993年国家确立并推行在一定范围内毕业生自主择业，用人单位择优录用的双向选择的“中期改革方案”，这意味着大学生就业体制进入新旧交替的改革阶段，即非常态环境时期。这一改革模式与原有模式的最大区别在于毕业生与用人单位直接见面，双向选择。这从根本上改变了原有就业环境下供需分割的局面，加强了毕业生与用人单位的沟通与联系。较之原常态环境，改革打破了原有就业环境平衡，有效调动了毕业生和用人单位的积极性和主动性。

首先，经济发展形势直接关系大学生的就业情况。国家总体的经济发展形势主要决定了新增就业岗位的数量，高校毕业生如潮水般涌入就业市场。毕业生数量的单向增加或者不均衡地提升，引起了就业环境的改变。按照2005年的就业弹性系数计算，经济每增长一个百分点，可以提供70万～80万个就业岗位，20年后的2025年，一个经济点的增长已经可以吸纳和创造180万个就业岗位。虽然国家经济总体发展态势良好，会新增相当数量的就业岗位，但经济增长的速度远远赶不上毕业生人数的增加。与此同时，我国每年城镇新增劳动力1000万左右，农村向城镇转移劳动力1000万左右，再加上数百万高校毕业生，劳动力市场上的岗位争夺显然将更加剧烈。

国家总体的经济形势影响人才的总体需求，而区域的经济形势不但影响当地的人才需求、人才环境，而且也引起人才流向的不平衡。我国的地区经济发展很不平衡，城乡之间还存在较大的差距，这就导致了地区的人才需求不平衡以及大学毕业生流向的不平衡。特别是中西部地区的广大农村和边境城镇，医疗、通讯、教育、交通、文化等社会公共事业和基础设施与东部发达地区差别很大，很难吸引大学生的青睐。东部沿海地区和中心城市，如北京、上海、深圳、广东、江苏、浙江等省市对人才的需求旺盛，成为人才流向集中的地方。在广泛宣传以及政策支持下，流向中西部地区的人才逐年增多，西部开发的不断深入也构成对人才越来越大的吸引力，经济发展快，对高层次人才的需求自然增多。对大学毕业生来说，需要掌握分析国家总体的经济形势和各区域经济发展形势，这可以帮助自己正确定位就业目标。经济发达的地区和城市，对高层次人才的需求较为旺盛，总体的人才环境较好、机遇较多，但与此同时，人才竞争十分激烈，经济欠发达或者不发达的地区，对高层次人才的需求不多，工作环境、条件较为艰苦，但是给大学生施展才华、创造事业、实现人生价值提供了广阔的空间。

用人单位的需求信息，就如同商品的“订单”，预示着就业环境的冷暖。用人单位对人才的需求是动态变化的，这与四个方面因素有关：一是用人单位自身发展取决于国民经济发展整体形势、行业发展形势、企业自身经营状况及发展规划对人才的需求；二是人才供给情况，如果大学生供给多、质量高、提出的要求低，有的用人单位会提前对人才进行储备；三是用人单位人力资源观念的转变，对人力资源的重视、开发和利用，将很大程度影响用人单位的人才需求数量和结构；四是相关政策的制约或者促进，国家为推动大学生就业，制定了一系列政策，有的政策是面向大学生的，还有的政策则面向用人单位，鼓励用人单位创造条件，多接纳、使用大学生。

其次，大学生就业观念的转变：传统观念难以消除与新的就业观念交织并存。在我国，仕官文化底蕴深厚，儒、释、道三家思想影响深远。儒、释、道三家都重在修心、养性和得道而不屑“形而下之‘器’”。在中国几千年的历史长河中“学而优则仕”“劳心者治人，劳力者治于人”，仕官文化长期左右着国家的官僚制度。“书中自有颜如玉”“书中自有黄金屋”成为中国读书人的精神动力。“读书做官”的官本位思想在人们头脑中根深蒂固。浓厚的宗法血缘观念使中国的读书人承载着“光宗耀祖”的使命、“出人头地”的理想，抹杀了其作为独立人格主体所具有的独特价值与需求。新中国成立以来，存在至今的城乡之间的二元制经济和社会结构使得市民和农民在住房、教育、医疗、养老、婚姻、社会地位等诸多方面存在巨大差异，这更触动了家长和学生思想深处做官、出人头地、光宗耀祖的情结，通过上大学的台阶“吃皇粮”“跳龙门”成为许多家长和学生的选择。教育文化影响和支配人们的教育需求、教育偏好和教育行为。人才就业意向根据频率高低依次为政府机关、事业单位、垄断性企业、金融保险和竞争性企业等，公务员热依旧是当前高校毕业生就业的普遍现象。这表明“官本位”等传统观念的影响根深蒂固。

与此同时，面对市场经济快速发展带来激烈竞争的就业环境，加上国家就业政策力度逐渐加大，毕业生的就业观念也在迅速变化，毕业生就业渐渐朝着务实和功利方向发展。

大学毕业生普遍对个人才能的发挥、工作环境、兴趣爱好等方面非常重视，但面对真实的生活，他们则更多地注重职业中的“含金量”。从就业地区来看，现在的大学生首选北京、广州、上海等经济较发达地区，中、西部地区则少有人问律，其主要原因在于追求实惠、舒服，优越的地理位置成为毕业生择业时较多考虑的因素；学生在价值评价时选择“能发挥个人才能”高于“经济收入高”，而在实际选择职业时，“薪酬和待遇”则明显优先于“实现自我价值”和“兴趣爱好”。这表明，大学毕业生理论上的认识是清楚的，但因注重实用主义或因缺乏实践的勇气，心理承受力差，最终在现实冲突中放弃了理想，就业趋于“福利化”。

再次，国际金融危机造成我国大学生就业的波动。第一，国际金融危机导致欧美海归的回流骤增，大批精英向国内高端市场流动，致使金融机构、知名企业、科研机构、高等学校等大学毕业生热衷职位的竞争压力加大；第二，部分面向欧美市场的外资企业遭遇危机后，或因举步维艰而大量裁员，或被迫关停倒闭，使得历来受大学毕业生青睐的“三资”企业的竞争压力加大；第三，国内很多企业为了降低成本，立足强化内部员工的在职培训，少有或者没有引进储备人才的计划，导致人才市场今非昔比，门庭趋于冷落。

分析当前就业市场，我们发现目前常见的招聘要求确实较为“苛刻”。例如，只要211院校或重点高校的应届硕士生；应聘高校必须有博士学历才给机会面试，有些招聘岗位只要男生；有些单位只要本科生。用人单位招人越来越现实，不再一味看重文凭，企业不仅提供的薪酬较低，而且在选择人才时特别谨慎。

（二）高等教育大众化对大学生就业产生重大影响

高等教育大众化使大学毕业生的供求关系出现了新的变化。从 1999 年我国扩大普通高等学校招生规模以来，高等教育毛入学率从当年的 10.5％迅速提到了 2003 年的 17％，2005 年在校生人数达 2300 万，规模居世界第一，2006 年中国高等教育的毛入学率达到 22％，2009 年达到 24％，2015 年达到了 40％。教育部预测到 2019 年毛入学率将达到 50％以上，进入高等教育普及化阶段。根据美国学者马丁·特罗教育研究理论，高等教育的毛入学率在 15％以下为精英教育阶段，15％～50％为大众化教育阶段，50％以上为普及型教育阶段。2003 年 17％的毛入学率表明，我国高等教育早已经进入大众化时代。

随着高等教育规模的扩大，我国高校毕业生数量进入一个急剧增加的阶段，而同一时期，社会的就业岗位并没有急剧增加，高校毕业生就业进入了买方市场趋强的阶段。从 1999 年开始，我国高校本科招生规模逐年增加，研究生扩招幅度也很大、再加上民办高校的快速发展，在校学生总量不断增多。每年高校毕业生的数量呈跳跃式增长，而就业率呈逐渐下降趋势。2002 年的毕业生 145 万，2003 年是高校扩招后的第一批本科毕业生进入就业市场，毕业生人数 212 万人，比 2002 年增加 67 万人，增幅为 46％，这个增幅是 20 多年来最大的一年；2004 年高校毕业生 280 万，比 2003 年增加 68 万，增幅 32％；2004 年全国高校毕业生总数 280 万人，2005 年为 340 万人，2006 年为 413 万人，2010 年为 631 万，2015 年为 749 万。2017 年全国普通高校大学毕业生规模达惊人的 795 万人，再加上往届没有实现就业的，需要就业的毕业生数量之大可想而知。高校毕业生总量大、增幅高，各地和高校工作进展情况差异较大，并且还存在许多深层次的矛盾和问题，对大学生的就业带来更大的挑战。

就业压力致使大学生出现“考研热”。近年来，各种因素的综合作用，促使我国报考研究生的人数逐年增多，即所谓的“考研热”。“考研热”的持续升温绝非偶然现象。学生为缓解就业压力或获得较高待遇等因素走上考研的征程。毕业生的就业压力越来越大，考研可以使学生暂时推迟就业，一定程度上起到缓解就业压力的作用。一些学生考研的确是因为提高专业水平、适合自身发展需要，但还有许多大学生是由于就业前景不理想，希望凭借考研究生解决就业问题，还有部分学生是为了留在大城市或获得较高待遇才选择考研。

随着我国高等教育事业的快速发展，毕业生就业制度早已从计划经济体制下的“统包统分”模式转变为“宏观调控、双向选择、自主择业”的新模式。就业机制市场化、人才流动国际化的趋势越来越明显。这种崭新的就业模式给大学生提供了自由翱翔的空间，同时，也提出了更高的要求。大学生的就业问题，已经成为社会各方面关注的焦点问题。

首先是政府高度重视。大学毕业生的就业关系到千万个家庭的切身利益，关系到社会的稳定、和谐发展，也关系到我国高等教育的持续健康发展，从中央到地方各级人民政府都设立了高校毕业生就业领导和协调机构，在大学生就业的宏观政策的制定、规范市场建设、提供就业服务、就业培训、失业登记等方面发挥了积极作用。2005 年，中央出台了鼓励和引导高校毕业生面向基层就业的实施意见，各省人民政府出台了具体的落实办法，积极发挥项目引导作用。如西部计划、服务基层计划、选调生计划、一村一名大学生计划等项目有效地促进了高校毕业生就业。把大学生就业纳入就业再就业工程，把高校毕业生就业市场和劳动力市场、人才市场统一起来并加以规范，消除体制和制度的障碍等，为高校毕业生提供了良好的就业外部环境。

其次是高等院校高度重视。高等院校坚持“以就业为导向，以服务为宗旨”的办学方针，以培养学生的就业竞争力为基本任务，努力适应市场对人才的需求，不断深化教育教学改革，特别注重专业学科结构的调整，注意课程建设，加强实践教学环节。此外，积极开展社会实践活动将校园文化建设融入人才培养的各个环节。自 2004 年以来，各高等院校都开始实施就业工作“一把手工程”，成立相应的就业领导机构，积极开拓毕业生就业市场，开展多种就业服务，为毕业生就业创造了良好的校园内部环境。

二、大学生就业竞争日趋激烈

大学生就业有其自身突出的特点，主要包括：第一，大学生就业的主体是受过高等教育的大学生，具有较高的知识水平和思想素质；第二，大学生就业是从学校到社会的转变，就业主体一般缺乏工作经验；第三，大学生就业具有很强的群体性和时间性，每年成百万的应届毕业生几乎在同一时间段需要及时就业。

（一）我国大学生的就业模式

我国大学生的就业模式逐步转向了与市场机制相适应的模式。1994年国家教委发布《关于进一步改革普通高等学校招生和毕业生就业制度的试点意见》，提出：引导毕业生参与劳动力市场的竞争，以奖学金制度和社会就业需求信息来引导毕业生自主择业。这样，逐步建立起学生上学自己缴纳部分费用，毕业后多数人“自主择业”的机制。“自主择业”的模式目标成为新的就业环境，市场调节型就业模式以“自主择业”为核心，通过加强就业环境中各要素即毕业生、用人单位和高校之间的双向沟通与联系，实现就业环境的常态平衡。就业环境的结构特点是从平面单向转向立体多维。在新的常态就业环境下，毕业生主要依靠个人能力、条件进入市场参与竞争，而不再依赖国家行政手段保证就业，用人单位也只能用工作条件和优惠待遇吸引毕业生。不能等待国家行政命令的办法调派毕业生。而高校作为就业工作的中介，主要为“自主择业”毕业生提供服务。这种新的就业政策，保证了用人单位能够及时得到急需的人才，同时，也为毕业生选择满意的岗位提供了机会与条件，从而实现了人才资源的优化配置。2009年1月19日，国务院办公厅下发了《关于加强普通高等学校毕业生就业工作的通知》（国办发〔2009〕3号），要求把高校毕业生就业摆在当前就业工作的首位，采取切实有效措施，拓宽就业门路，鼓励高校毕业生到城乡基层、中西部地区和中小企业就业，鼓励自主创业，鼓励骨干企业和科研项目单位吸纳和稳定高校毕业生就业。同时国务院办公厅《关于深化高等学校创新创业教育改革的实施意见》（国办发〔2015〕36号）从健全创新创业教育课程体系、创新人才培养机制、改进学生创业指导服务等9个方面提出了促进大学生创新创业的政策指导。

大学生就业制度的改革使大学毕业生就业面临着越来越激烈的竞争，但应当看到，这也给大学生提供了一个广阔的就业舞台。这个舞台虽然并不都是前程似锦，但处处充满着机遇。这个广阔的舞台遵循着优胜劣汰、适者生存的规律。将大学生就业引入竞争机制，激活了大学生自觉学习的内在动力，有力地促进了大学生的成长与成才。

总体上看，目前大学毕业生就业环境依然十分严峻。在社会需求总量增加不大的一段时间内，毕业生层面的挤占岗位的效应将呈渐强趋势。同层次相同专业毕业生的名牌高校与普通高校之间、培养质量与特色的竞争将日趋激烈，毕业生的整体求职难度和时间将增大和延长，毕业生整体薪酬将有所下降。并且由于就业市场上高素质人力资源的日渐丰厚，某种程度上也催生了社会用人单位的人才高消费现象，用人单位对毕业生的素质要求越来越高。与此同时，高校连续扩招，使得学校在师资、设备等软硬件建设上显得滞后，一定程度上影响了毕业生的培养质量，造成某种程度上的错位，学校培养的人才质量与用人单位的要求差距较大，也影响毕业生的顺利就业。除此之外，大学毕业生在择业过程中存在心理误区，存在期望过高、盲目从众、不切实际、理想化的现象，在择业过程中表现出功利性、依赖性、攀比性、易变性，加重就业问题的复杂程度。

现在的大学生普遍存在着一种非理性的就业期望：都想去那些工资水平高、福利待遇好、工作稳定、有发展前途的单位，而且都想去大城市、国家机关、大型国有企业集团、行政事业单位，而不想到基层、农村、西部边远山区等欠发达地区。这种非理性的就业期望脱离了中国的社会现实，造成大量的大学生高不成低不就，从而延误自身就业的困境。

针对目前大学生就业环境严峻的现状，大学生应辩证地看待这个问题，既看到不利的一面，同时，也应该看到其有利的一面，实事求是地分析自己的优势和劣势，转变就业观念，调整好就业心态，适当降低期望值，抓住机会，实现就业目标。

（二）大学生就业难的原因

大学生就业难，总体而言，既有大学生自身的原因、学校教育的原因，也有家庭及社会环境、市场缺陷等方面的原因。

首先，大学生自身的原因。

大学生直接参与人才市场的竞争，他们的心理与能力素质等能否适应当前的就业环境和就业需求，将直接影响其能否正常就业。然而现实中，无论是个人期待与就业环境之间，还是个人能力与就业市场之间都出现了不同程度的断层，而且这种断层已是构成大学生就业难的一个主要原因。

大学生自身原因主要表现为以下几点。一是个人期待与就业环境之间的差距。比如，对就业岗位的性质、所处地区、薪酬待遇及发展潜力等要求与现实环境差距较大。二是个人能力与就业市场之间的差距。大学生的能力素质特别是专业技能是大学生成功进入职业市场的重要保证。个人能力的差距主要表现在个人基本素质、专业技能、社会实践能力、外语和计算机的应用能力、表达和人际交往能力、求职技巧等。三是社会经验普遍不足。据统计，高达52.14%的大学生将“缺乏社会经验”视为最困扰大学生就业的因素，这也是目前大学生竞争力缺乏的普便性原因。缺乏工作经验是大学生与其他就业群体相比之下的一个明显的劣势。四是职业生涯规划意识不强。“先就业再择业”成了大多数毕业生的首选。在当前，大学生就业比较困难的情况下，很多在校生对于以后的就业只有模糊的打算，还有一些没有做任何的打算，而有明确规划的人只占很少的一部分。

其次，学校教育方面的原因。

一是专业课程的设置不合理。专业课程的设置反映了学校教育的发展思路和教学资源的分配格局，直接决定着大学生的知识结构和专业技能的掌握情况，并最终影响大学生的竞争力。二是对社会实践活动的重视程度不足。长期以来，对于社会适应能力和工作能力的培养，学校教育往往采取鼓励校内活动而忽视校外活动的做法。三是就业服务体系有待进一步完善。就业服务是一个较为完整的体系，包括就业信息的传递、求职技巧的指导，以及在就业协议达成过程中桥梁作用的发挥等方面的工作。然而，在现实的大学生求职过程中，学校就业服务体系的积极作用并未得到有效发挥。

再次，家庭、社会环境方面的原因。

家庭与社会环境是大学生就业重要的外部环境，它从整体和局部两个层面影响着大学生就业。调查显示，家庭、社会环境对大学生就业的直接影响并没有如人们预期的那样高。在求职过程中，大学生将家庭期望视为首要考虑因素的仅为4.83%，至于社会环境对大学生就业的影响，主要集中在经济环境方面。

最后，市场缺陷的原因。

市场缺陷也是大学毕业生就业难的成因之一。市场发育不充分、不完整，市场化程度低；围绕高校、地区、行业存在不少就业市场，但是未形成较统一的大市场，导致毕业生和用人单位相互搜寻成本较高；市场规则不统一，部分市场甚至秩序混乱等。以上原因导致就业市场的不完全竞争、不完全信息和较高成本，影响就业。当前买方市场中的不完全竞争会导致两种现象：一是部分用人单位的人才高消费；二是一些毕业生被迫退出市场，形成周期性失业。市场信息不完全会导致摩擦性失业或结构性失业；市场进入和运行成本较高则可能会导致一定程度上的周期性失业。用人单位招不到满意的毕业生，毕业生找不到满意的单位。导致“好多人没事做，好多事没人做”，这是市场不完善、信息渠道不畅通的直接体现。

此外，就业难还有一些其他方面的原因。例如，人事户籍制度改革的滞后，制约了人力资源的充分流动等，距离由毕业生就业障碍转变为就业动力还有不小差距。

我国大学毕业生就业率低的原因是多方面的。从个人就业意愿角度分析，大学生失业可以分为自愿失业和非自愿失业。自愿失业是指毕业生在临近毕业时自愿选择不就业，他们对去向另有选择，如准备出国留学、考研、自主创业等。而非自愿失业是指需要就业的毕业生由于种种原因不能顺利就业。非自愿失业是大学毕业生就业难的主要原因，也需要更深入的研究。

目前大学毕业生非自愿失业主要有以下三种情况。

一是结构性失业。由于学习期间社会经济结构（包括产业结构、产品结构、地区结构等）发生了变化，毕业生的专业、知识、技能、区域分布等不适合经济结构变化的要求，毕业时不能适应就业市场需要而造成的不能顺利就业。

二是摩擦性失业。毕业生对用人单位的发展空间、工资待遇、地理位置、工作环境等有自己的期望，用人单位对毕业生的学习成绩、专业技能、个人家质等也有一定要求，由于双方要求不一致导致毕业生没有用人单位接收。

三是周期性失业。周期性失业原意是指由于经济衰退、总需求不足而造成的失业。

我国目前经济持续增长，并没有出现经济衰退的情况，但是随着高校毕业生人数逐年增多，社会对毕业生需求量增长速度滞后于毕业生人数增长，导致有效需求不足，因此目前大学毕业生失业包含部分周期性失业的因素。

（三）解决大学生就业难的应对措施

基于大学生就业难、竞争激烈的现实，解决我国大学生就业难问题的应对措施有以下几方面。

1. 就业市场

毕业生就业市场是在国家有关方针政策的指导下，运用市场机制和必要的宏观调控手段，通过双向选择、自主择业等途径，优化毕业生人力资源配置的一种方式，是利用市场规律调节大学毕业生人才供求的一种机制。它由毕业生、用人单位及其服务机构交流洽谈场所、社会保障制度等组成。

2. 就业准入

就业准入政策是指大学生就业被获准进入某些地区、职业等的相关政策，它包含以下两方面：一是地区准入政策，一些地区会根据本地区的情况出台一些具体的准入政策，特别是大城市如上海、北京、深圳等，每年都会出台有关接收非本地生源的大学毕业生有关问题的政策；二是职业方面的就业准入，职业方面的就业准入是指根据《中华人民共和国劳动法》和《中华人民共和国职业教育法》的有关规定，对从事技术复杂、通用性广，涉及国家财产、人民生命安全和消费者利益的职业工种的劳动者，必须经过培训，并取得职业资格证书后，方可就业上岗。

3. 宏观调控

宏观调控政策是指政府为了促进人才结构的平衡而出台的一系列关于大学生到基层、到中小城市企业、到农村、到西部等地区去就业的鼓励性措施。如中共中央办公厅、国务院办公厅于 2005 年 6 月颁发的《关于引导和鼓励高校毕业生面向基层就业的意见》（以下简称《意见》）等政策，《意见》积极引导和鼓励高校毕业生面向基层，在户籍迁移、偿还助学贷款、考录公务员、报考研究生等诸多方面都提出了优惠措施。

4. 派遣接收

派遣与接收政策是指在大学毕业生到就业单位报到的过程中，国家所制定的一系列原则。调配派遣对象为：国家计划招收的普通高等学校毕业生和结业生及国家计划招收的为地方培养的军队院校毕业生；地方上主管毕业生调配的部门和高等院校按照国家下达的就业计划派遣毕业生。学校根据毕业生就业计划、协议，结合毕业生的具体情况，拟订毕业生派遣方案，经上级部门批准后实施。

5. 招考录用

招考录用政策主要指在选拔毕业生的过程中的一系列关于招考上的规定，是国家在大学毕业生人口上所制定的一系列限制性原则和措施。在招考国家公务员层面主要是公务员招考的相关制度，在企事业单位录用大学生方面主要表现为政府和企业制定的在招考程序上的一系列规范。

6. 创业扶持

创业扶持是积极劳动政策体系中最直接、最积极的政策，也是现阶段效果比较显著、作用比较持久的措施。我国政府规定，为适应多种所有制经济的发展，各级人事部门鼓励毕业生多种渠道、多种形式就业，支持毕业生自主创业。各级人事部门已经出台各种政策和措施积极为自主创业的毕业生提供所需的社会化服务，解除其后顾之忧。近几年来，国内对大学生创业的态度非常积极，政府出台了一系列大学生创业优惠政策。除了国家法律和政策方针以外，地方政府和高校也出台了一些创业扶持政策。

7. 社会保障

国家出台了一些有关的社会保障政策，以解除在就业上困难群体的大学生的后顾之忧，以便更好地支持和服务大学毕业生就业。劳动保障部门关于大学生社会保障的相关政策主要有以下的内容：将高校毕业生就业工作纳入当地就业工作整体规划。在宏观调控和增加就业岗位等方面进行统筹安排；积极组织实施“毕业生职业资格培训工程”和多种形式的创业培训，为毕业生自主就业创造条件；发挥公共职业介绍机构的作用，加强职业指导和就业信息服务，为高校毕业生择业提供更多帮助；加强失业登记和组织管理，对未就业和生活困难的高校毕业生在失业、求职期间给予生活和就业方面的帮助；加强劳动力市场的管理，为高校毕业生就业创造良好的环境。

8. 指导服务

就业指导也称择业指导或职业指导。它是为求职者选择职业、准备就业，以及在职业中求进步、求发展，而提供知识、经验和技能的指导。在《普通高等学校毕业生就业工作暂行规定》中，明文规定高等学校的主要职责，其中第五条规定“开展毕业教育和就业指导工作”，对高校就业指导教育提出了具体的要求。目前，有的省市还出台了相关政策，对高校的就业指导服务课程、服务场地、服务经费等方面都提出了具体要求，使大学生的就业指导有了行政资源上的充分保障。

9. 权利维护

权利维护是指在就业过程中对就业者本人和就业单位权利维护的一系列原则、规范。对于就业者本人，主要是维护其平等的就业权；对于用人单位，主要是保护用人单位的一系列利益。权利维护政策有利于就业过程的规范化和秩序化。权利维护政策最重要的是对毕业生的保护政策。毕业生作为毕业生就业的一个重要主体，在就业过程中享有多方面的权益。根据目前就业规范的有关规定，毕业生主要享有获取信息权、接受就业指导权、被推荐权、选择岗位权、公平待遇权、违约及求偿权等。

总之，就业环境是变化发展的，作为毕业生应该正确认识当前就业环境的特点，要认识到在高等教育大众化和高校毕业生就业大众化的趋势下，自身首先是一个普通劳动者。充分看到就业环境积极的一面，有自信心、责任感；对待就业环境严峻的一面，要有紧迫感、压力感。及时调整，保持思想观念上紧跟就业环境变化，自觉把个人的理想同国家、社会需要结合起来，力争顺利实现就业。同时，当今就业环境呈现的新特点；客观上带来了许多不稳定的因素，甚至是负面的影响，如何趋利避害、因势利导，特别需要各方进一步深入探讨解决。

三、大学生就业发展形势

我国政府高度重视高校毕业生的就业工作，自2002年以来出台了许多有利于高校毕业生就业的优惠政策，完善各种制度，消除就业体制障碍，规范就业市场。高等院校把就业工作作为“一把手”工程，积极开展教育教学改革，调整学科专业设置，加强课程体系建设，努力适应市场需求。大学生也逐步体会到大众化教育阶段的特点，逐步转变就业观念，科学合理地调整自己的就业期望值。总体来说，大学生就业面临的形势是严峻的，但由于经济社会的可持续发展，大学生就业前景是光明的。

（一）我国总体性的劳动力供大于求在短期内无法改变，供求失衡的严峻状况构成了大学毕业生就业发展的基本背景

1. 大学生就业受一定时期经济状况、经济结构及劳动力供给等方面的因素制约

对大学生就业起关键性作用的是经济因素。在逐步更深层次地融入世界经济的背景下，我国经济将会遵循比较优势的原则选择和调整产业结构，加大高科技产业在产业结构中的比重，以高附加值的产品赢得市场，我国从农业国转变成工业国的步伐将加快，将为毕业生就业提供更多的就业岗位。同时，大学生择业将突破国家和地域，在更大范围内流动。广大企业也加大人力资本的投资，而大学毕业生是知识的载体，在劳动力市场上和其他人力资源相比，在竞争中必然处于优势。

但是，经济的全球化必将带来人才竞争的国际化。伴随外资企业的进入，国外的各类人才也将涌入我国，抢占就业岗位。国际劳工组织的一份研究报告指出：目前全世界30亿经济活动人口中，失业人口有1亿～5亿，不充分就业的有7.5亿～9亿。另外，人才需求结构和需求标准也在变化，具有过硬专业技能、良好外语交流和计算机应用能力的人才将备受青睐，这对学校人才培训模式也提出了新的更高的要求。

2. 经济持续高速增长带来就业空间扩大与“隐性失业”人群显性化造成的就业岗位缺口增加并存

目前，我国正处于社会转型期。我国的经济状况和就业状况发生了很大变化。我国的就业格局出现了一些新的变化，灵活就业人数超过1亿，劳动关系出现了一些新的变化，呈现柔性化、多样化、复杂化、分层化等特点。就业在总体上走出最困难的阶段。但就业岗位缺口很大，就业压力持续增长，就业形势依然严峻。

从结构性矛盾看，技术工人特别是高技能人才严重短缺。同时，在经济结构战略性调整中，一方面，在那些新兴行业、采用新技术的领域，新的经济成分不断创造新的工作岗位，另一方面，在那些传统产业，采用旧技术的

领域大量旧的工作岗位不断消失。而且某些行业减少岗位数远大于创造的新岗位数，致使社会就业岗位总量缩减。国家统计局资料显示，我国 GDP 对就业拉动关系，即就业弹性从 1980 年到现在已经下降了 2/3，目前我国的就业弹性仅为 0.1。企业，特别是大型国有企业在转制过程中大量裁员，使得隐合其中的“隐性失业”人群显性化，同时，每年还有 1000 万新劳动力产生。另外，随着政府职能的转变，科研机构、事业单位的调整改革，使传统的精英岗位减少，直接降低了吸纳毕业生的能力。

3．大学毕业生就业的市场机制已初步形成，还有待进一步完善

随着我国社会主义市场经济体制的建立，我国大学毕业生就业由原来的“统包统配”的计划分配体制向“市场导向、政府调控、学校推荐、学生和用人单位双向选择”的市场化就业机制转变。新形势下，毕业生就业市场已成为毕业生获得工作岗位、进入社会的主渠道。经过几年的培育，我国毕业生就业市场化机制得到长足发展，市场机制对毕业生资源配置的作用愈来愈明显。以学校为基础的毕业生就业市场成为毕业生就业的重要途径。有形市场和无形市场建设进一步加强，毕业生的就业渠道趋于多元化，就业服务趋于网络化。但是，大学生就业的市场机制在运行过程中还存在很多问题，还不能适应新形势下大学生就业的实际。例如，毕业生择业过程中由于收集信息的手段落后，信息不对称现象严重，信息不灵、信息不准、信息不快制约着毕业生的自主择业，制约了毕业生主体性的发挥。

同时，大学生就业市场机制的外部条件也存在欠缺。要实现大学生的顺利就业，必须有下列保障条件：第一，必须具有比较完备的社会保障制度，而我国社会保障制度尚未完善，社会养老金、医疗保险、住房公积金、最低生活保障费等社会保障措施在一部分三资企业、中小企业还没有得到实施，影响了毕业生到这些企业的积极性；第二，必须具有宽松的户籍管理制度，统一户口性质，允许人事分离，现在的户籍管理办法还使毕业生跨地区就业受到限制，使得地区封锁、条块分割成为可能，限制了毕业生就业空间，使得公平竞争、统一的就业市场难以形成。另外，各个地方在户籍上存在着种种的限制，人为地设置一些就业“壁垒”；第三，现行的人事制度对人才流动的束缚使正常的人才流动变得十分困难，造成毕业生不能认同“先就业后择

业”的观念，结果一些毕业生宁可“待业”和“暂时失业”也不就业；第四，大学毕业生就业的服务机构还存在许多问题，影响了其功能的发挥。

目前，我国的毕业生就业服务机构分三个层次：一是全国性毕业生就业市场组织管理和服务机构，由国家教育部、人事部等部委单位组成；二是部门和地方性毕业生就业市场组织管理和服务机构，包括国务院各部委的人才交流中心或毕业生就业主管部门及各地方人才交流中心或毕业生就业主管部门；三是基层毕业生就业指导服务机构，包括民间的毕业就业指导服务机构和高校的毕业生就业指导中心。现阶段，这些中介机构存在以下问题：一是为毕业生就业服务的定位还不十分明确，存在“重管理，轻服务”现象；二是就业服务的专业化水平还有待进一步加强，从业人员素质与新形势下大学生就业的要求不相适应，对劳动力市场的信息捕捉和组织能力，对大学生整体素质状况的把握能力有待加强；三是就业的导向作用发挥不明显，各级毕业生就业管理与服务机构是大学毕业生资源供给信息和社会用人需求信息的中转站，但由于条件制约，目前的信息缺乏加工整理，对学校教学的导向作用还不明显，这也反过来影响了毕业生就业工作在学校的位置。

（二）大学生就业供需结构性矛盾进一步凸显

大学生就业供需结构性矛盾主要体现在：学历结构供需矛盾突出，目前高校毕业生就业的大趋势是高学历大学生就业形势整体平稳发展，低学历大学生就业形势不容乐观，尤其是专科、高职学生整体供过于求。学科专业供需矛盾明显，社会对计算机、外语、土建、机械、医药等专业需求较大，而对哲学、历史、农学、林学、水利等冷门专业的需求量不大。大学生就业供需上的结构性矛盾还表现在地区差异、单位所有制性质的不同。

我国专业技术人才总量还处于供不应求的局面，大学生就业难问题仅仅为一种表象。我们看到，就业困难和大学生个体表现差异有关。首先，作为一名大学生是否学有专长，知识和能力结构能否达到技术人才的评判标准，能否符合社会需求；其次，个人就业意愿和社会意愿存在差异。我国的基层和中西部地区需要大量的科技人才，大学生应当重视这些就业机会。

面对大学生就业形势严峻的现实，我国政府正积极地从各个层画保障就业。当前既是困难又是机遇，抓住机遇出手要快、措施要准、工作要实，扩大内需，促进经济增长，保持国民经济持续发展。要实现大学生充分就业，现阶段应当重点解决好两个问题。

第一，坚决取消大学毕业生流动就业的各种限制。按照就业市场化的要求加快大学毕业生就业制度改革，打破大学生干部身份、户籍制度、用人指标的限制，促进大学生自主流动。对省会及省会以下城市，取消大学和接收单位的派遣指标和用人指标的限制，特别是非公有制单位招用毕业生的指标限制，只要用人单位同意录用，并与毕业生签订就业协议的，公安部门应凭毕业生所持的《报到证》为其办理落户手续。废除对毕业生收取城市增容费、出省费和其他一些不合理收费的政策，促进毕业生自主流动。

制定鼓励大学生自主创业的扶持政策。国家和地方共同设立大学生创业担保基金，为创业的大学生提供小额贷款担保。对自主创业的大学毕业生，有关部门要简化审批手续。免收登记类、管理类、证照类的各种行政性收费，并制定相应的税收减免扶持政策，鼓励大学生创业。对创业的大学生提供专门的创业培训，进行开业指导、政策咨询、项目论证、跟踪辅导等服务，提高其创业能力。

制定鼓励大学生到基层就业和中西部地区就业的政策。为引导大学毕业生到基层和西部地区就业，可以采取“挂职锻炼”和“志愿者”等方式，实行来去自由的政策。国家每年安排专项经费补贴大学毕业生到中西部经济贫困地区的乡镇一级教育、文化、卫生、工商、税务、农技服务等机构和单位工作。

结合政府正在推动的社区建设工程，从编制、人员、经费安排等方面为大学生从事社区管理工作和其他基层工作创造有利条件。

完善灵活就业办法，引导大学毕业生灵活就业。鼓励大学毕业生灵活就业，研究制定灵活就业人员劳动关系和社会保险办法，解除大学生从事灵活就业的后顾之忧。在各级社会保险经办机构设立专门窗口，为从事个体经营、自由职业和创业的大学毕业生提供社会保险缴费和接续等服务。

第二，针对当前特定形势采取特殊过渡办法。解决大学生就业问题，必须坚持市场化改革的方向，绝不能重新回到国家包办、计划分配的旧办法。但鉴于当前大学生就业矛盾突出、就业环境不宽松、就业机制和服务体系不健全，部分大学生对失业承受能力较差的现实情况，应该在不违背改革的原则和方向的前提下，采取一些过渡性的鼓励安置措施。如可以考虑在一定时期内，鼓励企业和基层用人单位实行大学毕业生见习制度，用人单位按计划录用人员1倍的规模接收见习人员。在见习期内，企业支付见习工资，国家对企业给予税费减免和岗位补贴，以鼓励企业多吸收大学生，同时也给大学毕业生一个积累就业经验、与企业增强双向了解的机会。这也是一个实现岗位分享、缓解当前大学生就业矛盾的办法。

第二节　大学生就业政策

就业政策是国家经济政策的一个重要组成部分，它直接决定着新生劳动力初次就业和下岗失业人员的再就业问题，同时它对整个社会政治经济也发挥着巨大的调控作用。总的来说，就业政策的实施能够保证整个社会的稳定，促进社会人力资源的开发与利用，调控人力资源的供求总量。作为我国就业政策的重要组成部分，大学生就业政策发挥着与就业政策相同的社会职能，同时也是我国人才培养目标实现的重要保障，对维护社会的稳定有着积极的影响。

一、过渡阶段（1977～1984年）：由“统包统分”到“双向选择”

1977年全国高校恢复招生，各项工作也都逐步迈入正轨。1981年国务院批转国家计委、教育部、国家人事局《关于改进1981年普通高等学校毕业生分配工作的报告》确定在国家统一计划下，对毕业生分配实行“抽成调剂，分级安排”的办法。这种“统招统分”就业制度的主要特征是以政府编制计划与高校实施计划相结合。它是伴随着我国长期的计划经济体制而发展起来的。在计划经济时代，我国的教育事业也效仿苏联，实行高度集中的计划管理模式。

1983年国务院批转国家计委、教育部、国家人事局《关于改进1983年全国毕业研究生和高等学校毕业生分配问题报告》，决定实行学校与用人单位直接见面的就业办法，即“供需见面”，使培养、分配与使用更好地结合起来。

清华大学等第一批高校率先开展了毕业生和用人单位供需见面的活动。

“统包统分”的就业政策在计划经济时代发挥了重要的作用：一方面，它从一定程度上实现了社会人力资源的供需平衡，为边远地区的建设和艰苦行业的发展送去了很多有所作为的人才；另一方面，该政策维护了社会的安定，保障了大学生在走入社会的时候有单位接收，从而降低了给加速转型阶段的中国带来严重社会问题的可能性。但是，“统包统分”的就业政策也在很大程度上存在着其自身的弊端：国家对人力资源的宏观调控抓得过紧，从而消减了高校毕业生的上进心，限制了他们的积极性和创造性；用人单位在用人的自主权上也是比较受限制，只能够被动地接受国家的分配，使得单位的发展受到限制。

二、探索阶段（1985～1992 年）：社会选择就业制度的探索

1985 年 5 月 27 日《中共中央关于教育体制改革的决定》的发布标志着中国教育体制改革正式启动，也标志着我国从计划导向到市场导向高校毕业生就业制度改革正式拉开帷幕。该《决定》明确指出要“推进高等学校招生、收费和毕业生就业制度的改革”，“在国家计划指导下，由本人选报支援、学校推荐、用人单位择优录用的制度”，这也意味着国家开始试行“双向选择”的毕业生就业制度的改革的开始。

三、确立阶段（1993～2000 年）：“双向选择，自主择业”

1992 年党的十四大决定建立社会主义市场经济体制的提出是中国经济社会上的一个里程碑事件，同时也深刻影响着大学毕业生的就业政策。社会经济体制由计划经济体制向市场经济体制的全面转型，意味着人才分配的方式也应该以市场为导向，放手由市场决定毕业生的去向。1993 年 2 月 13 日中共中央国务院发布的《中国教育改革和发展纲要》指出，要改革高等学校毕业生“统包统分”和“包当干部”的就业制度，实行少数毕业生由国家安排就业，多数由学生“自主择业”的就业制度。这标志着“双向选择、自主择业”高校毕业生就业制度改革的全面铺开。进一步提高了招聘单位的用人自主权；也促使高校打开校门走向社会，与市场经济之间的纽带也更加的紧密；学生的自身优势得到进一步挖掘，很大程度上提高了我国人力资源的利用效率。

四、深化阶段（2001 年至今）：进一步完善

2002 年国务院办公厅转发《关于进一步深化普通高等学校毕业生就业制度改革有关问题的意见》，明确提出了市场导向就业的方针，指出引导高校毕业生到基层、到中小企业就业是解决高校毕业生就业问题的主要途径，并就非公有制单位聘用高校毕业生和人才流动政策做出了重大调整。2003 年国务院办公厅发布《关于做好 2003 年普通高等学校毕业生就业工作的通知》，明确了改革方向和工作重点，做出了一系列决策和部署，初步形成了新时期高校毕业生就业工作的政策框架。同年，国家开始实施大学生志愿服务西部计划，规定参加大学生志愿服务西部计划的志愿者除享受国家规定的高校毕业生就业优惠政策外，还给予必要的生活补贴、报考研究生加分等具体的政策支持。

五、现阶段促进大学生就业政策的主要内容

《国务院办公厅关于做好 2013 年全国普通高等学校毕业生就业工作的通知》（国办发〔2013〕35 号）中明确了国家对于大学生就业的相关政策支持。

（一）深入落实高校毕业生就业政策

近年来，国务院坚持劳动者自主就业、市场调节就业、政府促进就业和鼓励创业的方针，实施就业优先战略和更加积极的就业政策，围绕促进高校毕业生就业创业出台了一系列政策措施，各地区也结合实际制定了一些有本地特色的具体政策，对促进高校毕业生就业发挥了积极作用。但从目前情况看，有的政策尚未落实到位，政策效应尚未得到充分发挥。各地区、各有关部门要抓紧对高校毕业生就业政策落实情况组织一次集中检查，逐项督促落实。对尚未制定具体实施办法的，要抓紧研究制定，尽快实施，并跟踪了解落实情况；对其中门槛高、手续复杂的，要本着尽可能方便高校毕业生享受政策的原则，制定简便易行的操作流程，切实降低门槛、简化程序；对因保障措施不到位影响政策落实的，要加大投入，提高保障水平，确保政策顺利实施。同时，要适应新的形势和特点，积极创新，进一步细化和完善促进高校毕业生就业创业的政策措施。采取多种方式广泛宣传就业法律法规和政策，提高高校毕业生和用人单位的政策知晓度。

（二）拓宽高校毕业生就业渠道

各地区、各有关部门要结合转方式、调结构的进程，积极为高校毕业生开发就业岗位，尤其要充分发挥战略性新兴产业、先进制造业、高新技术产业、智力密集型产业、现代服务业、现代农业发展对高校毕业生就业的拉动作用。在制定产业发展规划时，要同时制定人才培养、吸纳、引进计划。加大对小微企业的扶持力度，进一步落实社保补贴、培训补贴等扶持政策，鼓励其吸纳高校毕业生就业。大力宣传民营企业、非公有制经济组织对经济社会发展的重要意义和突出贡献，引导高校毕业生到民营企业、非公有制经济组织就业。引导国有企业积极履行社会责任，吸纳更多高校毕业生就业。结合推进城镇化、加强和创新社会管理进程，加大财政投入，探索通过政府购买服务的方式，开发城乡基层特别是城市社区和农村公共管理及社会服务工作岗位，引导高校毕业生到基层就业。统筹实施基层服务项目，规范岗位管理，健全保障机制，落实和完善生活补贴、社会保险、期满就业服务等政策，积极促进服务期满人员就业创业。开展农业技术推广服务特岗计划试点，选拔一批高校毕业生到乡镇担任特岗人员。加大面向基层考录公务员和招聘事业单位工作人员的力度。建立健全征集高校毕业生入伍服义务兵役的政策体系和长效机制。逐步扩大科研项目单位吸纳高校毕业生规模，鼓励优秀高校毕业生作为科研助理或辅助人员参与项目实施。

（三）鼓励高校毕业生自主创业

各地区、各有关部门要积极完善创业政策，加强创业教育、创业培训和创业服务，大力扶持高校毕业生自主创业，尤其要鼓励高校毕业生创办国家和地方优先发展的科技型、资源综合利用型、智力密集型企业，支持通过网络创业带动就业。各高校要将创新创业教育融入专业教学和人才培养全过程，并将创业教育课程纳入学分管理，鼓励在校生积极参加创业教育和创业实践活动。鼓励高校与公共就业人才服务机构合作开展创业培训和实训，从 2013 年起，将创业培训补贴政策期限从目前的毕业年度调整为毕业学年（即从毕业前一年 7 月 1 日起的 12 个月）。各地区要对自主创业高校毕业生进一步放宽准入条件，降低注册门槛，创业地应按规定给予小额担保贷款及贴息、税费减免等政策扶持。加大政策倾斜力度，积极推进大学生创业孵化基地建设，为自主创业高校毕业生提供项目开发、开业指导、融资、跟踪扶持等“一条龙”创业服务。

（四）加强高校毕业生就业服务

各地区、各高校要切实加强对高校毕业生的就业服务和职业指导。各高校要加快推进就业指导课程和学科建设，全面开展职业发展教育和就业指导，着力提高就业指导课程的针对性和实效性。加强专兼职结合的职业指导师资队伍建设，为高校毕业生提供个性化的咨询辅导。支持高校发挥自身优势，实行校企对接，有针对性地组织开展校园招聘活动。高校开展的校园招聘活动，可纳入公共就业服务大型专项活动项目给予适当支持。各地要充分发挥公共就业人才服务机构和高校毕业生就业指导服务机构的作用，广泛开展公共就业人才服务进校园活动，帮助高校毕业生及时了解就业形势、就业政策和企业用人需求。广泛收集适合高校毕业生的就业岗位信息，及时向高校和高校毕业生提供，并组织开展分区域、分行业、分层次的专场招聘活动。健全全国就业信息公共服务网络平台，实现与高校校园网互联互通，充分利用短信、微博、移动互联平台等多种渠道发布就业信息，切实降低求职成本。允许高校毕业生在求职地（直辖市除外）进行求职登记和失业登记，申领《就业失业登记证》，纳入本地免费公共就业服务和就业扶持政策范围。各级公共就业人才服务机构要从高校毕业生的实际需要和便利出发，统一服务标准，优化服务流程，提供高效、便捷的就业服务。

（五）开展就业帮扶和就业援助

大力加强离校未就业高校毕业生就业服务。在全国范围内组织实施“离校未就业高校毕业生就业促进计划”，综合运用各项政策措施和服务手段，力争使每一名有就业意愿的离校未就业高校毕业生在年底前实现就业或参加到就业准备活动中。做好未就业高校毕业生离校前后实名信息衔接和服务接续。各地公共就业人才服务机构要及时了解未就业高校毕业生的情况，依托基层服务平台，一对一地开展服务。对有就业意愿的，及时提供用人信息；对有创业意愿的，组织其参加创业培训，提供创业服务，落实创业扶持政策；对暂时不能实现就业的，要通过扩大就业见习和职业培训规模，组织参加就业见习和职业培训；对就业困难高校毕业生，提供有针对性的就业援助。各地可根据当地经济发展和物价水平，适当提高高校毕业生就业见习基本生活补助标准；对高校毕业生参加职业技能培训和技能鉴定，应按规定给予补贴。

各地区、各高校要将特困家庭高校毕业生作为帮扶的重点，认真开展摸底排查，掌握特困家庭高校毕业生的求职情况，有针对性地开展帮扶。从2013年起，对享受城乡居民最低生活保障家庭的毕业年度内高校毕业生，可给予一次性求职补贴，补贴标准由省级财政、人力资源社会保障部门会同有关部门根据当地实际制定，所需资金按规定列入就业专项资金支出范围。

要进一步促进少数民族高校毕业生就业。各地区、各高校要高度重视少数民族高校毕业生的就业工作，给予必要的帮扶与指导，鼓励他们自主创业。承担对口支援西藏、青海、新疆任务的地区要组织本地用人单位积极面向受援地高校毕业生开展各类招聘活动，并将到本地求职的受援地高校毕业生纳入就业扶持政策范围。承担对口支援西藏、青海、新疆任务的中央企业要结合援助项目建设，积极吸纳当地高校毕业生就业。

（六）大力促进就业公平

各地区、各有关部门要大力营造公平的就业环境。用人单位招用人员、职业中介机构从事职业中介活动，不得对求职者设置性别、民族等条件，招聘高校毕业生，不得以毕业院校、年龄、户籍等作为限制性要求。规范签约行为，任何高校不得将毕业证书发放与高校毕业生签约挂钩。加大人力资源市场监管力度，严厉打击招聘过程中的欺诈行为，及时纠正性别歧视和其他各类就业歧视现象。规范国有单位招聘行为，完善公务员招考和事业单位公开招聘制度，探索建立国有单位招聘信息统一公开发布制度，加强国有企业招聘活动监管，在国有企业全面推行分级分类的公开招聘制度，切实做到信息公开、过程公开、结果公开。加大劳动用工、缴纳社会保险费等方面的劳动保障监察力度，切实维护高校毕业生就业后的合法权益。有关部门要按照《国务院关于进一步做好普通高等学校毕业生就业工作的通知》（国发〔2011〕16号）的要求，研究深化高校毕业生就业制度改革的具体意见，简化高校毕业生就业程序，消除其在不同地区、不同类型单位之间流动就业的制度性障碍。要指导督促各地制定实施办法，切实落实允许包括专科生在内的高校毕业生在就（创）业地办理落户手续的政策（直辖市按有关规定执行）。

（七）推动高等教育更好地适应经济社会发展需要

要深入推动教育体制改革，根据国家经济社会发展水平和产业升级的需要，合理确定普通教育与职业教育发展规模，改善人力资源供给结构。扩大高校办学自主权，逐步建立高校教学质量外部考评机制，指导高校加强实践教学，着力培养学生的综合素质和实践能力，提高人才培养质量。加强职业教育和技能培训，完善相关政策和激励措施，创新技能人才培养模式，搭建技能人才职业发展通道。加强经济社会发展对高校毕业生需求的前瞻性研究，建立健全高校毕业生需求预测和发布制度，完善就业状况的反馈机制，引导高校合理调整专业设置。建立高校毕业生就业和重点产业人才供需对接机制，超前部署重点产业相关专业设置和培养计划，努力实现人才培养、社会需求和就业的良性互动。

（八）加强高校毕业生就业工作组织领导

各地区、各有关部门要把高校毕业生就业工作摆在重要位置，落实责任、各方努力，加强引导、综合施策。将高校毕业生就业工作情况列入政府政绩考核内容，明确具体目标、工作措施和进度，把责任落实到地方、部门和高校，把工作做到前面，切实缓解高校毕业生的就业困难，切实保障应届高校毕业生就业水平不降低，并力争有所提高。要充分发挥就业工作联席会议制度的作用，建立健全高校毕业生就业工作领导和协调机制，分工协作，齐抓共管，形成合力。要将高校毕业生就业工作经费纳入同级财政预算，切实保障各项就业服务工作开展所需经费。要密切关注高校毕业生就业形势，加强分析研判，及时研究解决工作中出现的新情况、新问题，同时要研究解决高校毕业生就业难问题的长远措施。要加大高校毕业生就业工作宣传力度，重点宣传新时期就业方针和就业创业政策措施，以及高校毕业生到基层就业创业的先进典型，引导广大高校毕业生树立正确的就业观和择业观，将个人理想融入实现中华民族伟大复兴中国梦进程中，到城乡基层、到中小企业、到中西部地区、到祖国最需要的地方成长成才、建功立业。

与此同时，教育部每年都会根据当年大学生的毕业人数和相关的就业情况作出针对性的通知，深入了解大学毕业生的就业实际情况，同时提出相对应的鼓励措施，让大学生充分了解国家的优惠政策。

第三节 大学生就业权益

一、大学生就业的基本权利和义务

随着我国社会市场经济体制的逐步建立和完善，双向选择、自主择业、平等竞争、优胜劣汰已经成为大学生就业和人才市场的必然趋势。如何充分利用自己所享有的权利，选择好有利于事业成功的职业；认真履行自己的义务，顺利走向工作岗位，就成为大学毕业生关注的头等大事。所以，了解大学生在就业择业过程中所享有的权利和应当履行的义务，对高校的毕业生就业指导工作和大学毕业生顺利择业均有裨益。

（一）大学生就业应享有的权利

1. 平等就业的权利

平等就业是择业者的首要权利。《中华人民共和国宪法》赋予了我国公民劳动的权利。《中华人民共和国劳动法》更是明确规定，“劳动者享有平等就业和选择职业的权利”。大学毕业生作为即将走向社会的有知识的劳动者，理当享有这项权利。择业者不因民族、性别、宗教信仰等的不同而享有平等的就业权利，在择业时有权与用人单位平等协商。除国家规定的不适合妇女的工种或岗位外，用人单位不得以性别为由拒绝录用女性或者提高对女性的录用标准。男女之间、不同民族之间应一视同仁。在工资方面应贯彻同工同酬的原则。

2. 自主择业的权利

自主择业是择业者的基本权利。《中国教育改革和发展纲要》提出了我国高校毕业生就业制度改革的目标模式，即实行少数毕业生由国家安排就业，多数由学生“自主择业”的就业制度。通过各级毕业生就业市场选择职业是毕业生就业的重要途径。而自主择业是毕业生能够进入就业市场选择单位，进行“双向选择”的前提。在现阶段，由于我国各地区经济发展的不平衡，高等学校的分布也很不均匀，毕业生的数量在近期内还不能满足社会各方面的需要，毕业生就业还不具备完全的自主择业的条件，只能是在国家方针、政策指导下，在一定范围内的“自主择业”，而不是随心所欲的“自由择业”。国家还要保留宏观调控的手段，以兼顾各个方面的需要。即使将来完全建立了人才市场体制，在毕业生就业分配问题上的宏观调控也依然存在。因此，择业者自觉接受国家有关就业方针政策的指导，应该是正确行使自己择业权利的前提和保证。

3. 公平竞争的权利

公平竞争是自主择业的前提，是择业者在择业过程中的一项基本权利。择业者在政策规定的择业范围内都有权参与竞争。毕业生就业制度改革的方向就是在国家政策的指导下，通过人才劳务市场，在公平、平等、竞争、择优的原则下自主择业。公平竞争对择业者来讲既是权利，也是机遇，同时，又要承受竞争所带来的压力和挑战。竞争奉行的是优胜劣汰的原则。毕业生就业市场中的公平竞争，一方面能够促进人才资源的合理配置；另一方面也是对择业者基本素质和实际能力的检验，对学校的教育教学、专业结构的改革也能起到积极的促进作用，产生连锁的竞争效应。

市场是无情的，竞争是激烈的，择业者应该清醒地意识到这一点。一旦进入人才市场，就是一场知识的竞争、能力的竞争、素质的竞争，危机意识是不可或缺的。有了危机感，大学生就要更加珍惜大学生活，集中精力学习，提高自己的竞争力。

4. 全面真实了解用人单位情况的权利

全面真实地了解用人单位的情况，是择业者实现自己就业愿望的前提，是保护自身利益的一种权利。教育部根据《普通高等学校毕业生就业暂行规定》而制定的“全国普通高等学校毕业生就业协议书”中规定，毕业生有权向用人单位了解使用意图等基本情况；用人单位有义务向毕业生如实介绍本单位的情况，并提供有关资料。

5. 协商签订劳动合同的权利

随着毕业生就业市场的不断完善，用人单位和毕业生法律意识的增强，为了避免毕业生就业过程中当事人各方的矛盾，以及运用法律手段解决就业过程中的争议和纠纷，在就业协议的基础上，毕业生和用人单位可以根据《劳动法》的规定，订立劳动合同。劳动合同是毕业生就业协议的延伸和法律化。毕业生就业协议，在一定程度上讲，是政府编制就业计划的依据，而劳动合同则具有法律效力。当事人双方一旦发生争议或一方权益受到损害，可以通过法律解决争议或者获得法律保护。

6. 接受就业指导的权利

接受就业指导是每个毕业生都享有的权利。《高等教育法》规定，高等学校应当为毕业生提供就业指导和服务。《普通高等学校毕业生就业工作暂行规定》明确指出，高等学校的一个主要职责就是对毕业生开展毕业教育和就业指导工作。原国家教委办公厅 1995 年发布的《关于在高等学校开设就业指导选修课的通知》中也指出，要加强大学生的就业指导工作，并建议在高等学校开设就业指导选修课，将此课纳入思想政治教育课程体系。由此可见，对毕业生进行就业指导是高等学校的教育职责，同时，接受学校必要的就业指导以帮助自己顺利就业，是每个毕业生都享有的权利。

高等学校的就业指导工作主要是为了帮助毕业生根据自身特点和社会职业需要，选择最能发挥自己才能的职业，全面、迅速、有效地与工作岗位结合，实现自己的人生价值和社会价值。毕业生应该好好地利用自己的这项权利，在择业之前首先熟悉国家的就业政策，了解社会需求信息，树立正确的择业观，增强择业意识，掌握求职技巧，不断提高主动适应社会需要的能力。

7. 获取有关就业政策与信息咨询的权利

毕业生就业政策的普通性和严肃性，要求高等学校、毕业生以及用人单位都必须严格按照有关就业政策，规范和指导毕业生求职择业活动。高等学校及有关部门有责任及时向毕业生公布和宣讲国家及有关地区、部门的就业政策。只有这样，毕业生才能在求职择业时做到胸有成竹、从容不迫。否则，就会在求职择业过程中，出现盲目性选择而导致事与愿违，甚至因政策性的盲点而处处碰壁。

就业信息的获取对毕业生的职业选择起着举足轻重的作用。根据《普通高等学校毕业生就业暂行规定》的要求，国家各级毕业生就业主管部门、高等学校和用人单位都有责任收集、发布和提供毕业生供需信息，毕业生享有向有关部门进行信息咨询的权利。

（二）大学生就业应履行的义务

1. 服从国家和社会需要的义务

服从国家和社会需要，就是一个人在选择职业时，应该首先考虑国家建设和社会发展对人才的需求，按照国家和社会对个人的要求去认识和处理择业问题，进而恰当确定自己的职业岗位。毕业生在选择工作单位时考虑个人因素是不可避免的，也是无可非议的。然而，作为当代大学生，应当具有立志成才报效社会的思想觉悟。加之我国的高等教育经费投入现在还是以国家财政拨款为主，个人所交学费还不足所需培养费用的1/4；国家和社会为举办教育投入了巨大的财力、物力、人力，为大学生的学习和成才创造了良好的条件。因此，上大学还不完全是一种投资于未来发展的个人行为，就业也就不应该是只顾个人意愿的个人行为，而应服从和服务于国家的需要。

作为新时代的大学生，肩负着历史的重任，应当志存高远，勤恳敬业，不畏艰辛，到艰苦的地方去工作，勇做新时代的开拓者。在国家优先发展而急需人才的单位，在贫困地区，在陷入困境的国有大中型企业的生产、科研、教学第一线，最能锤炼人的意志，也最能展示才华，实现人生价值。

2. 履行特定的义务

对于从国家、社会或培养单位获得特殊权利的毕业生，依照权利和义务相一致的原则，必须履行超过一般大学生的特殊的义务。比如，委托培养和定向培养的毕业生，毕业以后必须回到原委托培养或定向培养的单位工作服务。师范专业的毕业生，毕业以后必须根据国家和政策的安排在教育系统范围内就业。系统和行业毕业生，像农业、林业、地矿、石油、交通、测绘、民族等部门所属院校的毕业生，一般应在本系统、本行业的范围内自主择业。还有享受专项奖学金或政府奖学金的毕业生，应当履行相应的义务，毕业后为合同规定的有关单位服务一定期限。如果特殊原因不能履行此项义务的，则应退还其获得的专项或政府奖学金。家庭经济困难而又没有申请专项奖学金的学生，可以申请助学贷款。领取助学贷款的学生毕业后应按期归还贷款。如果到国家指定的单位或地区工作的，可以减免贷款。

3. 如实推荐自己的义务

毕业生在求职择业过程中，如实向用人单位介绍自己的情况，是基本的择业道德要求。讲真话是诚实美德的表现。毕业生在填写推荐表、写自荐信、与用人单位洽谈介绍自己时，必须实事求是，全面准确。讲优点不要夸张，对缺点不能回避，有过失不可隐瞒，填报成绩不能虚假。人无完人，每个人的才能都有限，每个人都有不足之处，只有如实介绍自己的情况，才能使人觉得可靠，以欺瞒手段来达到自己的目的，只能得一时之逞。人生最可贵的品格是诚实，诚实的品格是人才思想素质的重要方面。凡具有这种品格的学生，是最受社会欢迎的。

4. 遵守协议的义务

毕业生与用人单位“双向选择”确定之后，就要签订就业协议，遵守协议是就业工作顺利进行的保证。讲信誉是对毕业生就业道德的基本要求。毕业生不能朝三暮四，这山望着那山高，一经签订协议，就不能随便违约。如果毕业生不能严格遵守协议，随便违约，不仅影响学校正常的就业秩序，也会损害用人单位、学校和其他学生的利益。因此，必须强化择业者的信用意识。

5. 按时到工作单位报到的义务

《普通高等学校毕业生就业暂行规定》要求，毕业生办理完派遣手续后，应持“报到证”按时到工作单位报到。如果自派遣之日起，无正当理由超过3个月不去就业单位报到的，由学校报主管毕业生调配部门批准，不再负责其就业。在其向学校缴纳培养费和奖（助）学金后，由学校将其户籍关系和档案转至家庭所在地，按社会待业人员处理。

二、大学生就业时常见的就业骗局

大学生在就业求职时将面对各种招聘单位，并有可能与具有媒介和中介性质的人和机构打交道，社会复杂，难免鱼目混珠，众多的机会中有时也会潜入别有用心的不当企图甚至骗局和陷阱，为帮助涉世未深的大学生擦亮慧眼，辨别真假，提高警惕，避免上当，下面介绍一些常见的就业骗局。

（一）欺骗宣传

一些用人单位在招聘时夸大单位规模、发展前景、工资待遇等情况，或者隐瞒单位实情；有的用人单位千方百计了解毕业生的情况，却设法回避毕业生提出的了解单位的问题。这些都将导致毕业生与用人单位之间信息不对称，侵犯了毕业生的知情权。更有甚者，恶意欺骗宣传，宣称“高薪”“高福利”“高岗位”诱惑毕业生从事名不副实的工作，严重损害毕业生利益。如某企业抛出低工资高奖金的制度吸引应聘者，扬言做得好月薪可达万元，其实是在几乎没有底薪的情况下领取苛刻的销售提成。要知道，管理规范的优秀企业通常会淡化奖金、提成这些易于产生副作用的做法，只有那些急功近利、员工流动性大的企业才会反其道而行之。广大毕业生应脚踏实地，不要投机取巧，不要相信天上能掉馅饼，增强抗拒诱惑的能力，避免落入不法分子的圈套。

（二）招聘歧视

平等就业都是法律权利，但近些年出现了不少招聘中的歧视行为。

1. 性别歧视

这是女生经常遇到的无奈。有的用人单位不顾社会责任，片面追求利益最大化，逃避劳动法赋予用人单位对女职工的特殊义务，在招聘员工时或私下或公开规定“只招男生”或“男生优先”。

2. 身体歧视

一些用人单位在缺少相关规定的情况下将身体有残疾或疾病的人拒之门外，剥夺了这群人的就业机会；还有一些单位在并无必要的情况下对应聘者的身高、相貌甚至三围提出要求。

3. 户籍歧视

有的用人单位只招收本地户口的毕业生，或者没有本地户口就必须有本地户口居民的担保，抬高了外地户口毕业生就业的门槛。有的地方政府为了保护本地人口就业，制定不合理的人才准入制度，使本地单位无法招收外地户口的毕业生，或者无法使外地户口的劳动者成为正式职工，严重限制了人才的合理流动。以上歧视行为侵犯了广大毕业生的平等就业权，需要理直气壮地予以谴责。

（三）违规收费

国家有关部门早就明文规定，用人单位不得以任何名义向应聘者收取报名费、押金、保证金等费用，对员工的培训费用应当从成本中支出。可有些用人单位却对此置若罔闻，巧立名目向应聘者收费。毕业生迫于对工作的需要往往只得交费。可是不少企业在收取了费用后便为所欲为，或者怠于履行义务，或者向求职者得寸进尺提出更过分的要求。因此毕业生在求职时要区分用人单位哪些做法是合理的、哪些做法是不合理的，对于各种名目的收费要坚决抵制。

（四）侵犯隐私

毕业生在求职时，会在相关领域如网络和求职材料上留下自己的信息资料，比如姓名、年龄、身高、学历、电话、身份证号等，这些信息属于个人隐私的一部分，未经本人同意不得公开、泄漏、出售。但可能因为各种原因，如工作人员的疏漏、网络软件的缺陷、不法分子的圈套等，这些信息被用来侵害当事人或谋求商业利益。因此，毕业生求职时不要随便将个人资料留给不可靠的单位和个人，投放网络时要选择安全防范能力强和可靠性高的网站，同时，注意保密设置内容的选项。在面试时，一些用人单位的提问会涉及个人隐私，如果与工作无关或者出于恶意，毕业生有权拒绝回答；如果是出于安排合适岗位的考虑或者考察应变能力，毕业生可以视情况回答。用人单位获得毕业生的个人隐私后，负有保密的义务，否则构成侵权。

（五）侵犯知识产权

个别用人单位通过招聘时要求毕业生提供作品或者完成某项设计工作等方式，取得并盗用毕业生的智力成果。如某软件公司在报刊上刊登招聘启事，招聘计算机专业研究生，凡应聘者领取考卷一份，实为一项设计项目的一部分。就这样，一场虚假招聘使本应耗费大量人力的设计工作轻松完成。所以广大毕业生尤其是设计类、计算机类的毕业生应该提高警惕，增强保护知识产权的意识，采取适当措施降低用人单位使用作品的可能性。例如，面试时不要让用人单位随意复制自己的作品；发送电子邮件时，应对自己的作品进行处理，降低相关图片的分辨率；交付自己的作品时，应要求用人单位签收，以保存证据。

（六）虚假试用

一些不法企业利用试用期廉价使用毕业生。规定试用期是正常的招聘行为。但有些企业在试用毕业生时劳动强度高工资报酬低，在试用期结束后又借口种种理由辞去毕业生，更有甚者，还向毕业生收取所谓培训费。所以广人毕业生在求职时一定要就试用期问题在合同中明确约定；在试用期间要注意保留有关工资、工作时间、工作能力的证据，以备必要时维护自己的权利。

（七）合同陷阱

大学毕业生尤其要防备一些老谋深算的雇主设置的合同陷阱。近年来，社会上出现了一些合同严重违反法律，这些合同都是无效的。

1. 暗箱合同

这类合同中的权利和义务一边倒。有些企业，尤其是私营和个体工商户与劳动者签合同时，多采用格式合同，根本不与劳动者协商，不向劳动者讲明合同内容。在合同中，只从企业的利益出发规定用工单位的权利和劳动者的义务，而很少或者根本不规定用工单位的义务和劳动者的权利。

2. 霸王合同

这类合同一般是以给劳动者或其亲友造成财产或人身损失相威胁，迫使对方在违背真实意愿的情况下所签订的。比如，有的企业看重一名技术员后，先与该技术员的亲朋好友订立劳动合同，然后再与该技术员谈判，强迫与其订立劳动合同，否则就以解雇其亲朋好友相威胁。

3. 生死合同

部分用人单位不按劳动法的规定履行劳动安全义务，妄图以与劳动者约定“工伤概不负责”的条款逃透责任。签订这类合同的往往正是从事高度危险作业的单位。这类企业劳动保护条件差、安全隐患多、设施不安全，生产中极易发生安全事故。

4. 卖身合同

这类合同具体表现为一些用人单位与劳动者在合同中约定，劳动者一切行动服从用人单位安排，一旦签订合同，劳动者在工作中就会加班加点，被迫劳动，有的甚至连吃饭、穿衣、上厕所都规定了严格的时间，剥夺了劳动者的休息权、休假权，劳动者的生活、娱乐和人身自由受到限制。

5. 双面合同

一些用人单位与劳动者签订合同时，准备了至少两份合同。一份是假合同，内容按照劳动部门的要求签订，对外应付有关部门的检查，但在劳动过程中并不实际执行；一份为真合同，是用人单位从自身利益出发拟订的违法合同，合同规定的权利义务极不平等，对内用以约束劳动者。

三、大学生维权的方式和途径

大学生创业，已成为时代的一道亮丽的风景线，更多的人在议论着当代大学生身上的创新意识和勇于实践的精神，却少有人注意到其中存在的问题：有的大学生在转让知识成果时，由于不了解自己成果值多少钱，结果成果低价被人买走；有的大学生在创办公司时，违法违规，甚至被勒令停业；有的大学生在与社会企业合作时，受骗上当……勇于创新的精神和深厚的知识基础，是大学生创业的优势，但与在商海沉浮多年、深沉老练的老板们相比，这些显然还不够，创业学子，要学会保护自己。当然，对于这种种现象，我们要制止它们的发生，但是有些社会现象不可能在短时期内消失，所以作为一名大学生，我们首先要做的便是增强自己的自我保护意识和维权意识，毕竟是人要去适应社会，而不是社会来适应人。所以，作为大学生，要在思想意识上增强维权意识，并在现实行动中切实维护自己应有的合法权益。

掌握合法的维权方式和途径，对大学生在就业过程中遇到的合法权益受损问题最为行之有效。一旦在实际就业中合法权益受到侵犯，应该积极运用法律武器，通过申请调解、仲裁、诉讼等合法途径，维护自己的正当权益。很多大学毕业生苦于维权无门，发生劳动纠纷不知道找什么部门。诸如此类问题，我们总结了六大维权途径。

1. 协商

对于用人单位一般的违规行为或争议不大的问题，劳动者可与用人单位自行协商，达成新的协议，或者有过错的一方改正错误，消除争议。

2. 调解

发生劳动争议后，劳动者可以向本地区的劳动争议调解委员会提出申请，请求调解。调解申请，应当自知道权利被侵害之日起30日内提出。

3. 仲裁

仲裁是处理劳动争议的必经程序。劳动者申请劳动争议仲裁，应自劳动争议发生之日起60日内向劳动争议仲裁委员会提出书面申请。劳动争议仲裁委员会受理的劳动争议范围包括：因企业开除、除名、辞退职工和职工辞职、自动离职发生的争议，因执行国家有关工资、保险、福利、培训、劳动保护规定发生的争议；因履行劳动合同发生的争议；因法律、法规规定的其他劳动争议等。

4. 诉讼

劳动争议当事人对仲裁裁决不服的，可在收到仲裁裁决书之日起 15 日内向人民法院起诉。但需注意，未经劳动争议仲裁委员会仲裁的劳动争议案件，法院不予受理。

5. 监察举报报诉。

《中华人民共和国劳动法》规定："县级以上各级人民政府劳动行政部门依法对用人单位遵守劳动法律法规的情况进行监督检查，对违反劳动法律法规的行为有权制止，并责令改正。"还规定："任何组织和个人对于违反劳动法律、法规的行为有权检举和控告。"据此，劳动者发现自己的劳动权益受到侵害时，应及时向单位所在区县的劳动保障监察部门举报。

6. 信访

劳动者在劳动权益受到侵害时，还可以通过信访的方式，向各级工会、妇联以及政府信访部门反映。

第三章　职业概述与职业生涯规划

第一节　职业的涵义与分类

一、职业的涵义

（一）职业的定义

职业是指在业人员所从事的有偿工作的种类。职业是人们在社会中所从事的有稳定、合法收入的活动，既是人们为社会做贡献、实现人生价值的舞台，也是人们谋生的手段。有稳定、合法的收入，是职业这种特定的劳动区别于其他社会活动的主要特点。

职业存在于社会分工之中，在不同工作性质的岗位上，人们的社会角色迥异，所从事的工作在目标、内容、方式与场所上存在很大的差别。一定的社会分工或社会角色的持续实现，就形成了职业。

人们一般习惯使用“工种”“岗位”等概念，实质上就是将职业按不同需要或要求进行的具体划分。一般一个职业包括一个或几个工种，一个工种又包括一个或几个岗位。因此，职业与工种、岗位之间是一个包含和被包含的关系，它们之间有着密切的内在联系。

工种是根据劳动管理的需要，按照生产劳动的性质、工艺技术的特征或者服务活动的特点而划分的工作种类。目前，大多数工种是以用人单位的专业分工和劳动组织的基本情况为依据，从用人单位生产技术和劳动管理的普遍水平出发，为适应合理组织劳动分工的需要，根据工作岗位的稳定程度和工作量的饱满程度，结合技术发展、劳动组织改善等方面的因素进行划分的。

岗位是用人单位根据生产的实际需要而设置的工作位置，用人单位根据劳动岗位的特点对上岗人员提出的综合要求形成岗位规范，它构成用人单位劳动管理的基础。

（二）职业的要素

职业由下述几个要素构成：①职业名称。职业的符号特征，它一般由社会通用称谓来命名。②职业主体。从事一定社会分工活动的劳动者，必须有承担该职业活动所需要的资格和能力。③职业客体。职业活动的工作对象、内容、劳动方式和场所等。④职业报酬。通过职业活动所取得的各种报酬。⑤职业技术。劳动者在从事职业活动中所运用的自然技术、社会技术与思维技术的总和。它体现在人们从事职业活动时使用工具、材料、工艺方法的发展和应用，也包括尚未形成系统的经验。

职业的要素体现了职业是社会与个人、整体与个体的连接点。社会整体依靠每一个个体通过职业活动来推动和实现，发展目标个体则通过职业活动对整体做出贡献，并索取一定的回报以维持生活。整个社会因众多的职业分工和从业者的工作而构成人类共同生活的基本结构。

（三）职业的意义

从职业主体看，职业对于个人的发展也是十分重要的。它不仅是一个人谋生的需要，同时也是贡献社会、实现自我的途径。对于每个从业者而言，职业的意义包括以下几方面。

1. 职业首先是谋生的手段

个人通过就业实现生存的需要，获得个人最基本的安全感。在谋生的过程中，个人通过职业活动为社会创造着无尽的财富，为人类的繁衍提供保障。

2. 职业使人获得了社会地位

职业依人们参加社会劳动的性质和形式，形成了不同的社会集团，即不同的社会层次，它区分人们在社会劳动中的具体劳动方式及承担的具体工作类型。一方面，由于各种职业主体的劳动方式、经济收入的不同形成了不同的职业层次；另一方面，又由于政治、经济、文化、历史等方面的差异，形成了特定的等级。

3. 职业为个人发展自我个性、实现自我价值提供了空间

人生价值的实现，无论从哪方面看，都离不开职业活动。职业规定了一个人的工作内容及奋斗目标。个人只有以工作岗位为起点，才能实现与社会整体的汇合，一个人将丰富的知识、熟练的技能出色地运用于职业活动时，就会创造出一定的效益来回报社会，从而实现自己的人生价值。职业活动，一方面满足了个人对社会、集体的归属，并提供了个人为社会做贡献的场所；另一方面也满足了个人对归属感、爱、尊敬与被尊敬等精神的需要。

（四）职业的特性

职业特性反映了职业主体在长期的实践活动中所形成的与其他形式的劳动相区别的本质属性。

1. 社会性

职业充分体现了社会分工，是社会生产力发展的产物。每一种职业都体现了社会分工的细化，体现了对社会生产和社会进步的积极作用。社会成员在一定的社会职业岗位上为社会整体做贡献，社会整体也以全体成员的劳动成果作为积累而获得持续的发展和进步。职业的社会特性反映出不同的职业承担着不同的社会责任。不同职业人应当了解自己承担的职业角色，完成自己的使命。

2. 经济性

职业活动以获得谋生的经济来源为目的。劳动者在承担职业岗位职责并完成工作任务的过程中要索取报酬，获得收入。一方面这是社会、用人单位对劳动者付出劳动的回报和代价；另一方面它是劳动者维持家庭生活保持整个社会稳定的基础。让人们了解职业的经济特性，目的是更客观地审视所要从事的职业，但这不等于这种特性就完全决定一个人的职业选择。就业指导人员在对求职者的咨询中，应当特别注意把握这种尺度，既不排斥这一特性的存在，又不能过分强调它在职业选择中的地位。

3. 技术性

从某种意义上说，职业的技术特性标示了职业的专业色彩。尽管每一种职业所表现出来的技术性要求程度不同，有的甚至具有较大的差异性，但它

们都是职业得以存在的基本表现形式。因此，自职业诞生之初，社会上就不存在没有技术的职业。任何一个职业岗位都有相应的职责要求，能胜任和承担岗位工作的人，除了达到岗位职业道德、责任义务、服务要求以外，至少要达到持证上岗的技术水准。比如，所有规范的岗位对学历证书、职业资格证书、专业技术考核证书、上岗培训合格证书等都有要求。

4. 稳定性

任何一种职业都要经历一个从酝酿到形成，从发展到完善再到消亡的变化过程。一般来说，构成职业生存的社会条件变化是比较缓慢的。职业的生命周期具有相对的稳定性。但是，这种稳定性是相对的，随着现代社会经济、科技、文化的快速发展，特别是科学技术的日新月异，促使原有职业活动产生变化。如果这种变化只是在量的层面上，说明这个职业为社会所提供的功能仍然存在；如果这种变化反映在质的层面上，则意味着这个职业已经没有存在的价值，完成了它的历史使命，或被新生职业所取代。这里之所以讨论这种职业的稳定性变化的问题，主要意图是提醒职业指导人员及时把握职业变迁的两端：一端是新职业的诞生，另一端是旧职业的消亡。当然也不能忽视职业在稳定期内所产生的一些重要的变化，有时这方面的信息对本职者而言是非常宝贵的。

5. 群体性

职业的存在常常和一定的从业人数密切相关。凡是达不到一定数量从业人员的劳动，都不能称为职业。群体性并不仅仅表现为一定的从业人员数量，更重要的是一定数量的从业人员所从事的不同工序、工艺流程表现出的协作关系，以及由此而产生的人际关系。从业者由于处于同一单位或职业，因此，他们总会形成语言、习惯、利益、目的等方面的共同特征，从而使群体成员不断产生群体认同感。个人对相关职业特征的了解和认同，能够促进其更有效地实现就业和进一步的职业生涯发展。

6. 规范性

职业的规范性有两个含义：一是职业主体所从事的职业活动必须符合国家法律规定和社会伦理道德准则；二是从业者应遵守的法律法规。如某些职业的从业者应持证上岗，某些职业的从业者在操作过程中须遵守特定的法律法规等。了解和遵守职业规范对个人职业生涯的发展非常重要，所以要通过就业指导帮助求职者建立职业规范意识，了解相关的职业规范或法律法规。

二、职业分类

（一）职业分类的概念及作用

所谓职业分类，是采用一定的标准和方法，根据一定的分类原则，对从业人员所从事的各种专门化的社会职业进行的全面系统的划分与归类，它是一个国家形成产业结构概念和进行产业结构、产业组织及产业政策研究的基础。它对于社会各个行业的发展有着十分重要的意义。任何一个国家的职业分类都影响并制约着其国民经济各部门管理活动的成效。我国是人力资源大国，合理开发、利用和综合管理社会劳动力，提高劳动者的素质对于民族的兴旺、国家的昌盛意义重大。职业分类作为国民经济发展的一项重要基础性工作，涉及社会生活的各个领域，特别是对劳动力的管理具有直接的影响，其科学性很强。因此，不断总结职业分类的现实，探究职业分类发展的理论，根据社会经济与职业自身发展的趋势及时准确地制定现有职业分类体系，为国民经济的发展提供必要的服务，是现阶段我国职业分类工作的总目标。职业分类的发展也是职业自身发展的需要，一个国家职业体系结构的形成，为人们了解社会职业领域的总体状况提供了基础。

（二）职业分类的基本依据和方法

职业分类的基本依据是工作性质的同一性。职业分类包括职业的划分与归类。按照工作性质的同一性进行职业分类，一方面是根据职业活动工作特征的相异程度进行职业的划分；另一方面是根据职业活动工作特征的相同程度进行职业的归类。

任何一个国家的职业分类都是建立在一个分类结构体系之上的，只有针对体系中的每个层次，依据不同的原则和方法，才能实现总体结构的职业划分与归类。根据国际职业分类的通行做法，职业分类一般划分为大类、中类、小类和细类四个层次。大类层次的职业分类是依据工作性质的同一性，并考虑相应的能力水平进行的；中类层次的职业分类是在大类范围内，根据工作的任务与分工的同一性进行的；小类层次的职业分类是在中类的范围内，按照工作的环境、功能及其相互关系的同一性进行的；细类层次的职业分类即为职业的划分与归类，它是在小类的基础上，按照工作分析法，根据工艺技术、对象、操作流程和方法的同一性进行的。

职业分类的基本方法是工作分析法。职业分类工作分析法是将任何一种职业活动依据其工作的基本属性进行分析，按照工作特征的相异与相同程度进行职业的划分与归类。

（三）我国现行职业分类

1. 我国职业分类的结构

我国职业分类的总体结构分为大类、中类、小类和细类（职业）四个层次，依次体现由粗到细的职业类别。细类作为我国职业分类结构中最基本的类别，即职业。

根据我国国民经济发展现状，借鉴国际标准职业分类体系，我国职业划分为八个大类。第一大类为“国家机关、党群组织、企事业单位负责人”；第二大类为“各类专业技术人员”；第三大类为“办事人员及有关人员”；第四大类为“商业及服务业人员”；第五大类为“农林牧渔水利业生产人员”；第六大类为“工业生产人员”；第七大类为“军人”；第八大类为“不便分类的其他人员”。

2.《中华人民共和国职业分类大典》

进入 20 世纪 90 年代以后，社会主义市场经济的建立，社会经济和科学技术的快速发展，经济领域发生的重大变革对人力资源的管理提出了新的要求。对此，国家提出要制定各种职业的资格标准和录用标准，实行学历文凭和职业资格两种证书制度。为了适应我国社会发展的需要，1995 年劳动部、国家统计局、国家技术监督局联合成立了“国家职业分类大典和职业资格工作委员会”，组织国家有关部门开始编制新中国第一部国家职业分类大典《中华人民共和国职业分类大典》，以此作为劳动力管理的社会化、科学化和规范化的重要依据。

国家职业分类大典的基本内容是通过 8 个大类，用简明、统一的格式来表述的。每一大类的内容包括大类编码、大类名称、大类描述、所含中类的编码和名称，每一中类的内容包括中类编码、中类名称、中类描述、所含小类的编码和名称，每一小类的内容包括小类编码、小类名称、小类描述、所含细类的编码和名称；每一细类（职业）的内容包括职业编码、职业名称、职业定义、职业描述及归入本职业的工种名称与编码等。

2015 年 7 月 29 日，国家职业分类大典修订工作委员会召开全体会议审议、表决通过并颁布了新修订的 2015 版《中华人民共和国职业分类大典》（以下简称《大典》）。2015 版《大典》主要从四个方面进行了修改、调整和补充。第一，对职业分类体系的修订；第二，对职业信息描述内容的修订；第三，对职业信息描述项目的调整；第四，增加绿色职业标识。职业分类修订工作是一项长期任务。要继续发挥《大典》修订平台的作用，建立职业分类动态更新机制，对《大典》进行及时调整和补充完善。2015 版《大典》职业分类结构为 8 个大类、75 个中类、434 个小类、1481 个职业。与 1999 版相比，维持 8 个大类、增加 9 个中类和 21 个小类，减少 547 个职业。经过系统专家努力，质检行业共 24 个职业列入大典，质检工作重要性进一步凸现。

第二节　职业发展与职业评估

一、影响职业发展变化的因素

职业的变化和发展主要是由以下因素驱动的：社会及管理的变革、技术变革、经济发展、产业及行业的演变。以上因素的同时存在又互相影响，导致和形成了明显的职业变迁和发展，表现为传统职业的消失或更新，现代职业的形成和发展。

20 世纪末期，我国社会经济发展进入了转折性的历史时期，新型社会主义市场经济体制的建立为我国经济的发展注入了新的活力与生机。许多计划经济时代的职业处于变革之中，如传统的人事管理职业更新为现代的人力资源管理职业；再如，由于人事制度的改革，就业由传统的政府分配，转变为自主择业；随着劳动力市场的出现，职业指导师、职业信息分析师、劳动保障协管员等新兴职业产生。

随着先进科学技术的广泛应用以及互联网的发展，企业生产工艺不断创新，形成了以IT产业为代表的高科技产业，还出现专业技术人员的职业细化，出现了更多新的职业，如网络工程师、网管员等。它标志着我国职业类别又有了新的发展与变迁。

经济发展的结果是服务业的快速发展，从而形成了新的社会分工和新的职业，如美甲师、宠物护理师、色彩顾问、会展员、送餐员等。

伴随着传统产业更新以及科学技术的发展，现代服务业快速发展，新的社会分工和职业生产者不断涌现，促使我国的职业领域不断拓宽。数控机械制造、现代生物、电子商务与现代金融业的兴起，职业劳动者队伍迅速扩大，形成了不同职业类别的劳动大军。

二、职业变化发展态势

（一）全球职业变化发展态势

新职业不断产生，无论在生产部门还是在服务部门中，新型的职业活动和职业都不断涌现出来，这可以从不同职业领域的变化中找到依据。

1. 生产领域

尽管第一产业、第二产业的职业数量在减少，从业人员总量和比例也在减少，但由于在这两个产业中生产的知识和技术密集程度的提高，还是出现了一些新的职业和职业群。典型的有第一产业中的基因和转基因工程师、遗传工程师、细胞工程师、生态农业技师和技工、生化实验技师和技工、节水灌溉技师和技工；第二产业中的加工中心工程师和技师、环境监测工程师、计算机辅助设计（CAD）工程师和技师、计算机辅助制造（CAM）技师和技工、纳米材料生产技师和技工，以及航空航天材料技师和技工等。

2. 服务领域

由于生产活动方式的变化以及生活活动内容的增加，服务领域新产生的职业数量远远大于生产部门，这些新职业主要集中在信息服务业、管理咨询业和社会服务业三个主要方面。

信息产业是发展最快的产业，与信息产业相关的职业也是发展速度最快的职业群。据经济合作与发展组织统计，信息职业已占各种新生职业总和的40％以上。

信息通信产业分成四大块：设备制造业、通信运营业、内容服务业、应用服务业。这四大块中，目前以运营业为主，因为它还是具有一定的自然垄断性，它掌握着7亿用户终端，这个资源是很重要的。但是这四大块中未来的走向肯定是运营业让位给内容服务业，内容服务业是未来这四个产业链当中一个核心的产业链。内容服务业包括很多，如网上娱乐、音频视频互动、网络电视、短信等。

另据美国的统计，美国从事信息和知识生产分配与传递的人数已超过全部从业人员的半数，信息和通信技术的急剧扩张，导致了对计算机工程师、计算机系统分析师、计算机基础科学和各个领域的应用专家及操作技术人员的大量需求。有些专家认为信息产业已经从第三产业领域独立出来，成为第四产业。

（二）我国职业变化发展态势

从发展态势看，我国未来职业变迁呈现以下的发展态势。

1. 由单一基础向跨专业复合型转化

从目前就业情况分析来看，职业岗位的要求和劳动方式逐步由简单向复杂方面转化，过去单一技能就能胜任的工作，现在职业内涵发展扩大了，往往需要相关专业的许多知识和技能、更多地需要跨专业和复合型人才。例如，许多职业的从业人员都要求具备一定的英语能力和计算机技能。

2. 由封闭型向开放型转化

随着改革开放的深入，职业岗位工作的范围和面向的服务对象越来越广泛，接受信息的渠道不断扩大，人们相互之间的交往和协作大大加强，所以要求人们须具有开放的观念和心态，彻底摆脱封闭的状态。另外，开放型体现在职业岗位工作的性质上，也增加了一些以人与人之间联络沟通、信息咨询和交易为表现形式的内容。例如，许多职业都需要借助互联网从事职业活动。

3. 由传统工艺型向信息化、智能型转化

传统工艺型职业在科技含量上相对滞后，在技术更新速度方面比较缓慢，有时跟不上时代前进的步伐。生产力发展的关键之一，是增加职业岗位科技含量，改善劳动组织和生产手段，提高劳动生产率。因此，能熟练应用信息管理方法的智能型操作人员，是今后职业岗位更新、工作内容更新需要的新型人才。例如，传统的仓库管理工作者，由于需要及时提供库存信息而向物流师方向发展。

4. 由继承型向知识创新型转化

知识经济的到来要求社会成员不断树立创新意识，在自己的职业岗位上进行创造性劳动。今后，只有创造型人才才能更好地胜任岗位职责。例如，舞台灯光设计师、个人形象设计师等职业，如今这些工作中大部分都具有创造性。

5. 服务性职业向知识技能化发展

社会生产力的提高，解放了劳动力，人们越来越多地需要社会服务行业为他们排忧解难，提供方便。第三产业在劳动者数量增加的同时，对从业人员质量的要求也在不断提高，产生了知识型服务性职业，而且是吸纳社会劳动力的主要渠道。如传统的职业介绍演变为职业指导或猎头服务，实际上是原先的简单提供信息或中介活动发展为利用知识提供信息咨询服务。

劳动力市场预测专家认为，未来的新职业会越来越多地出现在服务部门，特别是与健康、通信和计算机相关的行业。

上述的职业变迁趋势，反映了我国时代变化的特征，把握职业发展趋势对大学生是非常重要的。把握职业发展趋势，能够对个人职业目标的选择提供思路和为职业生涯发展提供方向；否则，有可能导致择业的盲目性。

三、影响职业声望的主要因素

（一）职业评价概况

职业评价是反映人们对职业的主观认识态度。社会分工是职业划分的基础，自从有了社会分工就有了职业评价。尽管职业没有高与低、贵与贱、好与坏之分，但是在现实生活中，人们仍以情感的、时尚的眼光看待职业，以重要与不重要、高低与贵贱、好与坏来对职业进行区分。应该指出，职业的不同是由于社会分工的不同造成的，正是由于社会分工不同，使得职业之间在劳动强度、技术水平、智力因素、收入状况、工作条件等方面形成差别。这些差别是客观存在的，但却形成了人们对职业地位的不同看法和态度。

不同的人们从不同的角度来看待和解释职业地位的差别。功能主义者认为，职业地位的差别是社会正常运行不可避免的。一个社会要正常运行，需要各行各业的劳动者正常发挥其职能。但是，不同的职业对任职者的要求却不一样，有的职业与人打交道多，有的职业与人打交道少；有的职业风险大，有的职业风险小；有的职业要求智力水平高，有的职业要求体力强；有的职业因技术性要求高能胜任的人少，有的职业绝大多数人都可以胜任等。由于职业的差别，劳动报酬、荣誉等方面出现了差别。这就需要一种社会机制去激励人们进行职业竞争；否则，人们就不会进行更多的教育投资，不愿付出更多的努力，不愿承担更大的责任。而冲突论者认为，在现代社会中，各种职业是相互依赖的，缺少谁都不行，工作的重要性都是一样的。职业地位的高低是职业垄断和社会冲突的结果，是职业特权的表现。

大学生对职业的评价，直接影响其对职业的选择和就业后的职业流动。我们讨论的是针对职业地位存在差别的客观现实，如何对职业进行评价，而不是怎样从理论上解释职业地位的差别。

（二）职业声望评价的主要因素

对于不同的职业，我们很难做出一个客观的、全面的、科学的评判。职业的地位通常由两种方式确定：其一是研究者根据某一因素来确定职业的地位等级；其二是通过职业声望调查来确定职业地位等级。有时也合二为一，即通过职业声望来验证研究者依据某一因素而确定的职业地位。

职业声望是职业地位在人们头脑中的主观反映，反映了一定时期人们对职业的态度。研究者一般是选取具有代表性的公众和具有代表性的职业，通过调查数据来排列职业地位，反映职业地位。具有权威性的是美国塞西尔·诺斯（Cecil North）等的设计，他们精选了 90 种职业，对其职业声望进行评价。决定职业声望高低的因素主要有以下几个方面。

1. 职业的社会功能

职业的社会功能是指一定职业对社会的作用，它由责任、权利、义务体现出来。社会功能大的职业，任职条件高，职业层级就高。

2. 职业的社会报酬

职业的社会报酬是指任职者的工资收入、福利待遇、晋升机会、发展前景等。这是一个比较综合的指标，如工资收入高，并不一定福利待遇高，也不一定晋升机会就多，发展前景就好。

3. 职业的自然条件

职业的自然条件是指与职业活动相关的自然工作环境，如技术装备、劳动强度、安全系数、卫生条件等。职业的自然条件好，职业的社会层次就高。

4. 职业要求

职业要求是指一定的职业对任职者各项素质的要求。对任职者要求越高，被替代的可能性就越小，职业社会层次就高。

职业声望是以上四项因素的综合反映和综合作用的结果，任何单项因素都不能全面地反映职业声望的状况。

（三）影响职业声望评价的因素

职业声望是人们对职业社会地位的主观反映，因此，它不可避免地带有个人的偏见以及受社会舆论氛围等因素的影响，从而使职业声望评价和社会地位出现一定的差异性，主要表现如下。

1. 个人偏好

有人形成了对某一种或某一类职业好与恶的心理定式，缺乏客观性和全面性，只以职业声望的个别因素对职业进行评价。

2. 社会环境

人们对职业的评价往往被社会上出现的个别现象所引导，如时尚性、趋利性等。尤其是一定社会的政治和文化背景，直接影响着人们对职业的评价。

3. 舆论氛围

一定时期内大众舆论所造成的具有倾向性认同感，使评价者对某一种或某一类职业出现心理倾向。

4. 性别差异

职业社会调查结果显示，男女对职业声望的总体评价大致相同，但在绝对分值中，则出现性别的差异性。

5. 年龄差异

处于不同年龄段的人，在职业价值取向上有所不同。例如，年轻人对需要高新技术或时尚性强的职业像歌唱演员、影视演员比较看好，而中老年人对象征政治权力的职业评价较高。

6. 教育程度

受教育程度的不同，使人们对职业声望评价不一致。

7. 国家或地区差别

由于受历史、政治、文化、民族传统和宗教信仰等多种因素的影响，不同国家和不同地区的人们在职业声望评价中显示出明显的差异性。

四、进行职业评价应注意的问题和分析职业条件应考虑的因素

（一）进行职业评价应注意的问题

一般情况下，人们都愿意选择社会声望较高的职业，或者是从社会声望较低的职业流向社会声望较高的职业。作为新世纪的大学生，在进行职业评价、做好择业准备的同时，应注意以下几方面的问题。

1. 树立正确的职业观

职业不同是由于社会分工的不同而形成的，也是社会分工的需要，不同的职业具有不同的功能，不同的职业之间相互分工、相互协调、相互补充，它们都是社会生产和生活不能缺少的。不同的职业虽然有地位、声望上的差别，但对社会和人类的贡献则是一致的。任何职业只要能做出崇高的业绩，都会受到人们的尊重和爱戴。

2. 将职业评价与自我评价结合起来

不同的职业其社会地位和社会声望是有差别的，这是现实社会中存在的客观现实。但是，不能说只要是社会地位高、社会声望好的职业就是好职业。职业的好坏是相对的，应因人而异，不同的职业对从业者的要求是不同的，不是任何人都能胜任某项工作。职业的好坏与个人的能力、综合素质是密切相关的，只有最能够发挥自己能力、特长、水平并符合自己兴趣爱好的职业才是好的职业。

3. 职业地位、职业声望的差别是现实的和客观的

职业地位、职业声望的差别是现实的和客观的，同时也是历史的、发展的和变化的。人们对某种职业社会地位及声望的评价，都是在特定的历史时期、特定的社会条件下做出的，都不是一成不变的。随着社会的发展和进步，

人们对某一种职业的地位和声望的评价也会发生改变。职业地位取决于从业者的创造性劳动，只要符合先进生产力的发展要求、符合时代特征、符合先进文化的发展方向，能够为广大人民群众所接受的职业都会有其应有的社会地位和社会声望。

4. 注意克服世俗偏见，端正职业的待遇观

在当今社会，影响大学生全面、客观、准确地进行职业评价的心理、观念、偏见很多，如时尚、从众、攀比的心理，“官贵民贱”的等级观念和对某些体力劳动的偏见，最突出的是趋利性现象的存在，不少人片面追求物质待遇，把物质待遇的标准看成职业地位的标志，把工作条件舒适清闲的职业作为重点选择的职业，把生活便利的大中型城市和经济发达的沿海开放地区作为择业的主要方向。我们在进行职业评价时，应自觉克服这些不良倾向，要区分精神领域的价值与经济领域的价值，要有与国家主体文化保持一致的思想意识，保持共同理想和精神支柱，把个人的职业理想与最广大人民的根本利益融为一体。

（二）分析职业条件应考虑的因素

随着大学毕业生就业制度改革的不断深化，学业与职业的关系更为密切，这就要求大学生树立正确的职业观。我们并不提倡被动地盲从，应该认清形势、了解社会、分析职业条件、确定就业期望，以便刻苦学习专业知识，为就业创造条件，最终实现服务社会、发展个性、改善生活的目的。分析职业条件，应考虑的因素主要包括以下几个方面。

1. 了解就业单位所在的地理位置

就业单位所处的位置是大学生普遍关心的问题。由于不同地域的政治、经济、文化发展的不平衡，人们大都愿意选择生活条件优越、文化生活丰富、技术先进、信息灵通、技术学习机会多的沿海发达地区和大城市，这是人之常情，也符合人才市场调节规律。但我们应该看到，国家优化人才的资源配置，除了利用市场调节外，还依靠政策调控。随着西部大开发战略的进一步实施，西部地区纷纷出台特殊政策，以优惠的待遇和良好的发展前景，吸引大批优秀人才。当代大学生应该坚持实现自身价值与服务祖国人民的统一，坚持树立远大理想与进行艰苦奋斗的统一，弘扬创业精神，增强创业能力，

积极投身到西部地区艰苦创业。

2. 注意用人单位的所有制性质和职业类型

用人单位的所有制性质不同，关系到就业后的工作环境、分配政策、福利保障和发展方向的不同。职业类型则与将来的工作性质、职业能力的要求、专业的对口程度有很大关系。我们应解放思想，与时俱进，改变过去喜欢到党政机关、科研院校、事业单位、国有企业而不愿到合资企业、民营企业的就业观念，充分认识自己的职业能力和社会不同性质、不同层次职业的特点，选择社会需求与自己职业能力、层次相适应的职业。

3. 预测职业的发展前景

社会是不断发展进步的，每个职业都会经历上升、发展、衰落三个时期。每一历史阶段都会有跟不上时代发展的职业被淘汰，同时也会有大量的新职业出现，社会没有永远热门的职业。大学生择业应该有超前意识，学会预测职业的未来发展前景，尽可能选择处于上升期的行业，为自己今后在相当长的时间内取得相对稳固的就业保障打下坚实基础。

4. 了解职业的工作环境

良好的工作环境对于一个人发挥专业优势，保持良好的精神状态都至关重要。在选择一个职业单位前，应该对此单位的工作环境有所了解，既包括其自然工作环境如技术设备的先进程度、单位的规范性程度等，也包括其人文社会环境如人际关系状况、文明程度等。

5. 关注职业的物质待遇

社会和个人的生存与发展都离不开一定的物质基础，经济性是职业的重要特征，人们从事某种职业活动的主要目的是为了较稳定地获得一定的经济收入和报酬。在现实生活中，就业单位的物质待遇如何、奖金津贴数量高低、福利好坏，都是大学生择业的重要参考指标。

第三节　职业生涯规划的现状

一、职业生涯的含义

所谓职业生涯，即人们通常所说的“事业”，又称职业发展，它包括一个人一生中有关职业发展的一系列活动和行为。职业生涯具有广义和狭义之分。广义的职业生涯是指从职业能力的获得、职业兴趣的培养、职业选择、就职，直至最后完全退出职业劳动这样一个完整的职业发展过程。因此，其上限从零岁人生起点开始。狭义的职业生涯是指从踏入社会、从事工作之前的职业训练或职业学习开始直至职业劳动最终结束、离开工作岗位为止。简言之，一个人从职业学习开始到职业劳动最后结束的这一人生旅程就是职业生涯。

职业生涯包括外职业生涯和内职业生涯。外职业生涯是指一个人的工作单位、工作环境、工资待遇、职务与职称、获奖荣誉等各种因素的总和及其发展变化的过程。外职业生涯是看得见的，容易受外界或他人影响，会被他人剥夺或收回。内职业生涯是指一个人的时间、知识、观念、能力和经验等因素的总和及其发展变化的过程。内职业生涯是看不见的，是属于自己的，不会被他人剥夺或收回。

内职业生涯将通过外职业生涯的表现来体现，内职业生涯决定外职业生涯，外职业生涯反作用于内职业生涯。那么，是不是我们先把内职业生涯发展好了，再去考虑外职业生涯发展呢？我们拿树冠和树根的生长关系作比较：树冠的存在不是因为树根发达后才长成的，树冠和树根的发展既同步又是相互促进相互影响。树根在生长的同时树冠也在生长。树根根深蒂固、比较发达，树冠必然枝繁叶茂；树冠的光合作用必然有利于树根生长。因此，我们也可以说内职业生涯发展适当快于外职业生涯发展时，工作会感到舒心；快得较多时会感到烦心；快得太多时人会变心。外职业生涯发展适当快于内职业生涯发展时，自身工作会有动力；快得较多时会有压力；快得太多时会有毁灭力。

一个人必须不断的学习、锻炼和充电，才能适应形势的不断变化，工作上才会得心应手；地位和荣誉远远超过自身能力，就会使自身受到伤害，使单位事业蒙受损失。遇到领导委以重任，应认真地分析自身能力是否能够胜任。如果不能就不要牵强，应委婉地拒绝，感谢领导的好意，可请领导先安排一个自己更能胜任的职务。

二、职业生涯规划的含义

职业生涯规划是指一个人对其步入社会将从事的职业及其发展道路的规

划设想，其内容包括：确立事业目标，选择何种职业，在什么单位和地区从事什么职业，担任什么职务等。职业生涯规划是一种人生设计，是命运选择，是个人职业历程的首要环节，是实现事业目标、走向成功的第一步。职业生涯规划是一个复杂的程序，它是在对自我和内外部环境因素进行综合探索分析的基础上，在遵纪守法的前提下，通过对个人未来职业发展目标以及如何实现目标的有效规划，以实现谋求最大个人幸福与创造最大社会公益的和谐统一为目的而做出的行之有效的安排。

三、职业生涯规划的意义

在我国，大学生职业生涯规划是高等教育体制改革深化、大学生就业制度改革后出现的新事物，推出的新课题。大学阶段是人的一生中最重要、最为关键的时期，它对人一生的未来走向、对职业生涯的发展，有着决定性的影响。大学期间，大学生正处于个体职业生涯规划的探索阶段。作为大学生，从进入大学的第一天起，就应该有一个以职业方向为指导的大学生活规划，来作为自我职业生涯规划中的一个重要的阶段性规划。科学合理地规划自己的职业生涯，对毕业后的求职、就业，对未来职业生涯的发展和职业理想的实现有着十分重要的意义。

职业生涯规划有利于明确人生未来的奋斗目标。美国的戴维·坎贝尔说过："目标之所以有用，仅仅是因为它能帮助我们从现在走向未来。"只有有了明确的目标，才会激励人们努力奋斗、并积极去创造条件实现目标，这样就可以避免无目标地四处飘浮，随波逐流，浪费青春。有的人事业失败，并不是他们没有足够的知识和才能，原因在于他们目标不明，没有规划和取得最适合于他们成长与发展的职业生涯。

"凡事预则立，不预则废"，正如"如果你不知道要到哪儿去，那通常你哪儿也去不了"。对一个人的职业生涯而言，有规划与没有规划、早规划与晚规划，其结果会是完全不一样的。在高校，无论是教师还是学生，恐怕都很熟悉这样的现象：有些面临毕业的大学生，对自己的去向是考研、考公务员，还是找工作？找什么样的工作？茫然无知，他们甚至不知道自己究竟想做什么，到底适合做什么，又能够做什么。于是参加人才招聘会就像逛超市、凑热闹，盲目地投递个人简历，毫无选择地频繁地应付大大小小的面试，其结果是处处碰壁，一事无成，而且无谓地耗费掉大量的时间和金钱。事实表明，这种无目的、无规划的盲目就业还必将影响他们的长远发展。有的大学生则不同，他（她）们对自己毕业后的去向早就进行了规划设计，因此择业目标明确，准备充分，在激烈的招聘面试竞争中充满自信、稳扎稳打，总是能较顺利地赢得机遇，成功就业或创业。

职业生涯规划是人生的驱动力，是理想的灯塔。有了这个规划，目标就不会茫然，奋斗就不会盲目，方向就不会偏离。职业生涯规划是实现职业理想、通往职业成功之路的重要桥梁。离开了职业生涯规划，再美好的职业理想也是空想，无法引导你走向成功的彼岸。

职业生涯规划有利于本人和组织更好地了解个人知识能力，制订出有针对性的培训开发计划，鼓励自我控制前途和命运。对个人来说，应有自知之明，不仅要知己所长，还要知己所短。要在职场上取胜，必须制定出一个知己之长短、知环境之利弊、扬长避短的职业生涯规划，只有这样才能选择合适的职业和职务。

职业生涯规划有利于人尽其才，避免人力资源的浪费。个人所制订的事业发展的目标和职业生涯开发的计划能否实现，除了个人的努力外，还需要组织创造条件，特别是在我国目前条件下许多人的工作还是由组织上安排的，因此，作为组织，应该了解每个人的气质、性格、能力、兴趣、价值观和理想等，特别要了解每个人的职业发展规划和设想，从而为他们创造实现事业目标的环境和条件。

因此，职业生涯规划的目的绝不只是协助个人制定事业目标、达到和实现事业目标，更重要的是帮助个人真正了解自己，并且进一步详细评估内外环境的优势、限制，在“衡外情、量己力”的情形下，做出合理且可行的职业生涯发展规划，为社会、为人类做出更大的贡献。

对大学生而言，如果在大学期间没有进行职业生涯的规划与实施，大学生活就会因此而被动、盲目，缺乏动力和激情，从而导致南辕北辙或虚度光阴，并必将贻误未来前途，以致对其一生造成无可估量的损失。因此，职业生涯规划是摆在当今大学生面前的一个极其重要的、严肃的而且是不可回避的人生课题，一门必修课程。

四、职业生涯规划的现状

1. 职业生涯规划意识淡薄

当前许多高校毕业生择业就业存在相当大的盲目性和不负责性，即在职业选择时对该职位的职业性质发展、个人与职业的匹配度不关心，甚至不了解，没有充分考虑自身的专业、特长、兴趣、优势与劣势，过多地关注薪金待遇、工作环境等问题，而忽视职业前景与长远发展。大学生对所学的认知程度不高，对未来职业生涯规划的发展缺少明确目标，甚至在择业时取向模糊，仅凭兴趣来选择职业，对自己不负责。大学阶段是职业生涯规划的黄金阶段，必须尽早确定自己的职业目标，选择自己职业的发展地域范围，把握自己的职业定位，保持平稳和平常的心态，按照自己的目标有条不紊的努力。但是许多大学生职业生涯规划观念普遍淡薄，求职期望过高，对自己素质能力的评价往往和招聘单位的评价不吻合，忽视职业生涯规划。认识自我意识淡薄，缺少感性认识和理性认识。侧面反映我国传统的教育体系中职业生涯规划和辅导工作的薄弱。

2. 职业生涯规划制度不完善

我国的高等教育有其历史特殊性，即计划经济体制下的发展历程，高校人才培养模式上偏重于技术岗位型的知识能力结构模式，是为培养理论型的人才制定的，具有统一性、单一性、封闭性和专门化的特征。当前我国绝大多数高校并没有成立专门的职业生涯规划的教育机构，许多高校管理机构不完善，课程设置不全面，师资队伍不专业，而且支持系统不健全。目前，许多毕业生只依靠就业指导中心的几堂课或者此类教育的讲座，甚至有的高校采取“一锅端”的政策，即对不同学部、不同专业、不同班级采取相同的授课形式和授课课程，缺少相对性和独立性。从事高校的职业生涯规划教师一般来源于学校、党政部门或辅导员。他们缺乏相应的专业知识、技能和经验，对职业生涯规划指导内容更多地指向升学与就业形势，缺乏理论联系实际的思想，缺少个性化指导，案例分析不够充分，提高不了学生的参与性与积极性，过多的依赖理论，缺少实践培养。更有甚者缺少教书育人的宗旨，直接草草了事，对工作不认真，对学生不负责，抑制大学生潜能的开发。

3. 大学生自我意识能力不足

大学生自我认识和了解是正确进行职业生涯规划的前提和基础。虽然大学生就业形势日益严峻，但是一部分大学生仍然缺乏自我规划的意识。不少人认为“计划赶不上变化”，职业生涯规划意义不大，在严峻的现实情境下不具备可操作性。越来越多的大学生以薪水为衡量工作好坏的唯一标准，在与用人单位沟通时，过分关注经济利益，而不考虑职业前景与长远发展，就业十分盲目。在职业生涯规划上缺乏理性认识，缺少理性思考。大学生自我认识不够明确，对自己的个性、兴趣、能力、特长及喜欢从事的职业等的认识不够清晰，表现出自我认识不足。大学生择业时要充分认识自我兴趣、能力、气质、爱好，了解优势与特长，扬长避短；当代大学生认识不够深入准确，自我认识的内容又不够全面。在许多情况下没有注重个人的情商意识。有些大学生很少谈到自己联系密切的特殊情况，择业时仅凭兴趣爱好，取向模糊，忽视了自身的专业与能力。目标过大、期望过高、对自身周边的环境缺少分析。职业生涯规划脱离实际，过多地依靠理论，缺少实践培养。另外，大学生求职过多追求薪水，择业受父母影响较大，对职业生涯规划机构缺少了解或者认同度低，不明白自己“要什么”“怎么做”。就连毕业时过多依赖就业指导中心，没有独立的见解认识，究根到底就是没有正确认识自己。因此职业生涯规划迫切需要大学生自我认识、自我评估、投资自己、择业创业、树立正确的职业生涯规划价值观。

第四节　职业生涯规划的内容与原则

一、职业生涯规划的内容

（一）确立职业方向，设定职业生涯路线

每个人都有自己对未来职业的向往和追求，即拥有自己的职业理想。但是一个人在其成长过程的不同阶段对职业与职业理想的理解、追求是不一样的。小学阶段的很多孩子，就有“长大了要当科学家”“当飞行员”、要成为

“名人”和“伟人”的远大理想和抱负。然而随着时间的推移和他们自身的成长，这样的理想慢慢淡化了，变成了更有实际意义的、更为明确的目标。作为一名大学生，都有成才和成就人生的强烈渴望，又已具备对自我、对环境进行理性分析、评价和判断的能力，而且已经有了所学的专业或专业方向，完全可以也应该及早地根据自己的兴趣、爱好和愿望，结合自身的资质和条件，将个人发展与社会需求结合起来考虑，选择并确立自己未来从事的职业或职业方向，即有一个较明确的职业定位。确立职业方向以后，就要设定如何沿着自己定位的职业方向，循序渐进地发展，一步一步地走向成功，最终达到自己所期望的、理想的人生目标，即设定自己职业生涯（职业发展）的具体路线。这个发展路线实际上是由总体目标与阶段性目标连缀而成的，阶段性目标包括“短期目标”“中期目标”“长期目标”，它们将使职业发展的轨迹清晰可辨、逻辑合理，更重要的是它们将指引并推动你沿着既定的路线奋斗前行，直至到达理想的彼岸。

总之，职业生涯的规划首先应该选定职业方向、明确职业理想，同时将职业理想的实现划分为几个阶段，如长期目标、中期目标、近期目标。长期目标也可称为战略目标，它是整个职业生涯发展的顶点，是职业理想的最终实现，是一生长期努力的方向。中期目标则可以看做是亚战略目标，它是达到长期目标的必备条件、必经路径。它将近期目标与长期目标衔接起来，使近期目标的指向更为明确而又不会感觉长期目标遥不可及。近期目标是一个起始目标，是直接为中期目标的实现而设置的，可以比喻为战术目标，是整个职业生涯中一个基础性、关键性的目标。

对大学生的职业生涯规划而言，其“近期目标”一般是指大学期间、大学阶段的规划目标，即通过3～5年的大学学习生活，到毕业和求职就业时将达到一个什么样的状态或目标。它要求解决的是将怎样度过你的大学生活，以确保你的这一目标、理想届时顺利实现。因此，在这一近期目标下面，可以再细化为一些子目标，以1年或2年为一个阶段制订出若干子目标，作为通往“近期目标”的重要标杆。因此，也可以说，职业生涯规划方案是由一系列具有内在有机联系的目标系统结合而成的，是由这个目标系统所主导的人生规划蓝图。

（二）制定实现职业目标的行动计划与实施方案

确定了职业生涯目标之后，行动是关键。要把职业规划变成一个可以实现的方案，要将方案中所设定的目标进一步变为现实，最终成就你的职业生涯，就必须制定出相应的切实可行的行动计划与实施方案；否则，它永远只是你编织的一个美丽的梦想，一个可望而不可即的海市蜃楼。

首先，必须紧扣目标制定行动方案。即要针对每一个目标规划出一套行动方案，以确保这一目标的实现，让行动的方向盘牢牢掌控在既定的轨道，一步步驶向你的目的地。

其次，行动方案必须是具体化、可操作的。要分析实现每个目标必须具备的条件，评估自我与这一目标的差距及努力的方向，进而拟订出一套周密的行动计划，包括采取什么办法和途径、通过哪些步骤、要做哪些事情和怎么做以及时间上的具体安排与要求等。详实的行动计划应该落实到每学期、每月、每周甚至每一天。有了具体周密的计划，才能做到心中有数，行动按部就班，有条不紊，才能脚踏实地的一步一个脚印地接近既定目标，最终达到目标。

再次，有了行动计划，还必须辅以考核措施，并予以评估与调整。行动计划的实施情况及效果如何，必须定期认真地对照审视，考核评估，自我督查，及时改进与调整。影响职业生涯规划的因素很多，有的变化是无法预测的，因此在考核、评估的基础上，应对职业生涯规划的方案适时、有针对性地进行调整、修订，包括职业的选择、职业生涯路线的设定、实施步骤与措施办法等方面调整、修订，以便让职业生涯规划越来越趋于科学、合理。

大学生在制订自己大学阶段的行动计划实施方案时，也应该紧扣目标，周密安排，及时评估和调整。大学阶段是人生中一个非常关键、非常宝贵、也非常“特殊”的阶段，这正如李开复在《与未来同行》一书中所说：“这是你一生中第一次放下高考的‘重担’，开始追逐自己的理想、兴趣，是你第一次离开家庭生活，独立参与团体的社会生活；是你第一次不再单纯地学习或背诵书本上的理论知识，而有机会在学习理论的同时亲身实践；是你第一次不再由父母安排生活和学习中的一切，而有足够的自由处置生活和学习中遇到的各类问题，支配所有属于自己的时间”。除了上述若干个“第一次”外，李开复还指出大学阶段若干个“最后一次”：这是你一生中最后一次有机会系统地接受教育；最后一次能够全心建立你的知识基础；可能是最后一次可以将大段的时间用于学习的人生阶段；也可能是最后一次可以拥有较高的可塑性、可以不断修正自我的成长历程；也许是你最后一次能在相对宽容的、可以置与其中学习为人处世之道的理想环境。这每一个“第一次”和“最后一次”，对我们大学生进行职业生涯规划，尤其是具体行动计划的制订与实施，都有很重要的启发和指导作用。每一个大学生都应该认真把握每一个“第一次”，加倍珍惜每一个“最后一次”，充分发掘和利用好大学生活所提供的种种优质资源和优越条件，努力学习，刻苦锻炼，确立志向，开阔视野，全面提升现代素质和能力，为未来的发展、职业生涯的成功奠定坚实的基础。

二、职业生涯规划的原则

人生历程与时光一样，不能倒转、不能重新来过，例如，大学毕业以前是职业准备期，如果在此期间不努力学习，学业完成得不好，再想返回去重新来学，那不仅浪费了时间，困难也倍增。因此必须珍惜光阴，紧紧抓住每一个“今天”。职业生涯规划作为对人生职业的预期和计划，更是不能有一点马虎。从头再进行规划的损失实在太大了，因此要熟悉制订职业生涯规划的原则，把握住规划的大局，这样才可能避免“走弯路、乘错车”。

（一）按需选择原则

必须顺应社会的需要来规划职业生涯。选择职业作为一种社会活动，必然受到一定的社会制约。在市场经济条件下，任何人都有选择职业的自由。但这种自由是相对的、有条件的。

如果人们的择业脱离了社会的需要，就必将被社会淘汰。大学生进行职业生涯规划时，要做到社会利益与个人利益的统一，以及社会需要与个人愿望的有机结合：应积极把握社会人才需求动向，把社会需要作为出发点和归宿点；以社会对个人的要求为准绳，既要看到眼前利益，又要考虑长远发展，既要考虑个人因素，也要自觉服从社会需要。

（二）发挥能力特长原则

能力特长是人们成功地完成某种活动所必须具备的个性心理特征，是人们在社会实践中表现出来的心智力量。按照自己的能力特长进行职业生涯规划是一个重要原则。任何一种职业都需要一定的能力，不同的职业有不同的能力要求。任何一种职业技能都是经过学习和培训才能为劳动者所掌握的。人的一生很短暂，任何人都不可能在一生中掌握所有的社会技能。所以，能力特长对职业选择起着筛选作用，是求职择业和事业成功的重要保证。例如，著名运动员刘翔，因为具有体育特长尤其是跑步时特别富有节奏感，因此从短跑、跳高改为跨栏，终于在北京时间 2006 年 7 月 12 日凌晨，在瑞士洛桑国际田径大奖赛上，以 12 秒 88 的成绩夺得了男子 110 米栏的冠军，并打破了沉睡 13 年之久的、由英国名将科林・杰克逊创造的 12 秒 91 的世界纪录，成为中国田径史上一个辉煌的里程碑。因此，在对自己的能力特长有一个正确认识和评价的基础上，根据自己的能力特长来规划职业生涯是十分重要的。

（三）根据个人兴趣和爱好原则

能力特长不等于兴趣爱好。根据使自己愉悦的“快乐”原则进行职业生涯规划也是一种明智的选择。兴趣是个体积极探索事物，带有积极色彩的心理倾向，这种倾向常有稳定、主动、持久等特征。兴趣是最好的老师，是最初的动力和成功的希望。如果对学习、对工作产生了浓厚的兴趣，就能在学习和工作中具有并能保持高度的自觉性和积极性，就会在学习或工作中取得成就。反之，对学习或工作根本没有兴趣，就不可能将自己的全部精力投入到学习或工作中去，因此也就很难取得成功。当然，兴趣爱好也并不总是起正向的驱动作用，有时它也会是一种耗散力。譬如，有的人在同一时间段内兴趣太广泛，由于时间和精力有限，最终他们所关注的都只是表面，无一深入。因此，在一定时间内假如有较多的兴趣面，则一定要以主要兴趣点为主来考虑规划。应牢记两句话：考虑兴趣须适度，众多兴趣定主辅。

第五节　职业生涯规划的步骤与实现

一、认识自我

“认识自我”是职业生涯规划的第一步。这是一个自我认识、自我探索的过程。首先，需要冷静、客观、理性地了解、追问自我：我到底想成为一个怎样的人？我最看重的是什么？我将来最想从事哪个领域的职业？我的兴趣、爱好究竟是什么？我的性格和个性属于哪种类型？与他人相比，我的优势和弱势在哪里？即一定要尽快地弄清楚“我究竟想要什么”与“我究竟适合干什么”的问题。因为，快乐与兴趣是一个人成功的关键，也只有适合自己的才是最好的。其次，大学生不仅可以通过自我评估与他人评估相结合的办法，还可以借助高校或社会相应的服务机构提供的心理、性格、能力、职业选择等方面的测试，尽可能客观准确地认识和评价自己的兴趣、爱好、气质、思维方式及个性特征以及这些特征是否与理想职业相吻合等。

在“认识自我”这个阶段，尤其要正确认识和把握好不可回避的两种关系：一是理想与现实的关系。理想是对未来事物的想象或希望，多指有根据的、合理的希望；理想与空想、梦想、幻想是不同的，后者往往缺乏现实依据，只是主观情绪，多无实现的可能。因此，在分析评估自己的职业理想时，不能脱离现实，千万不要将一时的冲动、随心所欲的幻想当成理想。与此同时，又必须认识到：理想与现实总是有距离的，正因为二者有距离，才能激励人为理想变为现实而奋斗。理想植根于现实，有极大的实现的可能性；而你有没有能力把它变为现实，如何将理想变为现实，这对职业生涯规划来说是至关重要的。二是职业与兴趣、爱好的关系。“知之者不如好之者，好之者不如乐之者”，职业与兴趣爱好二者之间最好能结合。如果你对某个领域充满活力激情，你就有可能在该领域中充分发挥自己所有的潜力，甚至为它而废寝忘食。这时候，你已经不是为了成功而工作，而是为了“享受”而工作。相对来说，做自己没有兴趣的事情只会事倍功半，有可能一事无成。因此，要客观地评估和寻找自己的兴趣所在，不要错将社会、家人或朋友看重的事当作自己的爱好，也不要以为有趣的事就是自己的兴趣，而是要亲自体验它并用自己的头脑做出判断，也不要以为有兴趣的事情就可以成为自己的职业，比如，喜欢网络游戏不代表你会喜欢或有能力开发网络游戏；不要以为有兴趣就意味着自己有这方面的天赋和才能，要尽量寻找天赋才能和兴趣的最佳结合点。同时，兴趣也完全可以逐步培养。常听到一些大学生抱怨对自己“专业”不感兴趣，其实一个专业可能有很多不同的领域，也许你会对其中的某一个领域有兴趣。现在很多专业发展交叉学科，也许能在其中发现你兴趣与专业的结合点。最好的寻找兴趣点的方法是开拓自己的视野，接触并尝试众多的领域。而大学正是这样一个可以让你接触并尝试众多领域的最好场所。

二、了解社会

理想要与现实结合，了解社会、认清环境非常重要。新生从踏进大学校门那天开始，要尽快熟悉和适应新的学习环境；熟悉自己所学专业的具体内容和要求，以及新专业与自己理想之间的关系；了解社会总体就业形势以及国家在大学生就业创业方面的政策及其导向；了解你所感兴趣的专业领域的发展动态及趋势；掌握你想选择的职业市场行情及未来状况；了解市场对相关职业从业人员在素质、能力方面的要求等。即在认识自我的基础上，对自己所处的内外部环境作尽可能全面、准确的分析和预测，以便在职业选择和确定职业发展目标时，将主观愿望、自身努力与客观环境、外部条件紧密衔接，有机融合，进一步对“我能干什么”“环境支持我干什么”以及“可能干到什么程度”等问题做出判断。

了解社会，既要重视当前，又要着眼长远与未来；既要立足本国，又要面向世界。李开复曾就“21 世纪最需要的是什么样的人才”做了如下概括：融会贯通者、创新实践者、跨领域融合者、三商（智商、情商、灵商）兼并者、沟通合作者、热爱工作者、积极乐观者。强调 21 世纪最优秀人才应具备国际化、现代化的特点。多年来的实践证明，国内人才市场对人才的普通要求可以概括为“诚信敬业、一专多能、创新意识强、全面发展”。用人单位普遍更注重大学毕业生的综合素质，大学期间参与社会工作、从事社会实践或其相关行业的实践经历者，更受到青睐。认为人才市场只重技术、能力是极大的误区，不少用人单位曾经一针见血地指出：价值观的缺失会阻碍大学生走向成功。大学生如果价值观缺失，拥有再多的“证”也只是摆设，不能引导他们走向成功。

三、确立志向

确立志向是职业生涯规划的关键步骤，也是事业成功的基本前提，俗话说："志不立，天下无可成之事。"在"认识自我"与"了解社会"两个步骤的基础上，通过自我探索和社会探索的互动与互证，接下来便要尽快明确自己的职业理想，即选择未来从事的职业. 确定自己的职业发展方向。确立志向这个关键步骤中的"关键"则是"选择"。著名管理学家彼得·德鲁克（Peter Ducker）曾说，21世纪是一个选择的世纪。中国当代大学生正是有幸生活在这样一个能够自由选择的时代，能在毕业后享有如此众多的、可以自主选择的就业机会，但选择既需要理智、判断力，也需要价值观的引领；既需要自信、勇气，也需要冷静和务实。

大学生在确立自己的职业志向，进行职业选择时，要防止进入以下误区。

（一）好高骛远，自以为是

不少人相信"不想当将军的士兵不是好士兵"这句话，其实，在现实生活中，将军的位置很少，而且并不是每一个人都具备成为将军的潜质。社会地位高、经济收入高且稳定性强的职业和职位固然令人羡慕，但不一定适合成为每一个人的选择。只有适合自己的，才是最好的；三百六十行，行行出状元；无论从事何种职业，做最好的自己，就是成功的人生。

（二）缺乏自信，错失机遇

面对职场与人才市场的激烈竞争，有的人产生畏惧甚至自卑心理，往往对自我的评价、定位偏低，缺乏追求理想职业的勇气与激情，忽视内心真正的声音和自身已存在的优良潜质，只求有一个能谋生、又较安稳的职业即可。殊不知，竞争与机遇并存，挑战与成功同在。我们所处的时代充满各式各样的机遇和创新，我们每一个人又都有值得看重和发挥的特性和长处，扬长避短，将优势最大限度地发掘、发挥，将劣势转化为优势，将有利于自己客观准确地进行职业的选择与定位。

（三）爱慕虚荣，追逐时髦

一些人在职业从业的选择上受陈旧落后思想观念的影响，将各种社会职业区分为三六九等，丝毫不考虑个人的职业性格和职业兴趣，也因此而错失良机，影响了职业理想的实现。有的大学生盲目追逐时髦，对当下所谓的热门职业趋之若鹜，对冷门职业不屑一顾，既不从自身特点出发，又无视职业是有时代性的，且随时代的发展而变化。现在的冷门职业过几年也有可能变成热门职业，必须冷静地对待职业冷、热的动态变化。

（四）不谋发展，只求实事

有的大学生功利心理较重，在职业选择上只看报酬、待遇等物质条件，贪图目前的实惠，根本不从如何有利于自身的长远发展和职业理想实现考虑，急功近利，目光短浅。价值观和心态的不端正，不仅使他们在职业选择、规划上“一叶障目”，而且在今后的人生和职业发展道路上很有可能只重“钱途”而丧失或自毁“前途”。有远见、胸怀大志的人，往往更注重谋求长远的发展，为了长远的、更高目标的实现，可以“卧薪尝胆”，甘愿从最基层、最艰苦、最困难的岗位做起，以磨炼意志，积蓄能量，提升素质，从而待机而动，不断拓展自我的发展空间，直到理想的实现。

（五）固守就业，不思创业

在就业形势日益严峻的今天，鼓励大学生自主创业已成为社会的共识。大学生群体因为综合素质高、年轻而富有生机活力，理应成为时代创新、创业的先锋和主力军。然而，等出了校门才想起来创业，恐怕为时已晚，为了解决就业再决定创业则更是本末倒置。创业准备要从在校做起，大学阶段是学习创业的重要时期。有志于创业的大学生应该在自我认识和外部环境考察的基础上尽早确立创业意向，以有针对性地规划自己的大学生活和职业生涯。近几年来，大学生在校创业与毕业后创业成功的典型越来越多，而且面对传统的创业模式竞争越来越激烈的形势，目前不少高校大学生正在探索和尝试新的创业模式，扩展创业新领域。

四、实施与调整

当一个目标明确、脉络清晰、步骤合理、具体翔实的职业生涯规划方案拿出来以后，就应该尽快付诸实施。只有通过实施，纸上的蓝图才能逐渐变成现实，理想才能最终得以实现。实施生涯规划的过程，是一个充满困难与艰辛的奋斗过程，是一个不断地相信自我、战胜自我、超越自我的心历路程。它需要坚定的意志、坚强的毅力，需要不到黄河不死心的气概，需要蚂蚁啃骨头的精神，一点一点地坚持到最后的成功。特别要强调的是坚持，因为成功在于坚持，实现人生规划也在于不断坚持。坚持的过程关键是培养“自律”

的品格。要从严要求自己，从每一件事情做起，从一点一滴做起，在行为行动中锻炼培养意志和毅力，养成良好的行为习惯。当你的行为成为一种习惯时，便化作自觉自愿的内在要求与倾向，变被动为主动，实施职业生涯规划本身也就成了一种“享受”，享受实施的过程及结果，如此一来，实施规划的自我管理、自我评估、自我激励的良性机制也就形成了，你的成功也就是必然的了。

职业生涯规划具有宏观性、导向性特点，因此也就具有相对的稳定性。同时，大学生职业生涯规划也是一个动态发展的过程。俗话说，计划赶不上变化。尤其是高科技信息时代，变化发展更是永恒的主题。要随着时间、内外部条件、兴趣等方方面面的变化，尤其是要根据实施规划过程中的对规划是否合理的实际检验，及时地对规划进行评估与修正。修正的内容甚至可以包括职业的重新选择，职业生涯路线的重新设定，人生目标的修正，实施措施与计划的变更，也包括每一个项目、每一个细节的调整补充与完善。实施规划的过程与不断评估修正规划的过程二者是结合在一起的，规划的稳定性与灵活性之间的辩证关系也是客观的，需要大学生科学地把握。

第四章　大学生就业具备的素质

第一节　知识结构的优化

一、知识结构优化概述

（一）知识结构的含义

知识结构合理与否，对人的发展具有极其重要的意义，对大学生的发展亦不例外。知识结构乃指知识系统内部各个部分排列组合的方式，是一个人掌握一定知识所形成的相互协调、具有一定层次性的知识系统。任何人都有自己特定的活动领域，相应地说，也都有自己特定的知识结构。结构决定功能，不同的知识结构，决定了这个结构的主体具有不同的功能，能够完成不同性质的工作。一个人的知识越多，知识结构越合理，相应的创造能力也就越大。以前，人们习惯于把一个人掌握知识的数量作为衡量知识水平高低的标准。这虽有一定的合理性，但也有片面性，它忽视了知识之间的联系，因而不能以此作为唯一的标准。因为，如果一个人拥有大量的知识，但这些知识只是杂乱无章地充塞在头脑中，就像零件堆积在仓库里还没有组装成机器一样，没有组成合理的结构，没有形成统一的有机整体，那么，将很难发挥出这些知识应有的作用。只有当知识具有一定层次，形成互相协调的系统，它的功能才能得到应有的发挥。而且知识协调得越好，结构越合理，创造力也就越大。所以，建立合理的知识结构对大学生日后的发展、成才具有非常重要的意义。

（二）知识结构的特点

尽管每一个大学生的知识结构千差万别，但他们仍具有若干共同的特点。

1. 核心层次性

层次性是由系统结构规律性和人的主观认识的尺度构成的。在知识结构中，层次性反映了知识中各组成部分之间纵向联系的客观要求。一般来说，合理的知识结构，有从低到高、从核心到外围的几个不同层次。从人的全面发展而言，任何一个层次的知识都不能忽视，如只有核心知识层次，而外围知识浅薄，那么知识就狭窄；外围知识太庞杂，核心知识不突出，那么知识就显得贫乏。大学生各自所学专业不同、研究方向不同，个人的素质千差万别。但是，一般说来，大学生知识结构的层次大致可分为基础知识层次和专业知识层次。基础知识层次可分为工具知识和常识知识，专业知识层次又可分为核心知识和辅助知识。工具知识主要指思维的工具知识，具体地讲，包括语文知识和数学知识等。工具知识是重要的，但常识知识亦不可缺少，它涉及大学生的知识面问题，不仅包括哲学常识、自然科学常识、社会科学常识，也包括日常生活经验。作为一个现代知识青年，只有有效地生活，才能进行有效的创造。所以，对任何一个大学生来说，具备一般常识性知识是起码的要求。

有效的知识结构，对于不同专业的大学生，又有不同的要求。例如，有机化学对于化学系的学生来说是核心知识，而对于生物系的学生只是辅助知识，对于外语专业的学生，则更是少有联系。但不管大学生的专业如何不同，他们都有各自的核心知识和辅助知识，其中，核心知识决定着知识结构的性质和功能，辅助知识作为知识结构的外层，积极配合结构核心进行有效的思维活动。不管是知识青年还是非知识青年，要从事一定的专业学习，就必须建立相应的知识结构。在智力结构方面，对大学生并无特殊要求，既不苛刻也不“照顾”，他们在这方面是平等的和共同的。其不同之处仅仅在于，学生首先要遵循扬长避短的原则，选择自身具有优势的专业，并进而根据既定专业的要求，建立与此相应的知识结构。所谓知识结构的功能，主要是核心知识的功能。所以，一个有志于学的人，毫无疑问，要首先重点学好对你来说相对价值较大的知识，但同时也不能忽视相对价值较小的相关知识的汲取，由此构成环绕知识结构核心的若干层次，并在学习、工作中发挥作用。

2. 整体相关性

知识结构的整体相关性是由现代科学知识和技术发展的整体性和综合性特点所决定的。整体性和综合性的特点，要求人的知识结构形成一个紧密联系、相互作用的有机整体，它不仅要求重视自己所从事的专业科学，而且要求特别强调各专业、各学科之间的联系，同时还必须打破学科的专业知识结构。如果从现代科学理论体系中考虑知识的结构，那么具有整体相关性的知识结构就有这样的特点：掌握的知识多了，融会贯通了，就不仅仅具有这几种知识，而且还容易从这些知识之间产生新的知识。所以，知识元素若只有数量的优势，而没有相互的协调、配合也是不利的。一般情况下，相关性很小的知识，很难配合。建立整体相关的知识结构，要靠对知识的深入理解，但更重要的在于能力的培养，在于协调和提高组合知识各单元的能力。

3. 动态调节性

任何系统总存在于一定的环境之中，系统只有对外开放，经常与外界进行能量和信息的交换，才能保持有序和稳定。如果与外界隔绝，系统内各要素就会从有序变为无序，从而影响系统的稳定。知识结构也不例外，它不是凝固、僵化不变的，而是一个动态、开放的，不断吸收新知识，不断进行自我调控的系统。所谓“最佳知识结构”也只是相对的“最佳”，确切地理解应是“较佳”。知识结构的动态调节，一般应在知识基础具备之后。一个人的知识基础如果还未打好，就去考虑知识结构的调节问题，往往就会像竹篮打水，一无所获。知识结构的调节一靠反馈，二靠预测。不断追求、吸收新的知识对大学生来说是很重要的，这是防止知识结构老化，使自己不断适应学习、生活与工作的需要。研究表明，具有一定知识结构的人，如果这种知识结构得不到及时充实，也会向解体的方向发展，超过一定的临界点，原有的必遭破坏。可见，动态调节性是必然的。不是动态，没有调节，就会成为落伍者。

二、大学生知识结构现状分析

21 世纪的大学生应当具有丰富而宽广的基础知识、先进而现代化的专业知识、大跨度复合的交叉知识和一定的新知识储备。但从实际状况来看，当前大学生的知识结构比较普遍地存在以下缺陷：①基础知识薄弱，知识面狭窄。在大学生中，当前比较普遍存在的问题是重专轻博，对市场经济迅猛发展没有长远打算，学习活动局限于某一专业领域，文理分割严重。理工科学校的大学生普遍存在重理工而轻经济管理、人文社会科学的现象，导致其仅仅掌握了狭窄的专业知识。从表面上分析，其知识结构从基础知识到专业基础知识再到专业知识，具有一定的结构层次，但从知识的相关性来分析，则明显偏重于专业关系联系非常紧密的知识。这种不合理的知识结构，使大学生毕业走向工作岗位以后不能最大限度地发挥其应有的作用。文科院校的大学生普遍存在重经济管理、人文社会科学而轻理工科的现象。文科大学生知识结构的不合理则导致其掌握了大量的人文社会科学方面的知识，而理工科方面的知识知之甚少或者是一片空白。这种不合理的知识结构，使学文科的大学生毕业走向工作岗位后工作上喜欢夸夸其谈，习惯于谈经论道和指手画脚，缺乏脚踏实地的务实精神。因此工作过程中非常容易引起同行和同事的反感，人才使用上的不和谐导致了工作效率和效益十分低下。②信息单元陈旧，知识体系内部缺乏有机联系。由于受传统教育教材、教学内容陈旧，教学大纲系统性、科学性不强的影响，学生所掌握的知识庞杂、松散、相互独立，缺少系统性和有机联系。③知识的陈旧速率高。大学生知识结构单一化，妨碍了学生的知识更新，不利于发挥知识优化的功能，不能积极有效地把反映当代新科技成就的信息，吸收入自己的知识系统，完成新的知识组合。④知识的动态结构不良，这主要是指知识结构体系内部的自我调节、变更、完善和发展功能不良。⑤知识的运用能力差。一些大学生的知识结构呈封闭状，可变性差，缺乏应变能力，妨碍了人才的成长。有人统计，现在大学生90%的知识在毕业后的实践工作中得不到有效的应用，这其中虽有自然陈旧老化的成分，但更多的是运用知识的能力较差所致，尤其是文科大学生理论知识和实践运用相脱离，这已成为高等教育开发人才的难题之一。

三、大学生知识结构的优化

（一）大学生知识结构优化的原则

1.“专”“博”结合性原则

优化大学生知识结构必须在“博”这方面下工夫。总体而言，合理的知识结构应该是以下几个部分的有机结合：正确的人生观、价值观、道德观、民族使命观等；广博的学科基础知识，如英语和计算机方面的知识等；学科专业知识；与专业相关的知识；基本的时事政治知识、基本的社会科学知识和自然科学知识、基本政策法规等。只有“专”“博”相济，一专多通，广采百家为其所用，才能使大学生在日益激烈的人才竞争中左右逢源，立于不败之地，才能使其更好地为社会主义现代化建设做出应有的贡献。

2. 层次性原则

大学生知识结构优化必须从低到高，在知识的纵向联系中，应该区分基础层次、中间层次和较高层次分别对待。如果没有基础层次的知识，则较高层次的知识就会成为空中楼阁；而没有较高层次的知识，则不能显示出大学生的知识优势。

3. 共性和个性相结合原则

高等院校必须按照专业大类设置课程体系，这样培养出来的大学生才能具备厚基础、宽口径。但作为每一个学习个体，其应该具有某一方面的特性，因为即使是同专业的学生，也有不同的知识结构，而不同专业的大学生则更有明显的个性差异。知识结构从表面上分析有太多的共性，但从本质上分析，更多的则是个性。因此，优化大学生的知识结构应遵循共性与个性相结合的原则。

4. 动态性原则

事物总是发展变化的，大学生的知识结构也一样，绝对不能处于僵化停滞的状态，必须根据社会的进步、科学知识的发展和时代的需求，不断自我调节其知识结构。否则，大学生将无法跟上飞速发展的时代步伐。

（二）大学生知识结构优化的途径

应当说，大学生的知识结构没有一个固定不变的模式，因为，其动态性特征决定了它是处于变化发展的运动之中，更何况还受不同学科的个性特征所制约；从这个意义上说难有一个统一的尺度。但是，从大学生所承担的使命与任务考虑，从社会主义市场经济的发展、社会对人才的需求看，优化大学生的知识结构应从以下两个方面着手，做深入细致的工作。

1. 着力于深化高校的教改工作

要坚定不移地贯彻党的教育方针，将深化教学改革落到实处，努力提高教学质量，改革教学实践环节，调动学生学习积极性，引导学生参加社会实践，增长才干，拓宽知识面。

针对教材内容陈旧状况，更新教材，使新教材能够反映当今最新科技成果和发展动态。在本专业、本学科课程中，要大胆引进外国先进教材。在课程结构上，高校应通过改革向外向型、通才型、国际化方向发展，使学生能够有机会，多选择一些介绍外国政治、经济、法律、地理等方面的课程，克服本土化，培养学生国际意识、全球观念。在教学内容上，高校更应根据社会发展变化，努力构建能够使学生具有复合型的知识、现代科学前沿知识、人文科学知识等综合知识体系，改变教学方法，着力于培养学生实践能力、创新能力。此外，教师在优化大学生知识结构中占有重要地位，没有教师队伍的优化，则很难有学生知识结构的优化。因此，高校教师要走出校园、走向社会、走向市场、走向世界，把国外本学科、本专业最新的知识传授给学生。在深化教改中，对大学生的培养目标与规格必须明确。高校应通过多种途径，努力培养学生具备现代人的素质，即良好的道德规范、较高的文化素质、较强的业务能力和健康的身心素质。因此，推行与深化切实可行的教学改革是优化大学生知识结构的有效途径之一。

2. 着重于大学生自身的内化

优化知识结构，离不开大学生主观意识的努力和自身自觉内化的过程。就大学生主观方面来说，充分认识优化知识结构的必要性是十分重要的，因为一个大学生要学有所成，必须具备优化的知识结构，才能适应知识经济社会对人才的需求。因此，首先，大学生必须审时度势，认识到现代许多学科的发展，已经是相互交叉渗透，相互促进共同发展。只有通过多渠道、多学科的综合博览，才能建立独具特色的知识结构。其次，大学生必须经常自觉地把课内外所学到的知识进行加工整理。要通过独立思考，互相联系，使知识融会贯通，合为一体，形成完整统一的认识系统，切不可使学来的知识自然堆积，零散片段地充斥头脑，这不仅形不成有用的知识，而且妨碍知识结构的优化。再次，大学生必须学会运用理论联系实际的方法，来指导自己的学习。以理论知识学习为主，这是高校学习的重要特点之一，但是，理论同实际之间毕竟存在着很大的距离，只有通过实践，才能使理论与实践结合起来，而工作与创造，则往往是一个在一定理论指导下解决实际问题的过程，这也就是形成合理知识结构的过程。因此，在学习理论的过程中，应当紧密联系实际，主动寻找一些实际问题来研究，而在遇到实际问题时，则要学会恰当地运用理论来解决，这也是知识结构优化不可缺少的途径和方法。所以，高校要加强对学生在这方面进行正面灌输与引导，发挥思想政治工作的优势，使其成为大学生一种自觉的内化过程，达到优化知识结构的目的。

第二节　实践能力的培养

一、大学生应具备的实践能力

一般来说，不同的学科和专业对其毕业生有着不同的能力要求，即要求具有从事本专业活动的某些专门能力。但是无论什么专业的毕业生要想顺利就业并尽快有所成就，都必须具备一些共同的基本的能力。主要包括以下几方面的能力。

（一）表达能力

表达能力是指运用语言或文字阐明自己的观点、意见或抒发思想的能力。它包括口头表达能力、文字表达能力、数字表达能力、图示表达能力等几种形式。对于大学毕业生来说，表达能力的重要性是不言而喻的，不仅在参加工作走向社会后，会立即强烈地意识到这一点，而且在求职择业的时候就会有深切的感受。比如求职自荐信的撰写，个人材料的准备，回答招聘人员的问题，接受用人单位的面试等，每一个环节无不需要较强的表达能力。有人对大学生走向社会以后的表达能力的现状作过调查，结果是：认为各类大学毕业生的表达能力还可以的只占12.3%，有70.4%的人对大学毕业生的表达能力很不满意。我们很难想象一个表达能力差的人能在工作中处理好各种各样的关系或在科学研究方面取得较大的成就。

表达能力表现在表达的准确性、鲜明性和生动性三个方面。准确，是对人们表达能力最基本的和最首要的要求。没有准确的表达，信息就不能如实传递，也就失去了表达应有的作用。同时，表达又需要有人来接受。只有鲜明生动的表达，才能更好地排除人们接受信息时带来的各种障碍，有利于表达目的的实现。因此，大学生在培养表达能力时要尽可能向准确、鲜明、生动的方向努力。

（二）动手能力

动手能力也就是实际操作能力，它是人的智力转化为物质力量的关键，是专业工作者必须具备的一种实践能力。在现实生活中，尤其是教学、科研、生产第一线，大学毕业生实际动手操作能力的强弱，将直接影响到其作用的发挥。比如，作为一名科技人员，只懂得技术原理不行，没有操作能力，在很多情况下是不能完成技术任务的；作为一名教师，只有丰富的知识是不够的，还要有能把自己的知识传授给学生的能力。学化学的人都知道，实验能力的强弱对实验的效果有很大的影响；学电子的要使用箔铁，要求焊接速度快、质量好；操作仪器，特别是精密仪器的人，手指的灵活程度对调试就有影响等。所以大学生必须重视动手能力的培养，注意克服只注重理论学习，轻视实践操作的倾向。一个人实际操作能力水平的高低主要体现在操作的速度、准确和灵活三个方面。大学生要提高自己的动手能力关键在于多看、多练。看得多、接触得多就可以掌握一些基本的操作程序和方法，练得多才可能真正提高自己的动手操作能力和技巧。大学毕业生在实际操作上如果有一手或几手过硬的本领，一定会受到用人单位的青睐。

（三）适应能力

适应社会和改造社会是对立统一的两个方面。无法设想一个不能接纳社会的人能够改造社会。大学毕业生在跨出校门之前大都有“海阔凭鱼跃，天高任鸟飞”的远大抱负，但他们真正在生活的激流中奋勇前进时，往往会发现现实生活常不尽如人意，发现自己对现实生活的不适应。大学毕业生面对现实生活中的消极现象常产生不安、不满的情绪。其实深究一下，不难发现导致这一情况的真正原因可能来自毕业生自己。大学毕业生在以改造社会为己任的同时，适应社会的意识较弱，适应能力不够。人类文明总是在继承与创新的矛盾运动中发展的。适应社会，正是为了敢于担当社会赋予人们的职责与使命。适者生存，生存正是为了发展。大学毕业生只有注意培养自己适应社会的能力，走向社会后才能尽可能地缩短自己的适应期，充分地发挥自己的聪明才智。

一个人适应社会的能力是其素质、能力的综合反映，适应社会的能力与他的思想品德、文化知识、活动能力、创造能力、处理人际关系的能力以及健康状况等密切相关。一般来说，一个素质比较高、各方面能力比较强、身心健康的大学毕业生走向社会后，很快就能适应社会环境，适应工作。即使是在比较困难的条件下和比较差的环境中，也能通过自己的努力取得较好的成绩，或者变不利的环境为有利的环境。需要指出，对社会、对环境的适应，是主动的、积极的适应，不是消极的等待和对困难的屈服，更不是对落后、消极现象的认同，甚至同流合污。适应要同发展结合起来，要同改造联系起来。如果只讲适应，不思进取和改造，社会和个人都将得不到进步。

（四）人际交往能力

人际交往能力实际上就是与他人相处的能力。人际交往是一种普遍的社会现象，是人与人之间实现心灵沟通的一种方式。社会上的人际关系远不如学校中的同学、师生关系那么简单。大学毕业生步入社会后，要与各种各样的人发生关系。能否正确、有效地处理、协调好职业生活中人与人的各种关系，不仅影响一个人对环境的适应状况，而且影响着他的工作效能、心理健康、生活的愉快和事业的成败。美国科学史学家朱克曾作过统计，1901～1975 年，全世界获诺贝尔奖 286 人，其中 185 人是和别人合作共同研究的。如果把 75 年分三期统计，第一个 25 年合作获奖人数占 41%；第二个 25 年合作获奖人数占 65%；第三个 25 年合作获奖人数占 79%，这说明随着时间的推移，人与人之间的合作研究已成为科研的重要方式。既然是合作，就有一个人际沟通和协调的问题。美国著名的教育家戴尔·卡耐基在调查了无数的军政要员、巨商、明星之后得出这样的结论：一个人事业上的成功，一方面要靠他的专业技术，另一方面要靠人际关系、处世技巧。大学毕业生在刚刚走上岗位时，由于初谙世事，阅历较浅，缺少经验，往往在各种错综复杂的关系面前茫然失措，苦于无法适应，常常感叹“工作好搞，关系难处”。因此，大学生自觉地培养良好的人际交往能力非常重要。

（五）组织管理能力

尽管不是每个大学生毕业后都会从事管理工作，但是却可以说，每个人在将来的工作中都不同程度地需要组织管理才能，这是现代社会对人才提出的要求。组织管理能力不仅领导干部、管理人员应当具备，其他专业人员也应具备。随着现代科学技术日益向综合化、社会化发展，工作中组织协调和科学管理的作用日渐突出。也许并不是人人都有承担大型科研项目的机会，但负责一个课题组，或者担任一个班主任，或者当一个企业家，都需要把群众的积极性调动起来，把集体的智慧发挥出来。如果没有一定的组织管理能力是做不到的。近年来，毕业生中的党员、学生干部普遍受到用人单位的欢迎，其重要原因就是用人单位看中毕业生的组织管理能力。很多企业在人才交流会上招聘时就标明“学生干部优先考虑”，原因在于学生干部往往学习成绩好，又具有组织管理能力，用起来放心些。

（六）创新能力

大学校园作为高素质人才的培养基地，应义不容辞地成为创新精神、创业人才的发源地。创新能力是各种智力因素和能力品质在新的层面上融为一体、相互制约所形成的一种合力，它是在多种能力发展的基础上，利用已知信息，创造新颖独特具有社会价值的新理论、新思维、新产品的能力；它是一种综合性的、高层次的思维能力和行动能力，是以智能为基础具有一定科学根据的“异想天开”。著名的物理学家、诺贝尔奖获得者温柏格说过：“不要安于书本上给你的答案，要去尝试发现与书本不同的东西，这种素质可能比智力更重要，往往是最好的学生和次好的学生的分水岭。”创新的优势可以弥补资源、资本上的不足。比尔·盖茨1975年创立了微软公司，20年后，微软公司成为世界最大的公司之一，而且现在依旧在计算机操作系统领域称雄，比尔·盖茨和微软公司靠什么能以这么快的速度来创造财富呢？主要就是依靠创新。比尔·盖茨说：“我们的成功取决于创新。”微软公司招聘新员工的标准是“能够适应软件技术与行业内差不多每月一次的革命”。

从社会角度来讲，经济的发展、科技的进步离不开发明创新。从个人角度来说，成功、成才依赖创新。用人单位更需要具有开拓创新能力的大学生。创新能力包含多方面的内容，如强烈的好奇心，细微的观察力，深刻的洞察力，大胆设想、勇于探索的精神以及提出问题、研究问题、解决问题的能力等。大学生要自觉地培养这些能力，为走上工作岗位后创造性地开展工作打下扎实的基础。

（七）决策能力

决策能力就是对未来行为目标的决断和选择的能力。良好的决策能力可以实现对目标及其手段的最佳选择，从而能少走弯路，少犯错误，以较小的代价取得进步与成功。人的一生往往会碰到各种需要自己当机立断、痛下决心来决断的事情。对于即将毕业的大学生来说，走向社会，这是人生的一大转折点。面临求职择业，何去何从。别人的意见和忠告各种各样，最终靠自己拿主意。显然，这是对自己决策能力的一次检验。在未来的工作中，各种问题以及它们的变化进展都需要自己迅速做出反应，及时予以处理。

二、我国大学生实践能力培养的基本思路

（一）师生树立全面发展的素质教育观

教师的教育观直接影响着教师的教，也最终影响着学生素质的养成。因而师生应树立全面发展的素质教育观。教师在对学生进行培养时不能轻视学生实践能力的养成，学生也应主动培养自己的实践能力，这是非常关键的一点。众所周知，21 世纪最根本的竞争是人才的竞争，但人的素质中最为根本的是实践能力与创新能力。学校如果培养的学生缺乏实践能力与创新能力，学生在社会上就缺乏竞争力，长此以往，学校也就会面临生存危机。

（二）加强实践性教学

人的发展离不开学习间接经验和直接经验，但间接经验的学习离不开主体在实践中获得的直接经验，并以它为基础。因而实践能力在一个人一生发展中有着十分重要的意义。学生实践能力对其将来的人生观、价值现、生存能力、发展能力、创造能力有着很大的影响。因此，大学教育应加强实践性

教学力度，尤其应注意通过见习、实验、实习、毕业设计等来培养和锻炼学生的实践能力。日本的高等教育在这方面很注重，学生的创造性很强，这与通过课堂教学的改革来强化实践能力的培养有关。在课堂教学上，日本的大学注重学生的积极参与，采取的是师生互动的教学模式。教师经常提出一些课题让学生们思考，并让学生们就这些问题在课堂上发表意见，教师只进行总结和指导，并且还特意设置了演习课，演习课是指学生根据教师提出的课题，由个人或是小组分别负责研究，最后由学生自由报告研究成果的课程。在整个研究、报告的过程中，教师只作为一名听众，演习完全由学生自编、自导，学生们通过课堂发言和演习课来提高自己的研究和报告能力。在发言时，教师要求学生们能够尽量提出自己的观点，并加以论证，能够发表独自见解的学生往往会得到表扬。长期受这样训练的日本学生，在发言时一点也不感到拘束，每个人都能坦然自若地发表自己的意见。事实证明，学生的创造性来自于大胆的实践。

（三）尽量创造条件让学生多参加科研实战，以增强学生的实践能力

大学区别于中小学一个重要方面便是注重培养学生的科研能力。在科研活动中，学生运用已学过的知识来解决一些不明朗的问题，这对于巩固学生已学过的知识，培养学生分析和解决问题能力，进行发明创造等有着积极的意义。大学必须充分重视学生的论文和毕业论文的撰写，以便通过这些论文的撰写培养学生的科研实践能力。特别是大学二年级以上的学生，应当注意多结合自己所学的知识，积极撰写论文，积极参加教师的一些科研课题，在学生阶段就可以参与解决一些工程实践问题，学生要有这个意识，老师也应尽可能多地为学生提供机会。现阶段有相当数量的大学比较忽视本科生的科研实践能力的培养，应引起广大高校工作者的注意。

（四）尽力创造条件让学生参加社会活动

社会实践活动是学生实践能力养成的重要渠道。一方面，社会实践活动可以开阔学生的眼界，缩短书本知识与社会实践之间的距离，促进学生完善知识结构，增进学生的自学能力；另一方面，社会实践又可以检验学生间接经验和书本知识是否正确，同时还可以养成一些服务社会的能力，找出已形成的能力与社会需要的能力之间的差距，以便有针对性地完善自己的能力结

构。同时通过社会实践还可检验学生的道德品质状况，丰富学生的道德知识，培养学生的道德情感，增强学生的道德能力。现在，不少大学毕业生四年大学毕业了，在新的岗位上是“大事做不了，小事不愿做”，或者不会与人共处，处处以自我为中心，这是由于他们在学校里缺乏社会实践锻炼与社会接触太少的缘故。因此，学校应鼓励学生走出校门，走向社会，以增强社会适应能力。特别是每年的寒暑假，学生的社会实践活动应精心组织，要有主题和目标，以达到预期的效果。

三、大学生实践能力培养的基本途径

（一）勇于探索自然奥秘

大学生探索自然奥秘是指他们积极参加接触自然的各种实践活动，观察自然现象，了解自然规律，从而认识、改造和利用自然的行动。探索自然奥秘的前提是学好专业知识，只有在对专业基础知识、基础理论有一定了解和掌握的情况下，才能有效地开展探索自然的各种活动。比如你没有掌握物理学的基本原理，将无法进行物理实验；你没有获取计算机的基本知识，将没法上机进行操作。因此，为了能够较好地探索自然奥秘，大学生应当首先认真学习基础理论知识。探索自然活动的基本方式，有科学实验、生产实践和科技服务三种。在探索自然的实践活动中，大学生是需要经常动手操作并不断总结经验的。比如做一个科学实验，应当了解实验要达到什么目的和需要什么手段，了解实验仪器设备的性能、操作规程。有些实验还得亲自设计实验过程、制作实验设备。在实验中要观察每个细致的现象和反常情况，进行误差分析和实验数据处理，还要检查、处理仪器及设备的故障等。在这一系列的过程中，学生的实验操作能力、设计计算能力均能得到不同程度的提高。同样，参加生产实践和科技服务也能产生如此效果。如果帮助一个企业进行产品更新，你就得反复实践，对新产品进行设计，对生产工艺和加工方法进行改进，做各种产品的中间试验、推广试验和生产试验，有时还需组织、协调、指挥其他人员进行工作。大学生在这样的实践活动中，其实践能力很快就能得到提高。

参加增强实践能力的探索自然活动，贵在持之以恒。能力有其自身发展的规律性，它是经过长时期培养才能够形成的。参加一两次的探索自然活动能够对实际增加一些感性认识，但不可能真正形成实践能力。只有坚持长时期的实践活动，而且根据所学知识层次的变化由浅入深地去探索自然，才能够形成较强的实践能力。为了做到这些，大学生要有充分的思想准备，要有长期实践的耐心，要用百倍的热情投入；学校要积极创造条件，使学生有提高实践能力的基本场所。

（二）积极参加社会实践

这里是指旨在了解社会的社会实践。它主要是指大学生在校期间有目的、有计划、有组织地走向社会，认识国情、接受教育、增长才干、积极奉献，全面提高实践能力的一系列实践活动过程。大学生参加社会实践的主要方式有社会调查、社会服务、社会交往等。另外现在有些高校还开展了大学生生存能力考验实践活动，从一所或数所高校挑选一些学生，到一个陌生的地方独立谋生约半个月，学校只给往返路费，这种小范围活动对锻炼大学生生存能力、实践能力是很有帮助的，也不失为一种有益的尝试。大学生参加了解社会的实践活动过程就是培养实践能力、增强社会适应性的过程。在这样的活动中，有许多工作要做，许多问题要处理，于是便给学生提供了较好的学习、锻炼机会。比如搞一次社会调查，需要制定调查方案，选择调查时间、地点、对象，组织调查人员，筹备物力和财力。在具体调查过程中，可能会遇到被调查者不合作或其他一些矛盾的解决处理，最后还要进行统计、分析、总结，直至出成果。这个过程十分有利于锻炼学生的社会活动、组织管理和动手能力。参加社会服务也同样能使学生的实践能力得到提高，尤其是离校外出，需要在生活、工作方面进行自我安排、自我管理。比如学生参加“三下乡”活动，既要在农村独立开展各种服务，动员、发动、教育群众，又要配合各级干部的工作，还要为个人生活操心。这一系列的工作，尽管与毕业工作后的强度、内容、形式还有较大差别，但无疑使他们开始迈出校门，培养和增强了社会适应能力。

同了解自然的实践活动一样，了解社会的实践活动也应当经常性地开展，否则难以达到预期效果。大学生应当本着适应社会，提高自身素质的目的，积极主动地参加社会实践，自觉地在学习、工作、生活、组织纪律等方面严格要求自己。另外，由于大学生年龄较小，社会阅历较浅，各方面不够成熟，自理能力较差，学校尽可能地创造较多、较好的机会，保证社会实践的正常化和制度化，使更多的同学从中得到锻炼。

（三）热情参与学生工作

大学生参与学生工作是指他们参加学生会或班集体的学习、文艺、宣传、体育、生活后勤等方面的自我管理、自我服务工作。大学生活与中学生活截然不同，它突出强调的是自主性。在大学里，不但文化课是以自学为主，在组织管理方面也是以学生自我管理为主，班主任、辅导员等学校有关管理人员只是起引导、指导作用，平时大量的日常工作要靠学生会、班委会去做，其宗旨在于培养学生的自觉意识和独立工作能力，为他们以后走上工作岗位独立开展工作创造条件。进入大学以后，学生的心态各异。有些同学在思想上放松了自己，认为经过紧张的高中学习考上大学就达到了目标，不再刻苦学习，更不愿意参与学生工作，一味贪图玩乐。有些同学认为，当学生干部从事服务工作是浪费时间出力不讨好的事情，只要把文化课搞好就行了。这两种思想都是片面且狭隘的。持第一种思想的同学可能把美好的大学时光白白浪费掉，毕业时他们将会一无所获。持第二种思想的同学可能文化课会学得挺好，但其他方面要差一些。须知，大学生活是丰富多彩的，在校期间能够参与自我管理、自我服务工作是难得的机遇，如果能够把一个班集体、一个系乃至一所学校的学生工作搞好，将来走上社会是会如鱼得水的。

第三节　综合素质的提高

一、提高大学生诚信就业水平

在毕业生就业过程中，需要学生、学校、用人单位三方都具备诚信，大家都严格履行承诺，这样，才能不断提高诚信就业水平。

（一）个人要树立正确的诚信观

一个人可以失去财富，失去职业，但万万不能失去信誉。在就业的过程中，大学生要对自己的就业意向有一个正确的定位，理顺个人利益和集体利益、眼前利益和长远利益的关系，确立正确的诚信观，给用人单位留下良好印象，为自己赢得一份好工作。

（二）高校要加强对毕业生就业过程的诚信教育

学校要营造一种人人讲诚信、个个重信誉的学习氛围，使学生养成诚实信用的好习惯；要做好就业诚信的心理辅导工作，让学生认识拥有诚信的好处和丧失诚信的弊端；要做好法律知识的宣传活动，让学生了解违约的法律后果，提醒学生慎重签约，认真履约，加强学生对诚信的强烈意识。

另外，高校一定要严把毕业生推荐关和就业协议书的管理。一般情况下，各高校为了向用人单位推荐毕业生，专门制作了统一样式内容的毕业生就业推荐表。为确保毕业生就业推荐材料的真实性，高校一定要严把毕业生推荐关。毕业生就业推荐表必须经过各系和学院严格审核盖章后才统一加盖学校就业指导中心的公章，每人仅有一份原件；另外，就业协议书每人一式三份，统一编号登记，签约后，必须征得原签约单位的同意并有书面退函后才可换取新的协议书。

（三）用人单位也要作出真实的承诺

用人单位应该根据具体情况作出相应调整，真正落实合同的承诺，让已经签约的学生可以安心就职。这样对学生、学校、用人单位三方都是有利的。

当然，解决求职中的诚信问题，仅仅靠大学生的自律，靠学校的诚信教育是远远不够的，学生的诚信问题，实际上是学校、家庭、社会各方面诚信问题的反映。因此，根本的解决办法还在于整个社会形成一种诚信的氛围，用一整套信用机制来约束缺乏诚信的行为。专家指出：我们不要期望通过诚信教育，学生马上就能变得诚实起来，只要社会上存在着不诚信仍能使人获利的状况，学生就不可能真正变得诚实起来。而与国外已经形成的成熟的信用体系相比，我国在这一方面的缺陷是比较大的。可以说，呼唤人才市场的诚信和健康，建立求职中的诚信制度，还有很长的路要走。

二、培养敬业精神

（一）敬业精神是当代大学生成才的基础和保证

当代大学生是社会的宝贵人才资源，毕业后能否合理地被社会配置，其中一个关键因素是看大学生走向社会之前，是否具备“人才”的基本素质。

敬业精神就是人才基本素质中的一个方面。敬业精神是指一种品行、一种观念、一种对事业有着始终不渝的献身精神。

1. 敬业精神可使大学生明确学习目的，端正学习态度

现代发达国家的发展历程已充分证明，拥有科技人才是国家经济腾飞的基本条件。通过科学技术推动经济发展，已成为发达国家走向成功的基本特征。高校是培养科技人才的基地。高校教师中有本行业的专家、学者，学校有良好的科研条件，加之大学生正处在求知欲最强、体魄最健壮的黄金时期，树立敬业精神，明确学习目的，就会产生一种强烈的责任感和义务感，就会激发起自觉学习专业知识、充实自己的强烈欲望。这样，孜孜不倦地学习，就成了发自内心的自觉行动。这种基于自身需要情况下的自觉学习，会大大提高学习的积极性、主动性和学习效率，是促使大学生成才的重要因素。

2. 敬业精神会使大学生具有开拓精神

建设有中国特色的社会主义现代化是前所未有的事业，必然会在前进的道路中遇到意想不到的困难和挫折。今天的大学生，正是 21 世纪的中坚力量，因此，承担这一历史重任的人才也必须是敢向往、敢超越、敢为天下先、富有开拓进取精神的人才。具有敬业精神的大学生，必然表现出对新知识、新事物了解掌握的渴求与欲望，坚持不懈地求知、探索，不断进取，不断进步，不甘平庸无为，有建功立业的远大志向和强烈事业心，不会为初步的成功和荣誉而沾沾自喜，也不会为暂时的失败而灰心丧气，富有敬业精神的大学生必然表现出对未来充满希望，以积极进取、坚定乐观的开拓精神在知识的海洋中遨游，在人生的长河中搏击前进。

3. 敬业精神能使大学生树立艰苦奋斗的拼搏精神

求学本就是一件辛苦的事情，特别在现今社会，物质的引诱巨大，大学生能不能不受外界不良因素的诱惑，潜下心来勤奋读书，是许多大学生必须正视的问题。只有具有敬业精神的大学生，深知任何事业的成功都来之不易，自觉树立百折不挠、艰苦奋斗的拼搏精神，才能到达成功的目的地。古人尚能“映雪读书”“凿壁偷光”“头悬梁，锥刺股”，今天的大学生，未来社会主义事业的建设者和接班人，更应战胜各种困难，克服享乐主义的诱惑，甘于平淡，耐得住寂寞，努力培养勤奋学习的毅力，培养不达目的誓不罢休的精

神，深刻体会“天将降大任于斯人也，必先苦其心志，劳其筋骨……”的含义，自觉在大学生涯中磨砺意志，树立百折不挠、坚忍不拔的拼搏精神，为明日的辉煌，矢志不渝。

（二）大学生敬业精神的培养

1. 树立高尚的立业动机

要培养大学生的敬业精神，必须帮助大学生树立高尚的立业动机。我国的大学生，绝大多数是怀着远大的理想迈进大学殿堂的，都希望通过几年的专业学习，掌握为人民服务的本领，将来在工作岗位中敬业奉献，报效祖国，造福人民，这是应该予以充分肯定的。无数的事实告诉我们，确立宏大的人生志向是培养敬业精神的基础和前提。志向是敬业的前提，敬业是工作的风帆，要想将来有所作为，就必须首先立下宏大志愿，确立高尚的立业动机。古往今来，凡是有所作为的政治家、思想家、文学家和科学家，都是在高尚的立业动机驱动下，最终走向成功的。

“有志者，事竟成”，成了流传千古的至理名言。但志愿和立业动机还有方向与性质的区分。自私自利的个人主义也能产生一定的积极性，但因为脱离社会、脱离人民，得不到社会的认同，经不起困难挫折的打击，因而不能持久，不是我们需要的。我们要求大学生树立高尚的立业动机，即献身祖国，造福于人类。有了这种崇高的目的，就能把个人和社会融合在一起，就会使人的精神得到鞭策和鼓舞，潜能得到充分发挥，从而激发持之以恒的敬业意识和韧性的奋斗精神。在经济全球化的今天，尽管和平与发展是当今时代的两大主题，但资本主义的侵略、扩张的本性未改。因而，每一位大学生都应明白世界是讲究实力的，“中华民族只有以强大的经济为基础，才能在自己的土地上平静生活”。大学生应十分清醒地认识到，中国特色的社会主义市场经济能否充分显示它的威力，中国能否成为屹立于世界东方的巨龙，这一历史重任已光荣地落在21世纪的中国青年肩上，明确为祖国的强大而学习是最大的敬业。

2. 确立现代的就业理念

要培养大学生的敬业精神，还必须帮助大学生确立现代的就业理念。社会主义市场经济体制的建立，使整个社会的劳动就业制度包括大学生的就业政策都在进行深刻的变革，这既为大学生就业提供了更广阔的空间，也提出了严峻的挑战。面对新的就业形势，大学生敬业精神的培养内容之一，就是要确立现代的就业理念，以适应社会的需要。

首先，要确立行业无贵贱职业观。社会劳动是分工进行的，各行各业彼此依赖。只要是社会需要的工作，都是高尚神圣的。行业无贵贱，工作无尊卑。大学生要纠正重此轻彼的劳动观念，克服盲目对热门专业趋之若鹜，而冷门专业门可罗雀的现象。要认识到，热门和冷门都是相对的。不论处于什么工作岗位，只要尽自己最大的努力，以诚实的劳动为人民做出有益的贡献，就会得到人民的赞誉和相应的报酬，得到社会的认同。所以大学生择业时，要摒弃世俗偏见，以平等的心态看待要选择的职业。

其次，要有自觉适应社会的思想准备。当前大学生的毕业分配从“统招统分”走向“双向选择，自主择业”。有些同学片面认为这样就可以充分自主择业了。其实大学生在择业中的重大误区之一，是他们还没有充分认识到，在真正的择业过程中，职业岗位并不能完全满足每个同学的主观要求，许许多多的客观条件要求个人必须适应社会。每个大学生都要有自觉适应社会需要的思想准备，认识到只有社会的需要，才能最好地发挥个人的真才实学。要适应社会的需要，关键一条是，在个人志愿与社会需要发生矛盾时，能有服从社会需要的理性思考。

再次，要正确认识自己，克服择业理想化倾向。大学生就业是人生道路上的重要抉择，想找到一份比较称心如意的工作自在情理之中，但在择业中要注意避免理想化倾向。所谓理想化倾向，就是不切实际地估价自己和不现实地要求社会。特别是某些学生职业理想功利色彩浓厚，追求经济收入丰厚，工作环境舒适，把自己的职业岗位和职业前途“自我设计”得过于美满。当现实的工作环境、工资待遇不能如愿以偿时，不能及时调整自己，表现出不安心本职工作、忧心忡忡、患得患失，影响自己的成长和进步。因此，大学生不仅要考虑“我想干什么”，还要考虑“我会干什么”，更要考虑“社会需要我干什么”，不要刻意追求现实中不可能达到的事情。要面对现实，努力工作，在本职工作中积极进取，为寻求发展做好准备。

最后，更新就业观念，努力适应工作。长期以来，专业对口、学以致用是求职择业中的重要原则。但随着市场经济的不断发展，社会上出现了很多新行业和多学科交叉行业，从而迫切需要大批复合型人才。而随着知识经济时代的到来，人们需要终身受教育，不断学习新知识。即使大学毕业后，也还要继续学习，否则就不能适应社会的发展和时代的要求。因此，大学生在校学习时不能仅限于专业学习，而应在学好专业知识的基础上，辅修其他专业知识；在求职择业时不能一味要求所学专业与社会工作完全对口，不能要求一职定终身，而应自觉扩大自己的择业范围，在考虑自己的专业特长的同时，将自己的适应能力和继续学习的因素都考虑进去。要在社会职业工作这个大课堂中不断地学习新知识、新技能，同时突破个人兴趣的狭隘局限，积极适应产业结构的调整，自觉培养新的专业爱好和情趣，力争在工作上有所成就。

3. 在实践活动中培养敬业精神

要培养大学生的敬业精神，还必须鼓励大学生勇于实践。大学生敬业精神的培养应该是全方位的。要鼓励大学生勇于从学习知识、实验实习、科研活动、社团活动、创业大赛等各个方面来培养其敬业精神。

高校的各种实践活动，都是培养大学生敬业精神的重要环节，是大学生磨炼意志、砥砺品格、陶冶情操、发展个性的重要条件。在社会实践活动中，大学生走出校园，深入社会，到基层去，到群众中去，使他们在社会这个大课堂中学到书本中所学不到的知识，从而了解社会、了解国情，在思想感情上更尊重群众、贴近群众，增加热爱群众、热爱劳动、工作认真负责的行业责任感。因而，在学生参加社会实践活动前，教师要有意识地启发大学生认识敬业精神、道德品质养成的重要性，对通过社会实践活动所要达到的德育目标做到心中明了，从而更好地引导大学生通过社会实践活动培养强烈的敬业精神，并实实在在地让大学生亲自去感受敬业精神的重要性，从而积极、主动、自觉地在实践活动中锻炼自己，找到发挥自己专业所长与适应社会需求的结合点，尽职尽责，把自己的聪明才智通过职业实践活动奉献给社会。

三、大学生就业心理的自我调适

大学生在求职择业中，不可避免地会遇到困难、挫折和冲突。这些挫折和冲突常常会引起各种心理问题。特别是其中的心理障碍问题，既不利于择业，也不利于身体健康，甚至还会影响整个人生。解决学生心理问题的根本对策，是引导学生学会自我调适。自我调适是指个体运用一定的原理和方法，主要是心理学的原理和方法，促使自己的心理和行为获得积极改变的过程。自我调适的作用，就在于帮助学生在遇到挫折和冲突时，能够客观地分析自我与现实，有效地排除心理障碍，从而使自己保持一种稳定而积极的心态，达到如愿择业的目的。因此，引导学生积极和有效地进行心理调适是十分必要的。

（一）提高自我调适的自觉性

人生是一个不断发展变化的历程，也是个人对环境不断适应的历程，在人生的某些阶段，由于环境条件的改变，社会对个人会提出新的更高的要求，以致使个人感到难以适应。此时，如果个人能够主动、自觉地改变自己或改变环境，使个人与环境保持协调，就可以渡过难关顺利进入下一个新的人生阶段。相反，如果个人不能调适自己以符合环境的要求或不能克服环境的某些限制，就无法通过难关，在发展的道路上出现滞留现象。滞留的时间越长，相应的困难越大。不仅影响自己的现在，还会影响自己的一生；不仅影响择业效果，而且危及身心健康。

面临毕业，学生们自然会考虑到社会给自己提供了哪些职业位置，有多少选择的机会与可能，同时也会想到如何认识自己，调整自已，使个人做出最佳选择并尽快适应职业活动。前者属于就业的社会环境问题，在很大程度上不以个人的意志为转移，后者则是心理问题，属于个人可掌握的部分。认识环境、把握自己、尽快做到心理适应，乃是最积极可行的途径。在日常生活中，人们的通病是在实现自己目标的过程中，常常不去认真地了解、分析自己可掌握的那一部分因素，却企图主宰自己不可能驾驭的那一部分因素。不少学生在择业的过程中也容易犯此类通病。因此，在求职择业过程中，学生应当充分认识心理调适的作用，提高自我调适的自觉性，尽量通过自身的努力使自己保持一种良好的心态，以利于合理择业、顺利就业和健康成长。

（二）学习心理调适的方法进行自我调适

1. 认识和评价自我

引导学生进行自我调适，首先要帮助他们正确认识和评价自我，这是进行自我调适的基础。因为只有正确地认识和评价自我才能找到自我调适的立足点。认识和评价自我的方法主要有以下几种。

（1）自我反省。自我反省也叫自我静思，就是面对各种矛盾和冲突，首先能冷静地、理智地思考自我，认识自我，评价自我，找到自我的确切位置。面对择业，学生除了要客观地分析就业环境外，最主要的是要正确地认识自我和评价自我，应当明确自己的择业发展方向、爱好特点、性格气质、最适合干的工作、自己的优势和劣势等。只有通过理智、冷静的自我思考，才能对自己有一个客观的评价，使自己在择业过程中处于积极主动的地位。

（2）社会比较。人不可能脱离社会而存在，要正确地认识和评价自我，离不开社会。学生要正确地认识和评价自我，首先，要将自己与社会上其他人作比较，特别是要通过与自己条件、地位类似的人比较来认识自己，而不是孤立地认识自己；其次，要通过社会上其他人对自己的态度来认识自己；通过对自己参加社会活动结果的分析来评价和认识自己，即在客观上寻找评价的参照尺度来认识自己。如果一个人对自己的评价与他所获得的各种比较基本一致，那就基本可以认为他的自我认识发展得比较好，比较客观。如果不一致，差距太大甚至相反，那就表明他的自我认识发展不好，不够客观，缺乏自知之明。

（3）心理测验。心理测验是心理测量的一种工具和手段，是根据一定的法则对人的行为用数字或图线加以确定的方法。心理测验的方法很多，主要包括智力测验、人格测验、神经心理测验和能力测验，有关的心理学著作中对此都有详细的介绍，学生可以根据自己的需要选择使用。要注意的问题是一定要选择心理学专家编制的标准化的测验量表，最好能在专家指导下使用。

2. 自我调适的方法

（1）自我转化。有些时候，不良情绪是不易控制的。这时，可以采取迂回的办法，把自己的情感和精力转移到其他活动中去，如一种新知识、新技能的学习，参加有兴趣的活动，利用假日郊游接受大自然的熏陶等，使自己没有时间和可能沉浸在不良情绪中，以求得心理平衡，保护自己。

（2）自我适度宣泄。因挫折造成焦虑和紧张时，消除不良情绪的最简单方法莫过于“宣泄”。切忌把不良心情强压于心底，忧虑隐藏得越久，受到的伤害就越大。最妥善的办法是向朋友、老师倾诉，一吐为快，甚至也可以在亲友面前痛哭一场，求得安慰、疏导、同情，虽然古话说“男儿有泪不轻弹”，但必要时男儿弹泪也无可厚非。也可以去打球、爬山、参加大运动量的活动，宣泄情绪。但是，宣泄一定要注意场合、身份、气氛，注意适度，应是无破坏性的。

（3）自我慰藉。自我慰藉就是自我安慰，实质是自我辩解。人不可能事事皆顺心、处处是英雄。择业中遇到困难和挫折，已尽了主观努力仍无法改变时，可说服自己适当让步，不必苛求，找一个自己可以接受的理由让自己保持内心的安宁，承认并接受现实，以求得解脱。

（4）松弛练习。松弛练习也叫放松练习，是一种通过练习学会在心理上和躯体上放松的方法。放松训练可帮助人们减轻或消除各种不良的身心反应，如焦虑、恐惧、紧张、心理冲突、入睡困难、血压增高、头痛等症状，且见效迅速。学生在择业中如遇类似心理反应，可在有关人员指导下尝试进行放松练习。

（5）理性情绪化。人有理性与非理性两种信念，这些信念指引下的认识方式会左右人的情绪。人的不良情绪的产生根源来自人的非理性观念，反之亦然。要消除人的不良情绪，就要设法将人的非理性观念转化为理性观念。例如有的学生在择业中受了挫折便消沉苦闷或怨天尤人，其原因在于他原本认为“学生就业应当是顺利的”“我的择业应该很理想”“我过去事事顺利，这次也不应例外”等。正是这些观念作怪，才导致或加剧了他的不良情绪。如果将这些想法加以纠正，则不良情绪一定能得到克服。学生在运用理性情绪化法时，应首先分析自己有哪些消极情绪，从中分析、综合、抽象、概括出相应的非理性观念，并对其进行挑战、质疑和论辩，同时对比两种观念状态下个人的内心感受，鼓励自己向理性观念方面转化，从而有助于排除不良情绪。对于学生择业期间心理素质的培养和心理障碍的消除，除了学生本身的自我调适外，社会各个方面也应给予热忱的关注和积极的引导。

第一，社会要努力为学生提供良好的择业环境，尽可能地提供更多的择业机会，并尽快完善和规范毕业生就业市场，加快人事制度改革，建立公正、平等的竞争机制。这是对学生择业心理障碍进行社会调适最有力的措施。

第二，学校要大力加强就业指导和心理咨询工作，一些学生产生心理障碍或心理疾病，很重要的原因就是对就业政策不了解，盲目择业，造成心理失衡。因此，学校作为就业制度改革的主体，要加强就业政策引导，广泛深入地宣传就业制度改革的方向、步骤和内容，以及当前就业政策、供求形势等，使学生熟悉这些政策和规定，以便使他们能够根据国家的有关规定“对号入座”。学校要积极开设就业指导课，培训就业指导人员，有效地对学生进行就业指导。

第三，家长和亲友要主动关心学生择业期间的心理状况，积极配合学校，帮助他们树立正确的择业观，缓解那些不必要的心理压力，促使他们以积极、健康的心态度过求职择业的阶段。社会上的一些心理咨询机构也应在学生择业心理调适中发挥更大的作用。

第五章　大学生就业观念

大学生的就业工作是一项系统工程，是关系到构建和谐社会，促进经济社会健康发展和人的全面发展的重要课题。对大学生而言，找到合适、理想的职业既是大学生把职业理想转化为职业目标的关键环节，同时又是大学生服务社会实现自我价值的基本途径。但是现在社会与大学生都感到高校毕业生就业困难，迫切需要政府、高校采取措施以解决大学生就业难的问题。高校毕业生就业困难固然有经济体制、经济结构、经济发展水平和学科设置滞后等诸多因素的影响，但从毕业生就业指导工作的实践来看，毕业生就业观念也是影响大学生顺利走向工作岗位不容忽视的因素。因此，探讨如何帮助大学生转变观念，树立科学的就业观，正确面对激烈而又残酷的就业竞争现实既是当前大学生必须认真思考的问题，也是每一个教育工作者义不容辞的责任，具有极其重要的现实意义。

第一节　大学生就业观念的影响因素

观念形态，也叫意识形态，在一定的经济基础上形成的，人对于世界和社会的系统的看法和见解。就业观念就是指毕业生关于就业理想、动机、标准和方向等就业有关的重要问题的基本看法和根本观点，是毕业生走向社会寻找工作的先导。就业观在毕业生就业过程中起着基础性和全面性的作用，它是大学生的世界观、人生观和价值观在就业方面的集中体现。就业观念既是一定经济体制下社会就业现实的反映，又会对社会就业观念产生反作用。

适合社会就业现实的就业观念可以推进社会就业问题的解决，不适合的则会加重社会就业问题。所以就业观念的正确与否将直接影响到毕业生能否正确认识自我，适应社会并达到成功和就业，也将在一定程度上影响到国家经济和社会的持续发展。

观念是人类支配行为的主观意识。观念的产生与所处的客观环境关系密切，受到客观环境的影响与制约，而不是凭空出现的。就业观念的形成和变化，受到政治、经济、文化、家庭、个人自身条件等诸多因素的影响。

一、政治环境

政治环境不仅可能影响到人们的就业观念，而且还会影响到劳动供求双方的行为。这里讲的政治环境主要是指一个国家在一定时期实行的公共政策。公共政策是政府或执政党为解决特定的社会问题而确定的目标和方略，属于政治上层建筑，它强烈地影响到社会意识。社会政策、人口政策、劳动政策，必然直接影响着人们的就业态度。我国计划经济体制下的就业机制是以统包统配的计划配置方法为主要特征的，表现为政府部门决定劳动者的就业岗位，决定劳动者的收入标准、收入水平、收入升级方式，并承担全部就业风险，因此之前的大学生形成了“等”“靠”政府统包统配的就业观。现在随着社会政治体制改革的深入，政府提出“双向选择、自主择业”的就业机制，劳动者自由选择各种类型的单位，与单位协商收入并自己承担就业风险，学生逐渐认可市场化就业。由于目前政治体制改革的不彻底如户籍制度改革、社会保障体系改革等，同时受到其他社会风气的影响，大学生就业观仍带有强烈的计划经济体制下的色彩。

二、经济环境

经济环境包括经济制度、经济体制、经济发展水平和科技进步状况。任何一种就业观念作为上层建筑，都是在某一个经济制度、经济体制下形成的。不同性质的社会经济制度从根本上规定了不同基本倾向的就业观念。一般来说，在以生产资料资本家私人占有为基础的资本主义社会里，人们往往是从雇佣观念来看待自己的职业，就业优先考虑的谋求个人利益。在生产资料公有制为主体的社会主义社会里，劳动者既是公有制生产资料的主人，也是国家的主人，往往能够把自己的职业同民族的振兴、国家的富强、人民的幸福联系起来，就业时能够优先考虑国家和社会发展的全局需要。

一个国家在不同时期的不同经济体制下也会形成不同的就业观念。在我国，曾经在很长的时间里实行计划经济，国家对劳动力的管理高度集中，城镇劳动力和中专以上毕业生就业都由国家统包统配，由此形成了根探蒂固的“等”“靠”政府统包统配的就业观。改革开放以后，计划经济体制逐步向市场经济体制转变，市场调控逐渐成为劳动力资源配置的主要方式，人们的就业观念也开始由等待政府安排向适应市场调控转变。但是在市场经济发展的过程中，人们追求真实的人生，追求义与利的统一，在疯狂追逐利益的同时自身受到自制、理性和公正精神的约束越来越小。现代青年人，尤其是即将毕业的大学生对实现自身价值看的越来越重，常常简单的以是否拥有大量的物质财富或者在职业中出人头地作为衡量是否实现自身价值的标准和成功的标志。这种社会价值观对大学生择业观产生了深刻的负面影响。从偏远乡村走出的大学生来到城市，他们笃信“知识改变命运”，目标明确，即在大城市拼出属于自己的一片天地。而在城市中成长起来的大学生更不愿意去艰苦的基层锻炼。过去艰苦的年代我们可以号召大学生到农村去、到基层去，但是在市场经济的条件下我们必须把大学生放在他们所处的社会关系中去考虑他们的择业问题。

经济发展水平和科学技术进步的状况，在一定程度上决定着新旧就业观念的更替。在社会分工不显著、科学技术进步十分缓慢、以手工工具为主的自然经济条件下，就业的分化也很缓慢，人们在沿袭着基本相同的生产方式、生活方式、行为方式，可以在短期内获得一生所需要的知识和技能，这种情况容易使人们形成“从一而终”的狭窄的就业观念。第一次工业革命以来，人类社会进入现代工业文明阶段，生产力由于机械化、电气化、自动化的相继出现以及信息化的实现而得到极大提高，使人类社会的经济结构、产业结构、社会结构发生了巨大变化，就业岗位的科技含量和专业化程度愈来愈高，白领岗位愈来愈多，分工愈来愈细，就业门路日益宽广。就业的变化和增多使新旧岗位更替的速度加快，人们向往白领岗位的意识日益强烈，多渠道就业观念代替了单一的就业观。由此可见，就业观念与其他社会观念一样，具有依赖性，它同样由社会生产关系所决定，是现存的社会生产方式的反映。

三、文化环境

文化环境指一个民族或地区在一定历史时期内人们的意识形态、价值观念、信仰、传统习惯以及教育水平等。文化环境是促使就业观念形成和发展的重要因素。价值观念包括人生目的、意义等一系列观点及客观事物对主体意义的评价，它深刻影响到人们对职业的评价及就业态度。一个民族的信仰，关系到对不同性别、种族的就业评价和就业领域的限制。教育水平的高低对人们就业观念的形成具有重要影响，通过教育可向受教育者传授知识和基本的社会理念，人们的就业观念通常就是伴随着人们学习知识和社会理念的过程而逐渐形成和完善的。从某种意义上来说，就业观念是长期社会教育的结果。比如，在一个实施素质教育的国度，它培养的学生走出社会后，往往具有较强的竞争就业、多渠道就业、自主创业等就业观念。此外，在现实生活中，社会上流传久远的、制约性较大的习惯势力，如传统习惯、风尚等对就业观念也有较大的影响作用。

四、家庭环境

家庭拥有的职业愿望、教育抱负由对大学生的择业观产生深刻的影响。家庭影响可分为有意识影响和无意识影响两个方面。所谓有意识影响，是父母有意识地向子女灌输某种职业的价值；无意识影响，是指由于家庭不同条件所形成的家庭气氛和心理状态所造成的影响，这里所说的不同条件包括家庭的物质条件、地理分布，父母的文化水平、思想水平和职业地位等。

一般来讲，家长文化程度愈高，其对子女的教育期望水平也愈高。父母、兄弟及亲戚受过高等教育者相对较多的家庭，他们的子女对大学有一种并不遥远的感觉，升学动机比较强，未来展望和心理准备也相对好些。而亲属受高等教育者相对少些的家庭，使得他们的子女觉得大学与自己缘分不大，升学动机不强，未来展望和心理准备相对较弱。20 世纪 90 年代以来，随着教育经济回报率的不断提高，高等教育所具有的选拔和分配社会成员的功能使之成为社会筛选的主要手段和向上流动的决定性因素，文凭和学历不仅是人们获得社会地位的象征，也是大多数人获得不同职业的重要依据和未来职业收入的重要指标。一些处于社会中下阶层的家庭有意识地培养子女读书，希望通过教育来改变子女的命运。在我国高学历的获得，主要受制于个人的后天努力，受社会经济地位制约比较小。因此高等教育学历对他们将来获得较好的职业和社会经济地位有一定的保障作用。家长期望子女在高学历取得之后可以脱离原有阶层向上流动，这也导致了大批的毕业生宁可在城市漂泊等待机会也不愿回到自己的原籍去。这种单纯依靠教育来实现向上流动的想法，无可厚非，但是我们也必须认清社会发展的形势，脚踏实地地一步一步做起。

五、自身条件

价值观是人们评价事物对与错、优与劣或者决定一件事情值得去做与否的一套内在标准体系。个人价值观不仅是人生处世的定向工具，也是道德行为的定向工具。在人们成长过程中，由于本身所具有的自我独立意识的加强，对于前途、未来、择偶、择业等生理、心理的需求也随之而来。面对物质和精神需求的增长，职业的选择必然产生适合其自身特点的特殊需求，这在很大程度上影响了他们的就业观念。因此，我们必须充分认识自身的特殊条件，诸如经济条件、社会地位、文化、技能的素质；兴趣、爱好、气质与能力等心理的特征；性别、年龄、体质等生理的特点；人生观及自我意识的水平等。这些条件构成了他们同社会工作不同程度的结合和不同等级的适应度。

第二节　大学生就业观念的现状

随着经济发展和改革的深入，国家对高校毕业生实行“双向选择、自主择业”的市场化就业政策，不再实行统一的分配政策。这使大学生的职业期望处于整个社会价值观的不断冲突、不断协调的涡流中。同时受多种因素的影响，大学生的就业观念呈现多样化，其中有积极、科学的就业观念，也有消极、不合理的就业观念。

一、大学生就业观念存在的问题

从新型劳动力市场的角度看，大学生就业观念存在的问题仍然很多，一些陈旧和不切实际的就业观念严重妨碍了大学毕业生就业问题的解决，因而亟待转变。

（一）择业盲目攀高的观念

很多学生不顾自己的实际情况，择业过程中盲目攀高，仅把大城市、机关、大公司及三资企业作为理想的择业目标，大学生单向考虑自己的就业理想，要求用人单位十全十美，工资、福利、住房、地理位置、工作环境，无不在其考虑之中，却忽视了如此完美的单位能否接纳自身，不考虑自身的水平能否达到单位的要求。不能给自己合理定位而盲目求高，最终导致不少大学生与适合自己的用人单位失之交臂。

（二）浮躁心理、不肯吃苦的观念

许多毕业生不能树立正确的世界观、人生观、价值观，缺乏年轻人特有的激情与抱负，浮躁、片面追求高待遇、贪图安逸，个人主义严重，缺乏到生产一线、基层去锻炼和艰苦创业的思想准备，就业愿望脱离自身条件、就业实际和国家需要。近年虽然都喊着逃离“北上广”，但是“特区热”“沿海热”“机关热”“管理热”仍然是大学生就业的第一选择。

（三）眼高手低、好高骛远的不切实心态

相当一部分大学生在就业过程中存在“高不成、低不就”的问题。部分大学生自视学历高、学校“牌子硬”，认为自己系出名门、高人一等，理所当然地应该有好职位、高薪酬、好待遇，却忽视自己的能力、知识水平是否符合岗位要求，有这种心态的毕业生在工作中拈轻怕重、夸夸其谈，没有实践能力，又放不下面子去学习，招致用人单位的反感。

（四）知识与能力、素质等同的观念

部分毕业生不能正确理解知识、能力和素质的关系以及他们之间的区别，片面地认为知识、能力和素质是等同的，都可以通过考试分数来衡量，较高的考试分数似乎就意味着较强的能力和较高的素质，似乎就理所当然地应该找到他们自认为最理想的工作，从而使得一部分学习成绩比较好的学生自觉或不自觉地对就业抱有过高的期望值，而期望越高，往往失望越大，痛苦也就越多。

（五）过分看重职业稳定，一次就业定终身的观念

长期以来，在毕业生“统包统分”制度影响下，不少学生在就业方面缺乏应有的竞争意识，也缺乏良好的就业心理准备，形成一种不良的“安全感”。部分大学毕业生将职业稳定绝对化，将其当做择业的唯一标准，置于至高无上的位置，任何具有风险的职业都排除在选择范围之外。眼光只盯着国家机关、事业单位、国有大型企业，而且必须解决户口、是国家正式编制及管理岗位，而对国有中小型企业、三资企业、民营企业等单位，则不屑一顾。这说明了过去在计划经济下形成的“一国营，二集体，不三不四干个体”的传统就业观仍未能得到彻底改变。

（六）盲目攀比的观念

部分应届大学毕业生寻找选择就业单位时，不是按照自己知识、能力、素质、个人发展为寻找工作岗位的依据，而是拿自己身边同学的择业标准来定位自己的就业标准。部分学生讲“级别”，觉得在校园期间我成绩比你好，荣誉比你多，“官职”比你大，理所当然工作也应比你好，却不知用人单位并非以此作为评判人才的唯一标准。有的毕业生学习和素质平平，却自视甚高，盲目地同综合素质较高的毕业生争夺有限的岗位。在这种观念支配下，即使某单位非常适合自身发展，但因某个方面比不上同学选择的就业单位，就彷徨放弃，事后却后悔不已。

（七）不平衡、怨天尤人的心态

部分大学生或因自身综合素质和能力不足，或因时机把握不准而找不到理想的工作单位，或因期望值过高没有找到工作单位，但这些大学生往往不正确分析自身原因，反而怨天尤人，产生不平衡心态。这种不平衡心态往往导致少数大学毕业生对社会对人生产生偏颇看法，甚至自暴自弃。

（八）羞怯、自卑、不敢参与竞争的心态

部分毕业生心理素质不过硬，或只注重知识学习，没有相应的求职技巧，求职过程中出现羞怯现象。部分大学生因所学专业不景气，或因自己专业知识、专业技能及综合素质不如其他同学，或因求职屡次受挫，产生强烈的自

卑感，并进而转化为自卑心理。有这些心理的大学生往往没有足够信心和勇气面对用人单位，不能恰当地向用人单位展示自身的长处，从而严重影响了就业与择业。

（九）缺乏独立意识，过分依赖学校、家庭和社会的观念

部分应届大学毕业生，缺乏应有的分析和解决问题的决策能力。在择业就业时，对一个单位是否适合自己，往往不是凭自身思考来决断，而是依靠父母师长之意、师兄师姐之言进行取舍，部分大学生缺乏独立意识，出外找工作总爱拉父母、同学相伴，或一帮学友共同应聘同一单位，希冀以后相互照应，有的毕业生不急于找工作，而整天想着借亲戚朋友的关系，拿点钱买个职位；还有的毕业生不主动就业，仍然认为就业完全是学校和社会的事情，把所有的就业希望寄托在学校举办的招聘会和政府安排上。

（十）不愿意离家、安于乡土的观念

现在许多学生是独生子女，加之长期应试教育的影响，导致部分大学生独立性差，不愿离开父母的照顾；或者习惯了家乡、学校所在地的环境，依靠当地亲朋好友的关系开展就业、工作，在陌生的环境中不敢竞争，只愿在眼前的“一亩三分地”上就业。另一些人因爱情原因，毕业后为与另一半留守同一战壕而死守一方。

（十一）狭隘的“专业对口”的观念

部分毕业生在求职过程中，一味强调“专业对口”，这种不愿意放弃所学专长情有可原，但也说明学生没有认清社会发展变化对人才的要求。部分学生大学期间只注重本专业知识的学习，没有学习其他知识，培养自己的综合素质与能力，导致知识面狭窄，综合素质不高，从而不敢走出行业进行竞争。

二、大学生就业观的积极转变

现实最能改造人们观念。随着社会的发展和变化，大学生就业观念出现了以下四方面积极的变化。

（一）大学生主动就业的意识和竞争意识增强

随着高校毕业生就业制度改革的深入和毕业生就业市场化进程的发展，毕业生已逐步接受了“双向选择、自主择业”的就业新理念。长期计划经济

下“分配工作”体制所带给人们的那种事事找单位、依赖政府“等工作”的意识已经减弱。大学毕业生对于就业持一种比较主动、自强的心态，这主要有四个方面的原因：一是大学毕业生找不到工作就没有收入，感觉在社会上的地位下降，自己的经济问题解决不了，故不得不想方设法找工作，以实现自己的经济自立、不再依靠父母的基本目标；二是大学毕业生早就意识到靠政府分配工作的时代已经一去不复返了；三是从众心理，看到周围的大学毕业生都忙于找工作，自己岂能闲在校园中；四是大学生认识到在市场化就业条件下，满意的工作岗位是自己参与竞争而争取来的。

（二）在就业意向上，大学毕业生开始向第三产业倾斜

当前，大学毕业生就业时逐渐向属于第三产业的高新技术产业、信息产业、社会福利和社会服务业以及交通运输、仓储与邮电通信业倾斜，尤其是与生活服务有关的第三产业。这种就业意向，一方面显示出大学毕业生并非死抱“只有进政府机关、科教文卫体才算就业”的传统观念；另一方面，它也符合中共中央、国务院提出的要把发展第三产业作为就业的“主要产业方向”的要求。据有关方面的计算，第三产业每增加 2.4 个百分点的产值，就业人数就可以增加 1 个百分点，也就可以多容纳 150 多万人。

（三）多次就业和非全日制就业得到了大学毕业生的肯定

所谓多次就业，是指一个人一生中会在许多个就业岗位上流动。所谓非全日制就业，是指小时工等就业形式，即将每周从事 15 小时以上的有偿劳动的人口也视为一种就业人口。多次就业和非全日制就业在市场经济国家是一种非常常见的现象。多次就业之所以在市场经济体制中不可避免，是因为它受到劳动力市场运行机制的制约。一方面，劳动者因工资、福利、发展前途等原因，会在不同的用人单位甚至不同的行业间流动，这样，在一个单位终生就业的现象便不可避免地被打破了。另一方面，在市场经济下，失业在一定意义上是正常的现象，当劳动者离开了旧的单位，在尚未进入新的单位之前当然就处在失业的地位上。非全日制就业之所以能在市场经济国家中成为一种普遍现象，有两方面原因。其一，非全日制就业赋予了劳动者本身在就业方面高度的灵活性，劳动者可以根据自己的情况、家庭的情况以及个人的实际能力选择工作时间，可以根据个人的兴趣和发展需要，用一部分时间工

作，而将余下的时间用于从事其他事务。其二，非全日制就业有助于减轻就业压力，减少失业人员。在社会总工作时间不变的情况下，部分人工作时间的减少，会使其他人获得一些工作时间，更多的人就会由失业状态转变为就业状态。大学毕业生对于多次就业和非全日制就业持肯定态度，这种就业观念，对大学毕业生就业问题的解决是有利的，对新型劳动就业制度的建立是有益的。

（四）大学生注重前途的意识增强

较之以前，大学生忽视个人的兴趣、爱好、职业倾向，不重视个人的发展，只重视“钱”途，只为寻求一份高收入的工作。现在大学生开始注重个人的职业生涯发展，意识到找工作要更注重企业发展前景和个人在企业中的发展机遇。逐渐意识到从基层做起，积累经验、提高实践能力是个人发展的必经之路。这主要有三个方面的原因：一是大学生对于社会的了解进一步深入，认识到个人的发展前景是关系到个人成功的关键因素；二是大学生自我意识增强，开始关注个人的职业生涯发展；三是高校就业教育初见成效，促使大学生能够认识到个人职业生涯的发展必须与多种因素相结合。

第三节　树立正确的就业观

消极、错误的就业观念会束缚大学生的就业，为了能够顺利实现就业，大学生应该从自身抓起，转变就业观念，树立科学正确的就业观。

一、正确就业观的含义

科学正确的就业观应当是系统的、积极的、快乐的、高尚的、有效的择业观。应当是摒弃一个职业定终身的“铁饭碗”的传统择业观，摒弃消极等待的就业观，树立自主创业和终身学习的就业观，树立爱岗敬业的择业观，树立可持续发展的就业观。

（一）系统的就业观

系统的就业观就是全面、动态可持续发展的就业观。职业规划和职业生涯的设计是建立系统就业观的有效途径。进行职业规划设计，确定自己的发展方向，不仅有助于大学生在毕业求职时更具有目标性，而且更有助于个人将来长远的发展，良好的开端也为他们的事业发展打下一个坚实的基础。系统的就业观的建立过程就是不断修正职业生涯路线，达到职业生涯目标的过程。事实表明，大学生毕业后无目的、无规划的盲目就业，将影响他们的长远发展。

（二）积极的就业观

积极的就业观就是要主动出击，主动适应社会，对待困难不回避，不消沉，勇于进取，敢于竞争，树立“爱拼才会赢”的观念，积极争取每一次机会。在求职择业过程中，人才市场上的供求关系总会存在这样或那样的一些不平衡之处，同一种职业往往有较多的择业者期望获得，择业者要想实现自己的期望目标唯有积极地去参与竞争。消极的等待和接受只能使自己处于被动境地，错失良机。

（三）快乐的就业观

快乐的就业观就是以乐观的态度来对待工作，对事业充满热情，对生活充满激情，给人一种积极向上永不言败的精神状态。一个人在视工作为乐趣、视自己的任务为挑战的乐观就业观的指导下，就会迸发出强烈的事业心与责任感、积极主动忘我的工作。积极乐观地工作，就能极大地调动和发挥个人的主观能动性，有助于个人自我价值的实现，同时也为企业的发展做出自己的贡献，对个人和企业来说实现了一种双赢。

（四）高尚的就业观

高尚的就业观就是在选择职业的过程中采用合法的、正当的手段获取职业，职业的选择是有利于推动国家经济发展和社会进步的。我们应该认识到树立高尚的社会责任感，自觉服从社会的需要，为社会服务，是当代大学生应尽的义务。因此，毕业生在择业时既要考虑个人才智的发挥和成长，也要考虑国家需要，到国家需要的地方去，充分发挥自己的创造性，在创业中实现自己的理想。

（五）有效的就业观

有效的就业观是尽最大努力使自己成材的就业观。有效的择业观应当是选择能最大化实现自我价值和预期收益、能顺利走向社会的择业观。首先，这就要求大学生在考虑择业时要分清利弊得失，合理取舍，要根据自身的身心特点，选择更能发挥自己优势的职业，而不要把地区和岗位等因素看得过重。此外，有效性还表现在要能从繁杂的信息中汲取对自己有用的信息或借助外界有利的条件，保证使自己有效的找到工作，而不是坐等机会敲门。

二、树立正确就业观的意义

（一）正确的就业观是解决就业的思想基础和前提

求职者只有树立正确的就业观才能顺利就业。如果人们的就业观念能够随着社会变迁而转变，那么就业态度、择业行为就能根据新情况自觉进行矫正，从而较顺利地谋求到适合自己的职业岗位。反之，如果就业观念僵化滞后，就会按照过时的规矩办法求职择业，使自己陷于被动。改革开放以来，我国社会经济成分日益多元化，社会主义市场经济迅速发展，劳动就业制度发生了崭新变化。在这种情况下，人们只有转变并树立正确的就业观念，练好内功，提高素质，主动到市场上去竞争，才能顺利实现就业。

（二）正确的就业观可有效地促进国家的经济、政治和文化的发展

国家的经济、政治和文化等的发展，构成了学生就业的外部环境，而大学生对这些就业环境的了解，可以使大学生更好地了解所学专业的发展趋势和发展前景，在选择职业时就可以形成一种成就动机，增加学生的从业信心，能够促使个人的择业行为切合实际，根据个人条件、志愿和社会需要选择职业，从而在以后的工作中心情舒畅，爱岗敬业，充分发挥聪明才智，在获取合法收入的同时，为建设中国特色社会主义事业做出自己的贡献。就业观不正确，在择业上就会挑肥拣瘦，盲目追求热门，一旦没有满足自己的择业要求，就会心情忧郁、感到前途渺茫，甚至悲观失望。

（三）正确的就业观可促使学生强化对专业技能的掌握和深入探究

面对竞争渐趋白热化的严峻就业现状，培养大学生良好的择业观凸显的越来越重要，它会强化学生的就业危机感，使学生形成一种就业压力。为缓解这种就业压力，学生采取最直接的办法就是学好本专业，并要求自己深入探究，掌握“一技之长”，因为良好的专业素质会使学生在同等的就业机会面前脱颖而出。如果在学生的头脑中没有树立这种良好的择业观，就会形成

“当一天和尚，撞一天钟”的松散的学习观念，这会大大减弱学生在就业竞争中的竞争实力。

（四）正确的就业观可促进学生自觉地加强自我管理和自我教育

正确的就业观有助于帮助学生更好地认清自身和社会发展的现状，从而使学生的自我意识、独立意识不断增强，注意力开始从外部世界转向内心世界，自我认识、自我评价、自我体检、自我监督、自我控制进入了一个新阶段，促使学生能早日成为生活的主角，更好地适应社会的竞争和发展。

（五）正确的就业观促使学生积极寻求机会并参与到社会实践和实习中来

用人单位招聘时，越来越重视学生的社会实践参与程度和学生做学生干部的经历。因为学生在参加社会实践和做学生干部期间可以增强理论联系实践的能力，并且可以很好地锻炼学生的组织、协调和合作的能力。例如在某些公司大学毕业生的招聘过程中，不但对于有过社会实践经验和实习经验丰富的学生干部优先录取，而且其对于不同级别的学生干部给予不同等级的岗位津贴。

（六）正确的就业观可促进学生正确的自我评价和自我开发

在现实生活中，我们会不断发现别人的优点，但很少认真总结自己，发现自己潜在的优点。在项目策划中有一个很有名的 SWOT 分析，即在项目定位之前针对项目本身的优势、劣势、机会、威胁进行分析，以期作出更为客观的符合市场发展的策划。同样在即将走出校门，开始规划自己的职业生涯之前，学生也要树立正确的择业观，做到总结自己，了解自己，发现自己，超越自己，激发自己更深层次的潜能，给自己进行准确的定位从而更好地适应社会的发展。

（七）正确的就业观可增强学生的就业自信心

在求职过程中，有些毕业生最害怕与熟悉的人同台竞争，更害伯和比自己强的人同台竞争，“未比先输”的自卑心理严重。树立自信心的关键，用古人的话讲“知已知彼，百战不殆”。树立正确的择业观在自信心的培养上表现为通过不断修正对自身和竞争环境的认识来发现自身优势，扬长避短，把握机会，使自己在竞争的过程中处于不败之地。

第四节　转变大学生就业观的途径

要解决大学生就业难的问题，首先应该从转变大学生的就业观念方面着手，把培养和引导大学生树立科学就业观作为解决问题的必要途径和手段。因为大学生的就业观受到社会、家庭、个人等许多因素的影响，所以转变大学生的就业观念势必成为政府、家庭、学校和个人都要参与的系统工程。各方面都要积极采取措施，为大学生转变观念创造良好的内、外环境。

一、深化改革，完善体制

（一）消除制度障碍，为大学生就业创造良好的制度环境

近几年来，各地相继出台许多政策以放松对人才流动和就业的限制，促进毕业生就业。但是这些政策的放开速度和节奏并不一致，并且区域间的差距比较大，主要产生了如下问题：一是管理上的脱节，有些政策没有真正得到落实；二是派遣制度的时间限制压力比较大；三是单位使用高校毕业生仍然有户口指标的限制；四是高校毕业生跨省市流动的渠道仍然不十分畅通。

政府要努力消除的制度障碍包括：一是要确保出台的就业政策得以及时落实；二是要尽量缩小全国各地区就业政策上的过大差距；三是要进一步加快就业政策的合理化改革；四是要根据各区域经济情况的不同做出必要的合理的政策倾斜。消除制度障碍的主要目的是让毕业生的实际能力与职业的特点、岗位的要求合理匹配，同时促进人才资源的合理配置。

（二）加强宏观调控，完善就业市场

现在就业市场已经逐步走向规范和成熟，但还是有些弊端和需要改进的地方，如管理水平、政策透明度、生源和性别歧视等。要真正实现通过市场来调节人才供求的改革目标，需要全社会长期艰苦的努力。一方面政府要进一步规范就业市场，加强高校与企事业单位的联合，通过人才交易会、网络就业信息库、与用人单位建立长期合作伙伴关系等为毕业生提供多样化的求职渠道。另一方面，全社会要创造自主择业的良好氛围，建立和健全自主择业的机制，形成公平、公正、公开、规范的人才市场，以利于人才尽快脱颖

而出，满足社会对人才的需求。

（三）建立非公有制单位用工制度检查，以消除大学毕业生择业时的心理障碍

相当数量的大学毕业生之所以偏爱政府机关、科教文卫事业单位、科研院所、大型三资企业，不愿去个体、私营等单位就业，与这些单位可能存在的用工不规范、劳动者权益得不到保护有关。据有关方面的调查，目前一些个体、私营单位在用工方面存在的问题还很多，有的用工时不签订劳动合同或者劳动合同不规范，随意解雇工作人员，克扣工作人员的工资；有的不遵守关于工时的规定，职工长期处于超负荷的工作状态；有的私自订立与国家法律、法规相抵触的规章制度，工作环境恶劣，生产安全无保障。因此，要转变大学毕业生忽视个体、私营等单位的择业观，消除他们去这些单位工作的心理障碍，应由劳动和社会保障部门牵头，各有关部门定期对这些单位用工调度进行检查，依法查处各种对劳动者权益侵犯的行为，并要把这种检查制度化，固定下来，定期开展。

（四）加快体制改革，改变城乡二元结构

大学生就业在区域选择上，意向大多集中在大城市或沿海开放城市。北京、广东、江浙及其他沿海城市的占据多数，愿意到基层、到农村就业的人寥寥无几。产生这种现象一个重要的原因就是城乡二元结构的影响。

要改变这种现象首先应改革户籍管理制度。在中国，户籍制度全面地影响着人们的生活。长期以来，因城市户籍带来的各种福利待遇、社会保障、教育、就业等方面的优势是农村户口所不能比拟的，这一切都深刻地影响了大学生。促使大学生毕业时都想留在城市，而不愿到基层、到农村或者偏远的城市就业。这就形成了大学生毕业后都留在城市特别是大城市或沿海开放城市的局面，严重阻碍了人才的流动，制约了大学生的自主择业和就业。所以国家要加快户籍制度改革，一是取消农业户籍与非农业户籍管理制度的差异，代之以城乡统一的居民户籍制度，允许城乡居民以平等自由的身份自由迁徙与择业；二是取消区域性户籍管理制度，代之以全国统一的居民户籍管理制度，允许各地居民在全国范围内自由迁移与择业；三是取消传统户籍制度附加的各种权利和限制，彻底淡化户籍的政治、经济和社会功能，代之以

与世界接轨的人口管理制度，使户籍不再成为居住和就业的障碍；四是取消户籍等级，使人的地域身份不再成为就业等级的依据。

（五）深化改革，为大学生到西部和基层就业创造良好的外部环境

一直以来，我们国家都鼓励大学生到西部和基层就业。但由于西部和基层的经济和文化相对落后以及对大学生的支持政策不到位、不完善等多种因素的影响，大学生普遍不愿意到到西部和基层就业，所以国家要深化改革。第一，应加大对西部、边疆地区及基层单位的经济投入，但因国家财政制度的局限性，无法保证在此就业的大学毕业生的利益，形成大学生不愿意到这些地区就业，去了也留不住的局面。第二，必须有一些鼓励大学生到边远、西部地区和基层单位就业的政策出台，这些政策必须综合考虑有利大学生发展的各种因素。在条件允许的范围内，借鉴日本的做法，考虑为那些愿意去山区、边远地区就业和愿意去个体、私营经济单位就业的大学毕业生，建立类似的“地区年功序列”制度。即对在艰苦地区或其他人才奇缺地区工作的专业人员和干部采取按年稳定提薪或给予政治及行政待遇的办法，来吸引和稳定人才。在此基础上，再结合个人的工作绩效进行奖惩，就能大大增强这些地区的吸引力。第三，政策要到位，注重落实。比如对于自愿支援西部、基层的大学生，在服务期满后，在考研、就业方面优先考虑，或者预留部分岗位给这批大学生，或要求单位在招聘大学生时必须要预留名额给支援西部、基层的大学生。

（六）尽快实施分类就业培训，并有针对性地为大学毕业生的就业提供优惠政策

对那些愿意自营就业的大学毕业生，应组织他们参加创业培训，让他们明白有哪些领域或项目可以去经营和投资，讲清楚经营执照的申请程序，让经营成功者介绍他们的成功经验。对那些在学校期间专业技能学习不够的大学毕业生，根据劳动力市场的需求和他们个人的实际水平，开设文化提高班、技术技能提高班或转岗（业）培训班，增强他们竞争就业的观念和能力。简化大学生自主创业程序，在大学生自主创业贷款、公司手续办理等方面提供快捷、方便的服务，给予税收政策上的支持，减免税收。

二、加强就业指导，提高就业竞争力

（一）调整专业设置，完善学生的知识结构

高校应调整专业设置和教学思路以适应社会的需求，随着劳动力市场的发展，人才竞争日益激烈，用人单位对应聘者的实际操作能力、适应工作环境变化的能力提出了越来越高的要求。目前，部分高校的专业设置相对滞后，毕业生所学的专业结构与市场供求出现了错位，加之我国高等教育中仍存在着重知识灌输、轻能力培养的现象，培养出来的毕业生缺乏实践经验和实际操作能力，不能适应用人单位的需要。因此，高校应调整专业设置和教学思路，强化职业道德教育和实际操作能力训练；深化教材改革与课堂教学改革，抛弃落后的教学内容，把最新的理论和贴近生产的知识传授给学生。

（二）修正就业宣传教育思路，引导大学毕业生形成正确的就业观

强化高校的就业宣传教育工作，提高大学毕业生对失业和就业政策的了解，以减少他们对社会的误解和抱怨。阐明失业的难以避免性，增强大学毕业生对失业的心理承受能力。增加对就业方面供大于求的事实的宣传，这样，可以弱化大学毕业生择业时的挑剔心理。充分说明市场经济下自主创业、异地就业、非全日制就业的必然性，以增强大学毕业生对多种就业形式的认可。当然，与多种就业形式相配套的政策也是必需的。

将就业观的培养纳入到“两课”教学中，“两课”教学如何落实以就业为导向，主要是结合不同的特点加大和充实与毕业生就业相关的内容，引导毕业生形成正确的就业观、择业观和创业观。“两课”课程各有特色，只要我们切实转变观念，真正以就业为导向，不断充实和丰富就业方面的内容，“两课”就能在引导毕业生就业方面发挥重要作用。加强对大学生的思想道德教育，指导毕业生树立正确的择业观。部分毕业生在择业过程中产生不良心态，择业过程中只看眼前自身的利益，忽视国家、社会的需要及自己今后的发展前景，盲目追求高福利、高待遇。针对这种情况，就业指导应加强思想品德课、政治理论课、人生哲学课的教学，同时积极组织学生参加社会实践、义务奉献活动，鼓励学生利用各种形式深入社会、了解社会、体验社会，培养毕业生强烈的社会责任感、开放的思想意识、务实的工作态度、强烈的爱国

奉献精神，从思想观念上引导毕业生树立适应市场经济发展需要的职业道德观，树立正确的就业观。

（三）制定有效的社会实践和实习的考核机制

有些大学生毕业走上就业岗位之后，给用人单位的主要印象是：不能做事，或是做事能力差。具体表现为逻辑性差，缺乏主动性和创造性；不善为人，眼高手低不善于虚心学习、总结经验。因此用人单位需要对应届大学生重新培养，这也是大学生就业难的一个主要原因。所以高校应在学生在校期间组织有效的社会实践，这对于学生毕业之后走上工作岗位将起到驾轻就熟的促进作用。但是目前的高校对于社会实践和实习的考核机制还不完善，这样学生就会将实习变成了找工作、准备毕业论文，就失去了安排实践课程的意义。所以高校要实施一些行之有效的实习考核机制才能最终将社会实践作用落到实处。

（四）重视“大学生素质拓展计划”在择业观培养中的作用

通过实施素质拓展计划，把素质教育贯穿于课内课外，校内校外，使素质教育贯穿于大学生成长的全过程。把实施“大学生素质拓展计划”作为培养择业观的有益途径和载体，这样既有利于提高大学生思想道德素质，又有利于提高大学生的科学文化素质，增强大学生的适应能力。总之，实施“大学生素质拓展计划”对大学生形成良好的择业观念具有不可忽视的作用。

（五）加强创业教育和职业规划教育

创业是一种有前提条件的自我创造就业岗位的就业，毕业生自主创业，不仅解决了自身的就业问题，而且还为他人创造更多的就业机会，受到了社会各方面的密切关注和大力支持。创业教育是一种新的教育观念，不但体现了素质教育的内涵，而且突出了教育创新和对学生实际能力的培养。加强对大学生进行自主创业教育有利于给大学生毕业带来良好的机遇。

职业规划教育就是帮助大学生做好职业生涯规划。做好个人的职业生涯规划可以使大学生对自己一生的职业发展历程有一个清晰的认识，对自身各个阶段职业的选择有一个很好的参照作用，在确立职业目标以后集中力量搞突破比较容易取得成效。对大学生就业行为而言，做好职业生涯规划，可以使大学生就业当做是职业生涯的一个环节来看待，而不再去过分计较短期内的利益得失，把眼光放得更为长远，使大学生在就业时有明确的目的性和参照性，缩小就业范围，避免漫天撒网。做职业生涯规划必须做好认识自我、了解市场、明确目标、制定策略和评估修正等几个环节。

（六）就业观的培养和教育工作要贯穿大学的始终

大学生就业观的培养涉及到大学生生活的方方面面，例如社会责任感、良好的文化和心理素质、适应能力以及综合竞争力等诸多方面。这些并不仅仅是靠大学生在毕业前期接受简单的讲座和经验介绍在短期内能形成的，在素质教育逐渐成为教育主体的今天，就业观的培养是就业指导中的重点，是一个长期性的工作。不是只有毕业班的学生才需要了解到就业形势和政策，要从学生入学开始就要加强学生的择业观培养，这样学生才能从心理上重视就业工作，了解就业形势，增加就业危机感，树立正确的择业观。

总之，大学生成才的第一步就是要走出校园，作为高校应该通过良性教育引导和指导大学生对自身的正确定位，使广大高校毕业生能够树立正确的择业观念，找到施展才华的广阔平台，从而实现构建和谐社会的最终目的。

第六章　大学生就业准备

第一节　就业信息的搜集

大学生就业不仅取决于他的知识、能力、体力、社会和经济的因素，而且也取决于就业信息。就业信息是大学生就业的基本前提与择业决策的重要依据，是指通过各种媒介传递的有关就业方面的消息和情况，如就业政策、供需双方的情况及用人信息等。就业信息是毕业生求职择业的前提和必备条件，关系到求职择业的成败。在就业形势日益严峻的信息时代，就业不仅是实力的竞争，也是信息的竞争，作为新世纪的大学毕业生，应当充分认识到就业信息的重要性，积极主动、广辟途径收集就业信息，并认真细致、去伪存真地分析、筛选、整理这些信息，从而作出准确的处理，把握选择的主动权，抓住就业机会，为成功的就业奠定基础。

一、就业信息收集的内容、意义和要求

（一）就业信息收集的内容

信息是现代科学的一个重要概念，它和能源、材料并驾齐驱，成为人类物质文明的三大要素之一。由于人们的观察角度不同，观察面不同，因而关于信息的定义也有多种。信息论中信息是指用符号传递的报道，报道的内容是接收符号者预先不知道的。在一般人的概念中常将信息通俗地理解为消息、情报、指令、密码等的总称，是从客观事物的运动发展中获得的精神产品，

比如通过书刊报纸、广播电视、资料文献等获得的消息、情报、成果等。

就业信息是指通过各种媒介传递的有关就业方面的消息和情况，如就业政策、就业机构、供需双方的情况及用人信息等。具体包括：①用人单位概况。包括单位全称、性质、所在行业、地址、规模、效益、用工政策、职工待遇等。②本次招聘情况。包括本次招聘的部门、岗位、招聘人数行业、学历要求等。③应聘人员情况。主要是前来应聘人员的数量、学历、专业结构及工作经历情况。④时间、地点、联系人以及详细的联系方式。⑤其他信息。

（二）收集利用信息的重要意义

1. 就业信息是职业选择的基本前提

随着毕业生就业工作的进一步市场化，毕业生择业的自主权得到进一步的强化。自主择业，前提是就业信息。对毕业生而言，他们如果不占有准确可靠的需求信息，就无法稳妥把握自主择业的主动权，实现职业理想就会变成一句空话。

2. 就业信息是择业决策的重要依据

要想使自己的择业决策具有更强的科学性，毕业生必须要有就业信息量的保证，包括国家大的就业方针、各地方及行业的就业政策、自己所属院校的就业细则，有关的就业机构、具体职责等，当然，更为主要的还是用人单位的需求情息。在这些信息的占有量上如果存在缺陷，毕业生取舍决策的科学性、准确性就要大打折扣。

3. 就业信息是顺利就业的可靠保证

依据所占有的就业信息的量经过筛选比较、科学决策，使自己最后确定了一个或几个相对确定的目标，接下来所要面临的是求职面试，现在几乎所有的单位对接纳大学毕业生都有面试的要求。对毕业生而言，要想顺利通过面试关，就必须对用人单位的情况有一定深度的了解，这就是就业信息深度的要求，如果在单位面试过程中，只能抽象地表明一个求职的意愿，而对企业的经营方式、产品结构、市场行情及以往的历史和今后发展一无所知，那么面试的结果肯定不会理想。涉及就业成败的因素是多方面的，把握就业信息的深度，并不必然地决定你能被录取，如果是因这方面的原因被淘汰，那你就必须及时地做出别种选择，但做出新的选择依然需要就业信息。

（三）收集就业信息的要求

收集就业信息应力求做到“早”“广”“实”“准”。“早”，就是收集信息要及时，要早做准备，不能事到临头再去抱佛脚。“广”，就是信息面不能太窄，要广泛收集各个方面、不同层次的就业信息。有的同学只根据自己预先设定的目标收集有关地区、行业和单位的就业信息，使自己放弃或忽视了有关“后备”信息，在求职遇挫时感到无所适从，造成被动，这种情况是应予避免的。“实”，就是收集的信息要具体，用人单位的地点、环境、人员构成、生活待遇、发展前景、对新进人员的基本要求、联系电话等各方面信息掌握得越具体越好。“准”，就是要做到准确无误。一方面，用人单位需要的是什么层次、什么专业的人才，在生源、性别、相貌、外语水平等方面有什么特殊要求，都要搞准；另一方面，用人信息也和商品信息一样，具有很强的时效性，你所了解的信息是不是过期的信息，用人单位是否已经物色到合适人选，这些情况都要搞清楚，绝不能似是而非。

二、就业信息的收集途径

（一）学校主管部门

学校是连接大学生与社会的桥梁。学校大学生就业主管部门、各学院与社会各界保持着广泛而密切的联系，每年都会及时向有关劳动和人事部门及用人单位发函征集用人信息。另外，经过多年的工作实践，它们还与许多单位建立了长期的协作关系，每年都为大学生提供大量就业信息，成为用人单位选拔人才的一个主要窗口。这一特殊性使它拥有着大量的就业信息，全国各地各行业的就业政策，在它这里都有较完整的收集；校内主管部门发布的需求信息，多为用人单位针对学校的专业设置而来，有很强的可信度，是主要的信息来源。

（二）各地人才交流中心

各省、市、区设立的人才交流中心、各类劳务市场就业咨询机构，是横向搜集信息的主渠道。人才交流中心的主要任务是收集发布人才供求信息，办理人才交流登记，为用人单位招聘人才和个人求职做好中介服务和管理工作。这类中心由地方政府职能部门负责管理，其服务比较规范，通过它获得的信息会比较准确，就业的成功率较高。

（三）各种传播媒介

在传媒业高速发展的今天，通过网络、报刊、杂志、广播、电视等媒介获取需求信息，已经成为一种较有效的途径。当前，关注大学生就业的相关媒介越来越多，许多媒体还专门开辟了“人才市场分析”“择业指导”“政策咨询”等栏目，为大学生的求职择业提供指导和帮助。

（四）就业市场

就业市场主要包括各级政府、各高校、有关机构设立的大中专毕业生就业市场、各类人才市场和劳动力市场。为了提高市场服务效益，他们定期举办人才交流会，不断收集并拥有大量的需求信息。进入就业市场，不仅可以收集到有关的就业信息，了解到许多不同的机构和职位，而且还为毕业生提供了极好的面试锻炼机会，通过与感兴趣的用人单位交流，也会获得许多意想不到的信息。

（五）社会实践和教学实习单位

学校组织的社会实践和教学实习等活动，与大学生所学专业知识紧密相连。社会实践、教学实习不仅有利于大学生开阔视野，还有机会直接了解这些单位的需求信息和人才招聘的具体要求，促使自己在实践过程中弥补不足和改正缺点。大学生通过社会实践和教学实习活动获得的信息准确、可靠，加上彼此之间有着一定的沟通基础，故择业成功率较高。不少大学生就是在社会实践和教学实习中获得准确、有效的信息而顺利实现就业的。所以，大学生应当高度重视毕业实习。

（六）各种社会关系

在很多情况下，许多用人单位更愿意录用经熟人介绍或推荐的求职者，他们认为这样录用的人更可靠、更放心，所以求职时，千万不要忽视了有效利用周围的亲朋好友等社会关系。家人、亲戚、朋友、老师、同学、校友甚至老乡等如果能够为你提供就业信息，这将是你求职择业的一条捷径。

（七）直接获取信息

大学生可通过信函、电话或者直接到用人单位了解并获取需求信息。这需要大学生有“毛遂自荐”的意识，并对意向单位要有大致的了解和预测。

这种形式主动性强，获取的信息最准确及时，一旦获取信息择业成功率较高；弊端在于盲目性大，命中率低，但在当前就业压力大的情况下，也不失为一种获取就业信息的有效方法。

三、就业信息收集中应当克服的心理误区

在求职过程中，不仅社会对求职者的要求会发生许多变化，而且求职者的自我内心世界也会出现种种恐惧和不安，陷入一定的心理误区，影响就业信息的收集，对此必须进行正确的调适，避免对正确的择业产生影响甚至造成危害。

（一）避免依赖盲从，要自主自立

有些大学生，在求职时常抱着依赖心理，仿佛自己的就业是家长、学校的事情。希望父母、学校提供一切信息，自己坐享其成。还有些大学生总是盲目随大流，别人收集什么信息，他也跟着收集什么信息，不知道自己收集信息的明确目标是什么。结果收集到的只是一些不适合自己的信息。其实，每个求职者都有一定的依赖盲从心理，关键是在实际求职过程中注意预防和克服。主动出击、及时准确地收集适合自己的就业信息。

（二）克服思维定式，要灵活收集

生活中往往由于习惯而形成定式，比如，为到达某目的地你走了一条路，下次去时你很可能还会再走这条路。在收集信息的过程中也有一些定式，主要表现有：①只选择自己熟悉的信息收集途径和方法。如有些大学生只选择学校主管部门这一途径，其他途径和方法一律不予过问。②只收集招聘信息，不收集就业政策信息、咨询信息等其他信息。③只收集与本专业有关的信息。④一味“求稳”，只选择那些工作较稳定的就业信息，如国有企事业单位的招聘信息。现实中，到非公有制单位已成为大学生就业的主要渠道，另外，由于日益激烈的社会竞争，每个人都会遇到职业转换的问题。据统计，在发达国家，每个人一生要变换职业四五次。⑤只关心离家较近的用人单位的招聘信息，不愿意离家较远，更不愿意到外地单位工作，其实“外面的世界也很精彩”。

以上的这些心理定式极大地限制了大学生收集就业信息的效率，不利于

成功就业和职业发展。因此，大学生在就业信息收集过程中要时刻注意自我心理调适，克服各种不利影响，以积极的良好心态去应对人生的每一次挑战。

四、就业信息的科学利用

（一）就业信息的分析

大学生从不同渠道、以不同方式获取的就业信息，从形式到内容、从可靠性到有效性存在着很大的差别。因此，要想科学使用所收集的信息，就必须对所有信息进行分类、加工和分析。从这个意义上来说，对就业信息的分析要达到以下 4 个目的。

1. 透过信息看大势，明确总体思路

从总体来看，经济发展和社会进步的速度是影响和决定大学生就业形势的主要因素。通过对就业信息进行分类、加工、整理，把握社会各行各业、各个领域的发展动态，认清当前的就业形势和社会对各类人才的需求情况，以便及时调整个人在求职择业中的预期目标，选定自己最需要的就业信息。

2. 分析鉴别，去伪存真

信息的价值首先在于真实性，因此，分析信息首先要确定其真实可靠的程度。除了自己亲身实践获得的信息外，其他信息原则上都要做进一步的甄别。有些用人单位或社会不法分子出于各种目的，利用大学生求职迫切的心理，经常发布带有引诱性、欺骗性的信息，大学生不留心自我保护会因此上当受骗。我们必须提高警惕性，分析和鉴别它的真伪，确保信息的真实可靠。要尽量通过多种渠道和一切可能的知情人，从不同角度正视和澄清疑点，全面了解信息的中心内容，尽可能多地掌握有关情况，避免人云亦云、轻信盲从、误时误事。

需要了解的主要内容有：用人单位的全称、隶属关系、地理环境、体制性质、业务范围、经营规模、发展前景、招聘意图、岗位要求、福利待遇等。

3. 分类排队，分清主次

求职择业虽然是大学生在校期间至关重要的一项任务，但面临毕业的大学生往往还有许多工作要完成，如专业学习、毕业实习、论文撰写等。在有限的时间里，面对大量的就业信息，大学生不可能也没有必要去逐一落实。

一般来说，比较实际的做法是根据个人的职业评价和职业兴趣，把符合个人发展方向的就业信息按其重要性、紧迫性综合排队，然后再分层次、有重点地去了解落实。

4. 科学决策，反馈调整

择业决策是一个动态的过程，整理分析就业信息、制定择业决策时，还应遵循以下 3 点要求。

（1）拟订方案。在认真分析就业信息的基础上，结合自身实际状况，选出最适合自己的有关信息，然后制订出若干种选择方案。

（2）做出决策。这是一个比较、评价、决策的过程。在此阶段，要广泛征求亲朋好友、老师同学的意见和建议，必要时还应向专家请教，分析各种方案的利弊，评价优劣，选出最优方案和备选方案。

（3）反馈调整。在选择并实施决策以后，应密切注意信息的反馈，并及时加以调整。如果一次求职失败，要认真而冷静地分析原因，及时修正择业方向。假如同时有多个机会可供选择，应选择最能满足个人期望的就业机会。

（二）就业信息的利用

只有充分利用所收集的有效信息并帮助自己顺利地完成择业过程，才算达到了收集信息和分析筛选信息的目的。在求职过程中，大学生应学会充分利用拥有的有效就业信息，做好准备，及时出击，力争在有限的时间内找到一份令自己满意的工作。

1. 运用信息的途径

（1）及时运用有价值的信息选择适合于自己的工作。收集就业信息的最终目的是为了择其有用者而用之。按照人职匹配的原则要求，当发现有适合自己的职位信息时，一定要及时准备、主动出击、全力以赴，以免错失择业良机。

（2）对照信息要求，及时弥补自身不足，完善知识能力结构，提高竞争实力。知识不足，就主动去学习；技能欠缺，就赶快去参加训练。那些无动于衷依然故我的做法是绝对错误的：因为现在缺少的是你今后必须补上的，亡羊补牢尚未迟。

（3）及时输出对他人有用的信息。当有些信息不适合自己，但对他人也许十分有用时，应及时把这些信息提供给他人。他人的顺利就业自然减少了自己的竞争对手，同时也加强了自己与他人的信息交流，并从中获取对自己有益的就业信息。

2. 利用信息时应注意的问题

（1）要捷足先登。就业信息具有很强的时效性，当你收集到有效信息并确认信息的发出时间、有效时间后，应尽早利用，力争捷足先登。如果晚行一步，用人单位已经与他人签约，即便你比别人更优秀，用人单位也爱莫能助。

（2）要人职匹配。大学生在就业信息筛选上，要注意做到单位要求、岗位性质与自己的职业兴趣和知识能力的最佳结合，只有这样，筛选出来的信息才是有效信息、对自己有价值的信息，也只有这样才能保证顺利择业，并为今后职业生涯发展奠定一个良好的基础。

（3）要锲而不舍。不要为一时一事的失利而苦恼，要相信自己的实力，锲而不舍，及时调整方向和目标，尽早转向新的选择。我国著名数学家华罗庚说："如果说科学上的发现有什么偶然机遇的话，那么偶然的机遇只能给那些学有素养的人，给那些善于思考的人，给那些具有锲而不舍精神的人，而不是给懒汉。"大学生求职择业也同样需要这种精神。

（4）忌拖泥带水。目标信息锁定后，要尽快与用人单位进行交流沟通，以促进双方相互了解，进而做出录用、签约的决定。就大学生个人而言，如果一时拿不定主意，还想期盼有更理想的用人单位出现，但切忌时间拖得过长，以防给用人单位留下不良印象，即使将来被录用也会影响今后在单位的发展。

五、网上就业信息的收集与利用

通过网络资源获得就业信息已成为大学生普遍热衷选择的一种高效、便捷的途径。网上求职，最大的优势在于即使毕业生身在异地也能获得大量招聘信息及就业机会，它跨越时空界限，突破了人才信息与招聘信息难以沟通的种种限制，打破了单向选择的人才交流传统格局。大学生不仅可以自由地从互联网上取得各种就业信息，而且还能利用互联网介绍自己的情况。网络传递信息具有的“多、快、好、省”的特点是其他求职方式所不能比拟的，掌握网上求职不可忽视。

（一）网上求职信息的收集途径

1. 专业求职网站

专业求职网站的招聘信息量大，可以根据求职者对地域、行业、职位、工资、培训、信息发布时间等的具体要求提供查询服务。同时，这类网站往往以专业的人才服务为背景。求职者可以在线填写简历，这些简历将存入网站的数据库中，需要招聘的公司可以查询到符合要求的求职者信息；还可以订阅电子杂志，这些网站会把最新的求职信息发到求职者的电子信箱里。

2. 用人单位主页

目前许多用人单位都有自己的网站，大学生可以从网站了解单位的文化和产品、业务及发展动态、招聘信息等。网上求职不仅节约择业资本，消除奔波辛劳，而且查询方便、信息量大、选择面广、不受时间地点限制，因而越来越受到大学生的欢迎。

3. 高校大学生就业信息网

我国几乎所有高校都建立了自己的大学生就业信息网，基本在高校的首页上都有自己的就业选项，上面公布的是最新的校园招聘信息以及企业招聘计划。网上公布的就业信息具有很强的针对性，应该是大学生首选的求职信息，大学生要高度重视并充分利用好这一资源。

（二）网上求职误区

1. 漫无边际地四处收集信息

许多求职者事先不知道哪些求职网站比较权威，也不清楚自己到底要找什么样的职位，便漫无边际地在网上乱逛，四处收集就业信息，只要见是与自己专业有点关系的或自己感兴趣的信息就下载，不管信息渠道是否可靠，是否真实有效，结果把自己搞得毫无头绪，摸不着方向，浪费了时间和精力不说，最令人担忧的是被一些颇具诱惑力的虚假信息所蒙骗。

2. 漫不经心地到处张贴简历

有些求职者喜欢尽可能多地在网上张贴自己的简历，以为这样可以最大限度地“引”来雇主。这一看似“聪明”的举动，实际上并无益处。因为在某些网上求职服务站，任何人都可以随意浏览简历库的，向这样一个所谓的“开放”站点发送简历前，必须充分意识到这样做的危险性。比如，你的简历被随意复制发往另一个站点，别人可能借用你的“身份”等。

3. 把择业希望都寄托在网络求职上

网络能为求职者提供大量的求职信息，其“无所不包，无所不有”的内容令广大毕业生着迷，导致了部分毕业生对网络的过分崇拜和依赖，把所有的希望都寄托在这里，而忽视了其他更权威、更有效的信息渠道。利用网络求职，本是为了高获取信息的效率，但一头扎进网上信息的“汪洋大海”出不来，实际上恰恰降低了自己的求职效率。

4. 同时在一家公司应聘数个职位

用人单位往往会在一个站点同时“贴”出数个职位的招聘广告，一些求职者也往往会同时在这家用人单位应聘数个职位，颇有点像填高考志愿时的“服从专业调剂”，以为这样可以让用人单位有更多的挑选余地，“好歹有我一个职位吧”。然而，用人单位却不是这样的思维方式，他们想的是求职者同时应聘数个职位，让他们重复阅读相同的简历不仅浪费时间，而且让他们觉得应聘者其实根本不知道自己到底想做什么。

第二节　求职材料的准备

毕业生获取就业信息后，要想适时把自己推销给用人单位，精心准备一份理想的求职材料就显得尤为重要。通过准备的书面求职材料，用人单位可以从中了解到毕业生个人的一些基本信息及其在校表现情况、学习情况、社会经历等，从而对毕业生进行初步判断，确定是否应该给毕业生提供面试机会。

一、求职材料的内容和特点

广义的求职材料主要包括就业推荐表、求职信、个人简历和附件等内容。求职材料应从多侧面、多角度准确全面地反映自己的专业水平、实践技能、组织能力、领导能力和综合素质。求职材料是叩开职业大门的“敲门砖”，也是大学生求职取胜关键的第一步。一般的求职材料有以下几个特点。

1. 客观性

求职材料必须要以事实为基础，言过其实与过分谦虚都是不可取的。

2. 创造性

求职材料从形式到内容，组织结构和材料取舍，完全可以发挥求职者的创造性思维和丰富的想象力。一些用人单位常常被某些创造性很强的求职材料所吸引，才决定给求职者一个面试的机会。但创造性并不等于标新立异，切忌把材料搞得花里胡哨，哗众取宠，要把握好创造性与求实性的尺度。

3. 独特性

因为求职材料的准备是一项创造性的工作，它最能充分展示求职者的个性特征，因此具有独一无二的特性。

4. 针对性

要针对所应聘的单位或职位，突出重点，取舍得当，结构合理，条理清晰，让用人单位能够一目了然，印象深刻，达到用人单位浏览求职材料后想要面试你的目的。切忌为求全面，讲究面面俱到，而应在全面中体现灵活性和针对性。

二、自荐信的写作

自荐信，也称求职信，是毕业生在收集、利用信息后有目的地向用人单位作的自我介绍。写求职自荐信是目前毕业生求职择业中一种比较常用的，也是非常重要的手段。因为用人单位一般出于节约人力、物力和时间的考虑，多数不采用大面积直接面试的形式，而是要求求职者寄送自我介绍材料，由他们进行比较筛选，然后才通知求职者是否参加面试，因此，写好求职自荐信十分重要。

（一）自荐信的内容

1. 说明个人的基本情况和用人信息来源

首先，要介绍个人的基本情况，如姓名、性别、年龄、政治面貌、就读学校和专业等，注意详略得当，最好能附有近期全身照片。其次，说明用人信息的来源，做到师出有名。假如你没有掌握某用人单位需求信息，而你又非常希望到该单位工作，也可写信投石问路，但必须表示你对该单位的印象和你愿意到该单位从事某种工作的强烈愿望。

2. 说明能胜任某项工作的条件

这是自荐信的核心部分，主要是向对方说明你有知识、有经验、有专业技能以及有与工作要求相符的特长、性格和能力。特别是要突出你胜任所求岗位的特长和个性，不落俗套，起到吸引和打动对方的目的。

3. 介绍自己的潜能

向用人单位介绍自己曾经担任过的各种社会工作及取得的成绩，表明自己有管理方面的才能，有发展、培养的前途。比如，谋求会计岗位时，介绍自己可熟练使用和操作某种软件、计算机，表示自己可以承担会计电算化的重任；向宣传和公关部门推荐自己时，介绍自己的文艺、绘画、摄影、书法和口才的特长，表示自己可以承担各种工作任务等。

4. 附上有关材料或文件

自荐信上应当说明信中所附的有关资料文件，如毕业证书、学位证书、获奖证书的复印件，发表作品的影印件，学校的推荐信或毕业生推荐表等，给对方以办事认真、考虑周全、有诚信的印象。

5. 表达面谈的愿望

最后要表达出希望得到回信，并且热切地希望有面谈的机会。

要写清楚自己的详细通信地址、邮政编码和电话号码，必要时还应说明何时打电话较为合适等，以便相互联系。

（二）自荐信的结构及写法

1. 开头

毕业生在求职自荐信的开头，要注意对收信人的称呼。如果知道招聘单位的负责人，可以写出负责人的职务、职称等，例如：尊敬的人力资源部李部长，尊敬的王校长，尊敬的张厂长等；如果不知道招聘单位的负责人，可以用：尊敬的人事部主管，尊敬的人事处负责领导等，并且还要有问候语，例如“您好”等。

2. 正文

求职自荐信的第二部分是正文，这是自荐信的主要部分和核心内容。在正文中，要主动介绍自己的基本情况，例如：姓名、性别、学校和系的名称、所学专业、学位、何时毕业等。之后，介绍自己的基本条件，例如：专业知识、专业技能、社会经验、性格、特长和能力等，使用人单位对求职者的基本情况有一个大致的了解，并且感兴趣和进一步考虑面试的可能。在求职信的正文部分，还要表述自己对该单位招聘岗位很感兴趣的原因，以及自己能够胜任该岗位工作的各种能力，主要向对方说明自己有着与该工作岗位所需的各种专业知识和专业技能、一定的实践经验，让对方感到不论从何角度，你都能胜任此项工作，是应聘岗位最合适的人选。

3. 结尾

求职自荐信的第三部分是结尾，在结尾部分有几个方面需要注意：一是要提醒招聘单位，希望得到回音、回复，例如“盼复”“期盼贵公司回音”等，毕业生还可主动表示面谈的愿望，以显示毕业生对应聘岗位的重视和诚意；二是要留下联系地址、电话号码等，以利于招聘单位及时与应聘者取得联系；三是要表示祝愿或敬意，例如“祝您身体健康”“祝工作顺利”“祝贵公司业务兴隆”等，以体现大学生的文明礼貌。

4. 落款

落款是求职自荐信的最后部分，落款包括署名和日期两个部分，署名写在右下角，要写全名且字迹要清晰、工整，名字前可写上应聘者字样，日期写在名字下面，若有附件应在左下角注明，例如：附（1）简历，附（2）各科成绩等。

（三）写好自荐信的要求

1. 态度真诚，摆正位置

美国前总统肯尼迪曾经说过：“各位美国人，你们国家并不向你们索取什么，但请你们扪心自问，你们能为自己的国家做些什么?”写求职信时，要写什么内容，请想想这句名言，首先应该想公司要我来干什么? 或者换句话，不应该写自己需要什么，获得该职对自己有什么好处，而应该写自己能为公司做些什么。有了这样的态度，才能摆正位置。另外在写求职信时，要诚恳礼貌，切忌自吹自擂，炫耀浮夸，当然虚弱怯懦、缺乏自信也是不可取的。

2. 整洁美观，言简意赅

求职信文字的整洁美观很容易引起用人单位对求职者的好感，相反，如果字迹潦草，则会给用人单位留下不好的印象。现在有很大一部分毕业生的求职信都用计算机打印出来，但如果你的毛笔或钢笔字写得很好，建议用手工工整整地书写，这样能给人以亲切之感，同时也向用人单位展示了你的特长。不管手写还是打印，都应注意言简意赅。一般而言，求职信以 A4 的纸张一页为宜。如果确实有内容，则不宜超过两页，或者作为附件或面谈时再说。求职信当然不能太短，太短则显得没诚意，说不清问题，自然难以引起注意；太长不但会浪费阅读者时间，也会引起反感。所以，在写求职信时需打草稿，反复推敲：意思是否清楚，用词是否得当，内容是否简练完美等。

3. 富于个性，有的放矢

求职信的主要目的是力求吸引对方，引起对方兴趣。求职者在开头应尽量避免过多客套话、空话，要以一句简朴的“您好”，直接切入主题，如“从 XX 招聘网站得到贵单位招聘人才信息。”这也能使单位主管感到单位名声在外，广告费没白花，无形中增加了好感。要不就用一两句富于新意的话吸引阅读者。求职信的核心部分是，自己胜任工作的条件，这并非多多益善，而是要有针对性，有的放矢。所以，在动笔之前要着眼于现实，对应聘单位情况要有所了解，以事实与成绩恰如其分、有针对性地介绍和突出自己的特长。求职信与应聘单位要能够一一对应。目前有许多毕业生一稿多投，本来想“普遍撒网，重点打捞”，结果却石沉大海，杳无音信。因此，建议如用计算机打印求职信，可多准备几份，根据不同单位选择内容，如三资企业，最好中英文都有，既可自荐又显示你外语水平。在内容上，如应聘的是科研人员，你却大言自己生性活泼，爱动爱跳，介绍这些与专业职位不相干的特长不但不能起好的作用，反而适得其反；如果要从事营销或管理工作，你最好要突出在校实践活动，突出组织、协调能力和自信心，这样才能投其所好，察其所需，供其所求，显现个性，赢得机会。

4. 以情动人，以诚感人

语言有情，会更有助于交流思想，传递信息，感动对方，写求职信更要注意这一点。那么怎样做到以“情”动人呢？关键在于摸透对方的心理，然后根据你与对方的关系采取相应的对策。如果求职单位在你的家乡，你可以充分表达为建设家乡而贡献自己聪明才智的志向；如果求职单位在贫困地区，你就要充分表达为改变贫困地区面貌而奋斗的决心；如果求职单位是教学单位，你就要充分表达献身教育事业的理想……总之，要设法引起对方的共鸣，或者得到对方的赞许。这样，你就有可能收到意想不到的效果。在注重以情动人的同时，还要以“诚”感人，以“诚”取信，即态度诚恳、诚实，言出肺腑；内容实事求是，言而可信，优点要突出，缺点不隐瞒；恭敬而不拍马，自信而不自大。只有“诚”才能取信于人，得到用人单位的重视。

三、简历的制作

个人简历是自己生活、学习、工作经历及成绩的概括集锦。制作个人简历是为了让用人单位全面了解自己，从而为自己创造面试的机会，最终达到就业的目的。个人简历一般作为自荐信的附件，呈送给用人单位。

（一）求职简历的格式

求职简历主要有两种格式。

1. 通用式

主要是按照时间顺序来排列。将“教育背景”和“工作经历”部分的内容按照先后顺序罗列，不要遗漏。毕业生求职的简历多为通用型，如果没有“工作经历”，可以将此部分改为“实习经历”。为了简洁明了，通用式简历一般制作成表格形式。通用式简历的适用范围不受所申请职位的限制，缺点是针对性不强，适用于初涉职场的求职者。

2. 功能式

在简历开头即表明求职目标。简历强调那些能够满足目标雇主需要的技能、能力和资质。简历内容的定位应当尽可能地贴近于满足职位的要求。简历内容以工作业绩为重点，围绕求职目标展开。一般在工作经历中加入“工作业绩”一栏，详细说明申请该职位的经验、背景及其他优势条件，比如参与/领导过什么项目，担任何种职位，与什么公司或单位进行过合作，解决什么问题，取得什么业绩，获得何种奖励等。功能式简历针对性强，是在某一行业拥有比较丰富经验的求职者在申请自己熟悉的工作职位时使用的简历格式。功能式简历的使用有局限性，不可用于其他行业/职位的求职。如果求职者从事过多种职业，在其“工作经历”部分也可以按照所从事过职业的类别进行分类，而不是单纯按照时间顺序，此为所谓的归类/功能式简历。

（二）简历的内容及写法

求职简历一般应包括以下几个方面的内容。

第一，个人资料：姓名、性别、出生年月、籍贯、政治面貌、婚姻状况、身体状况以及自己的联系方式等。

第二，教育经历：毕业学校、所学专业、最高学历、学位、主要课程成绩、外语、计算机掌握的程度。

第三，专业课程：注明相关课程及分数，对于和应聘职位紧密相关的课程，建议注明该课程的详情，以及自己从该课程得到的具体收获或独到的理解，而非笼统的概括，不必列举公共课程。

第四，社会实践：强调相关性，比如应聘教师，注明家教经历。其他应写明实习情况。

第五，工作经历：告诉雇主你曾经在哪儿做过哪些事（勤工俭学、暑期工、义务工作、志愿者），成绩如何。

第六，荣誉和奖励：明确写出所获奖励的名称、级别和获奖范围，包括三好学生、优秀团员、优秀学生干部及奖学金等方面所获荣誉。

第七，技能与兴趣：包括计算机技能（你熟悉哪些计算机软件与工作环境）、各类证书（你得到过哪些专业的证书）、语言能力以及其他的技能。

第八，自我评述：自己的个性、工作态度和自我评价。

第九，对工作的展望：你对这份工作有哪些看法？你希望能从这份工作中得到什么？你又能为用人单位带来什么贡献？

（三）如何写好简历

大学毕业生求职，首先就是通过向用人单位呈送求职简历来介绍和推销自己。求职简历是用人单位了解毕业生有关情况的重要途径和方式。因此，求职简历写得是否吸引人，对毕业生求职的成功与否起着十分关键的作用。

1. 善于写出那些能表现自己人格、品质魅力的经历

具有特殊的经历、优秀的人格品质以及良好的性格，已经成为当今许多

用人单位在录用人员时要考虑的一项重要条件和内容。毕业生如能在这方面进行挖掘，无疑是会给自己的“双选”或应聘增添一些优势的。

2. 写出自己对一些相关问题的看法和态度

现在的用人单位在录用员工时，已不是单单看他会不会干活，而且还要看他有没有思想，有没有头脑，有没有眼光，能不能为本单位的继续发展出点子、想办法。因此，毕业生在写求职简历时，如果能够自然地写出自己对一些相关问题的认识和看法，也可以让用人单位对自己认识事物的能力和水平有所了解。

3. 学会进行横向比较

俗话说：“不怕不识货，就怕货比货。”因此，那些成绩特别优异和出众的毕业生，在写求职简历时，就要善于突出和反映出自己的优势，把自己的成绩放在年级或专业的排位上来进行比较，这样才更能显示和表现出你不同寻常的优势和出类拔萃的成绩。如只写“成绩优异”就不如写“自己的成绩排在年级或专业的前几名”这样更具体更有分量。

4. 善于用事实说话

现在有不少毕业生在写求职简历时，存在着一种通病，就是写得比较空泛笼统，如“要求上进、严守纪律、成绩优秀”等，如此这般，而无具体事例，这很难令用人单位信服。因此，在写求职简历时，要善于让事实说话，用充分的事实来征服用人单位，来取信于用人单位。

5. 写出自己的特长

用人单位都希望被录用者一专多能，或具有某种显著的特长，所以，毕业生在写求职简历时，一定要把自己最显著的特长写进去，这样可以使自己在应聘时多一些优势，也增加被录用的机会。

（四）写作简历应注意的问题

1. 不要过长

根据经验，招聘者平均在每份简历上花费 1. 4 分钟，一般会阅读 1 页半材料。所以，过长的简历毫无作用，而且不容易突出重点。在简历后附上一大堆证明材料的做法并不会增加录取机会。按照职业顾问的招聘经验，首先看的是实践及工作经历，其次看个人评价和所获培训等，因此一般不用在简历的后面附上毕业证书等复印件，这些一般在初试通过后单位才要求提供。

2.语言表达得体

简历中符合要求的表达非常重要。同一个人的简历，经过专家修改，可以增加43%的录取机会。这方面的常见问题是：表达不简洁，用词带有过多感情色彩，英语表达不规范，过长无重心，格式不规范等。

3.包装不要过度

简历的终极目标，就是使求职者在用人方的第一轮筛选中能够顺利过关，进入面试。如果简历上表现出的信息，基本符合对方的硬件要求，并能给招聘方留下较好的第一印象就是成功。为了这个目的，求职者完全可以使用一些技巧包装自己，但不能违背实事求是原则。有的人在弱项上避重就轻、避实就虚，而对强项突出渲染，还有很多求职者在简历的外观上挖空心思，弄出不少噱头。有的女孩把自己的写真照片贴在简历上，还有人花费数百元为自己做视频简历。这些简历所费不菲，但未必能得到招聘方的青睐。其实，对简历外形的包装，最高境界是在朴素中见匠心，用细节打动人。

四、毕业生推荐表的填写

毕业生就业推荐表是学校为毕业生印制的求职材料，它一般由三部分组成：一是毕业生本人的情况介绍，包括学习成绩、社会工作、特长、获奖及就业意向；二是毕业生所在院系的推荐意见；三是学校就业主管部门的推荐意见，并且还附有学校教务部门提供的毕业生的学习成绩。用人单位往往对该表比较重视，在发给学生录用通知以前一般要先见到该表的原件。

该表一般要用手写。毕业生在填写该表时要认真仔细，字迹端正，内容详实。切不可马虎潦草，更不能弄虚作假。

填写推荐表的具体要求是：①内容要真实。就是每项内容都要实实在在，符合填写人的实际，文字表述不宜过分夸张。②书写要工整。手写要注重字迹清楚，格式符合要求，显得工整、庄重。③封面“包装”不能华而不实。有的毕业生把精力花在“封面包装”上，显然没有必要，因为着重和着力之处应是实际内容。轻重倒置只会引起招聘者的反感，以致失去成功求职的机会。④审核要严格。填表人要认真填写，填写后要复查一遍，防止丢掉关键内容；院系经办人和主管要认真审查，如学习成绩、奖惩、担任社会工作等不能有差错和虚假；盖章的人要审核无误后才签章。⑤院系意见要精确。院系在“意见”栏签注的意见既简要反映该毕业生的德智体等情况，又要突出该生的主要成绩、特点，点明不足之处，还可签明该生适应工作的范围。

五、自荐材料的个性化设计及运用

（一）自荐材料的个性化设计

求职者推销自己与推销商品一样，在自荐材料中，就是要从“名”“特”“优”上做文章，塑造你的个性化形象。自荐材料个性化设计的总体要求有以下几个方面。

1. 人无我有

人无我有就是强调与众不同。大学生在毕业的时候，如果成绩不好，已经不可挽回，但只要自己有与众不同之处，往往就是你的特长，如果你能在自荐材料中将它巧妙地表现出来，同样会受到用人单位的青睐。

2. 人有我优

人有我优就是要注意突出重点、特长和优势，以达到“突显优质形象”的目的，以此来区别于其他人。所谓突出重点就是要突出那些能引起对方兴趣，有助于求职成功的内容，主要包括专业知识、工作经验、特长和个性特点等。

在介绍专业知识和学历时，你可以强调自己的专业特色，但重点写工作经验和能力。工作经验是招聘单位最注意的部分，即使是社会实践、勤工俭学、打工兼职的时间短，都可以写明“有一定的工作经验”，社团工作及担任班级或院系团、学生干部，都可以算广义的“工作”。写清楚你曾担任怎样的职务，强调获得了哪些成果。例如：工作经验栏目只写“推销员”，显然不够完整，如果写上“卖出多少台计算机或多少套化妆品”，就可能让人眼睛一亮，获得真实可信的印象。

3. 人优我特

人优我特就是要体现良好的个性。几乎所有的招聘单位都希望录用有良好个性的人，特别是喜欢充满热情和活力的大学生。因此，在自荐材料中要反映出你的热情与活力。可以用具体的事例直接表明自己是一个充满活力的人，如克服困难的意志、助人为乐的品格、努力积累工作经验的经历等。但表现个性要适度，不要过分渲染。

此外，自荐材料要有针对性，不同的招聘者、不同的职位，“择才”的标准也不一样。如外贸公司的经理，他喜欢能交际、会策划，协调能力强，有开拓精神的人。他认为这些方面对于外贸业务有很大的帮助。而大学的系主任，他最喜欢有科研能力，文字功底好，表达能力强，能静得下心的人，用他最常讲的一句话来说，就是喜欢有点“灵气”的人。

（二）自荐材料的运用

设计自荐材料的基本目的在于求职过程中应用，再好的自荐材料得不到充分运用只能是事倍功半。怎样才能用好自荐材料呢？

1. 注意装帧不零乱

自荐材料编写后要分清主次，按照先突出个人基本情况后附辅助证件的原则有序的装订整齐，使招聘者一目了然。自荐材料切忌滥、乱、散。试想，招聘者不可能在一叠散的材料中去寻找你的有关情况；同时，连自己的材料都不善于整理的人，干工作会怎样呢？招聘者极有可能将材料扔入废纸篓。

2. 及时送达不耽误

送达自荐材料通常有五种方式：一是通过邮局邮寄；二是自己面呈；三是委托亲朋好友或师长转递；四是利用网络发送；五是电话、传真发送。送达自荐材料的方式各不相同，各有利弊，究竟选择哪一种方式为好，应根据各人的实际情况而定。如邮寄方式因其覆盖面宽，可以扩大自荐范围，不受时空限制，历来被大学生广泛选用。但其缺点是，在竞争激烈的情况下，往往不易引起用人单位的注意。当面呈递自荐材料的方式，要求求职者必须亲临用人单位或招聘现场。其缺点是，涉及面有限，尤其对路途遥远的单位更难于实现。其好处是易于加深用人单位对求职者的印象，易受重视，易获成功。网络发送很方便，速度也快，已成为目前主要的送达资料的方式；如果是通过亲朋好友或师长介绍、推荐的单位，通常会采用委托转递的方式。

3. 适时联系不放松

自荐材料送达后要适时联系。从是否收到自荐材料到是否作过研究、需不需要补充什么内容以及何时何地面试等都需适时咨询，可以自行有礼貌地询问，也可以委托他人去了解有关进展情况。

第七章　大学生就业技巧

第一节　自荐

自荐是应聘的基础，对于毕业生来讲，自荐就是在了解、认识对方的同时，利用各种途径和方法正确地宣传自己，让用人单位认识自己、了解自己、选择自己，从而实现自己的就业愿望。自荐在很大程度上决定自己是否能获得进一步的面试机会。

一、自荐的方式

自荐有直接自荐和间接自荐两种。直接自荐是指由本人向用人单位做自我介绍、自我评价、自我推销。间接自荐是指借助中介人或物推荐自己，即不亲自出马，只需要将自己的想法和条件告诉第三者，或形成材料达到推荐自己的目的。综合起来，自荐的方式主要包括以下几种。

第一，参加人才招聘会自荐。即带上个人自荐材料到人才招聘会（或“双向选择”会）上推荐自己。

第二，上门自荐。即带上自荐材料亲自到用人单位推荐自己。

第三，电话自荐。即通过电话联系，向用人单位推荐自己。电话自荐是口头自荐的一种方式，但只能是“投石问路”，仍需要书面材料或面谈方式。对于谈话自如、反应敏捷的毕业生，此种方式更能发挥自己的优势。近几年，不少大学生用这种方式推荐自己，获得了成功。

第四，信函自荐（书面自荐）。即通过向用人单位邮寄自荐材料的形式推销自己。这种形式不受时空限制，又能扩大自荐范围，特别适用于学习成绩优秀，又有较好文笔和写一手漂亮字的毕业生。也适用于因学习忙碌而没有时间上门自荐，或因路途遥远而不便于上门自荐的毕业生。这种形式用人单位乐于接受，也为广大毕业生所采用。

第五，他人推荐。即请老师、父母、亲友、同学推荐自己。一些老师因具有较广泛的社会关系或较高的学术声望，他们的推荐容易引起用人单位的重视和信任。父母、亲友、同学也可帮助毕业生扩大自荐范围，对毕业生顺利就业助一臂之力。

第六，广告自荐。即借助新闻传播媒介进行自荐。这种形式覆盖面广，时效性强。

第七，学校推荐。学校推荐是一种间接的自荐方式。近年来，各学校相继成立了大学生就业指导中心，加强了与用人单位的联系和收集信息工作。他们一方面对用人单位的情况比较了解，另一方面对毕业生的情况也比较了解，再加上学校以组织的形式向用人单位推荐，对用人单位来说具有较大的可靠性和权威性，容易得到用人单位的认可。

第八，实习自荐。即通过各种实习、社会实践推荐自己，也就是先“相亲”后“过门”。

第九，网络推荐。网络推荐是当下十分普及的一种自荐方式，它是借助互联网进行自荐。这种自荐方式时效性好、覆盖面广，是今后自荐发展的方向。

以上介绍的9种自荐方法并非独立存在，在现实的求职活动中，往往结合起来应用，这样效果会更好。但就个人而言，究竟采取哪种自荐方式，应从实际需要出发。

二、自荐的技巧

当向招聘单位自荐时，灵活掌握一些基本技巧有助于求职的成功。这里应注意以下几点。

（一）自荐要有自信心、主动性和勇气

自信是现代人所必须具备的心理素质。一位心理医生曾经说过："你越对自己有信心，就越能造成一种你很行的气氛。事实上，你的态度全部反映在你的举手投足之间，就好像一个人坐椅子，一个感到自在的人会坐在整个椅子上，而一个不自在的人，只会坐在边缘上。"大学生自我推荐，首先必须自己相信自己，清醒地知道自己具备达到目标所需的实力，并完全依靠自己的实力进行竞争，这是求职者成功自荐的奥秘之一。

自荐是求职者的主动行为，任何消极等待的态度都是不可取的。因此，在推荐自己时，还必须积极主动。例如，不等对方索要材料，便主动呈送；不等对方提问，就主动向对方介绍；不消极等待对方回音，就主动询问。这样，往往给人一种态度积极、求职心切、胸有成竹的感觉。

成功的自荐还必须具有足够的勇气，不怕失败。伽利略说过："追求科学要特殊的勇敢。"自荐也是一样，你要在别人面前介绍自己，证明自己，如果没有"初生牛犊不怕虎"的勇气，就会畏缩不前、犹豫不决，就会紧张、拘谨甚至自卑。常常可以遇到这样一些情况，有的学生去用人单位之前，已准备好了对各种问题的回答，甚至语调、礼貌话、动作都想好了，可到了用的时候，竟然全忘光了，聪明才智不见了，剩下的只是呆板、不知所措。这样的情景如果形成恶性循环，就会越发紧张和拘谨，结果给人一种缩手缩脚、没有魄力、无所作为或作为不大的印象。还有一些学生在洽谈会上，由家长或老师陪着东转西看，出谋划策，很令招聘单位费解。这类事情正好反映出部分大学生对自荐既缺乏自信，又缺乏勇气的被动应付心理和态度。

（二）自荐要诚恳、谦虚、有礼貌

诚恳、谦虚、有礼貌是为人处世的基本原则，是赢得用人单位好感的应有态度，对大学生应聘十分重要。诚恳，即做到言而有信。孟子曰："言人也，信人也。"大学生自荐应以信为本，在介绍自己时，要讲真话，有诚意，不吹牛撒谎，不虚情假意，给对方以信任感。

比如，自己对某问题不明白时，可告诉招聘人："对不起，我不知道这个问题。"这恰恰反映你直率诚实的性格。

谦虚，是一种美好的品德，是尊重对方的一种态度。在就业市场上，常有不少学生因口若悬河、夸夸其谈吃了“闭门羹”；也有人因摆出一种“我有能力你就得用”的神气，令用人单位非常反感。因此，要切记：在任何时候，虚心、谦逊都是用人单位最为欢迎的态度。

礼貌，是道德的一种外在表现形式，它在人际关系调节中具有不可忽视的作用。大学生自荐时，无论是表情，还是一句称呼、一声感谢、一个小动作，都能反映一个人的内在修养和素质，都会被招聘单位看在眼里，作为评价的依据。因此，自荐时要以礼待人，不能认为这都是小节，不说明什么问题。即使对方当场回绝或不太理睬你时也要表现冷静，给自己找个台阶下，给对方留下明理的印象。

（三）自荐要注意对方的需要和感受

自我推荐，应注重对方的需要和感受，并根据他们的需要和感受说服对方，被对方接受。比如，自己所告诉的正好是对方所要的，自己所问的，正好是对方要告诉的。要做到这点，首先，要事先有所准备，想一想一般用人单位需要什么，他们会提出什么问题，对什么最感兴趣；其次，临场要“察言观色”，把握对方心理，随机应变。

（四）自荐要重点突出

在介绍自己的情况时，要重点突出自己的能力和知识。可以详细介绍自己的专长、经验、能力、兴趣等，本人和家庭情况简单介绍即可。为了取得对方的信任，有时还要举例说明，比如，在大学、工作单位、研究生学习期间发表的论文、获得的奖励、承担的社会工作或某些工作经验、社会阅历等。要突出自己的优势和闪光点。与众不同的东西，才是魅力所在。平铺直叙，过分谦虚，有碍用人单位对自己的全面了解和全面评价，而且易失去求职的机会。

（五）自荐要善于展示自己

善于展示自己，即“展示适时，展示适度”。“热门”的用人单位往往门庭若市，要想在强手如林的竞争中引人注意，脱颖而出，就必须做到以下几点。

1. 会介绍自己

“良好的开端是成功的一半”。自荐时，要先入为主，一开始就简明扼要，说明来意。在介绍自己时要有理有据，言简意赅。

2. 会提问题

提问题是为自我服务，除想搞明白某些情况之外，还可借助提问题，更好地展示自己。比如，“贵单位需要什么样的大学生?”必要时，也可率先开口，不要总是等对方提问。

3. 会回答问题

回答问题是为了说明情况，展示自己。因此，要学会正确运用闪避、转移、引申模糊应答等方法，“以巧破千斤”。

4. 会发挥优势，即展示自己要有特色

自荐必须从引起别人注意开始，如果别人不在意你的存在，那就谈不上推荐自己。引起别人注意的关键是要扬长避短，有自己的特色，使对方对自己产生兴趣。春秋时期，孙武初到吴国，通过成功地操练三百名宫女，表现出了他严格治军的特色，从而引起吴王的极大兴趣。大学生自荐，其自身特点因人而异，关键在于会表现，能“技高一筹”。

（六）自荐要学会使用自荐材料

再好的自荐材料，也要会使用。不会使用，则影响自荐效果。如何使用，这就需要根据实际情况而定。例如，在招聘会上，求职人员很多，难以与用人单位的招聘人员交谈，则可先把自荐材料提供给用人单位，从而为自己争取到面试的机会。自荐材料最好亲自呈递，这样做会加深用人单位对你的印象。同时，呈递材料时，还要多准备几份，这样既表示你对每个人的尊重，又为他们在共同商议是否录用你时提供方便。如果无法亲自呈递，或想“广种薄收”，就采取邮寄的方式。这样做既可大面积进行，也比较隐蔽，但邮寄不易引起用人单位的注意和重视。为了避免这种做法的不利，可将自荐材料直接寄给主管人，使他感觉到你很看重该单位，从而留下一个深刻的印象。

（七）自荐要善于“包装”自己

在竞争激烈的今天，包装不仅限于保护功效，更主要的在于它能弥补个人不足。提高个人价值，发挥“促销”作用。包装分为外包装和内包装。外包装又称为初级包装，它是通过一些非语言媒介对自荐发挥作用，如衣着、发式、动作、行为举止、体态、气质等要得体、适度，给人以大方、潇洒、端庄、有知识、有涵养、有信心、符合大学生身份的感觉。研究结果表明，外表有吸引力者，一般会被招聘人理解为聪明精干、办事认真可靠，使人另眼相待。内包装也称深层次包装，它是建立在有真才实学的基础之上，是将多种抽象和具体相结合进行自我推销的一种有效方法。其内容包括个人积累的知识、出色的口才、流利的外语对话、熟练的上机操作、扎实的专业基本功等。这种方法如果能运用得好，则有助于给人形成完美的第一印象。

（八）自荐要注意控制情绪

人的情绪有振奋、平静和低潮三种表现。实践证明，无论是谁，心情紧张时，说话总是节奏过快，使听者很费力，容易厌烦。大学生初次接触社会，缺乏说话技巧。因此，在推荐自己的过程中，要善于控制情绪，说话节奏适中，可以表露出自己的才华、学识、能力和社会阅历，增加对方对自己的了解。为了控制自己亢奋的情绪，美国心理学家尤利斯提出了有趣的忠告："低声，慢语，挺胸。"

（九）自荐要"知难而退"

用人单位各有所需，量材录用。假如你已尽力但仍然说服不了对方，没能被对方所接受，此时你应"知难而退"，另找门路。倘若期望值过高，就应该降低期望值。

（十）自荐要把握好时间

自荐时间不宜过长，因为在招聘会上，人往往很多，有时还要排队，你必须在最短的时间内，最大限度地推销自己。

第二节　面试

面试是用人单位在指定的时间和空间内对应聘者通过当面观察、交谈来考核应聘者的一种录用人才的方式。随着人才竞争的日趋激烈，面试作为选拔人才的重要方式被用人单位普遍采用。对于应聘者来说，面试是一种综合性极强，集多种知识、能力和心理素质于一体的多方位考核方式，是求职过程中最为关键的一个环节，决定着求职的成功与失败。

一、面试概述

（一）面试的特点

与求职资格审查、笔试、工作演示、试用等人员甄选方式相比，面试具有以下几个显著特点。

1. 面试以谈话和观察为主要手段

谈话是面试过程中一个非常重要的手段。在面试过程中，主考官通过向应试者提出各种问题，由应试者对这些问题进行回答。主考官能否正确地把握提问技巧十分重要，它不仅可以直接、有针对性地了解应试者某一方面情况或素质，而且对于驾驭面试进程、营造良好的面试心理氛围都有重要影响。比如：可针对应试者的特长，提出一些启发性问题，使应试者进一步思考，展示其才华；当应试者的回答文不对题时，可利用提问调整话题；应试者讲完后，可以通过短暂的沉思或补充性的追问，形成一个“缓冲区”。这对于振奋应试者的谈吐、引发新的思路、转移话题都有益处。

观察是面试过程中另一个主要手段。在面试中，主考官要善于运用自己的感官，特别是视觉，观察应试者的非语言行为。在面试中它要求主考官不仅要善于观察应试者的非语言行为，而且要能辨明应试者的行为类型，进而借助于人的面部表情，推断其深层心理。对应试者非语言行为的观察，主要有面部表情的观察和身体语言的观察。

国外一项研究表明，在求职面试中，从应试者面部表情中获得的信息量可达50％以上。面试过程中，应试者的面部表情会有许多变化，主考官根据观察到的这种表情变化，就能判断其心理。例如，应试者面部涨得通红、鼻尖出汗，目光不敢与主考官对视，便反映其自信心不足，心情紧张。应试者的目光久久盯着地面或盯着自己的双脚，默不作声，反映其内心的矛盾或正在思考。当主考官提出某一难以回答或窘迫的问题时，应试者可能目光暗淡，双眉紧皱，带着明显的焦急或压抑的神色。总之，主考官可以借助对应试者面部表情的观察与分析，判断应试者的自信心、反应力、思维的敏捷性、性格特征、情绪、态度等素质特征。

在面试过程中，除面部表情外，身体、四肢等在信息交流过程中也发挥着重要作用。比如手势，它具有说明、强调、解释或指出某一问题、插入谈话等作用，它是很难与口头语言分开的。

在面试过程中，具有不同心理素质的人，其身体语言的表现形式各不相同。一个情绪压抑的人，他可能两肩微垂，双手持续地做着某个单调的动作，身体移动的速度相对较慢；而一个性格急躁的应试者，常常会不停地快速运动手脚，双手还可能不断颤抖；一个缺乏自信和创新精神的人，会始终使他自己的双手处于与身体紧密接触的部位，头部下垂；一个人紧张或焦躁不安时，往往会出现膝盖或脚尖有节奏地抖动，手指不停地转动手中的东西，摆弄衣服，乱摸头发等。

在面试过程中，听觉的运用也十分重要，主考官应倾听应试者的谈话，对应试者的回答进行适度的反应，当应试者的回答与所提问题无关时，可进行巧妙的引导。在倾听应试者谈话时，应边听边思索，及时归纳整理，抓住关键。对应试者的谈话进行分析，比如他是否听懂了主考官的提问，是否抓住了问题的要害，语言表达的逻辑性、层次性、准确性等，还可根据应试者讲话的语音、语速、腔调等来判断应试者的性格特征等。比如声音粗犷、音量较大者多为外向性格；讲话速度快者，多为性格急躁者；爱用时髦、流行词汇者大多虚荣心较强等。

2. 面试是一个双向沟通的过程

面试是主考官和应试者之间的一种双向沟通过程。在面试过程中，应试者并不是完全处于被动状态。主考官可以通过观察和谈话来评价应试者，应试者也可以通过主考官的行为来判断主考官的价值标准、态度偏好、对自己面试表现的满意度等，来调节自己在面试中的行为表现。同时，应试者也可借此机会了解自己应聘的单位、职位情况等，以此决定自己是否可以接受这一工作等。所以面试不仅是主考官对应试者的一种考察，也是主客体之间的一种沟通、情感交流和能力的较量。主考官应通过面试，从应试者身上获取尽可能多的有价值信息。应试者也应抓住机会，获取那些关于应聘单位及职位等自己关心的信息。

3. 面试内容的灵活性

面试内容对于不同的应试者来说是相对变化的、灵活的，具体表现在以下几个方面。

（1）面试内容因应试者的个人经历、背景等情况的不同而无法固定。例如，两位应试者同时应聘档案管理岗位，一位有多年从事档案工作的经历，一位是应届档案管理专业的大学本科毕业生。在面试中对前者应侧重于询问其多年来从事档案管理方面的实践经验，对后者则应侧重于了解其对该专业基础知识掌握的情况，以及在校学习期间的情况。

（2）面试内容因工作岗位不同而无法固定。不同的工作岗位，其工作内容、职责范围、任职资格条件等都有所不同。例如国家技术监督局的有关技术监督岗位和国家人事部的考录岗位，无论其工作性质、工作对象，还是任职资格条件，都有很大差别。因此，其面试的内容和形式都有所不同，面试题目及考察角度都应各有侧重。

（3）面试内容因应试者在面试过程中的面试表现不同而无法固定。面试的题目一般事先拟订，以供提问时参照。但并不意味着必须按事先拟订好的题目逐一提问，毫无变化，而要根据应试者回答问题情况，来决定下一个问题问什么？怎么问？如果应试者回答问题时，引发出与拟订的题目不同的问题，主考宫还可顺势提问而不必拘泥于原预定的题目。

总之，从主考官的角度看，面试内容既要事先拟订，以便提问时有的放矢，又要因人因“事”（岗位）而异，灵活掌握，既能让应试者充分展示自己的才华，又不能完全让应试者海阔天空地自由发挥，最好在半控制、半开放的情况下，灵活把握面试内容。

4. 面试对象的单一性

面试的形式有单独面试和集体面试。在集体面试中多位应试者可以同时位于考场之中，但主考官不是同时向所有的应试者发问，而是逐个提问逐个测评，即使在面试中引入辩论、讨论，评委们也是逐个观察应试者表现的。面试的问题一般要因人而异，测评的内容应侧重个性特征，同时进行会相互干扰。

5. 面试时间的持续性

面试与笔试的时间是一个显著区别，面试不是在同一个时间展开，而是逐个地进行。笔试则不论报考人数的多少，均可在同一时间进行，甚至不受地域的限制，例如每年六月的高考，尽管报考人数在数百万，且分布在全国几十个省区市，而考试时间却是统一的。因为笔试的内容有统一性，且侧重于知识考察，考察内容具体，答案有客观标准，主观随意性较小。

面试则不同，首先，面试是因人而异，主考官提出问题，应试者针对提问进行回答，考察内容不像笔试那么单一，既要考察应试者的专业知识、工作能力和实践经验，又要考察其仪表、应变能力等，因此只能因人而异、逐个进行；其次，面试一般由用人部门主持，因各部门、各岗位的工作性质、工作内容和任职资格条件等不同，面试的内容差异较大，无法在同一时间进行；再次，对每一位应试者的面试时间，不能作硬性规定，而应视其面试表现而定，如果应试者对所提问题，对答如流，阐述清楚，主考官很满意，在约定时间甚至不到约定时间即可结束面试，如果应试者对某些问题回答不清楚，需进一步追问，或需要进一步了解应试者的某些情况，则可适当延长面试时间。

6. 面试交流的直接互动性

与笔试、心理测验等人员甄选方式不同，面试中应试者的语言及行为表现，与主考官的评判是直接相连的，其间没有任何中介形式。面试中主考官与应试者的接触、交谈、观察也是相互的，是面对面进行的。主客体之间的信息交流与反馈也是相互作用的。而笔试、心理测验中，一般对命题人、评分人严加保密，不让应试者知道。面试的这种直接性，提高了主考官与应试者之间相互沟通的效果与面试的真实性。

（二）面试的作用

面试与笔试相比，具有以下几个作用。

1. 可以考察到笔试甄选手段难以考察到的内容

笔试是以文字为媒介，考察一个人的知识水平、素质能力，但很多素质特征很难通过文字表现出来。比如一个人的仪表风度、口才、反应的敏捷性等。有些素质特征虽然可以通过文字形式来表达，但因为应试者的掩饰行为或其他原因而无法表达，就可以通过面试来考察。

例如，对某些隐情，应试者往往不愿表露，对这些不愿表露的东西，在文字性的笔试、问卷等测试中，可以掩饰得天衣无缝，但在面对面、眼对眼的面试中，就很难做到，因为我们的身体，如眼神、动作不容易撒谎。

2. 可以综合考察应试者的知识、能力、工作经验及其他素质特征

面试是主考官和应试者之间的一种双向沟通活动，但面试的主动权还是控制在主考官手里，面试测评时主考官要专即专，要广即广，要深即深，要浅即浅，具有很大的弹性和灵活性。笔试和心理测验等在这方面均不如面试。

3. 可以弥补笔试的失误，并有效地避免高分低能者和冒名顶替者

有些人在笔试过程中没有发挥好，如果仅以笔试成绩作为录用依据，那么这些人就没有机会被录用了。但如果再辅之以面试形式，就给这些人再次表现的机会。例如，某市在一次干部录用考试中发现，有些人虽然笔试成绩不算高，但在面试中对答如流，表现极佳，显示出很大发展潜力，从而成为理想的人选。

笔试还存在一定局限性，笔试中难免有高分低能者甚至冒名顶替者。在一些省市的干部录用考试中，有些人笔试成绩很高，但面试时却言语苍白，对所提问题的回答观点幼稚、没有深度；有的则只能背书本知识，分析和解决问题的能力很差。

4. 面试可以测评应试者的多方面素质

从理论上讲，面试只要精心设计、时间充足、手段得当，可以准确地测评出应试者的综合素质。如果说心理测验中的许多问卷是测评应试者智力、心理、品德等方面的有效手段，那么把这些心理测验中的问题，以口头回答的形式表现出来，往往会收到与笔试不同的效果，由于信息量利用的高频率，其测评质量会更高。如果在面试中引入无领导小组讨论、角色扮演、管理游戏等情景模拟的人员甄选手段，还可考察应试者的组织能力、领导能力等；如果引入工作演示的方法，还可直接考察出一些应试者的实际工作能力。甚至，通过面试还可获取应试者身体状况的大量信息。

（三）面试的形式

依据面试的内容与要求，可以分为以下几种形式。

1. 问题式面试

由招聘者按照事先拟订的提纲对求职者进行发问，其目的在于观察求职者在特殊环境中的表现，考核其知识，判断其解决问题的能力，从而获得有

关求职者的第一手资料。

2. 压力式面试

由招聘者有意识地对求职者施加压力，就某一问题或某一事件作一连串地发问，详细具体且追根问底，直至无以对答。此方式主要观察求职者在特殊压力下的反应、思维敏捷程度及应变能力。

3. 随意（或自由）式面试

招聘者与求职者海阔天空、漫无边际地进行交谈，气氛轻松活跃，无拘无束，招聘者与求职者自由发表言论，各抒己见。此方式的目的为：于闲聊中观察应试者谈吐、举止、知识、能力、气质和风度，对其做全方位的综合素质考察。

4. 情景（或虚拟）式面试

由招聘者事先设定一个情景，提出一个问题或一项计划，请求职者进入角色模拟完成，其目的在于考核其分析、解决问题的能力。

5. 综合（全方位）式面试

招聘者通过多种方式考察求职者的综合能力和素质。如用外语与其交谈，要求即时作文，或即席演讲，或要求写一段文字，甚至操作计算机等，以考察其外语水平、文字能力、书面及口才表达等各方面的能力。安排应聘者在单位的确定岗位上实习一段时间，达到对应聘者综合能力和素质的考察，也是一些单位面试的方式。

以上是根据面试种类所做的大致划分，在实际面试过程中，招聘者可能采取一种或同时采取几种面试方式，也可能就某一方面的问题对求职者进行更广泛更深刻（即深层次）的考察，其目的在于能够选拔出优秀的应聘者。

（四）面试的基本程序

第一步，招聘单位对求职者的申请材料进行审核，确定面试名单。

第二步，招聘单位向求职者通知面试时间、地点。面试地点一般按照就地、就近和方便的原则进行安排。通常有两种情况：学校或其附近的场地，招聘单位或其附近场地。通知面试的方式也大致有二：招聘单位先通知学校就业主管部门，由学校通知学生；或招聘单位直接通知学生本人。

第三步，求职者准备面试。

第四步，正式面试。

二、面试准备及面试技巧

（一）面试准备

1. 面试前进行有效准备

（1）充分了解应聘单位。对用人单位的性质、地址、业务范围、经营业绩、发展前景，对应聘岗位职务及所需的专业知识和技能等要有一个全面的了解。单位的性质不同，对求职者面试的侧重点不同。如果是公务员面试，内容和要求与企业相差很大。公务员侧重于时事、政治、经济、管理、服务意识等方面。一位资深的人力资源主管说："面试时，我们都会问求职者对我们公司了解多少，如果他能很详细地回答出我们公司的历史、现状、主要产品，我们会高兴，会认为他很重视我们公司，对我们公司也有信心。"同时还应该通过熟人、朋友或有关部门了解当天对你进行面试的考官的有关情况和面试的方式、过程，以及面试时间安排，获取可能提供给你的任何说明材料。

（2）使自己的能力与用人单位工作的要求相符合。"知己知彼，百战不殆"。求职者面试前应对自己的能力、特长、个性、兴趣、爱好、长短处、人生目标、择业倾向有清醒认识。认真阅读并牢记你所收集到的所有信息，尽量使自己的能力与工作要求相适应。参加面试时，通过显示你对知识的掌握和理解来表达你希望进入这一职业工作的愿望。

（3）模拟可能询问的应聘问题。面试前不经过角色模拟，便无法达到最佳的效果。一些负责招聘的人事主管提出，求职者应当乐意提问题，这样招聘者才能知道求职者的水准及想了解的问题。

（4）对可能遇到的问题进行准备。这项准备有助于认清自己真正的想法，有助于在面试的现场能够清晰地自我表达。

（5）练习处理对你面试不利的事情。即使曾有一些不愉快的受挫经历，即使自己曾经犯过错，也可作为一段可供学习的经验加以陈述。务必用积极的事情抵消消极的事情，最好不要说有损自己形象的话。

2. 进行自我认知

要自信地应对面试，还要对自己有清楚的认识。

（1）写出几件自己认为可以称得上成功的事情，并逐一分析这些成就，列出你最主要的几项技能。

（2）同一件事情，各人有各人截然不同的处理方式，这取决于每个人不同的个性。为弄清自己的个性，可以通过分析成就，用一些形容词来归纳自己的性格。

（3）确定与你的个性、兴趣相符的工作环境。工作环境不仅指具体的环境，更重要的是工作单位的文化背景。你希望的工作环境是什么，自己要做到心中有数。

3. 心理准备

面试就好比是一场考试，在测试每个人能力的同时，也在测试每个人的心理素质和临场发挥。因此，要成功面试，首先，要充满信心。“天高任鸟飞，海阔凭鱼跃”。保持良好的状态，快乐的心情，会大有好处。其次，要抓住招聘者的心态。招聘者可能会先评价一个求职者的衣着、外表、仪态及行为举止；也可能会对求职者的专业知识、口才、谈话技巧做整体性的考核；还可能会从面谈中了解求职者的性格及人际关系，并从谈话过程中了解求职者的情绪状况、成熟度、工作理想、抱负及上进心，因此，要做充分的心理准备。

4. 业务知识准备

与应聘岗位相关的专业知识、业务技能等要熟知，备上一份求职材料，供招聘者查问参考。准备当天可能用到的个人资料或作品，携带相关证件，以便在面试过程中进一步向招聘者提供有关个人的相关资料。应聘跨国公司或知名企业，还应有外语流利应答的充分准备。

5. 体能、仪表准备

面试前要保证充分的睡眠和愉快的心情，以保持良好的精神状态，面试前还应注意修饰自己的仪表，使穿着打扮与年龄、身份、个性等相协调，与应聘的职业岗位相一致。

（二）面试技巧

1. 答问技巧

（1）把握重点，条理清楚。一般情况下回答问题要结论在先，议论在后，先将中心意思表达清楚，然后再做叙述。

（2）讲清原委，避免抽象。招聘者提问是想了解求职者的具体情况，切不可简单地仅以“是”或“否”作答，有的需要解释原因，有的则需要说明程度。

（3）确认提问，切忌答非所问。面试中，招聘者提出的问题过大，以致不知从何答起，或求职者对问题的意思不明白是常有的事。“你问的是不是这样一个问题?”应试者可以将问题复述一遍，确认其内容，有的放矢作答，不致南辕北辙、答非所问。

（4）讲完事实以后适时沉默。保持最佳状态，好好思考你的回答。

（5）冷静对待，宠辱不惊。招聘者中不乏刁钻古怪之人，可能故意挑衅，令人难堪。这不是“不怀好意”，而是一种战术提问，让你不明其意。故意提出不礼貌或令人难堪的问题，其意在于“重创”应试者，考察你的“适应性”和“应变性”。你要沉着冷静，礼貌作答，若反唇相讥，恶语相对，就大错特错了。

（6）知之为知之，不知为不知。面试中常会遇到一些不熟悉、曾经熟悉现在忘了或根本不懂的问题。面临这种情况，回避问题是失策，牵强附会更是下策，诚恳坦率地承认自己的不足之处，反倒会赢得招聘者的信任和好感。

2. 发问技巧

面试时若招聘者问你有没有问题，你可以适当问一些问题，并且应该把提问的重点放在招聘者的需求以及你如何能满足这些需求上。通过提问的方式进行自我推销是十分有效的，所提问题必须是紧扣工作任务、紧扣职责的。

3. 谈话技巧

（1）谈话应顺其自然。不要误解话题，不要过于固执，不要独占话题，不要插话，不要说奉承话，不要浪费口舌。

（2）留意对方反应。交谈中很重要的一点是把握谈话的气氛和时机，这就需要随时注意观察对方的反应。如果对方的眼神或表情显示对你所涉及的某个话题已失去了兴趣，应该尽快用一两句话将话题收住。

（3）有良好的语言习惯。不仅是表达流利，用词得当，同样重要的还有说话方式。①发音清晰。有些人个别音素发音不准，如果影响讲话整体质量的，应少用或不用含有这个音素的字或词。②语调得体。得体的语调应该是起伏而不夸张，自然而不做作。③声音自然。音调不高不低，不失自我，不仅听来真切自然，而且有利于缓解紧张情绪。④音量适中。音量以保持听者能听清为宜。⑤语速适宜。要根据内容的重要程度、难易度及对方注意力情况调节语速和节奏。此外还要警惕容易破坏语言意境的现象：过分使用语气词、口头语，这不仅有碍于听者的连贯理解，还容易引人生厌。

4. 交谈心态

作为应届毕业生初次参加招聘，如何摆正自己的心态很大程度上关系着招聘的成败。

（1）展示真实的自己。面试时切忌伪装和掩饰，一定要展现自己的真实实力和真正的性格。有些毕业生在面试时故意把自己塑造一番，比如明明很内向，不善言谈，面试时却拼命表现得很外向、健谈。这样的结果既不自然，很难逃过有经验的招聘者的眼睛，也不利于自身发挥。即便是通过了面试，人力资源部门往往会根据面试时的表现安排适合的职位，这对个人的职业生涯也是不利的。

（2）以平等的心态面对招聘者。面试时如果能够以平等的心态对待招聘者，就能够避免紧张情绪。特别是在回答案例分析问题时，一定要抱着我是在和招聘者一起讨论这个问题的心态，而不是觉得他在考自己，这样就可能做出很多精彩的论述。

（3）态度要坦诚。招聘者一般都认为做人优于做事。所以，面试时求职者一定要诚实地回答问题。一位企业的人事主管说，曾经面试过一个女孩，面试时她说自己有男友，进入公司后又说没有男友。问她原因，她说曾在一些书里看到，如果说有男朋友就会给人稳重、有责任感的印象。实际上这样做非常不好，面试时的欺骗行为是不利于以后发展的。

5. 交谈原则

应聘者与招聘者交谈时应该把握以下“四个度”的原则。

（1）体现高度，在交谈中展示自己的水平。一方面是政治思想水平和强烈的敬业精神，另一方面是专业水平。对问题回答不能满足于“知其然”，还要答出“所以然”。

（2）增强信度，在交谈中展示自己的真诚。首先，态度要诚恳，交谈不要心不在焉；其次，表达要准确，少用“可能”“也许”“大概”等模棱两可的词语；再次，内容要真实，尤其对于自己的优缺点要一分为二，实事求是。

（3）表现风度，在交谈中展示自己的气质。一方面要体现自身的外在美，另一方面更要体现内在气质。言语是一个人内在气质、涵养的外在体现，要注意用自己的语言魅力展示自己。

（4）保持热度，在交谈中展示自己的热情。要注意做到：主动问候，精神饱满，悉心聆听。

6．面试最后关口

（1）适时告辞。面试不是闲聊，也不是谈判。从某种意义上讲，面试是陌生人之间的交流，谈话时间的长短视面试内容的多少而定。如果，面试官已经了解了他想了解的信息，会暗示求职者可以离开，如果当下的求职者，不能理解面试者的意图，反而口若悬河，必然引起尴尬且留下不好的印象。

（2）礼貌再见。面试结束时的礼节也是公司考察录用的一个砝码。成功的方法在于，首先，不要在招聘者结束谈话前表现出浮躁不安、急欲离去的样子。其次，告辞时应感谢对方花时间同你面谈。走时，如果有秘书或接待员接待过你的话，也应向他们致谢告辞。

7．面试结束后的注意事项

（1）回顾总结。面试一结束，应该对自己在面试时遇到的难题进行回顾。重新考虑一下，如果他们再一次向你提问，该如何更好地回答这些问题。尽量把参加面试的所有细节记下。一定要记下面试时与你交谈的人的名字和职位。万一通知你落选了，你也应该虚心地向招聘者请教你有哪些欠缺，以便今后改进。这样，就可以知道自己到底为什么落选。一般来说，能得到这样的反馈不容易，你应该好好抓住时机。

（2）适时联系。如果在一个星期内，或者在他们做决策所需的一段合理时间之内没有得到任何音讯，你可以给负责人打电话，问他“是否已经做出决定了？”这个电话可以表示出你的兴趣和热情，还可以从他的口气中听出你是否有希望得到那份工作。如果在打听情况时觉察出自己有希望中选，但最后决定尚未做出，那你过段时间后再打一次电话询问。即使对方已经暗示你可能落选了，你还可以回复感谢邮件，你虽然没有成功，但也很高兴有面试机会。这样做不仅仅是出于礼貌，而且还能使接见者在其公司出现另一个职位空缺时心里想到你，创造出一个潜在的求职机会。

第三节　笔试

一、笔试的作用和种类

（一）笔试的作用

笔试的作用包括：①笔试是用人单位对求职者的基本知识、专业知识、文字表达能力和书写态度等综合能力的一次有据可查的测试。②笔试可以防止任人唯亲等不正之风，也可以作为求职者能力的留档记录。③笔试的结果是根据一定的标准答案评定出来的，它弥补了面试结果往往是根据个人爱好、感情用事评分的缺陷。笔试得出的分数往往可靠、真实且排名简易。对求职者们来说是一次公平的竞争，对用人单位来说是检查和核实求职者真才实学的办法。④笔试的试卷又是决定求职者去留的最科学的法律文本。因此，笔试是用人单位测试求职者的重要砝码。

通常笔试主要限于一些专业技术要求很强或对录用人员素质要求很高的单位，如公务员、跨国公司、知名企业等。特别是一些银行类的用人单位，它们经常通过笔试来决定对某个求职者是否录取。因此，求职者不可小视笔试，必须认真对待和重视笔试。

（二）笔试的种类

1. 心理测试

心理测试是用事先编制好的标准化量表或问卷要求被试者完成，根据完成的数量和质量来判定其心理水平或个性差异的方法。一些特殊的用人单位常常以此来测试求职者的态度、兴趣、动机、智力、个性等心理素质。

2. 专业考试

专业考试主要是为了检验求职者文化知识和相关的实际能力。一般用人单位在接收毕业生时，主要是看学校提供的推荐表及成绩单，同时再辅以自荐材料就可以了解其基本的知识能力等情况。但也有一些特殊的用人单位，需要通过笔试的方式对求职者进行文化专业知识的再考核。值得引起注意的是这种考试方式已经被愈来愈多的热门单位所采用，如外资企业、公务员录用等。

3. 论文笔试

论文笔试是检验求职者分析、综合、比较、归纳、推理等思维能力的方法。其形式采用论述题或自由应答型试题。论述笔试的最大长处是有利于考查求职者的思考能力，从而能够检查求职者思想认识的深刻程度。这种测试往往会导致种种不同的答案，易于发现人才，促进智力发展，远比简单的测验题更能判断一个人的水平。做此类题时，讨论问题要深刻、有见地。

4. 作文笔试

由用人单位给出范围或特定要求，让应聘者通过作文来考查其知识、思维、文字表达能力的一种笔试方式。

5. 国家公务员录用考试

中央、国家机关的各招考职位按性质和权责不同分为A、B两类。A类职位主要包括在中央、国家机关和中央国家行政机关派驻机构与中央垂直管理系统所属机构中，从事政策、法律法规、规划等的研究起草工作和其实施中的指导、监督检查工作，以及从事机关内部综合性管理工作的职位。B类职位主要包括在中央、国家机关和中央行政机关派驻机构与中央垂直管理系统所属机构中，从事机关内的专业技术工作，对机关的业务工作提供专业技术支持的职位（如某些机关内部的财务会计职位）；实行中央垂直管理的行政机关中直接将各项具体规定施于公民、法人和其他组织的行政执法职位（如基层海关中从事海上缉私或现场查验工作的职位）。

二、笔试的准备

（一）笔试的身心准备

求职笔试不同于高考，临考前要注意以下几点：①要适当减轻思想负担，不可给自己施加过大的压力，否则适得其反。②笔试的前一天要注意休息，保证充足的睡眠，避免考试时精神不振，影响正常思维。③要适当参加一些文体活动，从而使高度紧张的大脑得到放松休息，以充沛的精力去参加考试。

（二）笔试的知识准备

1. 学以致用，理论联系实际

现在的求职考试越来越强调用学过的知识来解决实际问题，具有很强的实用性。从考试准备角度讲，知识分为两大类：一类是主要靠记忆掌握的知识；另一类是通过不断地运用所掌握的知识。实际上，现在应聘考试主要是考应聘者对知识的运用能力。因此，在复习过程中必须始终突出一个“用”字，通过各种实践，把学得的知识运用到工作实际中去解决各种具体的问题。

2. 提纲挈领，系统掌握

在知识与能力这两者中，知识无疑是基础，没有扎实的基础知识，能力的培养和提高也就无从谈起。掌握知识的一个有效方法就是把零散的知识化为系统。但是应聘笔试往往范围大、内容广，使考生在复习时无从着手，存在着一定的随意性和盲目性。因此，在着手应聘复习时，应首先打破各学科的界限，认真梳理各科要点，整理成一个条理化、具体化的知识系统总纲目，然后按照这个总纲目有计划、有步骤地进行复习。一般来说，凡是与求职者有关的一些知识如文史知识、科技知识、经济知识、法律知识和一般的计算机知识，均要系统地复习一遍。

复习的方法可用“单元复习法”，即把教材中某些具有相似点的知识放在一起组成单元，然后通过分析、比较、归纳，寻其共性和特性，使自己能对这一单元的知识有一个较完整、具体的了解，以逐渐提高分析、鉴赏和写作各类文章的能力。国外一位著名教育家说过：“获得的知识，如果没有一个完整的结构把它们联系在一起，那将是一种多半会被遗忘的知识。”按照控制论的观点，实现控制的一个重要条件就是被控制对象的系统化。然而复习和学好以上知识的目的也不单只为了应聘考试，所以复习时绝不要照搬参考资料，也不要机械地记忆，而是要把所学知识作为实践的例子，精心设计，深入分析，积极思考，举一反三，使自己在学习中有所悟，有所得。

3. 多读多练，提高阅读能力

提高阅读能力，对扩展知识面和回答应聘考试的各类问题很有益处。要提高阅读能力，首先得坚持进行阅读实践。知识的获得，主要依靠传授；能力的提高，则必须通过实践。因为许多知识学过了，但不一定就会用，还必须经过一定的练习，才能真正理解消化。复习时经常做些阅读训练，有助于阅读能力的提高。在做阅读训练时，一定要做到“眼到”和“心到”，特别是心到，即对每个问题都仔细揣摩，认真思考，分析比较，综合归纳，多问几个为什么，这样才不至于白练。切不可图数量，赶进度，也不能光看答案不求其所以然。只有肯动脑，才能有悟有得，才能长本事。否则，练得再多也提高不了自己的阅读能力。

4．正确理解，提高语言转换能力

应聘笔试中一个极其重要的考试是将你阅读理解了的东西用自己的话把它们表达出来，这在阅读考题中叫“语言的转化”。这种转化有 3 种形式：①把题中比较抽象、概括的话做出具体的解释。②把考题中的具体阐述恰当地加以概括。③把考题中比较含蓄的语言加以明了和正确的阐发。很显然，要将作品中的真意换成自己的语言，并非一件易事，它已经含有更多的思维加工成分，而这正是检测阅读水平高低的一个重要方面。

5．敏锐思考，提高快速答题能力

为了适应招聘考试中的题量，还应该尽快培养自己快速阅读、快速思维和快速答题的能力。因为现代阅读观念不只着眼于信息的获取，而且还特别重视速度。所以在准备笔试的时候一定要提高做题速度。

注意了以上一些答题技巧后，还应该重视中外文基础知识的学习，因为基础知识是从中外文现象中抽象出来的理性认识，基础知识成绩的好坏标志着中外文能力与水平及文化素质的高低。因此，它是你在笔试前必备的一门功课。

三、笔试的方法和技巧

（一）笔试的方法

拿到试卷后，首先应通览一遍，了解题目的多少和难易程度，以便掌握答题的深度和速度。然后按照先易后难的原则排出答题顺序，先攻相对简单的题，再攻难题。这样就不会因为攻难题费时太多，而没有时间做会做的题。最后，尽可能留出时间对易出错的地方进行复查，特别注意不要漏题。另外，需要特别提醒注意的是卷面字迹要力求认真清晰，书写过于潦草，字迹难以辨认会影响考试成绩。因为求职笔试不同于其他专业考试，招聘单位并不特别在意应试者考分的稍许高低，而认真的态度，细致的作风，则会大大增加被录用的可能性。

（二）笔试的复习技巧

要在笔试中取得好成绩，关键在于牢固地掌握所学知识。在系统复习前，制定一份合理的、具体的、切实可行的复习计划，掌握一个实用、有效、科学的记忆方法，无疑会为应聘笔试打下成功的基础。

1. 计划周全

在笔试前应制订一个复习计划，安排好复习的内容，合理利用时间。

（1）对考前复习的情况进行具体分析，包括需要复习的内容，自己掌握知识和能力的情况，哪些内容是自己掌握得不好或没有掌握的，有多少复习时间，如何分配等。

（2）妥善安排复习时间和内容，计划出每一科复习大致需要多少时间，每一阶段要达到什么目标，复习什么内容。不仅要有总的复习目标，还应有阶段性的目标。复习计划中的复习活动要多样化，各科复习交替进行。

（3）复习计划制订后要严格执行，以顽强的意志控制自己的复习。要增强战胜困难的信心，采用限时量化复习方法，加快复习速度，提高复习效率。

（4）要有张有弛，劳逸结合，防止过度疲劳，以充沛的精力确保复习计划的执行。

2. 方法得当

在复习中应掌握科学的、适应自己的记忆方法。

（1）归纳提炼法。将大量的知识归纳提炼为几条基本理论，用一个简明的表格、提纲或几句精练的语言准确地写下来。把个别的概念、定义、定律、定理放到知识的体系中贯穿思考，并弄清楚相互联系、衔接，列出它们的相似点和不同点，抓住概念、定义、公式、定律等基础知识。对于容易混淆的概念或法则用对比的方法进行辨析，弄清相互间的联系和区别，这是加深理解、强化记忆的有效方法。

（2）系统排列法。对归纳提炼出来的知识点，进行聚同去异，使之成为系统的排列过程。在系统排列时，依据某些相同的或相似的特征为基础，不断地把较小的组或类联合为较大的组或类。也可采用相反的方式，依据对象的某些特征或特征差异为基础，把它划分为较小的组或类。通过这种系统排列，组成一定的顺序，从而找出各部分之间的联系和关系，更好地认识其特性。

（3）“厚书变薄”法。把章节或单元的学习按一定的科学系统自编提纲，进行高度概括，把“厚书变薄”。变“薄”的原则是具有科学性，把大量看起来是单一的或逐个理解的知识内容有意识地归并到某个知识体系中，从横向、纵向上形成有机联系，组成一条知识链。在概括学习内容时，抓住关键的知识点，前后联系，纵横结合，起到提纲挈领的作用。

（4）串连建构法。在系统复习的基础上，对章节与章节、单元与单元进行各种串联，做更高层次理解。对已串联的知识进行整理、归纳、分类、列表，以形成自己的知识体系，建立起良好的认知结构。在复习每个具体内容时，先冷静地想一想，再看书。逐个章节复习，找出难点、重点。在全面复习后，最后把整个的知识点，在脑子里过一遍电影。这种方法可以改变一味死记硬背的方法，从整体上把握知识。

（三）笔试的答题技巧

笔试成绩，不仅与自己的实际水平和考前复习有关，还与自己的答题技巧有关。要提高答题技巧，就要有良好的考试心理状态，要了解考试的特点，了解各类考试题目的特点和解答各类题目的方法，以充分反映自己已掌握的知识，充分发挥自己的真实水平。

考试的心理要做到适度紧张和适度放松相结合。没有一点紧张情绪，抱无所谓或松散的心情，就考不出最佳成绩。过于紧张，情绪慌乱，更考不出最佳成绩。只有适度紧张，情绪稳定，认真审题，努力回忆学过的知识，先易后难，迅速答题，才能考出最佳成绩。

有了良好的考试心理状态，还要掌握下列方法和技巧。

1. 先易后难，先简后繁

笔试题型多，内容多，又要限时答题，必须合理安排答题时间。拿到考卷，先要看清注意事项，答题要求，然后从头到尾大略看一下试题，了解题目类型，分出轻重，难易程度，根据先易后难，先简后繁的原则确定答题步骤。

2. 精心审题，字迹清楚

在具体答题时，必须认真审题，切实弄清题目要求，逐字逐句分析题意，按要求进行回答。书写时，力求做到字迹清楚，卷面整洁，格式、标点正确，不写错别字。

3. 积极思考，回忆联想

有些试题的设计，从理论和实践两方面检查考生的基础知识和技能，并以综合运用为主，检验考生的实际水平和学习灵活性，因此，有的试题是具有一定难度的。考试时要积极思考，努力回忆学过的知识，并进行联想，将已学过的有关内容相互联系起来比较分析，积极思考，找出正确答案。

第八章　大学生就业程序与相关法律问题

第一节　就业的基本程序

一、大学生就业手续和相关证件的办理

（一）离校手续的办理

离校手续是高校毕业生结束学业、离开学校、走向社会的最后一个重要环节。面对即将要离开学习、生活了几年的母校，离别在一起朝夕相处了几年的同窗好友，特别是面对即将由校园走向社会、走向工作单位，存在着对社会神秘的憧憬、对自己所去的工作单位是否合适、自己的选择是否正确等大量的问题，这段时间学生的思想情绪存在着极大的不稳定性，同时这段时间又是毕业生频繁接触社会，社交活动最多的时段，特别繁忙。因此，要求学校各级领导、各级部门，特别是主管部门以及各系辅导员，认真做好毕业生离校前夕的稳定工作和深入细致的思想政治工作，对于毕业生稳定思想情绪，用正确和正常的心态面对离开学校、离别同学、走向社会、认真细致地办好离校手续、文明离校，有着极其重要的作用。

毕业生办理好离校手续，主要有以下几个方面的环节。①在班委会的组

织下，妥善处理好班集体的共有财产。在处理班集体共有财产的过程中，应本着集体协商，服从多数的原则。②在学校规定的时间内到有关部门领取“离校手续单”。持“离校手续单”到所列出的部门、单位办理同意离校的签字手续。③在办理离校手续过程中应重点注意做好的工作：向学校总务后勤部门交清由自己保管使用的财产，如宿舍的床、桌、椅等，学习用的课桌、椅等。如有遗失或损坏，应按学校的规定自觉赔偿；缴清学费、杂费等费用；及时归还在校期间借阅的书籍、借用的学习工具、体育用品等物品。如有遗失和损坏，应按学校规定自觉赔偿。④所有离校手续办理完毕后，将“离校手续单”交回学校毕业生主管部门，再办理有关证件，领取“普通高等学校毕业证书”、已签订好的“就业协议书”和“全国普通高等学校毕业生就业报到证”以及“户籍关系迁移证”，到就业单位报到。

（二）必要证件的办理

1. 毕业证

由学校主管部门负责统一办理、统一发放。获毕业证的学生必须是完成学业，操行、成绩合格者。未完成学业者或考核不合格者只能发给结业证。

2. 报到证

由学校毕业生主管部门根据当年毕业生就业计划开出全国普通高等学校毕业生就业报到证，然后统一到省（自治区、直辖市）主管毕业生调配部门审核盖章后，发到毕业生本人。

3. 户籍迁移证

由学校保卫部门根据毕业生的报到证到学校户籍所在地的公安部门开出户籍迁移证后发给毕业生本人。其户籍迁入地址为报到证所注明就业单位所在地、市。

4. 介绍信

毕业生中的中共党员和预备党员由学校主管部门开出党组织关系介绍信，共青团员由学校团委开出团组织关系介绍信。

（三）报到及其他手续的办理

1. 报到证

毕业生前往用人单位报到，本专科毕业生须持全国普通高等学校本专科毕业生就业报到证，毕业研究生须持全国普通高等学校毕业研究生就业报到证。用人单位凭报到证办理接收手续和接转档案、户口关系的迁移手续。

2. 毕业证和学位证

自主择业的毕业生由毕业生本人携带毕业证和学位证。委培、定向毕业生的毕业证和学位证由学校主管部门在毕业生档案中寄送委培、定向单位人事主管部门。

3. 户口关系

毕业生本人在学校主管部门办理户口关系迁移手续后，由自己携带，并到接收单位办理户口转入手续。委培、定向生的户口关系由学校主管部门在毕业生档案中寄送委培、定向单位人事主管部门。

4. 档案关系

所有毕业生档案均不得由毕业生自己携带，而是由毕业生档案具体管理部门（所在院系或学生处）进行认真审核后，在毕业生离校后两周内，按照机要文件的要求，统一寄送到毕业生工作单位所归属的人事档案管理部门。

（四）报到可能遇到的问题及处理方法

1. 报到证遗失或损毁

如果毕业生发生了报到证遗失或损毁的情况，应由毕业生及时向学校主管部门提出申请，然后由学校主管部门呈报上级主管部门予以补发。

2. 毕业生报到时接收单位拒收

毕业生与用人单位签约具有法律效力，双方均有义务遵守。但是，如果用人单位发生了严重变故，如企业破产、削减编制、转产等，而无法继续接收毕业生，则单位必须提前向学校出具退函，由毕业生重新联系单位就业。

3. 毕业生未能按期报到

毕业生应在规定的时间内报到。如果由于不可抗拒的原因（如生病、外出遇灾未归等）无法按期报到，应采取信件、电话、传真、网络等方式向接收单位说明和请假。如果逾期不报到，又未向接收单位说明和请假的，就可能发生接收单位拒绝接收的后果。

4. 毕业生因表现不好被接收单位退回

如果毕业生在报到以后，由于工作表现不好而被用人单位退回，学校将把其档案、户口等关系转回家庭所在地，按社会待业人员处理。

（五）报到的政策规定

第一，凡派遣到中央各部委所属单位和学生所在省（自治区、直辖市）内各地方单位就业的毕业生，凭普通高等学校毕业证、全国普通高等学校毕业生就业报到证到单位报到；双向选择、自主择业的毕业生需随带用人单位与毕业生签订的就业协议书或录用接收函，并凭上述证件到单位所在地公安部门办理其落户手续。

第二，凡属跨省份到外省地方所属单位就业的毕业生，其报到证开到就业单位所在省份的主管毕业生调配部门，毕业生仍凭普通高校毕业证、全国普通高等学校毕业生就业报到证及就业协议书或录用接收函先到就业单位所在省份毕业调配部门核查后，再由该省份毕业生调配部门转开到就业单位报到的报到证或介绍信。毕业生凭上述证件到就业单位报到，并凭上述证件到单位所在地公安部门办理落户手续。

第三，定向生、委培生凭全国普通高等学校毕业生就业报到证（其证内注明有定向生或委培生字样，并注明定向或委培单位）、普通高等学校毕业证、定向或委培合同到其定向单位或委培单位报到，并凭上述证件到单位所在地公安部门办理落户手续。

第四，国家招生计划内招收的自费生（含电大、函授等普通专科班）毕业生，在规定时间找到单位的凭单位的录用接收函到地方主管毕业生调配部门开出报到证，凭报到证、毕业证及录用接收函到其单位报到，并凭上述证件到单位所在地公安部门办理落户手续。

第五，结业生找到工作单位的，凭单位录用接收函，由地方主管毕业生调配部门开出报到证（报到证注明“结业生”字样），然后凭报到证、结业证、录用接收函到单位报到，并凭上述证件到单位所在地公安部门办理落户手续。在规定时间内无接收单位的，由学校将其档案、户籍关系转至家庭所在地（家居农村的保留非农业户口），自谋职业。

第六，毕业生在派遣过程中出现特殊情况需要调整改派的，按以下原则办理：凡在本省、自治区、直辖市区内用人单位之间调整的，由地方主管毕业生调配部门审批并办理改派手续；凡跨部委、跨省（自治区、直辖市）调整的，由学校主管部门审核同意后，统一报教育部审批并下达调整计划，学校所在地方主管毕业生调配部门审批并办理改派手续；毕业生调整改派须在规定时间内办理，逾期不再办理有关调整改派手续；如有特殊规定的，按具体规定办理。

第七，对毕业离校时未落实工作单位的毕业生，档案管理机构对保管其档案免收服务费用。学校可根据本人意愿，将其户口转至学前户籍所在地或两年内继续保留在原就读高校。在此期间如落实工作单位，按上述第一或第二条方法办理报到手续并办理落户手续。超过两年仍未落实工作单位的高校毕业生，学校和档案管理机构将其在校户口及档案迁回其入学前户籍所在地。

第八，原籍在中、东部地区的毕业生到西部地区工作的，实行来去自由的政策，根据本人意愿，户口可迁到工作地区，也可迁回原籍，由政府主管部门所属的人才交流机构提供免费人事代理服务。

第九，到非公有制单位就业的高校毕业生，其人事档案和户籍关系可以采用人事代理方式。其程序为毕业生落实非公有制单位的，由非公有制单位在毕业生就业协议书上盖章同意招聘录用，然后毕业生本人将"就业协议书"送到非公有制单位所在省或地、市政府人事行政部门所属人才交流服务机构，经审核后盖章，由毕业生反馈给所在院校，纳入就业计划，由院校所在省份毕业生调配主管部门开出报到证，毕业生凭报到证到人才交流服务机构报到，学校将其户口关系、人事档案关系迁到该人才交流机构（包括党、团组织关系），由该机构进行人事代理。毕业生再持就业协议书到非公有制单位报到。

第十，对自谋职业、自主创业和从事个体经营的毕业生，其人事档案和户口由学校迁回其入学前户籍所在地。

二、大学生就业的基本管理程序

大学毕业生的就业是由就业主体、就业客体和就业中介三个部分组成。就业主体为应届毕业的大、中专学生；就业客体为用人单位及用人单位的主管部门；就业中介为培养毕业生的高等院校所在地方或部委主管毕业生就业的调配部门。大学毕业生的择业就是这三个部分在选择与被选择中不断磨合的过程，而就业管理程序则在大学毕业生择业过程中起着协调、管理、监督和服务的功能。就业管理程序主要由就业推荐与就业协议的管理、就业建议计划的生成与上报、就业派遣与接收三个部分构成。

（一）就业推荐与就业协议的管理

就业推荐是就业协议管理的前提，特别是在实现招生并轨实行双向选择、自主择业以后，就更加需要对毕业生的就业推荐予以公开、公正和公平的监督，预防双向选择、自主择业过程中的不规范行为发生，就业推荐不仅要反映出毕业生教育和培养的真实水平，更主要的是便于用人单位通过它实现量才录用的目标。

就业协议管理是毕业生就业的最终目标，是毕业生从学校走向社会的就业行为有力保障。1997 年国家教委在委属院校率先试用了统一的“全国普通高等学校毕业生就业协议书”，经过一段时间的试用，1998 年国家教委正式发文规定使用标准的“全国普通高等学校毕业生就业协议书”。就业协议书的统一使用，有利于毕业生就业工作统一化、规范化和管理科学化。签订就业协议书的同时也是对毕业生就业行为、用人单位的接收行为、培养学校和就业主管部门的中介行为的监督与肯定，就业协议书上明确毕业生、用人单位、主管部门及培养学校的责任、权利和义务，因此每名毕业生择业行为的终止标志就是签订统一的就业协议书。

从现在就业协议书的实际运作情况来看，除少数地方由于情况特殊仍然在沿用过去的非标准就业协议书外，绝大多数的地方已经使用统一的就业协议书，因此，毕业生在与用人单位签订就业协议时应该倍加注意，如若遇到特殊情况不妨既签教育部的标准就业协议书，又签地方规定的非标准就业协议书，以求万无一失。

（二）就业建议计划的生成与上报

1. 就业建议计划的生成

该生成过程主要是由毕业生、用人单位、培养学校的院系基层单位直接参与。毕业生与用人单位通过充分的接触和相互了解，经过毕业生对用人单位的实地考察，用人单位通过培养学校的院、系基层组织对毕业生的全面考核，在双方满意情况下，毕业生、用人单位和培养学校最终签订就业协议书，作为制定就业建议计划的依据；未经学校同意，毕业生擅自签订的协议无效；

在无毕业生正式推荐表情况下，用人单位单方面所签订的就业协议亦无效。

就业协议书的签订程序，一般先由学校推荐或毕业生向用人单位自荐，由用人单位审核，提出同意接收意见，再由培养学校予以最后确认，用人单位的就业建议计划的确认可以有以下几种形式。

（1）如果用人单位系中央、部委直属单位（一级管理单位），如直属的科研院所等，他们有独立的人事自主权，不需要经过主管部门和地方主管部门的审批，就可以引入毕业生，那么，由用人单位直接向培养学校确认就业建议计划。

（2）如果用人单位为非直属单位（二级管理单位），那么，他们在协议书签订以后，需报上级主管部门的审核（如各部队、武警等特殊的用人单位），而后由主管部门与培养学校确认就业建议计划。

（3）如果用人单位非上述所述情况，系多级管理单位，那么，用人单位在与毕业生签订协议后，不仅要向主管部门上报审核，而且要向地方主管毕业生就业的有关部门（地方教委或人事厅）报批进入计划，由地方主管部门向学校反馈协议签订情况，确认就业建议计划。

2. 就业建议计划的上报

本、专科毕业生的就业建议计划每年编制一次，一般安排在就业派遣时间的前一个月进行。在上报之前，就业建议计划要经过由教育部牵头负责，各高等院校、部委和地方省市区参加的全国性毕业生就业计划协调会的协调，最后，按照部委、地方和高等学校各自的职分工，经上下结合，充分协商形成。有关部委和地方负责审核、汇总所属学校毕业生就业建议计划，并按时送教育部；教育部审核、编制全国普通高等学校毕业生就业计划。

毕业生就业建议计划的上报大致可分为两种方式：①教育部所属院校的就业建议计划，直接由院校报到教育部。②部委所属院校和地方所属院校的就业建议计划，先由院校报到主管的有关部委和地方就业主管部门，再由各部委和地方就业主管部门汇总后报到教育部。

毕业生在清楚地了解就业建议计划上报时间的前提下，应该充分把握择业时间和择业机遇，切不可贻误时机。

（三）就业派遣与接收

教育部对就业建议计划进行汇总、协调与审核，并将就业计划以派遣计划和接收计划两种形式下达到教育部直属高校、地方和部委就业主管部门。

1. 就业派遣过程

（1）由教育部直接将就业计划批复给地方主管毕业生调配部门，培养学校按照教育部下达的就业派遣计划，由地方主管毕业生调配部门代理教育部的职责派遣毕业生，毕业生统一使用全国普通高等学校毕业生就业报到证，该证由教育部授权地方主管毕业生就业调配部门审核签发，特殊情况可由教育部直接签发。

（2）培养学校指导毕业生所在的各院、系办理与全国普通高等学校毕业生就业报到证一致的户口迁移手续。

（3）各院、系核发与就业报到相关的手续，毕业生持就业报到证、户口迁移关系，到用人单位报到。

2. 就业接收过程

（1）教育部在将就业计划以派遣计划形式批转培养学校的同时，也将接收计划下达给毕业生使用方——地方或部委毕业生主管部门，并由他们向主管部门或直属用人单位下达接收计划。

（2）主管部门向用人单位下达毕业生接收计划指标。

（3）用人单位按照接收计划指标接收应届毕业生，并负责毕业生户口、档案的落实。

任何一个系统程序都是由多个子系统程序所构成，同时，它又是更高一级程序的子程序和组成部分，其程序的形态可能各异，但是，各子程序之间往往是以一定的方式相互联系、相互约束，形成其特有的程序特性和管理特点，就业管理程序也不例外。

就业程序如同所有的系统科学理论一样，具有鲜明的层次性、综合性、动态性、目的性、协调性、整体性、功能性和最优化等特点，具体表现在毕业生择业的动态性和综合性，用人单位使用的功能性和目的性，就业协议签订的整体性和最优化，就业计划管理的层次性和协调性。因此，毕业生在求职过程中应该对此引起足够的重视，这些虽然并不能保证每个参加求职的大学毕业生择业一次成功，但是，它能使大学毕业生们择业思路明确，择业行为准确。择业总是有成功和失败相伴随，成功时，多一份冷静，多一份思考；失败时，少一份沮丧，多一份信心。坚信“天生我才必有用”，择业的成功终究属于自信的人。

三、大学生就业过程中存在的问题及对策

（一）关于就业陷阱问题

1. 就业过程中可能遇到的侵权陷阱

（1）试用陷阱。有些企业在招聘时，并不明确告知试用期，试用期的工资往往很低，企业承诺转正后工资会大幅度上涨。但是，试用期即将结束时，企业便以各种理由辞掉求职者。求职者如果长期耗在某个企业的试用期内，不仅会让求职者蒙受很大经济损失，同时也对求职者的职业发展不利。为此，在确定去这家公司之前，最好找到该公司的员工打听消息，询问那里的工作情况。如果已经去了公司，更应该主动多和同事交流这些情况，及时采取措施避免做“冤大头”。一般同一单位在短时间内连续刊登相同的招聘广告，说明该企业招聘的人数多且急，求职成功的可能性较大。若一个单位数周后再次刊登同样的广告，说明该单位可能在用人方面存在一定问题。

（2）职位陷阱。有些单位在招聘时按照职位招聘，但毕业生报到后却安排到其他岗位，致使毕业生学非所用；有时甚至安排干一些劳动强度极大的体力活。粉饰招聘职位使得求职者就职后往往大失所望，心理落差很大。但是有些求职者由于种种原因，可能选择了安于现状，继续干这份工作，从而对自己的职业生涯产生了很大负面影响。为此，求职的时候要搞清楚职位的具体内容，仔细分析，询问工作细节。某些用人单位提供的虚而不实的职位，常常冠以好听的头衔，但是却强调无需经验，这里面肯定大有文章。有一些招聘单位虽在招聘广告中列出要招聘的多种职位，其实这些职位都是做业务的，甚至是没有底薪的业务。

有些单位为了招聘到优秀人才，有时会口头承诺一些工资、住房等方面的优厚待遇。当毕业生到岗后发现这些待遇根本不能兑现而找单位领导理论时，得到的答复往往是“谁承诺你找谁去，公司没有这样的规定”，因此毕业生一定要注意：口说无凭，合同为据，关键还是签好合同。

（3）工作地点陷阱。很多大企业在全国许多地方有分部，而参加招聘会

的往往是总部的人力资源部门。因此，毕业生在应聘时容易产生错觉，以为工作地点就在总部所在的大城市，结果上岗后被分到偏远地区。对此，毕业生在面谈时必须咨询清楚，必要时在合同上写明相关条款。

（4）创意剽窃陷阱。由于聘请专家或者专业人才的费用较高，有些设计公司或者营销公司为了节约成本，通过大规模招聘的方式来获取好的创意或者方案。这类招聘往往要求应聘者做案例，进行创意反馈。事实上，这些公司并无实际岗位，求职者会因此失去了别的工作机会。为此，求职者事先要和公司约定好策划或者创意的劳动版权问题，声明你的创意或者策划不得随意使用。

（5）不公平合同陷阱。劳动合同中的“一边倒合同”，即合同中主要规定劳动者的义务和用人单位的权利，很少规定用人单位的义务和劳动者的权利，妄图以与求职者约定“工伤概不负责”的条款逃避责任的“生死合同”；剥夺劳动者休息休假权，甚至有侮辱、体罚等侵犯人身权的“卖身合同”等。毕业生在签订劳动合同时都要认真预防，一经发现，要当即予以指出，避免上当受骗。

2. 应对措施

（1）求职前应尽量学习劳动法的相关知识，特别在签订劳动合同时，不仅要注意劳动合同的必备条款，也应当注意自己与企业的约定条款，尽量把一切劳动权益的约定都落实在书面合同上。

（2）求职者应对中介服务机构慎重选择，首先要了解对方是否有国家主管部门颁发的“特种行业经营许可证”，如果根本没有或没有正本或副本原件，都不要轻易相信他们。同时还应认真观察他们是否为求职者提供相对完备的服务，从接待场所的设置以及接待人员的素质等方面，都应当做出自己的判断。

（3）发生劳动争议后，可以通过协商解决、调解委员会调解、劳动争议仲裁等方式解决，对仲裁不服的，可以向人民法院提起诉讼。

（4）试用期问题应根据《中华人民共和国劳动法》等法律法规的规定，试用期只有在正式合同中才能约定，即如果没有订立正式合同就不存在单独的“试用合同”。所以，所有单独的试用合同都是违法的，如果用人单位与劳动者订立试用合同，理论上认为用人单位放弃了对被录用人员试用的权利。

当出现这种情况时，事实上的劳动关系即成为正式的劳动关系，劳动者可以享受正式职工的一切权利。

试用期作为劳动关系的特殊阶段，也是劳动纠纷的高发区。《劳动法》第十九条规定："劳动合同期限三个月以上不满一年的，试用期不得超过一个月；劳动合同期限一年以上不满三年的，试用期不得超过二个月；三年以上固定期限和无固定期限的劳动合同，试用期不得超过六个月。"

在试用期内，用人单位必须有证据证明劳动者不符合录用条件，方可单方解除劳动合同。也就是说，用人单位承担的是完全的举证责任。劳动者在试用期内只要"通知"单位就可以解除劳动合同，无须提供任何理由。

凡是合同中有关试用期的约定超过上述规定的，其超过部分视为正式合同。也就是说，如果合同期为两年，而合同规定试用期为 6 个月，超过规定 2 个月，当劳动者被试用了 2 个月后，就已经自动成为正式职工了，如果用人单位再要辞退该职工，必须按正式职工的规定给予经济补偿。

（5）当发现或认为自己的权益受到侵害时，应当迅速产生强烈的维权意识，及时向劳动保障行政机关和其他部门举报，用法律武器保护自己。那种"忍了""认了""算了"的思想，既是对自己权益的麻木，也是对国家和社会的不负责任。

四、关于毕业生就业权益及其保护问题

（一）毕业生就业权益

1. 获取信息权

就业信息是毕业生择业成功的前提和关键，只有在充分占有信息的基础上，才能结合自身情况选择适合自身发展的用人单位。毕业生获取信息权，应包括三方面含义：①信息公开，即所有用人信息向全体毕业生公开。②信息及时，也就是毕业生获取的信息必须是及时、有效的，而不能将过时无利用价值的信息传递给毕业生。③信息全面，毕业生有权获得准确、全面的就业信息，以便对用人单位有全面的了解，从而作出符合自身要求的选择，而不是盲目的。

2. 接受就业指导权

学生有权从学校接受就业指导，学校应成立专门机构，安排专门人员对

毕业生进行就业指导，包括向毕业生宣传国家关于毕业生就业的有关方针、政策；对毕业生进行择业技巧的指导；引导毕业生根据国家、社会需要，结合个人实际情况进行择业。使毕业生通过接受就业指导，准确定位，合理择业。

当然，随着毕业生就业真正市场化，毕业生也将由从学校接受就业指导而转为主动到市场去接受就业指导，这种市场指导可以是有偿的。

3. 被推荐权

高等学校在就业工作中的一个重要职责就是向用人单位推荐毕业生。历年工作经验证明，学校的推荐往往在较大程度上影响到用人单位对毕业生的取舍。毕业生享有被推荐权包含以下几方面内容。

（1）如实推荐，即高校在对毕业生进行推荐时，应实事求是，根据毕业生本人的实际情况向用人单位进行介绍、推荐。不能故意贬低或随意捧高对毕业生在校表现的评价。

（2）公正推荐，学校对毕业生进行推荐应做到公平、公正，应给每一名毕业生以就业推荐的机会，不能厚此薄彼。公正推荐是学校的基本责任，也是毕业生享有的最基本的权益。

（3）择优推荐，学校根据毕业生的在校表现，在公正、公开的基础上，还应择优推荐，用人单位录用毕业生也应坚持择优标准。真正体现优生优用，学以致用，人尽其才。这样才能调动广大毕业生和在校生学习的积极性。

4. 选择权

根据国家有关规定，实行招生并轨改革的高校毕业生，在国家就业方针、政策指导下自主择业。毕业生只要符合国家的就业方针、政策，可以自主地选择用人单位，学校、其他单位和个人均不得干涉。任何将个人意志强加给毕业生，强令毕业生到某单位的行为都是侵犯毕业生选择权的行为。毕业生可结合自身情况自主与用人单位协商，要求学校予以推荐，直至签订就业协议。

5. 公平受录用权

用人单位录用毕业生的过程中，也应公平、公正，一视同仁。但在当前，毕业生的公平受录用权受到很大的冲击，也最为毕业生所担忧。由于各项配套措施滞后，完全开放公平的就业市场尚未真正形成，用人单位录用毕业生还不同程度存在不公平、不公正的现象，如女生就业难仍然是困扰女毕业生就业的一大问题。公平受录用权是毕业生最为迫切需要得到维护的权益。

6. 违约求偿权

毕业生、用人单位、学校三方签订协议后，任何一方不得擅自毁约。如用人单位无故要求解约，毕业生有权要求对方严格履行就业协议，否则用人单位应对毕业生承担违约责任，支付违约金，毕业生有权利要求用人单位进行补偿。当然毕业生也应该承担因自己违约而必须承担的责任。

（二）毕业生权益保护

毕业生享有上述权益，如果在就业过程中出现一些侵害毕业生权益的行为，毕业生可通过以下途径对自身权益实施保护。

1. 毕业生就业主管部门的保护

毕业生就业主管部门可通过制定相应的规范来确定毕业生的权益，并对侵犯毕业生权益的行为予以抵制或处理。

2. 高校的保护

学校对毕业生权益的保护最为直接。学校可通过制定各项措施来规范毕业生就业指导和就业推荐行为，对于用人单位在录用毕业生过程中的不公平、不公正行为，学校有权予以抵制以维护毕业生公平受录用权。对于用人单位与毕业生签订不符合有关规定的就业协议，学校有权不予同意，未经学校同意的就业协议不发生法律效力，不能作为编制就业计划的依据。

3. 毕业生自我保护

毕业生权益保护的一个重要方面就是毕业生自我保护，毕业生自我保护体现在三方面。

（1）毕业生应了解目前国家关于毕业生就业的有关方针、政策以及它们之间的关系，熟悉毕业生在就业过程中的权利和义务，这是毕业生权益自我保护的前提。如果在就业过程中因为所谓的公司规定或部门规定与国家政策法规有抵触，侵犯了自己的权益，则可以依据法规办事，维护自己的合法权益。

（2）毕业生应自觉遵循有关就业规范，接受其制约，保证自己的就业行为不违反就业规范，不侵犯其他毕业生的合法权益。毕业生如有下列情形之一，由学校报地方主管毕业生调配部门批准，不再负责其就业，在其向学校缴纳全部培养费和奖助学金后，由学校将其户口关系和档案转至家庭所在地，按社会待业人员处理：①不顾国家需要，坚持个人无理要求，经多方教育仍拒不改正；②派遣之日起，无正当理由超过3个月不去就业单位报到的；③报到后拒不服从安排或无理取闹被用人单位退回的；④其他违反毕业生就业规定的。

（3）在用人单位接收毕业生的过程当中，毕业生也应对自身权益进行自我保护，如：按照国家规定毕业生在报到后应享受正常的福利待遇如养老金、公积金等；对某些工作岗位的特殊体质要求，用人单位应在与毕业生双向选择时就明确，否则不得以单位体检不合格为由退回毕业生，比如仅仅是肝功能表面抗原阳性等将学生退回学校；另外，正常的人才流动也应根据国家和当地的有关人才流动规定，不应受到限制；报到后毕业生发生疾病不能坚持正常工作的，则按单位在职人员有关规定处理，不能退回学校，毕业生应对自己的权利有正确认识。

毕业生应学会运用法律手段维护自身的合法权益。针对侵犯自身就业权益的行为，毕业生有权向用人单位上级主管部门和学校进行申诉并听取他们的处理意见，同时也可提交给当地的劳动争议仲裁机构进行调解和仲裁，也可以直接向人民法院提起诉讼。

第二节　就业协议

就业协议是明确毕业生、用人单位、学校在毕业生就业工作中的权利和义务的书面合同形式，一般由国家教育部统一制定样式，各省级就业指导与服务机构统一印制，实行严格的编号登记制度。就业协议由毕业生向所在学校申请，与用人单位签订并报学校就业主管机构同意后即生效。毕业生、用人单位、学校三方中任一方违约都要承担相应的法律责任。

一、签约

（一）签约的内涵

约即协约，指两方或多方因利害关系而互相协商达成的盟约。在现实生活中，与协议通用。协议即在组织之间或个人之间，经过洽谈、协商，明确各自权利、义务而达成一致意见的书面文书。当毕业生与用人单位经过双向选择达成一致意愿之后，就需要以协议的形式将这种关系确定下来。毕业生与用人单位签订协议，并经学校主管部门签字盖章，即为签约。从毕业生一方而言，因该协议的签订意味着毕业生就业，因而也称为就业协议。

我国目前高校毕业生通用的就业协议是由国家教育部制定，省、自治区、直辖市就业主管部门印制的“高等学校毕业生就业协议书”。协议书包括以下内容。

1. 毕业生基本情况及意见

包括：姓名、性别、年龄、民族、政治面貌、培养方式、健康情况、专业、学制、学历、家庭住址、应聘意见等。

2. 用人单位情况及意见

包括：单位名称、单位隶属、联系人、联系电话、邮改编码、通信地址、所有制性质、单位性质、档案转寄地址、用人单位意见、用人单位上级主管部门意见等。

3. 学校意见

包括学校联系人、联系电话、邮政编码、学校通信地址、院系意见、学校毕业生就业部门意见等。随着毕业生就业制度改革的探化，毕业生就业协议的内容也在进一步规范化、法律化。目前，一些用人单位或学校在就业协议书上已经附加上了有关劳动合同的内容，以保证毕业生的权益，进一步明确用人单位与毕业生之间的权利和义务。这些内容包括：服务期、工作岗位和工作内容、劳动保护和工作条件、工资报酬和福利待遇、劳动纪律、协议终止的条件、违反协议的责任等。

签订就业协议是一种法律行为，协议书一经签订，便视为生效合同，具有法律效力。签订就业协议，是确认签约双方权利和义务的必要程序，又是处理就业纠纷的主要依据，毕业生应该正确认识和严肃对待就业协议书，慎重签订就业协议。

（二）各签约方的权利和义务

在高校毕业生就业活动中，主要涉及毕业生、用人单位和学校三方，各方的权利和义务主要有以下三个方面。

1. 毕业生的权利和义务

毕业生作为签订就业协议的主体之一，清楚了解自己的权利和义务是签订协议非常重要的一个环节。

（1）大学毕业生享有平等就业和自主选择职业的权利。《中华人民共和国劳动法》规定："劳动者享有平等就业和选择职业的权利。"对大学毕业生而言，在求职择业过程中具有自主性，其选择或不选择某一职业，都是毕业生自己享有的权利，任何单位或个人无权干涉，即使毕业生的家长和亲属也不能对毕业生选择职业进行干涉和强迫。当然，毕业生在作出职业选择前，应与家长和亲属进行沟通，在听取他们意见的基础上，作出符合自己意愿和实际情况的选择。

（2）毕业生有全面了解用人单位情况的权利。选择职业，确定用人单位，关系到毕业生未来的工作、生活状况和事业前途。毕业生在与用人单位签约前，完全有必要也有权利对用人单位的情况进行全面细致的了解。包括用人单位的使用意图、工作环境、生活待遇、服务时间等。用人单位有义务向毕业生和学校如实介绍本单位的情况，并尽可能提供能够证明这些情况的有关资料。

（3）毕业生有如实向用人单位介绍自己情况的义务。包括培养方式、学习成绩、健康情况、在校表现、社会实践经历以及各方面能力，并如实提供可以证明自己情况的相关资料，这是用人单位准确了解毕业生的重要基础。

（4）毕业生有接受用人单位组织的测试或考核的义务。用人单位为了招聘到符合要求的毕业生，一般都要通过一些测试或考核手段来掌握毕业生的情况，以进行比较，从而作出是否录用的决定。毕业生应予以积极配合，接受测试和考核，充分展现自己的能力，获得期望的工作。

2. 用人单位的权利和义务

用人单位是与毕业生签订就业协议的另一主体，其主要权利和义务如下。

（1）用人单位享有全面了解毕业生情况的权利。用人单位根据本单位对所需人员综合素质、知识水平和专业能力等方面的要求，通过学校有关部门或毕业生所在院（系）以及毕业生个人，了解毕业生的各方面情况，并对毕业生进行测试、考核，最终决定是否录用。

（2）用人单位在招聘活动中，有如实向毕业生和学校介绍本单位情况的义务。包括对毕业生的使用意图、工作环境、生活待遇、服务时间以及本单位的具体情况等。

3. 学校的权利和义务

学校作为毕业生培养单位，在毕业生就业中具有重要的作用。其权利和义务对毕业生和用人单位都有直接的意义。

（1）学校有义务对毕业生进行就业指导，向用人单位推荐毕业生。

（2）学校有义务向毕业生和用人单位介绍学生在校情况和提供有关介绍资料。

（3）学校对用人单位的资格和毕业生相关材料的真实性、合法性进行签证，根据国家的有关政策和规定，对就业协议签署是否同意的意见。

（4）根据毕业生和用人单位的需求，学校向他们提供有关政策和就业信息指导、咨询等方面的服务。

（三）签约的基本程序

就业协议的签订是在毕业生和用人单位供需见面、双向选择之后达成一致意见的结果，签约一般须经过以下程序。

（1）由毕业生本人在协议书上以文字的形式，明确表达自己同意到选定单位应聘工作的意愿，同时签署本人姓名。

（2）由用人单位人事部门负责人代表单位签署同意接收该毕业生的文字意见，并签字盖章。如果该单位没有人事决定权，则还需要报送其上级主管部门签字盖章，予以批准认可。

（3）毕业生所在院（系）和学校主管部门签署意见并签字盖章。

（4）报学校上级主管部门审批。

在完成上述程序之后，协议就正式生效，并列入国家就业方案，下达学校和有关部门执行。

随着毕业生就业制度改革的不断深入，国家和高校的审批权力将日益弱化。目前，在一些地区和高校已经在此方面迈出重要一步，学校在就业协议上的签字基本不具有审批的意义，而是起鉴证的作用。

现行的高校毕业生就业协议书一式三份，协议签订以后，其中一份由毕业生本人收存；一份交学校主管部门，作为列入学校就业建议方案的依据；一份交用人单位，作为接收毕业生就业的凭证，并以此做好相应的人事及其他安排。

（四）签约决策的过程

择业与签约决策是毕业生根据自身条件和择业原则具体制定选择方案并与选定单位签约的过程，它是毕业生实现职业目标和价值期望的必经途径。大学毕业生掌握签约决策的技能和方法，遵循签约决策过程的基本程序，对于作出比较适合的职业选择和顺利签约是很有帮助的。

1. 准确定位

毕业生要实现自己的职业理想和单位选择，必须对自己的情况有清醒的认识，进行准确的定位。要进行准确定位，则有赖于自身素质和社会环境两个方面的基础作用的发挥。

（1）自身素质。毕业生的自身素质如何，不仅直接影响毕业生能否顺利就业，而且还直接影响毕业生的就业层次。自身素质包括：思想素质，专业知识及专业能力，外语、计算机能力，个性、气质、特长，组织活动能力，心理素质及自己的总体情况在同类求职者中间所处的位置等。

客观准确地认识和把握自己的情况，是选准就业目标的重要基础，也是有针对性地进行求职活动，在竞争中取得有利位置和获得成功的关键。为此，毕业生应全面地对自己审视一番，客观地认识自身的素质状况。

毕业生在对自身素质进行分析的过程中，由于一些情况的分析仅仅依靠本人并不能获得清晰客观的了解，比如个性、气质，如果不掌握心理学知识，就很难清楚自己的个性和气质。因此，有必要请专业人员进行专门的测试（如有的学校在大学生心理咨询中心或心理测试中心进行此项业务），以得出科学、准确的结论，为自己客观实际的定位提供依据。在此基础上，进一步明确自己适合哪一种职业，适合哪一个层次的单位以及适合哪一种性质的工作。

（2）社会环境。社会环境对毕业生能否实现就业目标具有重要的作用。社会环境包括：近年来毕业生就业状况，当年就业形势分析，所在院校的地位、声誉、影响，所学专业就业情况及供需分析，学历层次的就业需求，不同地区和行业的经济发展状况，有关地区和城市的就业政策，家长对自己就业去向的期望，家庭及本人拥有的社会关系等。

只有对自己的情况有了清楚的认识，并且比较充分地了解和掌握了社会环境的状况，才能使自己的就业目标确定得比较符合实际，帮助自己在求职竞争中脱颖而出。

2. 选准目标

（1）明确自己的择业方向。社会中的职业多种多样，毕业生在求职及选择工作单位时，一般都要根据自己的客观情况和职业兴趣、职业理想，首先确定要从事的职业种类。

（2）考虑自己所学专业和具备的技能。经过多年寒窗苦读，毕业生终于可以走上社会，独立生活，但是他们赖以生存的基本条件就是其所学的专业知识和技能。尽管改行的毕业生不少，但更多的毕业生还是从事与他们所学专业相关的职业。因此，毕业生选择职业和工作时，充分考虑自己的专业特长是十分必要的，这是与其他毕业生进行竞争的重要基础。

（3）毕业生对择业具体目标的确定，还与毕业生的择业价值取向相关。受各种因素和不同的生活经历的影响，毕业生形成了各自不同的择业价值取向。有的毕业生可能考虑为社会做贡献的因素多一些；有的以地域的选择为主要因素；有的以经济收入为主要取向；有的以发挥个人的特长为首要目的；有的以社会舆论作为决定自己选择的主要依据；有的则以家长的期待为第一因素。当然，也有毕业生可能没有自己比较明确的偏向或者几种取向兼有，或者可能在这些取向之间进行不断改变、调整和取舍等。

在上述因素的影响下，毕业生经过自己的思考，逐渐形成自己对职业的看法和倾向意愿，并初步确定自己的求职目标，如职业种类、单位地域、单位性质等。

(4) 毕业生能够成功求职必须使自己的主观意愿与社会需要和现实条件相符合。各种不同性质的职业、各种不同层次和不同地域的单位，都可能对求职者提出不同的要求。如：毕业生所在学校的类别、学校的声誉、毕业生的专业、才识、素质等，是许多用人单位主要考虑的因素。许多大型骨干企业和用人单位经过实践选择，已经在一些著名高校建立起了比较稳定的毕业生引进基地，许多高校也拥有自己比较稳定的用人单位，建立起了毕业生就业基地。毕业生有必要对此进行比较充分的了解，掌握有关情况，调整和确定自己的期望值，并有针对性地实施求职计划，这样才能提高成功的可能性，降低失败的风险性，减少不必要的精力、资金与时间的付出。

(5) 充分了解用人单位并进行比较。首先，要了解用人单位可能提供的发展机会，即毕业生选择工作的单位对其提供的发展前景如何，在预期的时间内毕业生可以取得什么样的业绩或晋升到什么职位。这可以根据用人单位的性质、技术水平、发展前景、人事管理制度和培训机制等状况，对自己在该单位的发展机会做出判断。其次，要了解用人单位提供的职业及岗位对生活方式的影响。不同职业对从业人员的工作要求和生活习惯的影响是不同的，即使在同一单位中，不同的工作部门或工作岗位，其工作要求和生活方式也具有不同的特点。如从事管理、计划工作的人员，需要具有严谨的作风、严格的纪律，其生活方式就必然要求统一、规范；而从事研究工作的人员，则要求思维活跃，生活方式比较自由、宽松。毕业生自己的生活习惯是否适应工作单位和工作岗位的要求，自己是否喜欢这种生活方式，自己的个性、特长等在这种生活方式下，能否得到充分的发挥等，则需要进行认真分析，做出适当的选择。

3. 把握机遇

为了能够顺利求职，签到较为满意的就业单位，毕业生在进行择业决策时必须善于把握机遇。

(1) 要善于发现机遇。机遇本身具有可遇不可求的特点，亦即必然性和偶然性的特点。面对纷乱繁多的信息，毕业生务必随时做好心理的和资料的准备，全面掌握信息，并对信息进行认真细致分析，对其中可能出现的机会进行判断，衡量自己的条件和希望与机会的契合度，以找出有用信息，及时发现机遇。

（2）要积极行动，善于利用机遇。机遇对每个人都是平等的，谁的准备做得充分，谁的行动主动积极，谁就可能迅速地捕捉到机遇和利用机遇。毕业生对与自己的基本条件、职业希望相契合的单位和岗位，要有勇气、有信心，立刻抓住，作出决断，适时地把握机遇，如果对信息无所适从，等待观望，就不可能发现机遇；同时要避免对自己缺乏自信，在机遇来临时，犹豫不决，不敢自己做主，错失良机；而且还要防止眼高手低，对面前的机遇视而不见，导致过后遗憾不已。

（3）要注意培养和提高自己的能力。毕业生能否抓住机遇，与其是否具有较强的能力直接相关。这些能力包括敏锐的观察力、准确的判断力、丰富的想像力、科学的预见性。经过培养和锻炼，毕业生具有了上述能力，就可能比其他人更迅速地发现、利用和把握机遇，在求职竞争中，也就会占据有利位置，赢得用人单位的青睐。

4. 遵循程序

择业决策同其他决策具有同等的性质，决策不是瞬间的行为，而是一个动态的过程。一般来说，择业决策过程大致包含四个阶段：①确定需要决策的问题和目标；②搜集信息；③做出决策分析；④决定和实施决策方案。

需要提醒的是，决策过程是决策的四个阶段顺序循环的完整过程。确定需要决策的问题和目标是决策的前提；收集、整理、分析信息是决策的基础；决策分析是决策的关键和核心；决定和实施决策方案是决策的结果和执行。毕业生在求职择业中，对决策的每一个阶段都不可忽略，应该严格遵循决策的程序，否则，就会影响整个决策过程及其效果。但同时也要懂得，决策并不是一次性完成的，而是通过循环往复进行，不断地完善，才能最终实现自己的目标。

选择职业就是各种可能性的选择，其依据就是主观因素和客观因素的契合。遵循决策程序并不能保证决策的结果一定如人所愿，但它必定是周密的计划过程，是实现正确决策的必要基础。对那些已经非常明显的必然性结果，也并非一定都要制定周密计划，凭常识和直觉也是可以实现目标的。但对或然性的结果来说，如此作为，就可能大大降低正确决策的比率。从大学生求职择业的实际看，必然性结果较少，或然性结果较多。因此，盲目性的非程序决策和不能作出决策都是非常被动的，都是非常不利于毕业生做出正确决策的。相反，毕业生在求职中，在遵循决策程序的同时，满怀信心，主动出击，积极争取，就可能为自己趟开一条充满希望的道路。

（五）签约应注意的事项

1. 明确就业单位的具体工作部门和工作岗位

用人单位与毕业生签订就业协议，确定了双方互相接纳的关系。但是值得注意的是，毕业生需要向用人单位提前了解清楚自己以后工作的具体部门和工作岗位，并在协议书上写明。否则可能发生毕业生对用人单位安排的具体部门和工作内容感到意外或不满而不能接受的结果，以致造成双方争执。例如：某毕业生与某企业签订就业协议，但未进一步明确具体工作部门。毕业生报到之后，发现该单位将其安排在所属的企业内部刊物做编辑。该毕业生坚决不同意，与单位交涉，双方僵持不下。毕业生回到学校寻求解决办法，学校只能尽力进行调解，但用人单位认为其做法无错，坚持不改。最后该毕业生只好继续在此部门工作。

2. 明确毕业生考取研究生或公务员的处理办法

如果毕业生报考了研究生或公务员，是否录取的结果又没有揭晓，毕业生则应如实向用人单位说明，并与用人单位就如果考取后的处理办法达成一致意见，在协议书上明确约定。从实践来看，如果毕业生能够充分尊重用人单位，提前将报考情况向用人单位进行说明，那么在通常情况下，大多数用人单位对毕业生考取研究生或公务员会给予谅解并同意的。不过，毕业生应及早将考取结果通知用人单位，以便他们能够重新招聘和补充毕业生。

必须注意，毕业生不要隐瞒报考的事实。否则，录取结果揭晓以后，就可能面临比较尴尬的局面。如用人单位对毕业生隐瞒报考事实的做法非常不满，即使最后同意与毕业生解除就业协议，但一般也要求毕业生为此付出较大的经济赔偿，而且肯定会对毕业生及学校产生不良看法和影响。还有一种可能，就是尽管学校可以从中协调，但是无论毕业生采取怎样的弥补办法，用人单位也始终不予同意。对此，学校也将无能为力，毕业生也就无法顺利实现自己的目的。例如：某毕业生在与用人单位洽谈之前，已经报考了研究生，毕业生也如实向用人单位作了说明，但是并未在协议书上以文字方式明确。后来考研结果揭晓，该毕业生被录取为研究生，而用人单位不同意放行，理由是单位急需该毕业生，而且并未书面同意该毕业生上研究生，这样，该毕业生就会很被动。

3. 明确工作后考研、调离的条件

毕业生工作若干年以后，有不少人可能准备报考研究生继续深造，或者由于种种原因要求调离。这些问题，如果未在协议书中明确，则双方很难协商解决，极易引起纠纷。为了减少因此而可能发生的问题，毕业生最好与用人单位洽谈时，就此明确，并以文字形式确定下来，为以后双方顺利解决这些问题创造有利条件。例如：某毕业生在与用人单位签约时，没有提及报考研究生和调离的问题，然而，该毕业生工作不久，就对工作单位不是十分满意，打算报考研究生，而用人单位不予同意。由于就业协议没有明确对这一问题的解决办法，最后该学生只得通过办理违约手续，来实现自己报考研究生的目的。

4. 明确工作和生活条件

工作和生活条件是毕业生选择单位的重要因素，也是毕业生做出工作成就的必要基础。在双方签订协议时，不仅需要在口头上达成一致，而且需要在文字上予以明确。特别是用人单位应如实向毕业生说明真实情况，双方均应严格遵守协议。同时，毕业生到单位报到后，应与用人单位签订劳动合同，进一步明确劳动内容、劳动报酬、保险福利、服务期限等事项，以免以后发生纠纷。例如：某毕业生在前往单位工作以后，发现该单位提供的工作和生活条件，远不是单位当初承诺的那样。企业违反国家劳动法的有关规定，让工作人员经常在节假日和夜晚加班，而且不按国家规定的标准发放加班费。居住的房间由厂房改建，周围污水横流，老鼠在房屋内外乱窜。毕业生们联合一起，向劳动部门控告，单位总是承诺要进行改进，但始终变化不大。而在就业协议书中，双方没有对此进行明确规定，使毕业生无法找到进行交涉和有利于自己的依据。

二、就业协议的约束

（一）协议的解除和改签

毕业生签订就业协议之后，可能会因种种原因，发生要求解除原有协议和改签协议的情形，对此，应按照有关的政策规定进行办理。

1. 解除协议与改签协议

毕业生要求解除就业协议和改签协议，应按照规定的程序和时间申请办理。

（1）毕业生在与原用人单位协商的基础上，取得用人单位同意，由用人单位向学校出具同意解除协议的公函。

（2）毕业生向学校主管部门递交解除协议的申请。

（3）由同意接收毕业生的新单位再与毕业生签订就业协议。

（4）学校主管部门接到以上材料后，在规定的时间内报请上级主管部门批准，并办理毕业生报到有关手续。

2. 解除协议需要承担的责任

签订协议是一项严肃的事情，无论哪一方都应严格履行，如要解除协议则应承担相应的责任。如果毕业生提出与用人单位解除协议的要求，亦即违约，须在征得用人单位同意的基础上，由毕业生向学校和用人单位进行经济赔偿，交纳一定数额的违约金；如果是用人单位由于种种原因须与毕业生解除就业协议，毕业生也有权利要求用人单位给予经济赔偿。

无论是学校，还是毕业生个人，都要强化守约意识，切实尊重用人单位，尽量避免不必要的违约发生，并要严格依照规定的条件和程序，办理有关解除协议的手续，以树立学校良好的形象，维护学校的声誉，为以后与用人单位的继续合作打下友好、互信的基础。

（二）关于违约问题

在就业形势较为紧张的今天，一些大学毕业生往往希望通过“普遍撒网”获得满意的工作，他们有时会跟不同的用人单位分别签订“就业协议书”，最后再予以定夺。这种脚踏几只船的做法不但违背了诚信原则，而且还会产生违约纠纷，给自己带来无穷无尽的麻烦。

1. 违约的免责

通常情况下，毕业生在与用人单位达成意向之后，双方要签订一份由国家教育部统一印制的就业协议书，上面有一条规定：毕业生、用人单位、学校三方签订协议后，任何一方不得毁约，否则要承担违约责任。

根据《劳动法》第三十八条规定用人单位有下列情形之一的，劳动者可以解除劳动合同：

①未按照劳动合同约定提供劳动保护或者劳动条件的；

②未及时足额支付劳动报酬的；

③未依法为劳动者缴纳社会保险费的；

④用人单位的规章制度违反法律、法规的规定，损害劳动者权益的；

⑤因本法第二十六条第一款规定的情形致使劳动合同无效的；

⑥法律、行政法规规定劳动者可以解除劳动合同的其他情形。

用人单位以暴力、威胁或者非法限制人身自由的手段强迫劳动者劳动的，或者用人单位违章指挥、强令冒险作业危及劳动者人身安全的，劳动者可以立即解除劳动合同，不需事先告知用人单位。

2. 大学生需支付违约金的情况

新劳动法违约金的规定只有两种情况下劳动者需给付违约金给用人单位，除了这两种情况之外的约定都是不符合法律规定的。

（1）用人单位为劳动者提供专项培训费用，对其进行专业技术培训的，可以与该劳动者订立协议，约定服务期。劳动者违反服务期约定的，应当按照约定向用人单位支付违约金。违约金的数额不得超过用人单位提供的培训费用。用人单位要求劳动者支付的违约金不得超过服务期尚未履行部分所应分摊的培训费用。用人单位与劳动者约定服务期的，不影响按照正常的工资调整机制提高劳动者在服务期期间的劳动报酬。

（2）用人单位与劳动者可以在劳动合同中约定保守用人单位的商业秘密和与知识产权相关的保密事项。对负有保密义务的劳动者，用人单位可以在劳动合同或者保密协议中与劳动者约定竞业限制条款，并约定在解除或者终止劳动合同后，在竞业限制期限内按月给予劳动者经济补偿。劳动者违反竞业限制约定的，应当按照约定向用人单位支付违约金。

第三节 劳动合同

劳动合同，是指劳动者与用人单位之间确立劳动关系，明确双方权利和义务的协议。订立和变更劳动合同，应当遵循平等自愿、协商一致的原则，不得违反法律、行政法规的规定。劳动合同依法订立即具有法律约束力，当事人必须履行劳动合同规定的义务。

根据《中华人民共和国劳动法》（以下简称《劳动法》）第十六条第一款规定，劳动合同是劳动者与用工单位之间确立劳动关系，明确双方权利和义务的协议。根据这个协议，劳动者加入企业、个体经济组织、事业组织、国家机关、社会团体等用人单位，成为该单位的一员，承担一定的工种、岗位或职务工作，并遵守所在单位的内部劳动规则和其他规章制度；用人单位应及时安排被录用的劳动者工作，按照劳动者提供劳动的数量和质量支付劳动报酬，并且根据劳动法律、法规规定和劳动合同的约定提供必要的劳动条件，保证劳动者享有劳动保护及社会保险、福利等权利和待遇。

一、劳动合同主体

劳动合同的主体即劳动法律关系当事人：劳动者和用人单位。劳动合同的主体与其他合同关系的主体不同：其一，劳动合同的主体是由法律规定的具有特定性，不具有法律资格的公民与不具有用工权的组织不能签订劳动合同；其二，劳动合同签订后，其主体之间具有行政隶属性，劳动者必须依法服从用人单位的行政管理。

（一）需要签订劳动合同的劳动者对象

按照全面实行劳动合同制度的改革要求，需要签订劳动合同的对象包括：新招用的劳动者、原有的固定工以及原固定工身份的特殊人员。所谓原固定工身份的特殊人员，是指根据劳动部关于全面实行劳动合同制的通知和贯彻劳动法若干问题的意见规定的以下人员：①存在着劳动关系而没能履行劳动义务的特殊人员，例如，用人单位的“富余人员、放长假”的职工，长期被外单位借用的人员、带薪上学人员，请长期病假人员、停薪留职人员，被派到合资、参股单位人员；②企业、事业单位的中共党委书记、厂长或经理、工会主席等。

（二）需要签订劳动合同的用人单位

根据劳动法律、法规的规定，需要与劳动者签订劳动合同的用人单位包括：中国境内的企业法人，个体、合伙制非法人经济组织；国家机关、事业组织和社会团体；特殊类型经济组织，如租赁经营（生产）、承包经营（生产）的企业等。

二、劳动合同的内涵与特征

（一）劳动合同的内涵

劳动关系是指受劳动法调整的，在劳动者运用劳动能力、实现劳动过程中，劳动者与用人单位（劳动使用者）之间的社会劳动关系。由于我国就业竞争激烈的国情以及《劳动合同法》发展历史，劳动关系中用人单位与劳动者双方地位的不平等性，造成了事实劳动关系的存在。劳动合同是劳动关系建立、变更和终止的一种法律形式。根据《中华人民共和国劳动合同法》第十条的规定，建立劳动关系的，应当及时订立书面劳动合同。已经建立劳动关系，但未同时订立书面劳动合同的，应当自用工之日起一个月内订立书面劳动合同。用人单位与劳动者在用工前订立劳动合同的，劳动关系自用工之日起建立。因此，劳动关系包括了劳动合同关系和事实劳动关系两种形态。

（二）劳动合同的特征

劳动合同除了具有合同的共同特征外，还有自己独有的特征。

1. 劳动合同主体具有特定性

一方是劳动者，即具有劳动权利能力和劳动行为能力的中国人、外国人和无国籍人；另一方是用人单位，即具有使用劳动能力的权利能力和行为能力的企业个体经济组织、事业组织、国家机关、社会团体等用人单位。双方在实现劳动过程中具有支配与被支配、领导与服从的从属关系。

2. 劳动合同内容具有劳动权利和义务的统一性和对应性

没有只享受劳动权利而不履行劳动义务的，也没有只履行劳动义务而不享受劳动权利的。一方的劳动权利是另一方的劳动义务，反之亦然。

3. 劳动合同客体具有单一性

即劳动行为。

4. 劳动合同具有诺成、有偿、双务合同的特征

劳动者与用人单位就劳动合同条款内容达成一致意见，劳动合同即成立。用人单位根据劳动者劳动的数量和质量给付劳动报酬，不能无偿使用劳动力。劳动者与用人单位均享有一定的权利并履行相应的义务。

5. 劳动合同往往涉及第三人的物质利益关系

劳动合同必须具备社会保险条款，同时劳动合同双方当事人也可以在劳动合同中明确规定有关福利待遇条款，而这些条款往往涉及第三人物质利益待遇。

（三）劳动合同的作用

1. 劳动合同是建立劳动关系的基本形式

以劳动合同作为建立劳动关系的基本形势是世界各国的普遍做法。这是由于劳动过程是非常复杂的、也是千变万化的，不同行业、不同单位合同劳动者在劳动过程中的权利义务各不相同，国家法律法规只能对共性问题做出规定，不可能对当事人的具体权利义务做出规定，这就要求签订劳动合同明确权利义务。

2. 劳动合同是促进劳动力资源合理配置的重要手段

用人单位可以根据深感经营或工作需要确定录用劳动者的条件和方式数量，并且通过签订不同类型不同期限的劳动合同，发挥劳动者的特长合理使用劳动力。

3. 劳动合同有利于避免或减少劳动争议

劳动合同明确规定劳动者和用人单位的权利义务，这既是对合同主体双方的保障又是一种约束，有助于提高双方履行合同的自觉性，促使双方正确行使权力，严格履行义务。因为劳动合同的订立和履行有利于避免或减少劳动争议的发生，有利于稳定劳动关系。

三、劳动合同的种类和内容

（一）劳动合同的种类

根据《中华人民共和国劳动合同法实施条例》第十八条、第十九条规定，

劳动合同有固定期限劳动合同、无固定期限劳动合同和单项劳动合同。

1. 固定期限劳动合同

固定期限劳动合同是指用人单位与劳动者约定合同终止时间的劳动合同。用人单位与劳动者协商一致，可以订立固定期限劳动合同。

2. 无固定期限劳动合同

无固定期限劳动合同是指用人单位与劳动者约定无确定终止时间的劳动合同。原劳动法规定的长期合同。

3. 单项劳动合同

单项劳动合同即没有固定期限，以完成一定工作任务为期限的劳动合同，是指用人单位与劳动者约定以某项工作的完成为合同期限的劳动合同。

（二）劳动合同的内容

劳动合同的内容可分为两方面，一方面是必备条款的内容，另一方面是协商约定的内容。

1. 必备条款

《中华人民共和国劳动法》第十九条规定了劳动合同的法定形式是书面形式，其必备条款有 7 项。

（1）劳动合同期限。法律规定合同期限分为三种：有固定期限，如 1 年期限、3 年期限等均属这一种；无固定期限，合同期限没有具体时间约定，只约定终止合同的条件，无特殊情况，这种期限的合同应存续到劳动者到达退休年龄；以完成一定的工作为期限，例如：劳务公司外派一员工去另外一公司工作，两个公司签订了劳务合同，劳务公司与外派员工签订的劳动合同期限是以劳务合同的解除或终止而终止，这种合同期限就属于以完成一定工作为期限的种类。用人单位与劳动者在协商选择合同期限时，应根据双方的实际情况和需要来约定。

（2）工作内容。在这一必备条款中，双方可以约定工作数量、质量，劳动者的工作岗位等内容。在约定工作岗位时可以约定较宽泛的岗位概念，也可以另外签一个短期的岗位协议作为劳动合同的附件，还可以约定在何种条件下可以变更岗位条款等。掌握这种订立劳动合同的技巧，可以避免工作岗位约定过死，因变更岗位条款协商不一致而发生的争议。

(3)劳动保护和劳动条件。在这方面可以约定工作时间和休息休假的规定，各项劳动安全与卫生的措施，对女工和未成年工的劳动保护措施与制度，以及用人单位为不同岗位劳动者提供的劳动、工作的必要条件等。

(4)劳动报酬。此必备条款可以约定劳动者的标准工资、加班工资、奖金、津贴、补贴的数额及支付时间、支付方式等。

(5)劳动纪律。此条款应当将用人单位制定的规章制度约定进来，可采取将内部规章制度印制成册，作为合同附件的形式加以简要约定。

(6)劳动合同终止的条件。这一必备条款一般是在无固定期限的劳动合同中约定，因这类合同没有终止的时限。但其他期限种类的合同也可以约定。须注意的是，双方当事人不得将法律规定的可以解除合同的条件约定为终止合同的条件，以避免出现用人单位应当在解除合同时支付经济补偿金而改为终止合同不予支付经济补偿金的情况。

(7)违反劳动合同的责任。一般约定两种违约责任形式：第一种是一方违约赔偿给对方造成经济损失，即赔偿损失的方式；第二种是约定违约金的计算方法，采用违约金方式应当注意根据职工一方承受能力来约定具体金额，避免出现显失公平的情形。违约，不是指一般性的违约，而是指严重违约，致使劳动合同无法继续履行，如职工违约离职，单位违法解除劳动者合同等。

2. 约定条款

按照法律规定，用人单位与劳动者订立的劳动合同除上述 7 项必须具备的条款内容外，还可以协商约定其他的内容，一般简称为协商条款或约定条款，其实称为随机条款更准确，因为必备条款的内容也是需要双方当事人协商、约定的。

这类约定条款的内容，是当国家法律规定不明确，或者国家尚无法律规定的情况下，用人单位与劳动者根据双方的实际情况协商约定的一些随机性的条款。劳动行政部门印制的劳动合同样本，一般都将必备条款写得很具体，同时留出一定的空白地由双方随机约定一些内容。例如：可以约定试用期、保守用人单位商业秘密的事项、用人单位内部的一些福利待遇、房屋分配或购置等内容。

随着劳动合同制的实施，人们的法律意识、合同观念会越来越强，劳动合同中的约定条款的内容会越来越多。这是改变劳动合同千篇一律状况，提高合同质量的一个重要体现。

四、劳动合同订立的原则

《中华人民共和国劳动合同法》第三条规定，订立劳动合同应当遵守如下原则。

（一）合法原则

劳动合同必须依法以书面形式订立。做到主体合法、内容合法、形式合法、程序合法。只有合法的劳动合同才能产生相应的法律效力。任何一方面不合法的劳动合同，都是无效合同，不受法律承认和保护。

（二）协商一致原则

在合法的前提下，劳动合同的订立必须是劳动者与用人单位双方协商一致的结果，是双方“合意”的表现，不能是单方意思表示的结果。

（三）合同主体地位平等原则

在劳动合同的订立过程中，当事人双方的法律地位是平等的。劳动者与用人单位不因为各自性质的不同而处于不平等地位，任何一方不得对他方进行胁迫或强制命令，严禁用人单位对劳动者横加限制或强迫命令的情况。只有真正做到地位平等，才能使所订立的劳动合同具有公正性。

（四）等价有偿原则

劳动合同明确双方在劳动关系中的地位作用，劳动合同是一种双务有偿合同，劳动者承担和完成用人单位分配的劳动任务，用人单位付给劳动者一定的报酬，并负责劳动者的保险金额。

五、劳动合同的履行

（一）亲自履行原则

合同是当事人之间设立、变更、终止民事权利义务的协议。一般情况下必须坚持当事人亲自履行原则。

（二）全面履行原则

当事人应当按照约定全面履行自己的义务。这就是通常所称的合同全面履行原则，具体包括如下内容：①在能够履行的前提下应当实际履行而不能以支付违约金或者赔偿金的方式代替履行。②必须履行合同约定的全部义务而不能只履行部分义务。③必须按合同约定的时间履行义务而不能随意改变。④必须按合同约定的地点、方式等履行义务而不能加以改变或者增加对方的成本。

（三）实际履行原则

实际履行是指合同生效后，一方当事人违反合同义务时，另一方当事人有权请求法院或仲裁机关强制违约方继续履行合同义务。

（四）诚实信用原则

当事人应当遵循诚实信用原则，根据合同的性质、目的和交易习惯履行通知、协助、保密等义务。用人单位变更名称、法定代表人、主要负责人或者投资人等事项，不影响劳动合同的履行。

六、劳动合同的变更和解除

（一）劳动合同的变更

合同的变更是指在合同成立以后，尚未履行或未完全履行以前，当事人就合同的内容达成的修改和补充。《中华人民共和国劳动合同法》第三十五条规定，用人单位与劳动者协商一致，可以变更劳动合同约定的内容。变更劳动合同，应当采用书面形式。其特征如下：①合同的变更必须经当事人协商一致，是在原来合同的基础上达成变更协议；②合同内容的变更是指合同内容的局部变化，不是合同内容的全部变更；③合同变更后，原合同的变更的部分依变更后的内容履行，原合同没有变更的部分依然有效，即合同的变更并没有消灭原合同关系，只是对原合同的内容进行了部分修改。

（二）劳动合同的解除

合同解除包括双方解除和单方解除。双方解除是当事人双方为了消灭原有的合同而订立的新合同，即解除合同。单方解除是指当事人一方通过行使法定解除权或者约定解除权而使合同的效力消灭。

1. 劳动者与用人单位双方协商一致解除劳动合同

《中华人民共和国劳动法》第二十四条规定，经劳动合同当事人协商一致，劳动合同可以解除。

2. 劳动者单方解除劳动合同

根据《中华人民共和国劳动合同法实施条例》第十八条规定，有下列情形之一的，依照劳动合同法规定的条件、程序，劳动者可以与用人单位解除劳动合同：①劳动者与用人单位协商一致的；②劳动者提前 30 日以书面形式通知用人单位的；③劳动者在试用期内提前 3 日通知用人单位的；④用人单位未按照劳动合同约定提供劳动保护或者劳动条件的；⑤用人单位未及时足额支付劳动报酬的；⑥用人单位未依法为劳动者缴纳社会保险费的；⑦用人单位的规章制度违反法律、法规的规定，损害劳动者权益的；⑧用人单位以欺诈、胁迫的手段或者乘人之危，使劳动者在违背真实意思的情况下订立或者变更劳动合同的；⑨用人单位在劳动合同中免除自己的法定责任、排除劳动者权利的；⑩用人单位违反法律、行政法规强制性规定的；⑪用人单位以暴力、威胁或者非法限制人身自由的手段强迫劳动者劳动的；⑫用人单位违章指挥、强令冒险作业危及劳动者人身安全的；⑬法律、行政法规规定劳动者可以解除劳动合同的其他情形。

3. 用人单位可以单方解除劳动合同的情形

根据《中华人民共和国劳动合同法实施条例》第十九条规定，有下列情形之一的，依照劳动合同法规定的条件、程序，用人单位可以与劳动者解除固定期限劳动合同、无固定期限劳动合同或者以完成一定工作任务为期限的劳动合同：①用人单位与劳动者协商一致的；②劳动者在试用期间被证明不符合录用条件的；③劳动者严重违反用人单位的规章制度的；④劳动者严重失职，营私舞弊，给用人单位造成重大损害的；⑤劳动者同时与其他用人单位建立劳动关系，给完成本单位的工作任务造成严重影响，或者经用人单位提出，拒不改正的；⑥劳动者以欺诈、胁迫的手段或者乘人之危，使用人单位在违背真实意思的情况下订立或者变更劳动合同的；⑦劳动者被依法追究刑事责任的；⑧劳动者患病或者非因工负伤，在规定的医疗期满后不能从事原工作，也不能从事由用人单位另行安排的工作的；⑨劳动者不能胜任工作，经过培训或者调整工作岗位，仍不能胜任工作的；⑩劳动合同订立时所依据的客观情况发生重大变化，致使劳动合同无法履行，经用人单位与劳动者协商，未能就变更劳动合同内容达成协议的；⑪用人单位依照企业破产法规定进行重整的；⑫用人单位生产经营发生严重困难的；⑬企业转产、重大技术革新或者经营方式调整，经变更劳动合同后，仍需裁减人员的；⑭其他因劳动合同订立时所依据的客观经济情况发生重大变化，致使劳动合同无法履行的。

4. 用人单位不得解除劳动合同

为了充分保障劳动者的合法权益，根据《中华人民共和国劳动合同法》第四十二条规定，劳动者有下列情形之一的，用人单位不得依照本法第四十条、第四十一条的规定解除劳动合同：①从事接触职业病危害作业的劳动者未进行离岗前职业健康检查，或者疑似职业病病人在诊断或者医学观察期间的；②在本单位患职业病或者因工负伤并被确认丧失或者部分丧失劳动能力的；③患病或者非因工负伤，在规定的医疗期内的；④女职工在孕期、产期、哺乳期的；⑤在本单位连续工作满十五年，且距法定退休年龄不足五年的；⑥法律、行政法规规定的其他情形。

七、劳动合同的终止

《中华人民共和国劳动法》第二十三条规定，劳动合同期满或者当事人约定的劳动合同终止条件出现，劳动合同即行终止。

《中华人民共和国劳动合同法》第四十四条规定有下列情形之一的，劳动合同终止：①劳动合同期满的；②劳动者开始依法享受基本养老保险待遇的；③劳动者死亡，或者被人民法院宣告死亡或者宣告失踪的；④用人单位被依法宣告破产的；⑤用人单位被吊销营业执照、责令关闭、撤销或者用人单位决定提前解散的；⑥法律、行政法规规定的其他情形。

《中华人民共和国劳动合同法实施条例》第二十一条规定，劳动者达到法定退休年龄的，劳动合同终止。

八、劳动合同的违约与赔偿

（一）劳动合同的违约

违约责任的承担方式可以约定两种形式：第一是赔偿损失的方法，即约定由违约一方赔偿给对方造成经济损失；第二是约定违约金，采用这种方式应当注意根据职工一方承受能力来约定具体金额，不要出现显失公平的情形。另外，所谓的违约，不是一般性的违约，而是指比较严重的违约，造成劳动合同无法继续履行，如职工违约离职，单位违法解除劳动者合同等。

1. 用人单位的违约责任

根据《中华人民共和国劳动合同法》第八十七条规定，用人单位违反本法规定解除或者终止劳动合同的，应当依照本法第四十七条规定的经济补偿标准的二倍向劳动者支付赔偿金。

2. 劳动者的违约责任

根据《中华人民共和国劳动合同法实施条例》第二十六条规定，用人单位与劳动者约定了服务期，劳动者依照《中华人民共和国劳动合同法》第三十八条的规定解除劳动合同的，不属于违反服务期的约定，用人单位不得要求劳动者支付违约金。

有下列情形之一，用人单位与劳动者解除约定服务期的劳动合同的，劳动者应当按照劳动合同的约定向用人单位支付违约金：①劳动者严重违反用人单位的规章制度的；②劳动者严重失职，营私舞弊，给用人单位造成重大损害的；③劳动者同时与其他用人单位建立劳动关系，对完成本单位的工作任务造成严重影响，或者经用人单位提出，拒不改正的；④劳动者以欺诈、胁迫的手段或者乘人之危，使用人单位在违背真实意思的情况下订立或者变更劳动合同的；⑤劳动者被依法追究刑事责任的。

（二）劳动合同的赔偿

1. 员工拒签劳动合同

自用工之日起 1 个月内，经用人单位书面通知后，员工拒绝与用人单位签订劳动合同的，用人单位可以书面通知劳动者终止劳动关系，且用人单位无需对劳动者进行任何赔偿，但是应当依法向劳动者支付其实际工作时间的劳动报酬。

2. 用人单位拒签劳动合同

（1）用人单位拒绝与劳动者签订劳动合同的，用人单位应当赔偿劳动者双倍工资。

（2）用人单位自用工之日起满1年不与劳动者订立书面劳动合同的，视为用人单位与劳动者已订立无固定期限劳动合同。此时用人单位不与劳动者订立无固定期限劳动合同的，应当自订立无固定期限劳动合同之日起向劳动者每月支付2倍的工资。

（3）用人单位拒绝与劳动者订立劳动合同，后将劳动者辞退的，应当赔偿劳动者经济补偿金，若属于违法辞退，则需要向劳动者支付经济赔偿金。

来源法规：《中华人民共和国劳动合同法实施条例》第六条规定，用人单位未与劳动者签订劳动合同，最长应支付11个月双倍工资，用工之日起满一年还未签定劳动合同，视为双方已订立无固定期限劳动合同。《中华人民共和国劳动合同法》第四十八条规定，用人单位违反本法规定解除或者终止劳动合同，如果劳动者不要求继续履行劳动合同或者劳动合同已经不能继续履行的，用人单位应当支付赔偿金。

3. 员工维权途径

法律已经针对没签劳动合同，劳动者可获得补偿做出明确规定，那么劳动者究竟该怎么维权呢？

（1）准备证明和用人单位存在事实劳动关系的证据。任何工资支付凭证或记录、缴纳各项社会保险费的记录；或者有用人单位向劳动者发放的“工作证”“服务证”等能够证明身份的证件；劳动者填写的用人单位招工招聘“登记表”“报名表”等招用记录；考勤记录；其他劳动者的证言等凭证，都可作为认定双方存在劳动关系的证明。

（2）维权流程：双方协商→劳动仲裁→提起诉讼。劳动者可以依据法律和用人单位进行协商，如果协商不成可以提供证据向劳动部门提起劳动仲裁，如果仲裁结果不满意，可以向法院提起诉讼。起诉是最后的维权手段。

用人单位不和劳动者签订劳动合同属于违法行为，劳动者在没签劳动合同被辞退的情况要学会拿起法律的武器来维护自己的合法权利。

九、无效劳动合同

无效劳动合同是指不符合法定生效条件的劳动合同。无效的劳动合同，从订立的时候起，就没有法律约束力。确认劳动合同部分无效的，如果不影响其余部分的效力，其余部分仍然有效。劳动合同的无效，由劳动争议仲裁委员会或者人民法院确认。引起无效的原因大体有以下几种。

第一，合同主体不合格。如受雇一方提供了假的学历、学位、专业技术资格证书，聘用单位不具备招聘资格等。

第二，合同内容不合法，即劳动合同有悖法律、法规及善良风俗，或是损害了国家及社会的公共利益。如约定制造冰毒、假钞等。内容不合法的劳动合同不受法律保护。

第三，意思表示不真实。劳动合同是双方合意的产物，应该是当事人真实的意思表示。采取欺诈、威胁等手段订立的劳动合同，违背一方的真实意愿，因而是无效的。

第四，合同形式不合法。这是指劳动合同没有采取书面形式、当事人也未实际履行主要义务，或者依法或应当事人要求应当鉴证的劳动合同没有鉴证等。在一般情况下，只要当事人采取补救措施，使合同形式上合法化后，就可以认定合同有效。

第九章 职场与自我发展

第一节 角色转换

一、新角色转换的建立过程

大学毕业生一旦就业，也就开始了新的社会角色的转换，进入青年职业角色。所谓角色，原是戏剧、影视所用的名词，在1936年，社会心理学家林顿将“角色”概念引入社会学，因此现在常把角色与社会角色作为可以相互替换的同义词。社会角色在社会学中，是指与个人某种社会身份、社会地位相联系的整套特定的行为模式和规范。它是个人社会地位的外在表现，是人们对具有特定身份的人的行为期望，是构成社会群体或组织的基础。一般来说，青年从学校跨入社会，走上工作岗位后，都会遇到一个如何尽快适应自己所担任的职业角色问题。与成年人的职业生活相比较，青年职业角色具有不成熟性。主要表现在一是职业角色意识不强，一般反映在对自己所担任的职业角色理解不深，对自己在职业生活中的权利、义务及应遵守的职业规范和行为模式缺乏认识，没有职业的归宿感，对所从事的职业感情不深，工作责任心不强。二是职业角色行为不当，主要反映在职业生活中，个人的行为与自己的身份不符，与实际扮演的角色有较大的差距。三是职业技能的生疏，反映在对本职工作的业务和基本技能不熟悉、不精通。由于个人的生活经历、身体素质、知识结构、社交能力、生活方式等的差别，其职业角色不成熟性的表现程度不尽相同。根据以往的情况看，尽管各人由学生角色向职业角色过渡，实现角色转换的适应期的时间长短不同，但在整个角色转换的过程中一般都经历了几个变化阶段。

（一）兴奋或新奇阶段

好奇，是这一阶段的一个显著特点。刚刚参加工作的大学毕业生大多有一种新奇感，新的生活内容，新的工作环境，新的操作活动，新的人际关系，对周围的一切都感到新鲜、陌生，兴奋的情绪支配他们急切地想了解单位和部门的一切并以此来验证自己事先的揣度。他们离开了生活十几年的校园，终于以自食其力的劳动者身份踏上了自己的工作岗位。由于被各种新奇刺激包围，他们往往跃跃欲试，急于显示自己的才华和抱负。因而不少人无法抑制心中的激动，沉浸在初恋般的兴奋之中。他们往往都有新的打算，有的还有长远的自我规划，大多数人都有一种积极向上的职业活动态度，表现为严格遵守各项劳动纪律、生产和工作纪律，认真完成所从事的业务工作，有一定的社会积极性和生产积极性。但是在这个时期内，也有部分青年的心理是“愿扫天下，而不愿扫一屋”，思想上脱离实际，行为上好高骛远，表现为冲动、浮躁、想入非非、自视清高。

（二）思考阶段

大学毕业生的思想情绪有时像大海的浪涛一样，涌得高也落得低。工作不久，一系列主客观因素会促使许多人静下心来沉思，他们逐渐发现职业理想和职业现实的落差较大，开始感觉到书本和现实的距离，感觉学生角色和职业人角色差异十分明显。如在校学生学习的理论知识大多是理想型的，是一种现实与逻辑的结论，而社会职业岗位是具体生动的现实劳动；学生时代的学习劳动仅是一种理论体验，而实际工作需要高度的责任感；学习劳动的单纯准备和模仿与创造性劳动的工作有较大距离；学习劳动的相对封闭性与实际工作中人际关系的依赖和密切，在方法、习惯、技巧和程度上也是不一样的；学校生活中易养成清高孤傲的脑力性特征与社会群体意识，与社会大众意识一时不能协调；学习劳动的个体特征不利于实际工作中的合作精神和集体意识的形成等。上述角色的差异使不少毕业生把目光转向自己，试图反思自身，找出造成角色差异和理想及书本与现实两者脱节的原因。概括起来可以归纳为几点：一是知识结构不完整，调查发现，有不少大学毕业生的知识结构单一，知识面狭窄，适应不了全面工作的需要；二是创造能力不强，大学毕业生虽然掌握了一定的知识，但缺乏灵活运用知识的能力，分析问题和创造性思维能力不强；三是技能不全面，适应不了现代化办公的需要，现代社会的信息高度发达，工作程序的科学化大大提高，先进设备、仪器的综合运用程度加大，这对于刚参加工作的毕业生来说又多了一个新课题；四是社交能力和处理人际关系的能力比较差，大学毕业生走上工作岗位后，人际关系的范围、对象，社交的层次、性质等都发生了重大变化，如果不能及时调适，就会产生“内耗”，出现自阻抗效应，致使精力分散，难以充分发挥作用。

（三）协调阶段

在前一个阶段上，作为职业岗位上的新成员，大学毕业生往往会对职业角色的行为规范不熟悉，在职业生活中常常会发生原先的角色意识、角色行为同职业角色所具有的意识、行为的冲突。这种冲突通常会产生两种结果：一些人不能正确对待生活角色的转变，接受不了职业角色的规范和行为模式，或逃避现实，或怨天尤人，产生消极情绪，有的人开始“跳槽”；另一些人则能在面临矛盾冲突的情况下调节自己的心理状态，重新认识并协调自己与现实社会环境的关系，重新确立比较可行的职业目标并关心自己的工作，去主动适应新的生活。后一类人一般从以下几个方面进行协调：一是调整生活节奏与工作保持一致，毕业生参加工作后，生活范围扩大了，社交活动增多了，学会了分清轻重缓急，注意到时间的合理分配以及业余生活的合理安排，建立起健康、科学、丰富的生活方式；二是正确认识自己、认识社会、适应社会，加速自身的社会化，社会上的事物除了消极面外，更有积极的一面，适应社会的意义是接受社会积极面的影响，完成从学校到社会的转变，因此，只有认识社会的本质，了解社会对角色的要求，才能及时调节自身的心理结构，增强自己的承受能力，提高自己的社会化程度；三是努力学习，从工作需要的角度完善自己的知识结构，有针对性地拓展自己的专业领域；四是积极参加社会实践，努力提高创造能力；五是培养良好的性格形象。不少毕业生选择的职业并不一定适合自己的性格与气质，因此，根据自己的工作性质，有意识地培养自己的性格非常重要。如从事行政工作的需要稳重、冷静；搞社交的需要健谈；搞经济工作和洽谈生意的需要敏捷、伶俐；搞文艺的需要活泼、开朗等。承担不同的工作就要有不同的性格要求。

（四）稳定阶段

毕业生在经历了长短不一的兴奋、新奇期和思考期并达到了相对协调之后，各方面都趋于稳定状态。这一时期，大多数单身男女都建立起温暖的家庭，有了较固定的工作岗位，关心事物的圈子逐渐缩小，心理机制趋于健全。这主要表现在以下几个方面：首先，他们注意调整人际关系。人际关系处理的好坏，不仅影响着毕业生适应期的长短，而且也密切关系着他们的生活和工作。当他们认识到较好的人际关系的重要性时，自己便积极地营造建立良好人际关系的条件，力求保持自己与领导、同事、同龄人之间关系的协调与融洽。在对这些不同的对象有了较全面了解的基础上，调整对具体对象的交往模式。其次，加强自己的角色意识。大学毕业生在读书期间，主要充当“学生”与“同学”的角色，彼此之间的关系比较简单。但在工作以后，就会充当“下级”“同事”以及“领导”角色。这些复杂的角色，随着场景的需要和工作的不同各有其特点。这一时期，多数人基本上能认清自己所承担的工作角色，明确自己在工作中的位置。

（五）发展阶段

广大毕业生经过努力，使自己的思想、行为逐步适应了社会的步伐，不断克服各种主客观存在的不利因素，调整了自己与社会的关系，并通过实践、学习，提高了自身能力。领导的重视，同行的承认，实现社会期望的决心，以及热爱工作的兴趣和责任心，使他们形成了较为稳固的职业活动态度。他们中的不少人开始成为骨干力量，进入了一个思维空前活跃的发展创造时期。这个阶段主要表现在以下几个方面。首先，形成了比较严谨的工作作风。毕业生经过较长时间的锻炼，对工作产生了浓厚的兴趣。这时，他们已经掌握了工作的性质和要求，主观上也具备了做好本职工作的能力。二者有机结合，形成了比较严谨的工作作风。其次，为创造力的增强打下了坚实的基础。毕业生经过就职后的锻炼和学习，巩固了基础知识，拓宽了知识面，又经过调节生活节奏，适应了工作程序，心情愉悦，精力旺盛，加之一些良好的人际关系的确立和生活的稳定，开始由“成家”到“立业”这一重心转移，为创造力的迸发和成果的取得打下了基础。再次，锐意进取，在实践中努力改造世界。实践出真知，毕业生在自己的职业岗位上找到了自己的用武之地，他们把知识运用于实践，变成现实的生产力，在实践中改造外部世界，并使自身得到改造，为社会作出自己的贡献。

二、尽快进入角色

角色转换的过程，对于不同的大学毕业生，时间长短也不同。为了使自己的职业生活尽可能顺利和早些取得成功，必须尽快进入角色。

要实现角色转变，尽快进入职业人角色，绝不是轻而易举的事，需要做好以下方面的工作。

（一）要有不怕苦、不怕累、不计较个人得失的献身精神

能不能做到视艰苦为乐趣，把集体利益看成个人需要，是能否实现角色转换的关键所在，特别是毕业生刚走上工作岗位，暂时还只能处在较低的职位层次上。职位低，相应地会带来活动环境有限，生活待遇不高，施展才能的机会较少等问题。对此，一定要正确对待，要实事求是地评价自己，多磨炼，多学习，多贡献，积极创造晋升的条件。

（二）必须热爱自己的职业岗位

因为只有热爱自己的工作岗位，才能使自己与所从事的职业建立起亲密的感情，而一旦有了这种感情，才能以巨大的热情和决心投入到工作中去，扮演好这个“角色”，这是使自己迈向成功的很重要的一步。

怎样才能使自己热爱自己的职业“角色”呢？不妨先自我陶醉一番：第一，这个“角色”是其他人演不好的，只有自己才能演好它，演成功它，没有自己不行。第二，再闭上眼睛想一想，如果演成功后自己会得到的实际收益——高一级职位和心理上的满足。第三，演好这个“角色”是自己今后去演要求更高、难度更大的“角色”所必须经过的一个“台阶”。没坚实的基础，永远建不了大厦。第四，这是树立自己的威信和信心的最佳时机，可使自己今后的职业之路更加平坦，更加通畅，自己的脚步也更加坚定和稳实。

（三）要尽快学会“三个适应”

首先，要尽快学会对新的行为规范的适应和职业技能的熟练。由于劳动分工的不同，职业劳动的内容也各有差异。为了使某种职业的劳动更好地为整个社会利益服务，各行各业都会相应地制定自己所特有的具体行为规范，而且也要求这一岗位上的所有成员遵守这些规范。刚进入职业岗位的毕业生一开始对职业的规章、公约、制度不熟悉，也不十分理解，这是正常的。必须要主动积极地通过职业工作的实践和向老同志请教，尽快熟悉这些行为规范，并在工作中逐步做到以规范来约束行为。同时要努力熟悉和提高职业技能。由于受学校学习劳动的限制，刚参加工作的毕业生不可能一下子就通盘地掌握职业工作所要求的技能。因此要甘当“小学生”，决不能因职业技能缺乏、职业行为出现不当而产生自卑情绪，也不能因干砸了一两件事，受到批评，就产生逆反心理，要努力学习及掌握新知识和新技能。

其次，要尽快学会对新的职业人际关系的适应。刚到一个新单位、新部门，人们社会交往的面很小，层次有限，要首先留心周围的人，尽量找一些先进的，但和自己的经历、年龄差距不太大的成员交往。在同他们的交往中，注意汲取他们身上的优点。在此基础上，应当逐步地学会同比自己职位高、年龄大、经历丰富的成员交往，注意从这些成员那里汲取他们的职业意识、职业技能、职业经验。在人际交往中，既要克服腼腆、自卑、胆怯的心理障碍，也要克服自视清高、轻狂、多疑的心理障碍。另外，还要避免乱交往的倾向。

再次，要尽快学会对新的生活方式的适应。进入职业岗位后，交往对象变了，行为规范变了，甚至作息时间也会改变，这就会形成新的生活方式。在相当长的时间内，就职前的生活方式会同职业生活方式发生矛盾。要学会正确处理这个矛盾，要逐步学会对工作与学习的关系、工作与娱乐的关系加以正确的处理。同时，还要在适应职业生活方式中努力培养个性，让自己的职业生活更加丰富多彩。

第二节　适应职场社会

一、充分显示实力

大学毕业生要想在自己的职业岗位上取得成功，光有热情和决心显然是不够的，必须要有实力——知识、能力、方法、技巧的综合，即你从事某种职业劳动的技能与知识特点，以及你有效发挥这种特长的能力。不仅要使自己具备这种能力，同时必须在工作中能够显示出实力，让别人了解自己的实力，从而使自己在领导和同事中形成积极、能干的印象。

（一）职业实力的重要性

在社会劳动分工形式下，人们从事某种职业劳动的技能和知识的增长，是提高劳动生产率、提高工作效率、改进工作方式、获取更高工作成果的基础，从而也是推动整个社会生产力前进发展的基础。没有人的劳动技能和知识水平的提高，人们就无从改进工具、改进技术、改进原有的劳动或工作方式，生产和工作的面貌也就无从发生根本性的变化。作为职业劳动者个人来讲，不具备从事某种职业方式的劳动技能及业务知识，就不能胜任那种职业方式的劳动。如果一个当导游的不清楚山川地理、风土人情，语言解说就没有生动的表现力；一个搞经贸的不了解商品行情，不精通谈判技巧，当售货员的不熟悉商品知识、不知顾客心理，没有灵活的反应能力，那他（她）怎么能做好本职工作呢？所以，从一定角度上讲，人要立足于社会，要生活，要劳动，一定的职业劳动技能和知识是人的立身之本、发展之本、成功之本、展示人生价值和为社会贡献之本。

（二）职业实力的主要内容

人的职业能力具体来说可以分为以下几个方面。

1. 基础素质

基础素质作为知识结构的根基，是每个大学生的就业之本。人的基础素质包括人的政治思想素质、科学文化知识素质和心理素质。人的政治思想素质是社会主义劳动关系中处于重要位置的一种基础素质。它包括人的政治思想观念、倾向，以及基于这种观念、倾向在人的职业劳动行为及社会行为中的表现，人的道德品质、理想等。良好的政治思想素质对社会主义制度下的职业工作者十分重要，它不仅可以使一个人有正确的政治方向，而且可以影响人的职业行业观念。一个有良好政治思想素质的职业者，往往对工作具有科学态度，充满自信，善于钻研和学习，勇于克服困难，努力创新，无论选择职业或从事某种职业活动，都能从实际出发，实事求是。在选择职业或从事职业活动中，更多地考虑到职业的社会意义和对社会、对他人的贡献，因而常常对工作怀有高度的责任感和认真负责的科学态度，自觉遵守各项工作准则，忠于职守，精益求精，不以从事某种职业之便谋取个人私利。追求个人职业活动与社会需要、与他人满足的融合和协调。既正视现实，又正视自己；既正视现实职业活动中的种种问题和矛盾，又面对职业现实敢于追求，勇于改变自己不适应职业活动要求的行为。

因此，对大学毕业生来讲，要努力培养和树立良好的政治思想素质，认真学习马列主义、毛泽东思想、邓小平理论、“三个代表”重要思想和科学发展观，以此来武装自己的思想。在职业劳动和社会行为方面，应当做到有理想、有道德、守纪律，应当热爱劳动、忠于职守、勇于进取、大公无私，具有高度的革命事业心和工作责任感，正确处理个人利益、集体利益、国家利益之间的关系。在追求个人利益的同时，应当时刻不忘对集体、对国家、对社会的贡献。

科学文化知识素质是人的能力增长、开发和掌握一定劳动技能的知识基础，它与人的智力素质结合，成为人的现实劳动能力，是决定生产力发展的重要因素。在现代科学技术迅速进步，生产的发展越来越多地依靠人的智力和知识的条件下，职业工作者科学文化知识水平的高低，对生产的发展和各项工作质量、效益的提高有着决定性的影响。而职业工作者之间的竞争，其中也较大部分表现在科学文化知识、专业知识掌握的程度上。所谓科学文化知识素质，是指一个人对现有的科学文化知识成果的学习研究所达到的水平，文化知识融会贯通的程度，将所学知识运用于实际的能力。它主要包括人的知识结构和智能结构两方面。知识结构是指一个人知识体系的构成情况、组合方式。通常来说，人们习惯于把个人掌握知识的数量作为衡量知识水平的标准。当然，较多的知识，如果不借助于合理的结构而形成一个有机的统一整体，那么这种知识也是没有什么实际用处的。对于大学毕业的职业工作者来说，除了要具有较深的专业知识，还必须有本专业之外其他方面的知识。比较渊博的知识、合理的知识结构对于大学生来说很重要，但不能忽视的是要具有较佳的智能结构，能够有效地组织运用知识的能力。知识是一种潜在的力量，其处于无序状态时是毫无实际价值的，只有把它组织成有序的系统，把它运用于实践中，才有真正的力量。因此，作为大学毕业后的职业工作者，要能在对知识掌握、分析综合的基础上使之融会贯通于工作之中，这就需要有较健全的智能结构。

人的心理素质是人的智力素质和人格素质的综合，主要表现为人对外界事物的认识能力，反应能力，人的情感、气质、性格特征和人的意志等，它们都是在人的先天生理素质、后天教育和社会实践的基础上形成、发展起来的，反映了人独特的个性面貌和个性品质。人的心理素质状况，对人的工作影响还是很大的。大学毕业生在追求和实现个人职业成功的过程中，可能会遇到各种各样的挫折。这些挫折，有的来自个人原因，如自信心差、胆怯、不敢接受困难的挑战，怕担风险，怕激烈的竞争等。在这些挫折面前，如果你的意志力不强，心理素质差，那就很难越过工作、事业上的障碍而取得成功。因此，作为一个青年职业工作者，必须努力锻炼自己的意志，提高自己的心理素质，克服和突破一些影响自身进取的心理障碍。

2. 职业技能特长

职业技能特长是职业劳动者专门从事某种或某些职业时所表现出来的技能特长或业务能力特长，或者也可以说是指职业劳动者为完成本职工作应掌握的本行业业务技术才能。它是劳动者的智力、知识、个人能力指向同一定职业形式的劳动、技能要求相统一的产物，是生产力的直接表现。同时，也是人的职业实力的主要内容。

人的职业劳动技能，一般是在一定的科学文化知识基础上，经过一定的职业技术训练，或一定的工作、生产实践锻炼，逐渐掌握和提高起来的。由于各种职业劳动形式本身的特点、技术和业务复杂程度的不同，其科学文化知识和专业知识的基础不同，人所形成的劳动技能存在着高低、繁简程度上的差别和方式上的差别。有的职业技能偏重于使用脑力，属于脑力劳动类型，其职业劳动技能的形式需要在较高的智力水平基础上掌握和运用各种各样的知识体系。有些职业劳动技能偏重于使用体力，属于体力劳动者，其职业技能的形成一般不需要较高的智力水平，也无需具备较深的知识基础。而更多的职业劳动技能则需要脑力与体力的综合运用，只不过在不同的情况下侧重点不同。

职业技能不仅对于职业劳动者个人来说是不可缺少的，而且对于整个社会也是至关重要的。正如邓小平同志所说：今天，由于现代科学技术的日新月异，生产设备的更新，生产工艺的变革都非常迅速。许多产品，往往用不了几年的时间就有新一代的产品代替。劳动者只有具备较高的科学文化水平、丰富的生产经验、先进的劳动技能，才能在现代化的生产中发挥更大的作用。大学毕业生刚工作不久，在职业技能和工作经验方面比较薄弱，必须努力磨炼和提高自己的职业技能，以适应工作的需要和早日取得职业的成功。

3. 人的潜在职业技能

潜在能力是人尚待开发的能力。由于人的能力发展指向不是单一的，而在一定的时间、空间条件制约下，人所从事的职业又往往是单一的。这样，无疑限制了人的一部分能力的发展，使之成为潜在的职业能力，尤其在因就业条件、机遇所限，有些人不得不放弃自己的职业兴趣和爱好去从事某种职业的情况下，这种暂时被放弃的职业兴趣、爱好往往成了他的潜在职业能力。另外，由于缺乏实践和接受教育训练的机会，人的某些能力未能得到应有的开发，一旦有了这种实践和接受教育训练的机会，原有的能力得到开发以后，便可形成新的劳动技能。对人们这种未开发的职业技能，也可以看作是潜在的职业技能。

潜在的职业能力是人的一种重要能力。所谓人的智力开发，除了提高人的现有劳动技能，使之向纵深发展之外，还应包括对人潜在职业能力的开发，它也是提高劳动者的整体素质，使其职业劳动技能更具有条件适应性的重要方面。

（三）努力提高和显示职业技能

要提高自己的职业实力，首先，必须牢固树立学以备用的进取观念，要避免临渴掘井。对大学生来说，在基本上确定了某种职业选择方向以后，就应立即动手进行实实在在的技能和知识上的准备，逐渐积蓄自己的职业实力。在这个问题上，必须破除“等确定了职业岗位再学再练也不迟”的等待、依赖观念，树立“想干什么、可能干什么，就要先学什么、练什么，以自己某一方面的才干去争取干什么”的“学以备用、技成待用”的观念。在认定职业目标之后，主动积极地做好就业前技能、知识上的准备。其次，走上工作岗位后，一方面要积极通过职业实践锻炼来提高自己的职业实力；另一方面要通过接受一定的职业技术培训或职业技能的学习来提高自己的职业实力。只有通过苦练各种过硬的职业本领，努力提高自己的职业实力，才能获得职业的成功。要显示自己的职业实力，关键是要在本职工作中作出成绩。大学毕业生新到一个工作岗位，必须安心本职工作，尽快熟悉工作情况，本着精益求精的精神做好工作。要看准一两件具体工作，认真踏实、富有成效地去完成。这样，会给领导和同事们留下一个较好的印象。

二、善于把握和正确对待机遇

（一）善于把握机遇

作为当代新型的大学毕业生，要想取得职业的成功，还应磨炼自己强烈的时机意识和驾驭时机的坚定性、应变性。在职业生活中，人人都希望自己事业顺利，希望自己能成为职业生活中的幸运者。现在，在一些大学生及职业工作者中流行着机遇思想，认为成功的关健在于机遇，一旦机遇来了便可成功，没有机遇，读书再多、工作再努力也无用。这种机遇思想是不正确的。我们认为，机遇是存在的，并对一个人的成功有着重大的影响。这种机遇不仅指现实环境能满足一个人的需要，有利于施展人的才华，也指其他的外界因素意想不到的于己有利的机会。例如一个偶然的机会，一个才华横溢却默默无闻的人被某位专家或某位“伯乐”发现并赏识，于是他就得到了表现自己发挥才能的环境和条件；一个偶然的场合，一个才能并不出色的人获得了意外的成功等。我们应该懂得，机遇不是天赐的，也不是等来的，因为机遇在某个人身上发挥作用是需要一定条件的。就某种意义来说，每个人拥有的机会均等，但它只对那些能够充分发挥能动作用，为争取事业上的成功而有所准备的人，才是真正的机遇，也才有用。没有准备的人，即使遇到机遇也无济于事，即使靠机遇上去了，最终也要被淘汰。因为关键不是机遇，而是要靠自己的实力。一个人要想取得职业上的成功，当然主要靠实力，但正确对待机遇，善于抓住各种机遇，也是一个人职业成功的一个重要因素。

如果你在职业生活中机会很好，首先，必须抓住时机，利用有利的环境和条件充分施展自己的才华，为社会多做贡献。机遇偏爱有心人。俗话说，机不可失，时不再来。在人类历史长河中，的确出现过一些人顺应历史发展的潮流，抓住有利的时机，取得了辉煌的成就；也确实有人错过了时机，以至于抱恨终身。1830 年，德国著名化学家维勒在研究墨西哥产的褐色铬矿石时，发现矿石里有些金属化合物呈现多种颜色，其中以红色最为显著。当时，他猜测这种金属可能是箔。不久，年轻的瑞典化学家肖夫斯特姆也遇到了同样的情况，并且产生了同样的设想。不同的是肖夫斯特姆追究下去，终于找出了一种新的元素——钒。维勒知道这个消息时，非常懊悔。这件事告诉人们一个深刻的道理，机遇往往就在人们身边，蕴藏在不太显眼的偶然的现象中，你自己不是没有机遇，如果错过了时机，就会一无所获。如果及时把握住时机，就会取得重大的成功。从个人角度看是如此，从历史角度看也同样如此。其次，必须创造机会，因为机遇也偏爱有准备的人。有人认为机遇是纯偶然的因素，因此，抱了侥幸等待的心理。机遇确实是事物发生和发展的偶然性，由于偶然性是由事物的外在矛盾引起的，它可能发生，也可能不发生，可能这样发生，也可能那样发生，因此给人一种神秘莫测的感觉。其实，偶然性虽有概率，但是，在它的背后总可以找到某些必然性。偶然性只是两个必然性的交叉点。一个人长期奋斗必然有所作为，而社会发展又必然需要有所作为的人才。这两个必然性在某一点上交叉，使得某人获得成功，这个交叉点就是所谓的机遇。因此，机遇是人生奋斗征途上之所“遇”，没有奋斗就没有机遇。法国细菌学家巴斯德曾说：“机遇只偏爱那种有准备的头脑。”把职业生活的成功和人生的顺境形成仅仅归结为机遇，那只不过是懒汉的自我安慰。对于一个成功者，人们往往只看到他的机遇和荣誉，而没有看到他的实力和努力，这就是所谓“十年寒窗无人晓，一举成名天下知”。大学毕业生要获得令人满意的职业境遇，“守株待兔”般的侥幸等待是无济于事的。只有踏实努力，去夯实基础，才能在机遇到来时善于把握，抓住时机，开拓创新。

（二）正确对待机遇

在职业岗位上欲驾驭成功的良机，除了积极行动和破除一些不正确的认识外，还应注意准确把握时机的可变性。第一，收集最直接的事实，并对这个行业或领域（部门、单位）具有丰富的了解和掌握。同时，在敏锐的评价能力和判断能力的基础上形成独立的见解。第二，排除种种非理性思考的干扰，例如偏见、成见以及感情冲动、先入为主等。第三，要有极强的创新意识，不受传统理论和原有知识及单位有关规定的束缚。第四，把握时机，在身处顺境时居安思危。往往机遇带来的顺境容易使人失去勇气和勤奋。现实职业生活是严峻的，人生旅途中潜伏着的危机是难以预料的。机遇也不是一成不变的境遇。所以，要冷静地告诫自己，好机会不可能一直陪伴着你。机遇好，只是自己成功的一个因素，更重要的因素是党和人民的教育、同志间无私的帮助和个人的勤奋。千万不能处在顺境中自我陶醉，庸碌无为，虚度时光，骄傲自满，止步不前，那样就有可能逐步失去好时机，转入逆境。只有摆正自己和国家、集体及他人的关系，正确对待机遇，好机会才能常常光顾你，帮助你成功。

顺境的反面是逆境。在职业生活中，逆境往往对一个人来说也是常有的。而正确对待和处理好逆境，对帮助你职业成功也是十分重要的。你在机遇不好时，应当冷静、沉着，不要急躁，更不要怨天尤人，应该检查一下自己的行为和走过的道路。如果逆境的出现是因为个人行为的不当造成的，则应调整自己的行为，以形成良好的人际关系，创造工作的有利环境；如果逆境的出现是由客观原因造成的，则应同那些不良的，乃至恶劣的现象作斗争。这种斗争既要坚决，又要有耐心，还要讲究策略。通过斗争，使不良的、丑恶的现象失去存在的条件，从而为职业工作中的开拓创新争取一个较好的客观环境。

同时，我们也应看到，逆境和危机也是一种时机，它往往比平时更能使人得到优势，解决逆境或危机就是一种进步，也是一种蜕变，甚至是巨大的成功或一生中重要的转折。它不仅能显示你的知识、才能，而且能表现你的胆略、勇气、毅力和应变能力。

三、处理和协调好各种人际关系

每个人可能都有这样的体会，如果你处在一个关系融洽的集体中，心情会格外舒畅，工作干得有激情。相反，如果和周围某些人关系很僵，矛盾多，你就会心情烦躁，影响工作，甚至影响健康。因此，努力建立一种良好的人际关系就成了每个人的愿望。特别是大学毕业生到了一个新的职业岗位工作，总要和其他人发生关系，并希望自己和别人的关系是和谐的、美好的。而能否处理和协调好人际关系，对他们的职业成功是一个重要影响因素。

（一）建立和谐人际关系的基本原则

建立人际关系是为了满足人们的各种需要。只有和谐的人际关系才能发挥积极的功能，帮助人们踏上通往成功的道路。建立社会主义的新型人际关系，应该遵循以下基本原则。

1. 交互原则

现实生活中我们有这样的体验：对于坦诚相待人，我们也会对其有明显的接纳倾向，愿意同他们交往并建立和维持关系；对于扭捏造作人，我们也倾向于排斥、疏远对方，避免与其进一步交往。这就是人际交往中的交互性。在交往中要想别人能够承认自己、接纳自己、喜欢自己，首先应遵循交互原则。对于任何与自己发生交往的人，我们应当先接纳他们，尊重他们，肯定他们，忌带偏见，不自视清高。大学毕业生到了新的工作单位后应主动交往，建立良好的人际关系；要大胆参加各种交往活动，增加交往机会；在主动交往中，获得各种知识，找出自己的不足。

2. 平等原则

在人际交往中，平等是建立和谐人际关系的前提。人都有被人尊敬的需要，刚刚走上职业岗位的大学毕业生更希望得到他人的理解和承认，这就是平等的需要。平等原则的前提是承认交往双方的自主性和独立性，要求交往双方互相自愿，不强人所难，要尊重他人的自尊心和感情，不干涉他人的私生活，不践踏他人的人身权利。

3. 互利原则

互利包括物质上和精神上的互利。每个人都有一定的价值观，并按照这种价值观来决定自己的取舍。在人际交往中，有的人重情感，有的人重物质。要建立良好的人际关系，就必须了解人们在交往中的价值观倾向，使人们互退有无，互有得失，并保持得大于失或得失相当，使人际关系给双方带来互利。切忌在交往中只顾自己需要，不顾他人得失，甚至唯利是图。

4. 信用原则

诚实守信是处理人际关系的一条非常重要的原则。俗话说："言必信，行必果。"信用原则要求人们言行一致，表里如一。要求人们遵守诺言，实践诺言，要重视回音，及时给对方信息反馈，建立和发展良好的人际关系，取信于人是十分重要的。诚实守信，才能使交往双方坦诚相待、说真话、动真情。

5. 相容原则

相容原则是指交往中要宽宏大量，耐心，善于容纳别人。在人际关系中，相容是一种美德，是不可缺少的。相容是一个有自信心、开朗、豁达的人的一种谦让和风度。相容不等于迁就，更不是放弃原则、任人摆布，而是把原则性和灵活性艺术地结合起来。"退一步海阔天空"，在处理人际关系时把握运用好相容原则，严于律己，宽以待人，你将会立于不败之地。

（二）正确处理和协调好职业生活中的人际关系

人际关系有许多类型，对不同的人际关系有不同的处理方法和技巧，而大学毕业生在职业生活中主要应处理和协调好以下几种人际关系。

1. 处理好与领导之间的关系

领导对青年的工作、学习、生活和成长具有举足轻重的作用。因此，搞好和领导的关系，争取领导的理解和帮助，对青年来说是十分重要的。首先，要给领导以良好的第一印象。衣着要整洁，举止要得体，言谈要诚恳，要守时守信，记住"良好的开端就是成功的一半"。与领导交往要有信心，对领导要尊重，不要傲慢自居，要注意礼节，要守规矩，不要以为小节而不在乎。但对领导也决不要阿谀奉承，不能畏首畏尾、卑躬屈膝。要记住人格的平等，不卑不亢，从容不迫。决不能用贿赂的手段去讨好领导，真正有水平的领导对这种庸俗化的做法势必产生反感、厌恶感。

要勇于承担领导交给的各种任务，善于表现自己的能力，以积极的工作态度、良好的工作成绩来赢得领导的重视，这是很重要的一点。

对领导的决策要服从执行，领导分配的工作难以完成的，最好单独找领导陈述理由，要维护领导的权威，对领导服从但不盲从，对决策的不完善甚至错误不能一味附和，但要注意表达自己意见的方式，比较好的方法是私下提建议，罗列出几种决策方案，并指出各自的利弊，说服领导在各种方案中作出最佳裁决。领导不了解情况时，要帮助领导了解情况、熟悉情况。领导某些方面不如自己时，要自荐参谋，辅佐工作。决不能因为领导的工作水平还不如自己就不听从指挥，目中无人。在领导讲话或布置工作时要认真听，必要时注意做好记录，要能够把握和理解领导讲话的要点。

工作中要善于独立解决自己的问题，在自己职责范围内出现的问题不要翻来覆去地请示，不要过多地占用领导的时间。自己努力克服难题，有利于锻炼自己的能力，使领导感到你是能够独当一面的能干的下属。向领导总结汇报时要简明扼要并有见地，上呈的报告必须直截了当。如果报告必须详细，那么在开头时必须有一个提要性的概述。此外，总结汇报最好有解决现存问题的对策建议。

注意寻求和领导非正式交往的机会，除了工作交往外，在闲暇活动中与领导的交往是很重要的。在这些业余活动中，气氛比较融洽，感情比较真挚，有利于与领导相互了解，沟通感情，融洽关系。一些好的建议，在这些非正式交往中往往比较容易被领导接受。

大学毕业生处理与领导的人际关系时，还要注意初到一个单位后听别人对某个领导的介绍和评价，要考虑到有的介绍往往难免带有主观色彩。如果只以听到的情况来看待领导，就容易形成一种“先入为主”的观念，以致真假难辨，“人云亦云”，更不要在私下里乱议论领导的不足。

还要注意到与领导相处应该真诚，在领导遇到困难时，应该帮忙，应该补台而不是拆台。当领导和群众有矛盾时，应从中做些协调解释工作。如果自己与领导发生矛盾，并且造成矛盾的主要责任在领导方面的时候，要直言相陈，既注意方法，又旗帜鲜明地向领导讲明自己的观点和态度。要“以德报怨”，要设身处地为领导着想，即使暂时受点委屈，也能以自己的宽宏大量和顾全大局的精神促使矛盾缓和，逐渐解决。只要自己做得正确，就坚持下去，特别重要的问题还可以越级申诉，请求上一级领导帮助解决。

处理好与领导的关系是青年人人际关系中很重要的一个方面，我们应当在职业生活的课堂里学好这一课。

2. 处理好与同事之间的关系

同事之间的关系一般都是同级关系，同事关系是职场中人与人之间最普遍的关系。同事之间的关系虽不像与领导的关系那样具有直接的利害关系，但对于创造一个良好的令人愉快的工作环境却是十分必要的。况且，群众基础对一个人的成长也是重要的。大学毕业生刚到职业岗位，与同事间的关系是从零开始，以前不存在任何纠葛，客观上为处好关系创造了条件。但由于同事之间的性格不同，性别不同，年龄不同，经历不同，文化程度不同，工作分工不同，兴趣爱好不同，有时相互之间还有些竞争，因此，如何缩短彼此之间的距离，处理好同事关系，是大学毕业生在人际关系交往方面的一个最大考验。

要搞好与同事之间的关系，主要做到以下几点。

（1）以心换心，坦诚相待。要别人了解你、信任你，你首先待人要诚恳老实、襟怀坦荡，真正做到推心置腹，敞开心灵的大门。人有许多美好的品德，但是最重要的是诚实和正直。同事之间相处，不要口是心非、两面三刀，当面一套，背后一套。有不同的意见，最好当面讲清楚，不要背后散布闲言碎语。当然，这种交往是平等的、与人为善的。现在有少数青年，过多地看到社会上的某些阴暗面和不正之风，认为人世间没有真诚互助可言。于是，待人处事只相信自己，对别人处处提防，逢人只说三分话，相交从不真心，待人圆滑应付，这是不对的。同时之间应平等相待，一视同仁。同事之间总是存在着差别的，不要迎合强者，鄙视弱者。迎合强者实际上是贬低自己的人格，鄙视弱者只能表现出你是一个势利者。只有不贬低同事，强者才能感到你的人格尊严，弱者也会对你更加尊重。在工作中要支持和帮助同事。当同事面临困难时，要主动真诚地帮助他们，每一个人对在困难时候帮助过他的人都会有深刻的印象。对同事的优点和长处要虚心学习，取人之长，补己之短。对同事的工作成绩要肯定，要表扬鼓励，不要过多地挑剔，更不要讽刺和嫉妒。当然，赞誉必须实事求是，真正的友谊必须包含着对对方缺点、错误的批评指正，批评必须注意方法。这样，时间不长，彼此之间就能够相互了解，知人知心。

（2）要注意一些看来似乎是“小节”的问题。如在与同事说话时，不能只顾自己滔滔不绝，更不能随意打断同事的讲话，要注意听对方说话，这不仅是一种礼貌，同时许多人只要你专心听他的讲话，他就会心满意足，就会对你充满好感。在与同事交往中还要注意不可流露对他人的轻视神情，因为一个蔑视的眼神、一种心不在焉的腔调、一个不耐烦的手势都可能会伤害别人的自尊心，引起别人的反感，甚至造成相互关系的紧张。生活工作在一个集体，同事之间难免磕磕碰碰，有时还会发生误会，产生一些矛盾等。特别是在情绪不好时遇到矛盾就可能产生激烈反应。青年人血气方刚，容易在愤怒情绪的驱使下说出过头话，做出过头的事来。遇到这种情况首先要学会制怒，要尽力控制自己的情绪。不要认为青年人和别人吵架算不了什么。事实上人际关系有时到了这一步就好比裂了缝的碗，要弥合裂痕有时是比较难的。其次，要多设身处地地理解人。每个人都不愿意有缺点错误，一个人的态度和行为，无论是正确的还是错误的，都是有原因的。当同事对你不恭甚至有错误态度和行为时，要用理智的态度去宽以待人，做到不斤斤计较，不苛求他人，多一些谅解和理解。再次，要顾大局，识大体，严于律己，多检查自己的责任。要做到以德报怨，不要把一些非原则性问题放在心上，要忍得住受到的误会委屈，要主动、诚恳地去求得他人的谅解。

（3）特别要注意处理好与同龄人的关系。由于同龄的缘故，共同语言较多，关系也显得密切。但是随着一起工作时间的延长，彼此的缺点和弱点逐渐暴露，工作表现也有所差别，相互竞争的意识日益明显，开始产生了一种难以言表的感觉。如有的人在某些方面表现得突出一些，深得领导的赞赏，那么另外有的人就会产生一种潜意识的竞争心理，严重时还会出现相互封锁信息资料、嫉妒和拆台的现象。这样一来，同事间平等友好的关系就会倾斜，甚至会出现裂痕。对此，除了做好上面所讲的需注意的有关方面外，还要加强修养，克服狭隘的竞争心理，互相帮助，共同提高，这是处理好同龄人竞争关系的关键。

（三）努力完善自我，克服交往中的心理障碍

要处理和协调好各种人际关系，必须要努力提高各方面的自身素质，克服和消除心理上的一些障碍。

1. 要努力完善自我

完善的自我是建立良好人际关系的基础。要完善自我，主要在两方面下工夫。一是树立远大的理想和坚定的信念。古人云，志当存高远。只有树立远大的抱负、坚定的信念，才能有宽广的胸怀、豁达的气度。心底无私天地宽。超脱“小我”，树立正确的人生价值观，乐于奉献，百折不挠，才能使自己的人格产生巨大的魅力，才能经得起人际关系的挫折。二是锤炼优良品质。择善弃恶，形成诚实、自信、守信、宽容的品质是人际交往吸引力的源泉。诚实是做人的最重要的品质。“善大，莫过于诚。”诚实是一种力量，它显示了一个人高度的自重和内心的安全感、尊严感。它能使人愿意了解你、信任你，愿意与你交心，愿意在苦闷或喜悦时向你倾诉，这是人际深交的基础。自信是对自己实事求是的肯定评价。自信能使人自尊、自爱、自强，在社会交往中从容不迫、落落大方。自信建立在自知基础上，自信者往往是谦虚的。自高自大、骄傲自满不是自信、守信的人。能够做到前后一贯，言行一致，表里如一，能够做到言必信，行必果，因此能够取信于人，使人乐于与其交往。

2. 要消除心理障碍

人际关系表现为一定的心理关系。大学毕业生在人际交往中，有的还存在着这样那样的心理障碍，主要表现在两个方面。

（1）自我心理障碍。表现为羞怯自卑、猜疑嫉妒。有的人缺乏与人交往的勇气，在交往中腼腆、拘谨、缺乏自信。有的人喜欢猜疑，对他人进行不符合事实的主观想象。还有的人对才能、地位、名誉或工作境遇比自己好的人怀有一种怨恨态度，对别人的长处和成功不是高兴，而是不满，甚至散布流言蜚语，想用不正当的手段把别人搞臭，这是一种不健康的心理情感。要努力克服这些障碍，羞怯自卑的人要树立自信心，经常有意识地与人交往，培养积极交往的态度。克服猜疑的方法主要是以善心度人，尊重事实，开诚布公，杜绝凭借道听途说来想象揣测他人的现象。克服嫉妒的方法是立远大

志向，培养豁达开阔的心胸，多取人之长补己之短，看到自己的不足，奋起直追。

（2）认识心理偏差。表现有“第一印象效应”，这是一些青年人在交往初期对他人外表特征的初期知觉。青年人阅历浅、经验不足，因此往往会产生先入为主、忽视本质的现象。这对刚工作不久的大学毕业生交往对象的选择、交往强度的确定会产生不良影响。还有一种“成见效应”，即大学毕业生把事先或刚来单位时获得的关于某人的不完整、不真实的信息资料加以概括以形成对他的看法和认识。还有一种“光环效应”，即对一个人的某一方面产生良好印象后，就把这个人全面完美化。如某人外表漂亮就认为其一切都美，某人字写得好就认为其有水平等。这几种心理偏差对一个人的人际交往是不利的，必须努力克服，要用发展的观点、全面的观点来看待人和事。

四、培养良好的职业道德

良好的社会主义职业道德不仅在调节人与人之间的相互关系、改善人们的生活环境方面发挥着积极作用，而且影响着个人的进步成长，对一个人的职业成功尤为重要。因此，大学毕业生必须熟悉职业道德的规范和要求，重视良好职业道德的培养。

（一）职业道德的基本原则

社会主义职业道德的基本原则贯穿在社会主义所有的职业活动中，它是社会主义各种职业道德规范及其范畴的总纲和精髓。在社会主义职业活动中存在着三方面主要的职业道德关系：一是从事职业活动的人或团体（工厂、商店、机关、学校等）与服务对象即人民群众的关系；二是从事职业活动的个人与职业劳动本身的关系；三是职业活动团体内部及同外部协作的关系。社会主义职业道德的三条基本原则则分别是处理上述三种关系时的基本的职业行为准则。这三条基本原则如下。

1. 为人民服务的原则

为人民服务的原则是处理职业活动与人民群众这一主要职业道德关系的道德原则。它是由社会主义制度和社会主义职业活动的性质所决定的。它是社会主义职业活动的根本准则，也是社会主义职业道德的核心。全心全意为人民服务不是职业劳动者一时的道德要求，而是贯穿其全部人生、渗透其全部职业思想和行为的永恒要求。它不仅是某一行业职业劳动者的职业规范，而且是整个社会各行业都应遵守的规范。为人民服务的内容是十分丰富的，主要有下面几个方面。

（1）热爱人民，坚持人民的利益高于一切，做人民忠实的勤务员。胡锦涛总书记提出“情为民所系，利为民所谋，权为民所用”。在社会主义制度下，人民是国家的主人，一切权利应该而且必须属于人民。尊重人民群众的意志，保障人民群众的民主权利，维护广大人民群众的利益，为人民群众鞠躬尽瘁、死而后已，是全方位为人民服务道德精神的体现；相反，轻视和欺骗人民，置人民的死活于不顾，甚至违背人民的意愿而独断专行，是不道德的卑劣职业行为。

（2）密切联系群众，关心人民群众的利益和疾苦，勤勤恳恳为人民工作。努力深入群众，广泛联系群众，和人民取得政治上、情感上的沟通，想人民所想，急人民所急，积极反映人民群众的要求和愿望，认真解决他们的困难，做人民忠诚的儿子和公仆。

（3）关心广大人民群众的物质生活和精神文化生活的需要。

（4）虚心听取人民群众的批评建议，遇事同群众商量，积极采纳人民群众的正确主张，广开言路，使自己的一言一行都在群众的监督之下，使自己真正成为人民群众的知心人。

（5）维护人民的利益，同一切危害、损害人民利益的言行作斗争。

2. 以主人翁的态度对待职业劳动的原则

社会主义的各种职业劳动，都是社会主义劳动的重要内容。因此，是否以主人翁的态度对待职业劳动是一个重大的道德问题，也是衡量人们社会主义职业道德如何，评价人们社会道德的主要依据。

社会主义主人翁的劳动态度分两个层次：其一般性的要求是社会主义的诚实劳动态度；其高层次的要求是不计报酬的共产主义的劳动态度。在社会主义初级阶段，劳动仍然是人们谋生的手段。因此，在劳动道德上，对广大群众来说，主要是要求树立社会主义的诚实劳动态度，这也是一种主人翁的劳动态度。这种劳动态度要求人们树立劳动光荣的思想，积极劳动，自觉履行职业责任，对人民和国家负责等。它既坚持按劳分配原则，又提倡奉献精神，把两者有机地结合起来。

3. 团结协作原则

社会主义的团结协作原则是处理职业团体内部以及协作单位之间关系的一条职业道德原则，它是社会主义平等互助的人与人关系在职业活动中的反映和要求。团结协作在职业活动中具体表现为多种多样的道德，以便具体指导人们去处理、调节上下级关系、部门关系、同事关系、师徒关系、班组关系、前后道工序关系以及协作单位之间的关系等。

团结协作与社会主义市场经济之间在本质上是一致的。因为社会主义的团结协作在很多方面是有偿的，必须符合社会主义市场经济的要求，才能保护人民团结协作的积极性。因此，社会主义社会团结协作与市场经济、与竞争在某些方面会产生矛盾，但这不是它们相互关系的本质方面，这些矛盾通过政策、法律等可以得到很好的处理和解决。

刚刚走上工作岗位的大学毕业生，一定要树立团结协作意识和良好的团队精神。切勿片面强调个人作用，要从整体利益出发，顾全大局，为了一个共同目标而奋斗。

（二）职业道德的基本规范

职业道德规范是职业道德基本原则在职业活动中的具体体现，它是处理社会主义职业活动中各种具体职业道德关系时的行为要求和评价标准。

每一种职业活动都有各自特定的职业道德关系，因此，都有自己特殊的职业道德规范体系，从而使职业道德具有明显的职业特征。在社会主义各行各业的职业活动中，又存在着一些具体的共同的职业道德关系，它们具有共同的性质，在共同的原则指导下进行调节，这就是社会主义职业道德共同的、一般的规范。在社会主义职业道德中，主要的、共同的职业道德规范如下。

1. 爱岗敬业，忠于职守

职业道德总是与人们的职业生活密切相连的。自从人类社会出现分工，就有了不同职业的发展存在。社会主义建设事业就是由发展着的各行各业组成的，从事各行各业的又是由每个集体的社会成员所构成的。因此，社会主义建设事业的发展，寻根到底取决于每个社会成员在职业活动中的表现。如果每个社会成员无论从事何种职业，都能勤勤恳恳地工作，坚守岗位，忠于职守，献身职业，全心全意地干好本职工作，那么社会主义建设事业就会突飞猛进，建设高度物质文明、精神文明和政治文明的现代化强国才有希望。

爱岗敬业，就是要努力培养对自己所从事职业的感情，热爱自己的职业和工作岗位，树立职业荣誉感，也就是要“敬业”和“乐业”。忠于职守，就是要忠实履行自己的职业职责，端正劳动态度，消除雇佣劳动思想的影响，有强烈的职业责任感，对工作极端的负责任。在自己分担的工作范围之内敢于坚持正确的原则和政策，秉公办事，不徇私情，细心谨慎，不粗枝大叶，更不弄虚作假，一切从大局出发，兢兢业业，任劳任怨，艰苦奋斗，有为事业奉献一切的精神。历史上和现实生活中，凡是这样的人，必然是能为国家和社会作出卓越贡献的人，也必然是具有高尚职业道德，受到社会和人民尊重赞扬的人。反之，那种见异思迁，玩忽职守，缺乏对社会和人民负责的态度，不忠于或不热爱自己的工作，不竭心尽力尽职尽责的人，必然是不道德的，会受到社会和人民的谴责。

2. 掌握技术，精通业务

各种职业生活证明，每一种职业都有自己德才学识方面的具体要求，只有具备一定的思想道德素质和业务技术能力，才能把工作做好。因此，社会主义职业道德要求从事各种职业活动的每一个社会成员都要努力学习科学知识，掌握技术，精通业务，以适应职业工作的需要。当今时代，正是科学技术飞速发展的时代，新技术革命不断涌现的大批新技术成果和新技术信息，正对各种职业劳动者的专业技术水平提出严峻的挑战。掌握技术，精通业务，就是要面对挑战，带着强烈的时代责任感，以严谨求实、一丝不苟的作风和刻苦钻研、精益求精的精神去努力学习新知识，掌握新技术，了解新信息，研究新问题，密切关注科学技术发展动态，尊重科学，努力培养和提高自己的科学素质和业务技术能力，奋力开拓本行业、本专业的新局面，在不断进取中适应形势发展。否则，那种满足于一知半解、不思进取、鄙薄轻视业务技术、工作马马虎虎、不学无术的人，在新形势面前，是难以胜任本职工作的未来发展的，在他们身上正显示出了其职业道德素质的低下。

3. 讲究效益，保证质量

讲究效益，指的是既要讲企业的经济效益，更要讲其社会效益。讲究经济效益，作为企业就是要努力以最小的投入取得最大的产出；作为从业人员，就是要努力增产节约，增收节支，从而不断提高劳动生产率。讲究社会效益，就是要以国家、人民的长远利益为重，最大限度地满足社会的需要。

保证质量，就是指生产、服务中，要严格按照国家或企业规定的各种标准进行产品生产（服务）。保质就是精心加工，反对组制滥造、偷工减料、以次充好。保量就是在一定的时间里，完成或超额完成规定的劳动定额。要做到讲究效益，保质保量，就要按时完成和超额完成规定指标，树立“质量第一”的思想，树立效益观念。

4. 诚实守信，办事公道

这是职业道德中处理人与人之间关系和经济活动关系的一项最基本的行为规范。所谓诚实守信，就是在职业活动中有科学的态度和实事求是的精神，讲究信誉，信守合同，不弄虚作假，不进行欺骗。所谓办事公道，就是要公平合理，一视同仁，质价相符。要做到诚实守信，办事公道，就要广告宣传恰如其分，兑现承诺，信守合同，按质议价，合理收费，真诚待客，一视同仁，实事求是，知错就改。

5. 遵纪守法，扶植正气

遵纪守法，是指严格遵守纪律和法律，这是从业人员的职业行为规范。扶植正气，是指在职业活动中坚持正确的道德原则，敢于抵制各种歪风邪气，是非分明，敢于同各种违法乱纪行为作斗争。要做到遵纪守法，扶植正气，就要严格执行政策法令，自觉遵守职业纪律，兢兢业业，廉洁奉公，一身正气。

（三）职业道德修养的内容和境界

职业道德修养实质上就是两种对立的道德意识之间的斗争，是善和恶 、正和邪、是和非之间的斗争，对于从业者来说，要取得职业道德品质上的进步 ，就必须自觉地进行两种道德观的斗争。职业道德修养上的两种道德观的斗争 ，有其自身的特点。它是一个从业者头脑中进行的两种不同思想的斗争。尽管这两种不同思想反映着复杂的道德关系，但它却是在一个人的头脑中进行的。对于职业道德修养，用形象一点的话来说，就是自己同自己“打官司”，即“内省”。正是由于这种特点，必须随时随地认真培养自己的道德情感，充分发挥思想道德上正确方面的主导作用，促使“为他”的职业道德观念去战胜“为己”的职业道德观念，认真检查自己的一切言论和行动，改正一切不符合社会主义职业道德的东西，才能达到不断提高自己职业道德的水平。

1. 职业道德修养的内容

职业道德修养的内容是十分丰富的，总的来说，它大致可以分为两大方面：一方面是职业道德意识修养，另一方面是职业道德行为修养。具体来说，它包括职业道德知识、职业道德情感、职业道德意志、职业道德信念、职业道德行为和习惯等职业道德品质诸因素方面的修养。

职业道德知识修养，主要是指个人对职业道德的知识和理论了解掌握的程度。它包括职业道德常识修养和职业道德思维修养两个方面。职业道德常识，是职业道德认识的感性阶段，它反映职业道德活动的经验，能使人了解什么是善，什么是恶，从而抵制职业道德上的谬误和偏见。但这里要注意的是，有时它也会引导人们犯狭隘的经验主义的错误。职业道德思维修养，表现为判断能力强弱和在矛盾冲突下行为选择的自觉性程度。要进行职业道德知识的修养，主要是应在职业道德常识修养和职业道德思维修养方面下工夫。对于职业道德常识，一是要系统地学习道德和职业道德的理论，二是要注意积累职业道德活动的经验，三是要培养进行正确的职业道德善恶观念。对于职业道德思维来说，一是要培养进行职业道德价值判断的分析能力，二是要注意对职业道德的科学理性思考并养成善于思考的习惯。这里，核心的问题就是要克服形而上学的片面性和绝对性的思维方式。

职业道德情感修养，直接表明着人们职业道德修养的程度和深度。它同职业道德信念一起常常反映人的职业道德立场，表达一个人对自己、对他人、对社会、对职业的态度。要进行职业道德情感修养，主要应在维护和保持职业心理健康方面下工夫，注意为情感之舟安上理性之舵，使情感的表现和激发建立在深沉的理性分析的基础上。而要实现这一目标，就要努力到职业道德实践中去锻炼和培养，健康的职业道德情感是职业道德实践的必然结果。

职业道德意志修养，表现在人们在职业道德上的坚定性程度和克服困难的精神以及解决矛盾的勇气。它的突出特点是修养的长期性、反复性。要进行职业道德意志的修养，其主要内容就是要努力培养良好的职业道德意志品质，使之能具有高度自觉、明敏果断、顽强坚韧和坚定自制等良好属性。

职业道德信念修养，不仅表明人们对职业道德知识了解的深刻程度，而且也表明人们对一定职业道德观念、道德原则和规范以及职业道德理想的深刻认识。要进行职业道德信念修养，也就是要从这几方面去着力培养。

职业道德行为修养，是职业意识修养的客观标志，是职业道德知识、职业道德情感、职业道德意志和职业道德信念等修养的综合表现。它表现出个人精神面貌和外部表现的最大统一。要进行职业道德行为修养，除了要注意上述内容的综合修养之外，还要注意在培养和形成良好的职业道德意识和观念方面下工夫，要坚持从自我做起，从小处入手，从大处着眼，持之以恒地在实践中自觉磨炼和逐步养成。

2. 职业道德修养中的境界

所谓职业道德境界，是指人们在职业道德修养过程中所形成的高低不同的职业道德水平。一定的职业道德境界，是与一定的职业道德修养密切相关的，它反映着职业道德修养的水平。从职业道德修养方面来看，人们在职业道德修养过程中，总是在一定的职业道德要求下，根据一定职业道德原则和规范的指导，经过一番涵养锤炼，不断地从一个阶段到另一个新阶段，从一个高度到另一个新高度，以致达到最高的职业道德理想。而人们在这个过程中的每一个阶段和高度，都形成不同的觉悟水平，这些不同的觉悟水平，就构成了不同的职业道德境界。很显然，这里人们不同的职业道德境界，是由人们在不同阶段和高度上的觉悟水平决定的，而不同的觉悟水平又是由职业道德修养中各个人的不同努力程度所决定的。涵养锤炼功夫愈深，觉悟水平则愈高，职业道德境界也就高。反之，觉悟水平愈低，职业道德境界也就低。倘若人们要使自己达到更高一级的或最高的职业道德境界，也就必须自觉地在职业道德修养上下工夫。当然，职业道德境界作为一种对人们职业道德修养水平的反映，是一种复杂的职业道德意识现象。它既与人们的职业道德修养程度有关，又受人们所处的社会历史条件和在社会生活中地位的制约。社会主义条件下，人们职业道德境界的差异最集中地表现在围绕着“公”与“私”的矛盾斗争而形成的不同的世界观和人生观上，它将引起不同的职业道德境界的构成和斗争。因此，能否正确地认识和处理“公”与“私”的关系，也就成了划分人们不同的职业道德境界的重要标尺。目前，若根据人们对待“公”与“私”关系的不同态度，我们可以把现实生活中人们的职业道德境界大致分为自私自利的职业道德境界、公私兼顾的职业道德境界、先公后私的职业道德境界和大公无私的职业道德境界四种类型。

（1）自私自利的职业道德境界。这是腐朽没落的剥削阶级道德荼毒在一些人头脑中的反映。处于这种境界的人，认为自私是人的本性，把个人私利放在高于一切的地位，一切活动都以能谋求私利为转移，为了个人贪得无厌的私利可以不顾一切，甚至不择手段地损害他人和社会的利益，以满足自己。当然，除了有这种露骨的表现形式的人之外，更多的是一些化了装的采用变相手法的人，诸如宣扬所谓“利己不损人”“主观为自己，客观为别人”“在爱和同情中利己”等，这些实际上也都是自私自利的变种反映而已。

（2）公私兼顾的职业道德境界。处于这种境界的人，在各种职业活动中明显地表现出两面性，既保持个人主义“利己”的一面，也存在考虑他人或集体、社会的一面。他们在处理职业活动中牵涉利益的问题时，常常表现为思想矛盾重重，行为左右摇摆不定，总想把公与私摆平，但其结果又往往是事与愿违，思想行动上不是走这一个极端，就是偏向那一个极端。不过总的来说，这种人在多数情况下，尤其是在公与私、个人与他人、个人与社会利益发生矛盾时，通常是先考虑个人利益，后考虑他人和社会利益。虽然有时为了实现个人利益，也不是不顾及他人和社会利益，但他们绝不会把社会、集体和他人利益摆在个人利益之上。

（3）先公后私的职业道德境界。处于这种境界的人，能够在自己的本职岗位和所从事的各种职业活动中，比较正确地处理个人与事业、个人与集体、个人与同行、个人与社会之间的关系。他们虽然有自己正当的个人利益需要考虑，但能够以集体、社会的利益为重，先集体，后个人，先他人，后自己，并能够在需要牺牲个人利益的时候，在一定程度上牺牲个人利益来维护社会或集体的利益。他们能积极、诚实地工作劳动，同时也希望从社会领取应得的报酬，不拒绝社会或集体给予的荣誉和报偿。一般来说，这种人免不了有时还要考虑个人利益的多少，在头脑中也还存在为公和为私两种职业道德境界的思想斗争，还不能在一切事情、一切问题上全面达到“从心所欲不逾矩”的程度。但是，在正常情况下，他们还是能够积极进取，用为公的思想克服为私的思想。

（4）大公无私的职业道德境界。处于这种境界的人，已达到了高层次的道德觉悟境界。他们毫不利己，专门利人，一切言行都是以是否有利于社会、集体利益为准则。一事当前，先是为他人、为集体、为人民着想，对党的事业全心全意，对人民极端热忱，对工作极端负责任，把为人民、为集体和社会谋利益看作自己最崇高的使命，当个人利益和集体利益发生冲突时会毫不犹豫地抛弃个人利益，并无条件地贡献一切。

综上所述，我们分别把我国当前社会生活中存在的四种不同的职业道德境界进行了概括性描述。这四种不同的职业道德境界，从客观上反映了人们不同层次的职业道德觉悟水平。对此，社会主义职业道德修养的重要任务，就是应当努力使人们树立正确的认识，并对各种不同的职业道德境界采取不同的态度，以便使自己从低层次的境界上升到高层次的境界。

（四）职业道德修养的途径与方法

1. 职业道德修养的途径

积极参加社会的职业生活实践。坚持实践第一的观点，是职业道德修养的根本途径。

（1）社会职业生活实践是产生优良职业道德品质的必由之路。众所周知，培养优良的职业道德品质的过程，就是人不断地改造自己主观世界的过程。它要经历职业道德认识、职业道德情感、职业道德意志和职业道德行为等不同的阶段，而这一切都离不开实践，它们只能在社会职业生活实践中才能产生和表现出来。人的主观世界只有在实践中才能得到改造，只有在职业生活实践中加强职业道德修养，才可能提高和发展职业道德认识，培养和增强职业道德情感，锻炼和强化职业道德意志，并养成良好的职业道德行为习惯和品质。若离开了社会职业生活实践，职业道德修养就只能是一句空话。

（2）社会职业生活实践是职业道德修养的目的。进行职业道德修养，其本身并不是最终目的，而只是一种手段。人们进行职业道德修养，归根结底是为了更好地从事社会主义各行各业的工作，进行改造客观世界的社会主义实践活动，以推动社会主义现代化建设事业的发展。离开了这个根本目的，那种单纯的为修养而修养是毫无社会价值且毫无意义的。

（3）社会职业生活实践是检验职业道德修养客观效果的标准。人们的职业道德修养程度如何，只有通过社会职业生活实践才能得到检验。一个人，无论他在什么样的职业岗位上，只有踏踏实实地身体力行，把自己所认识了的职业道德原则和规范运用到职业生活实践中去，指导自己的言行，并用实践的结果来反映自己的思想水平和道德境界，才能准确地发现自己的差距，从而去改正、克服缺点，提高自己的职业道德觉悟。如果离开了职业生活实践的检验，职业道德修养就会失去客观依据，水平的高低就无从判断。

（4）社会职业生活实践也是推动人们职业道德修养不断发展的动力。职业道德作为整个社会道德体系的一部分，是由社会存在所决定，并随社会的发展和社会职业分工的发展以及职业生活实践的发展而发展的。这种发展必然带来许多新的问题。同时也赋予职业道德以新的内容。因此，人们的职业道德修养也不可能一次就完成，而是一个从实践到认识，又从认识到实践的不断反复的过程，循环往复，不断提高，永远不会停留在一个水平上。也就是说，人的思想改造永远不能停止，必须随着社会职业生活实践的发展不断地进行修养。只有这样，人们的职业道德水平和社会主义职业道德品质才能逐步地提高和完善。

2. 职业道德修养的方法

强调职业生活实践在职业道德修养中的决定性作用，但这并不是说，参加了实践就等于进行了职业道德修养。在这里除了实践，还要注意方法问题。

（1）学习理论，树立楷模。职业道德修养很重要的一个方法，就是学习理论，树立楷模。理论是指导职业道德修养的思想武器，没有这个武器，职业道德修养就是盲目的，在修养中遇到困难就会摇摆不定，甚至退缩，走下坡路。如果这样，良好的职业道德品质就不能形成。树立楷模，就是要把在职业实践中涌现出来的模范、先进人物作为职业道德楷模和理想人格，认真地学习他们好的职业道德思想和品质，自觉地在内心中与他们相对照找差距，从而指导自己的行动，提高自己。倘若一个人真的能在进行职业道德修养时自觉坚持学习理论，树立楷模鞭策自己，长此下去就一定会逐步坚定自己的职业道德信念，形成优秀的职业道德品质。

（2）自觉接受监督，虚心兼听闻过。一个人的职业活动，总是要与职业内部或外部从事其他职业活动的人发生往来的。在往来接触中，势必存在着别人的监督，别人也势必会对自己职业道德水平的高低进行评价，而这正是一个进行职业道德修养的最有利条件。对此，我们应自觉地争取求得他人的监督，虚心地听取别人的意见，这是职业道德修养的重要方法之一。古人有言道："君子不镜于水，而镜于人。镜于水，见面之容，镜于人，则知吉与凶。"意即用他人来作为"镜子"，可以发现和知道自己的正确与过失。人贵有自知之明，但真要做到自知，光凭自我意识和感觉是不够的，还需要求得别人的帮助督察才行。俗话说"旁观者清"，倘若我们在职业道德修养中，能主动找旁观者为镜，勇于"兼听"别人对自己的批评意见，并虚心接受，做到闻过则喜，就必然促使自己道德上的逐步成熟，促进职业道德水平的提高。

（3）反躬内省，解剖自己。反躬内省，即自我反省、反思。解剖自己，就是对自己严要求，敢于检查自己。二者合之就是我们通常所说的自我批评。这也是职业道德修养的重要方法。职业道德修养的过程，实际上就是自我改造的过程，它主要是靠自己主观上的努力，这是形成职业道德品质的内因。一个人有了缺点错误，别人的批评帮助固然是重要的，它能使我们对自己认识得更清楚。但最终从根本上解决问题，还是要依靠自己，这就需要有"反躬内省"的态度，即时时在内心检查自己，认真地进行自我批评。严格的自我批评，是进行职业道德修养不可缺少的法宝。要搞好自我批评，就必须要敢于、严于解剖自己，以自己和自己过不去的精神，积极地在头脑中开展两种职业道德观的斗争，用社会主义职业道德的规范来检查自己的言行，批判、战胜错误的、腐朽的东西，树立、发扬正确的东西，在不断战胜"自我"的过程中，升华自己的职业道德境界。

（4）慎独。慎独是一种修养方法，又是一种修养境界。说它是方法，是指人们通过自我严格要求和监督，努力培养、锻炼坚强的职业道德信念和意志。说它是境界，是指一个人的职业道德修养已达到高度自觉的程度。这里把它作为职业道德修养的方法，就是要自觉地按照社会主义职业道德的要求，持之以恒地去修养锻炼，在修养中高标准、严要求，时时处处注意从小事做起，不论什么时间、什么地点，不论有人监督还是无人监督，都始终如一地坚持依据社会主义的职业道德原则做好事，不做坏事，努力向完全彻底为人民服务的大公无私和勇于改革创新的新型理想人格迈进。

职业道德修养的方法是多种多样的，因为每个人所处的职业环境、生活经历、文化素养，以及年龄、性格等都存在着差异，所以职业道德修养的方法也就不能千篇一律。这里所说的方法是最具有普遍意义的修养方法，至于其他，每个人应再根据自己的职业生活实践进行有针对性的选择和尝试，以求都能真正取得好的修养效果，达到职业道德修养的目的。

第三节 职场中的个人发展

一、确立职业生涯的路径

乔治·萧伯纳有过这样一段名言："征服世界的将是这样一些人：开始的时候，他们试图找到梦想中的乐园，最终，当他们无法找到时，就亲自创造了它。"职业对大多数人来说，都是生活的重要组成部分。但是，职业既不像家庭那样成为我们出生后固有的独特的社会结构，也不像货架上的商品，可以供我们随意挑选。它更像一位朋友或一位合作伙伴，既存在，又不一定在眼前；与其结识不乏机缘，但更需要自我的设计和自我的奋斗。

面对严峻的就业形势，大学生们有必要按照职业生涯规划理论加强对自身的认识与了解，找出自己感兴趣的领域，确定适合自己的工作，即优势所在，明确切入社会的起点及提供辅助支持、后续支援的方式。其中最重要的是明确自我人生目标，即给自我进行准确的人生定位。自我定位、规划人生，就是明确"我能干什么""社会可以提供给我什么机会""我选择干什么""我怎么干"等问题，使理想可操作化，为个人未来的发展提供基础。确立职业生涯的路径一般分为以下几步。

（一）明确自身优势

首先是明确自己的能力大小，给自己打分，看清自己的优势和劣势，这就得要进行自我分析，通过对自己的分析，深入了解自身。根据过去的经验选择、推断未来可能的工作方向与机会，彻底解决“我能干什么”的问题。

1. 我学到了什么

在学校期间，我从专业中获取了哪些知识，参加过哪些社会实践活动，提高和升华了哪方面技能。很多毕业生选择的工作岗位可能与自身专业的关联度不大，但在一定程度上专业决定其以后的职业方向，因而尽自己的最大努力学好专业课程是生涯规划的前提条件之一。不可否认知识在每个人的人生历程中扮演着重要角色，特别是在当下知识经济时代。

2. 我曾经做过什么

即自己已有的人生经历和体验，如在校期间担任学生干部，曾经为某知名企业工作过等社会实践活动，取得的成绩及经验，获得的奖励等。经历是个人最宝贵的财富，往往可以反映出一个人的素质、潜力状况，因而备受招聘单位的关注。对每一个职场人士来说，经历往往比知识更为重要，因为许多事情只有经历过，才可能有深刻体会。

3. 我最成功的是什么

我做过很多事情，但最成功的是什么？成功的原因是偶然还是必然？是否自己能力所为？通过对最成功事例的分析，可以发现自我优越的一面，譬如坚强、果断、智慧超群，形成职业规划的有力支撑。寻找职业方向，往往要从自己的优势出发，以己之长立足社会。

（二）发现自己的不足

1. 性格的弱点

人无法避免与生俱来的弱点，首先必须正视，并尽量减少其对自己的影响。譬如，一个独立性强的人会较难与他人默契合作；而一个优柔寡断的人也难以担当组织管理者的重任。卡耐基曾说：“人性的弱点并不可怕，关键要有正确的认识，认真对待，尽量寻找弥补、克服的方法，使自我趋于完善。”因此要多和周围的人交流，尤其是熟悉自己的父母、同学、朋友等，看看别人眼中的你是什么样子，与你的预想是否一致，找出其中的偏差，这特有助于自我认识与自我提高。

2. 经验与经历中所欠缺的方面

“人无完人，金无足赤”，由于经历的不同、环境的局限，每个人都无法避免一些经验上的欠缺。有欠缺并不可怕，怕的是自己还没有认识到或认识到而一味地不懂装懂。正确的态度是：认真对待，善于发现，并努力克服和提高。这样才能帮助自己在职场不断提升。

（三）进行社会分析

1. 社会环境分析

社会在进步，在变革，作为即将走入社会的大学生们，应该善于把握社会发展脉搏。这就需要做社会大环境的分析：当前社会、政治、经济发展趋势；社会热点职业门类分布及需求状况；所学专业在社会上的需求形势；自己所选择职业在目前与未来社会中的地位状况；社会发展对自身发展的影响；自己所选择的单位在未来行业发展中的变化情况，在本行业中的地位、市场占有情况及发展趋势等。对这些社会发展大趋势问题的认识，有助于自我把握职业社会需求、使自己的职业选择紧跟时代脚步。

2. 组织分析

这应是个人着重分析的部分，组织将是你实现个人抱负的舞台，西方关于职业发展有句名言：“你选择了一个组织，就是选择了一种生活。”特别是现代组织越来越强调组织文化的建设，对员工的适应生存能力要求越来越高，因而应对你将置身其中的组织的各个方面做详细了解。在知己知彼的基础上，只有两者之间拥有较多的共同点，才是个人融入组织的最佳选择。

3. 人际关系分析

个人处于社会庞杂环境中，不可避免地要与各种人打交道，因而分析人际关系状况显得尤为必要。人际关系分析应着眼于以下几个方面：个人职业发展过程中将与哪些人交往；其中哪些人将对自身发展起重要作用，工作中会遇到什么样的上下级、同事及竞争者，对自己会有什么影响，如何相处、对待等。

（四）明确选择方向

通过以上自我分析认识，要明确自己该选择什么职业方向，即解决“我选择干什么”的问题，这是个人职业生涯规划的核心。职业方向直接决定着一个人的职业发展，职业方向的选择应按照职业生涯规划的四项基本原则，结合自身实际来确定，即选择自己所爱的原则（你必须对自己选择的职业是热爱的，从内心自发地认识到要“干一行，爱一行”。只有热爱它，才可能全身心地投入，做出一番成绩），择己所长的原则（选择自己所擅长的领域，才能发挥自我优势，注意千万别当职业的外行），择世所需的原则（所选职业只有为社会所需要，才有自我发展的保障）和择己所利的原则（应该本着“利己、利他、利社会”的原则，选择对自己合适、有发展前景的职业）。

职业生涯目标的确定，是个人理想的具体化和可操作化，是指可预想到的、有一定实现可能的最长远目标。按照马斯洛的需求层次理论，人一般具有生理需求（基本生活资料需求，包括吃、穿、住、行、用）、安全需求（人身安全、健康保护）、社交需求（社会归属意识、友谊、爱情）、尊重需求（自尊、荣誉、地位）、自我实现需求（自我发展与实现）五种依次从低层次到高层次的需求。职业目标的选择并无定式可言，关键是要依据自身实际，适合于自身发展。值得注意的是伴随现代科技与社会进步，个人要随时注意修订职业目标，尽量使自己职业的选择与社会的需求相适应，一定要跟上时代发展的脚步，适应社会需求，才不至于被淘汰出局。

（五）规划未来

从事一项自己所长的工作，工作起来会游刃有余；从事一项自己所喜欢的工作，工作得会很愉快。如果所从事的工作既是自己所擅长又是喜欢的，那么必能快速脱颖而出。这正是成功的职业规划核心所在。

职业规划最大好处就在于，帮助我们将个人梦想、价值观、人生目标与行动策略协调一致，去除其他不相关的旁枝末节，整合个人最大的优势与资源，从而向着终极目标快速前进，这正是取得成功的重要保证。

每个人要想使自己的一生过得有意义，都应该有自己的职业生涯规划，特别是对于大学生而言，正处在对个体职业生涯的探索阶段，这一阶段对职业的选择、对大学生今后职业生涯的发展有着十分重要的意义。

1. 选择职业通路，制定自我提升发展计划

根据职业方向选择一个对自己有利的职业和得以实现自我价值的单位，

是每个人的良好愿望，也是实现自我的基础，但这一步的迈出要相当慎重。如西门子公司就特别鼓励优秀员工根据自身能力设定发展轨迹，一级一级地向前发展。他们认为最好的人才是“有很好的人生目标，不断激励自己”，并提出“员工是企业内的企业家”的口号，给员工以充分的决策、施展才华的机会。随着职业、职务的变化，必须制定一个完善的自我发展计划以备应对：选择一个什么样的组织，预想自我在组织内的职务提升步骤，个人如何从低到高拾阶而上；预测工作范围的变化情况，不同工作对自己的要求及应对措施；如发展过程中出现偏差（工作不适应或解聘）的话，如何改变自己的方向；预测可能出现的竞争，如何相处与应对，分析自我提高的可靠途径。比如你想从事销售工作并想有所作为，你的起步可能是一个公司的业务代表，你可以设定通路计划：从业务代表做起，在此基础上努力，经过数年逐步成为业务主管、销售区域经理、销售经理，最终达到公司经理助理的目标。

2. 职业生涯规划要有具体的时限

面对发展迅速的信息社会，仅仅制定一个长远的规划显得不太实际，因而有必要根据自身实际及社会发展趋势，把理想目标分解成若干可操作的小目标，灵活规划自我。一般说来，以 5～10 年作一规划段落为宜，这样就会很容易跟随时代需要，灵活地调整自我，太长或太短的规划都不利于自身成长。具体可有两种方式：一是根据自己的年龄划分目标，如 25～30 岁职业规划、2015～2020 年职业规划；二是以职务阶段性变化为划分标准制定不同时期的努力方向，如 5 年之内向部门经理职位冲刺，10 年内成为主管经理。

3. 自我肯定与进步

清楚地了解自我之后，就要对症下药，重要的是对劣势的把握、弥补。需要分析的因素包括：①问题产生的原因，是自身素质问题、人际关系问题，还是工作本身的问题？②自我修正的可能性与手段，可通过什么方式、方法，是知识学习、专门业务培训还是改变职业方向？

大学毕业生可以通过几种具体可利用的方法来不断完善自我。

一是加强学习。大学生要在竞争中立稳脚跟，必须做到善于学习，主动学习。在学校期间，要针对自身劣势，制定出自我学习的具体内容、方式、时间安排，尽量落于实处便于操作。进入工作岗位后，要善于在实践中学习，主动利用组织开展的相应培训学习提高。

二是实践锻炼。在学校期间，就应该主动参与学生活动，接触各色人群，“不耻下问”，有针对性地锻炼自己能力欠缺的方面。如果可能的话，不妨多看、多听、多写，把自己的收获体会用文字表达出来，这对你的提高帮助更为直接。参加工作以后，更要主动在实践中锻炼才干，不断总结、不断提高。

三是来自他人的帮助。家庭、同学、朋友、师长和专业咨询机构都可以成为个人提高的有力支援，关键要学会求得他人帮助。对自己了解最深的莫过于你周围最亲密的人，多听听他们的经验与教训以及对自己的评价，尤其是注意他们对你的职业选择和通路发展的建议与评价。各类专业咨询机构在指导个人认识和选择职业方面都有一套比较完整的测评手段，可以借助他们加深自我认识，全面了解。

二、职业生涯发展的策略

（一）要有竞争意识和创新能力

具有竞争意识和创新能力是适应现代社会不可缺少的。竞争是各种事物在优胜劣汰法则面前对生存权利的争取，因而竞争必然会给人造成巨大的压力，任何置身于竞争环境中的人总是要争取优胜，避免淘汰。竞争还必然推动优化，使参与竞争的个体相互学习，取长补短。竞争意识是推动个体努力学习，自觉提高职业素质的动力。

创新能力是毕业生应重点培养的一种能力和必备的素质。开拓创新能力的实质是一种综合能力，它是各种智力因素和能力品质在新的层面上融为一体而形成的一种合力。毕业生如果只能熟悉、背诵前人的定义，而不思开拓创新，那他所学的知识就没有多大的意义。社会的进步需要创新，市场需要能解决问题的人才。著名物理学家温伯格说过：“不要安于书本上给你的答案，要去尝试发现与书本上不同的东西，这种素质可能比智力更重要，往往是最好的学生和次好的学生的分水岭。”

（二）具有适应变化的能力

职业内容的不断更新和新型职业的不断产生决定了现代职业对人的素质提出了更高的要求。新资源的开发、新技术的发明与应用、生产工具的革新、生产组织的改革和管理水平的提高，要求人们不仅具备更高的科学技术知识和操作技能，而且要打破旧的传统观念，解放思想，开阔思路，树立时间观念、效率观念和合作观念，摒弃“一次选择定终身”的传统的职业选择观，适时地调整自己与外界的关系，不断地提高自己的职业素质，以适应不断发展的职业要求。

（三）培养广泛的兴趣

兴趣是人们活动的心理动力之一。作为个性倾向的重要内容，它创设一种积极进取、主动热情的心境，支持人们去探索和参加各种活动。人们一旦产生某种兴趣，会聚精会神地投入其中，克服一切困难，直到最后取得成功。一个人只有对自己所选择的职业有兴趣，他才能敬业、乐业，并在职业岗位上全身心地投入学习和工作，才能充分发挥自己的聪明才智，从而在事业上做出成绩。

（四）重视能力补偿

所谓能力的补偿效应，是指在个体身上发生的不同能力之间的相互替代或补偿作用，从而保持或维持活动的正常进行。在职业活动中，要重视能力补偿，通过能力的补偿效应来增进人的职业适应性。

增加个人对组织的价值，保住现有工作，为个人职业目标实现奠定基础。如果你决心在本组织内发展，那么首要的一步是保住现有工作。为此，在个人职业计划中，要预期在哪里、哪个岗位或哪项工作上能为组织增加价值，而且不是一次性的或几次性的，并且要不断地为组织的事业做出贡献，增加对组织的价值。

请求担当更繁重或责任更大的工作，并切实完成好工作任务。制定个人计划之时，关于承担责任的设计要谨慎行事。一是要正确估价自己的能力，所担负的工作任务是自己力所能及的；二是请缨担当的重任，必须有充分把握能够圆满完成甚至出色完成，否则宁肯不请缨。

预计未来目标成功将需要什么知识和技能，并设计以何种方式来获得这些知识和技能。这是个人职业计划中的核心内容，是职业成功的决定性因素。

（五）提高身心健康水平

现代社会是一个充满竞争的社会。现代科技的高速发展造就了一个紧张的社会环境，这种环境给人类社会带来了巨大的心理压力，加上工作的繁重，从而导致人们精力不足、体质较弱和许多心理疾病的发病率提高。一个身体孱弱、心境烦闷、情绪低落的人不可能有勃勃的兴致及充沛的精力去胜任自己的工作，适应激烈竞争的职业世界。因此，提高身心健康水平是现代社会对职业人的基本要求。

（六）尽快找到职业锚

职业锚是在具体工作经验之中习得的，通过工作经验的积累产生并形成的职业锚，能够清楚反映个人的价值观与才干，也能反映个人进入成年期的潜在需求和动机。个人抛锚于某一职业工作过程，实际上就是个人自我真正认知的过程，认识自己具有什么样的能力、才干，需要什么。通过对职业锚的认识，找到自己长期稳定的职业贡献区，从而决定自己将来的主要生活与职业选择。

职业锚清楚地反映出个人的职业追求与抱负。例如：技术/功能型职业锚的雇员，其志向和抱负在于专业技术方面的事业有成，有所贡献。同时，根据职业锚可以判断个人达到职业成功的标准，例如抛锚于管理型的雇员来说，其职业成功在于升迁至更高的职位，获得更大的管理机会。因此明确自己的职业锚，可以帮助确定自己职业成功的标准、职业成功要求的环境，从而确定职业目标及职业角色。

职业锚是个人经过长期寻找所形成的职业工作的定位，是个人的长期贡献区。职业锚形成后，个人便会相对稳定地从事某种职业。这样必然会积累工作经验、知识与技能，个人职业竞争力也会随之增加。

（七）充分认识内外职业生涯

外职业生涯指的是从事一种职业的工作时间、工作地点、工作单位、工作内容、工作职务与职称、工资待遇、荣誉称号等因素的组合及其变化过程，也就是通过我们的名片，通过我们的证书，通过我们的工资单去表现出来的东西。

内职业生涯是从事一种职业时的知识、观念、经验、能力、心理素质、内心感受等因素的组合及其变化过程。

内职业生涯是我们职业生涯之树的根，内职业生涯的发展程度决定了外职业生涯的发展程度。当你给自己打工的时候，你的眼光就从外职业生涯自然而然地转向内职业生涯，为了使职业生涯之树常青，一定要把职业生涯之根扎深，扎牢。因为只有根深蒂固，才会枝繁叶茂，硕果累累。

外职业生涯通常是由别人决定、给予、认可，也很容易被别人否定、收回或剥夺。内职业生涯主要靠自己的不断努力而获得，不随外职业生涯而获得，而自动具备，也不会因为外职业生涯的失去而自动丧失。在职业生涯发展中，应该紧紧地把关注点放在内职业生涯的发展上。内职业生涯的发展是外职业生涯发展的前提；内职业生涯的发展带动外职业生涯的发展；外职业生涯的发展促进内职业生涯发展。

大学生要把目光先放在内职业生涯上，企业需要什么样的人才，需要具备什么样的观念和能力，我能争取到什么样的锻炼机会，我用多长时间可以达到公司对我的要求。把焦点放在这里，也就是放在扎根上。这样就更容易得到领导和企业的赏识。就如同一棵树，当根扎得越深越广的时候，可以吸收更多的营养和水分，它自然会长出很多的枝芽、花朵，会结果实。

内职业生涯的发展是以外职业生涯发展来体现和作成果展示的，内职业生涯的缺乏是以外职业生涯的停滞或失败呈现的。如果你的内职业生涯跟不上，即使有一个很好的岗位与职务，也做不好。可以说，内外职业生涯的关系，不仅仅是打基础和盖大楼的关系这么简单，它就像树根与树冠的关系，交替进行，互相促进，不能简单地分割开来。

第十章　创业概述

第一节　创业的概念与作用

人类自在地球上站立起来的那天起，就以拓荒者的步伐，踏上创业的征程。创业，已成为人类最基本的生存方式之一。创业，是人类一切财富的源泉。要进行创业，首先就要搞清楚创业的概念和相关的基本知识。

一、创业的概念

在国内，创业一词可见于《孟子·梁惠王》一文，文中说“君子创业垂统，为可继也”，意思是有德者创立基业，为的是传给子孙，让后代继续开创下去，这就指明创业是开创事业的过程。在国外，“创业”的概念起源于英文“Venture”，该词的最初意义是“冒险”。但在企业创业领域，它的实际意义已不是单纯的“冒险”之义，而是被赋予了“冒险创建企业”这一新的特定内涵。

创业有广义和狭义之分。广义上的创业，是指人类一切带有开拓意义的社会变革活动，包括政治、经济、军事、文化等事业，只要人们从事的是“前无古人”的事业，都可以称为创业。狭义上的创业，是指个人或群体自己开展的以创造财富为目的的社会活动，这种活动对整个人类来讲，也许有前人进行过，但对创业者本身来讲，却是未经历过的、从头开始的事业。我们通常指的创业，都是指这种狭义上理解的创业活动。

不论是广义还是狭义的理解，创业都是指某个人发现某种信息、资源、机会或掌握某种技术，利用或借用相应的平台或载体，将其发现的信息、资源、机会或掌握的技术，以一定的方式，转化、创造成更多的财富、价值，并实现某种追求或目标的过程。创业也是创业者对自己拥有的资源或通过努力对能够拥有的资源进行优化整合，从而创造出更大的经济或社会价值的过程。它是一种劳动方式，是一种需要创业者组织、运用服务、技术、器物作业的思考、推理、判断的行为。创业必须要花费时间、付出努力，承担相应的财务、精神和社会风险，并可能获得金钱的回报、个人的满足和独立自主。

随着社会的发展，不同的个体对创业概念的理解也有所变化和不同，下面列出国外常见的几种理解：

杰弗里·蒂蒙斯（Jeffry A. Timmons）所著的创业教育领域的经典教科书《创业创造》中，将创业定义为：创业是一种思考、推理和行为方式，它为机会所驱动，需要在方法上全盘考虑并拥有和谐的领导能力。

科尔（Cole）在 1965 年把创业定义为：发起、维持和发展以利润为导向的企业的有目的性的行为。

史蒂文森（Stevenson）、罗伯茨（Roberts）和荷斯拜客（Grousbeck）提出：创业是一个人——你不管是独立的还是在一个组织内部——追踪和捕捉机会的过程，这一过程与当时控制的资源无关。

创业网定义：创业是指接管和组织一个经济体的某个部分，并且以自己可以承受的经济风险通过交易来满足人们的需求，目的是为了创造价值。

创业研究涉及多个领域和多个学科，使得不同学科都从其特定的角度对创业进行了观察和研究。Gartner 用德尔菲法对创业的概念进行了探究，结论认为：创业的内涵主要体现在企业家个人特性和创业的行为结果这两个方面。企业家的个人特性包括人格特征、创新性、独特性、开拓新事业和谋求发展，而创业的行为结果则被理解为价值创造、追求利润、成为企业所有者和管理者以及创建组织。Morris 在一份文献调研中回顾了近几年在欧美地区创业核心期刊的文章和主要教科书中出现的 77 个创业定义，通过对这些定义内容中关键词出现的频率来揭示创业的内涵。在 77 个创业定义中，出现频率最高的关键词主要包括：开创新事业、创造新组织、创造资源的新组合、创新、捕捉机会、风险承担、价值创造等。可见，两位学者研究的结论基本是一致的，尽管学术界对创业本质的理解各有不同，但总体来看，创业的内涵主要包括：开创新业务，创建新组织；利用创新这一工具实现各种资源的新组合；通过对潜在机会的发掘而创造价值。

尽管创业的定义多种多样，但我们可以对创业给出如下的定义：创业是指社会上的个人或群体，为了改变现状，造福后人，依靠自己的力量创造财富的艰苦奋斗的过程，是一种人类社会行为。

二、创业的特点和特征

创业的本质是创造。创业活动的本质可归纳为以下七种创造活动：财富的创造、企业的创造、创新的创造、变革的创造、雇佣的创造、价值的创造、增长的创造。创业是富有创业精神的创业者与机会结合并创造价值的活动。

按照创业的概念和本质，创业具有如下四个基本特征。第一，开拓性。对创业者个人来讲，创业是一项前所未有的事业。第二，自主性。创业者进行创业工作，总是靠自己的力量开创属于自己的事业。第三，功利性。创业者进行创业的目的，都是为了创造财富、积累财富。第四，风险性。创业是在动态竞争前提下的机会驱动过程，是创业者在面对大量的不确定性因素条件下，分析、评估机会并进行有选择地投资决策的行动，各种不确定性因素的随机性，必然导致创业的风险性。

创业还有以下四个基本特点：第一，创业是创造具有更多价值的新事物的过程；第二，创业需要贡献必要的时间，付出极大的努力；第三，创业要承担必然存在的财务、精神、社会领域及家庭等方面的风险；第四，创业能得到在金钱、独立自主、个人满足等方面的报酬。

对于一个真正的创业者，创业过程不但充满了激情、艰辛、挫折、忧虑、痛苦和徘徊，而且还需要付出坚持不懈的努力。当然，渐进的成功也将带来无穷的欢乐与分享不尽的幸福。

创业是一种劳动方式，是一种无中生有的财富现象，是一种需要创业者组织、运用服务、技术、器物作业进行思考、推理和判断的行为。

三、创业产生的历史动因和发展阶段

（一）创业产生的历史动因

心理学研究表明：需要产生动机，动机导致行为。人们的创业冲动是在各种需要的刺激下产生的，需要是产生创业的直接动因。促使人们产生创业冲动的主要需要有如下五种。

1. 争取生存的需要

人类要生存，首先要解决吃穿住行的问题，然后才有可能进行其他社会活动。生存是人的最基本的需要，生存的需要，刺激了人们的创业动机。我国的下岗工人再就业，就是一个争取生存而创业的例子。为了生存，迫于生计，只有做开饭馆、卖报纸等这类较低层次的创业工作，当然，这类创业对创业者的要求一般不高，创业效果也不明显。

2. 谋求发展的需要

人活着不只是为了生存，每一个人都有自己的追求，他们在基本生活有了保障之后，总希望能在各方面都有所发展，包括物质和文化生活条件的改善、社会地位的提高、个人才能的施展等，这些都是寻找和激发创业动机的动力。人的追求是无止境的，人们总是在不断地寻找和追求新的奋斗目标，使自己得到进一步发展。绝大多数自主创业者，都是为了使自己得到真正意义上的发展。而多次变动创业工作，择业高就，另起炉灶，自己当老板等这种创业，与为争取生存的创业相比，对创业者的要求更高，创业效果更好。

3. 获取独立的需要

每一个人都有自己当家做主的愿望。独立是人的普遍需要，人们不仅为了争取国家独立而英勇献身，而且也为个人独立而奋斗。创业可以使人获得独立，这种为获得独立地位而创业的人，多数是受过一定教育、自主意识较强的人。

4. 赢得尊重的需要

人不仅需要得到物质的满足，而且还追求精神上的需要。我们生活在社会中，需要受到人们的尊重和爱戴，要怎样才能获得人们的尊重呢？就要通过自己的劳动成果，对社会做出贡献。许多私营企业家都是通过创业取得巨大成就，然后支持社会公益事业的途径来获得社会尊重的。尊重的需要成为许多人创业的动机。属于这种需要的创业虽然带有个人主义动机，但其创业动机同社会利益结合起来，是值得肯定的。

5. 实现个人价值的需要

一些具有崇高思想境界的人，以改造社会为己任，把对社会做贡献作为实现自我人生价值的目标，不满足甚至放弃自身的优越条件和环境，去开创一项新的事业。他们的创业动机，不是为了个人发财，而是为了造福社会；不是为了索取，而是为了事献。这种创业是主动的自觉创业。那些为造福社会而勇于探索的科学家，如爱迪生、爱因斯坦等就是这一类型的典型代表。

正是在上述各种需要的刺激下，促使人们产生了创业冲动并开展创业工作。

（二）创业的发展阶段

按照创业的发展情况，可将创业的发展分为四个阶段，即生存阶段、稳定阶段、发展阶段、成熟扩张阶段。

第一阶段：生存阶段。在此阶段中，首先以产品、技术、渠道为优势，争取获得生存空间，然后想办法、肯努力、会销售，就可以获得相应的发展机会。在这一阶段，与其说是在“创业”，不如说是在“微生意”，求得生存。

第二阶段：稳定阶段。在此阶段中，通过规范运营，建立稳定的系统，来增加机构效益。这一阶段的关键是“建立一套持续稳定的运作系统”和“被动现金流”，让企业不再依赖于创业者的个人能力和背景获得发展。这个阶段需要创业者的思维从想法提升到思考的高度，使原先的“微生意”转变成成就事业、创办企业并初步形成创业团队。

第三阶段：发展阶段。在此阶段中，这时依靠的是硬实力（产业化的核心竞争力），整个商业机构形成了系统平台，依靠一个个团队通过系统平台来完成管理，人治变成了公司治理，销售变成了营销，区域性渠道转变成一个个地区性的网络，从而形成了系统。思维已从平面扩展到三维。这时创业者有了被动现金流系统（赚钱机器），它能 24 小时为你工作，这是许多创业者梦想达到的理想状态。

第四阶段：成熟扩张阶段。这是创业者的最高境界，是一种无国界的经营，也就是俗称跨国公司。集团总部的系统平台和各子集团的运营系统形成的是一种体系。集团总部依靠的是一种可跨越行业边界的无边界核心竞争力（软实力），子集团形成的是行业核心竞争力（硬实力），这两种力，将使集团的各行各业取得它们在单兵作战的情况下所无法取得的业绩水平和速度。思维从三维扩展到多维，这是企业发展所能追求和达到的最高境界。

四、创业的历史作用

（一）创造了财富，丰富了社会生活

创业是创造财富的过程。创业给人类带来无穷无尽的物质财富和精神财富。创业企业不断向社会提供传统产品和推出新产品。新产品的研制本身就是一种创业活动，所以几乎所有新产品都由创业企业提供。据美国小企业管理局统计：新公司创造的新产品比老企业多25%。创业者不断向社会推出他们的创业新成果，繁荣了经济，活跃了市场，丰富了人类社会生活。

（二）促进了科学技术的发展，提高了社会生产力

创业是科学技术的物化器。人类社会的每一项技术发明，首先几乎都是在创业的过程中得以应用的。这是由于新创企业没有老企业存在的负担和包袱，很容易接纳和采用新技术。例如，美国的“硅谷”，堪称现代创业者的摇篮，那里的创新企业几乎是在最新科学技术催生下兴起的。创业促使科学技术向现实生产力的转化过程加快，先进的科学技术极大地提高了社会生产力。

（三）推动了社会经济的发展

国家财政的主要来源是税收。税收增长是社会发展的主要依据。创业企业在创造经济效益的同时，也增加了国家的税收，支持了社会经济的发展。美国管理学家彼得·德鲁克的研究表明，美国的经济发展越来越多地来自创业和创新型企业。创业企业交纳的税额已是国民经济增长的重要组成部分，创业企业已成为推动社会经济发展的一支重要力量。

（四）提供就业机会，促进社会稳定

就业问题的解决与否是社会稳定的重要因素。人们只有安居乐业，社会才会稳定。创业企业为社会提供了大量的就业机会。美国管理学家彼得·德鲁克认为，创业型就业是美国经济发展的主要动力之一，是美国就业成功的

核心，鼓励创业是带动就业增长的主要措施。他分析美国就业情况发现，就业机会几乎是创业型和创新型企业提供的。

第二节 创业的类型与模式

一、创业的类型

（一）按照创业主体的情况分类

1. 失业者创业

失业者包括单位解体而失业（如国有企业的下岗工人、技术人员等），或因其他原因主动辞职而失业的人员。这类人创业首先是为了生存，由于他们自己已经有一些技术、社会经验，同时国家鼓励他们创业，并提供许多优惠政策，因此，他们创业投资少、风险较低、回报快。在“许多事无人干，许多人又无事干”的情况下，他们容易发现创业机会。这类人创业，起初规模都较小。

2. 大学生创业

许多大学生毕业后不是就业，而是自主创业。大学生有独立创业的，也有合作创业的；有从事所学专业的，也有涉足非所学专业的。他们创业的目的不完全以挣钱为主，而是不愿意为别人打工、受制于人，想干自己喜欢的事业，体现自我人生价值。这类人创业，由于具有一定的专业知识、人又年轻、思想较灵活等优势，创业容易成功。

3. 退休者创业

不少退休人员，退休后没有找到发挥余热的条件，便利用自己丰富的知识、经验，广泛的社会关系和多年建立起来的信誉度，在保证身体健康的条件下，进行自我创业。这类人员创业，由于他们在人生和创业上有更宽广的视野，与年轻创业者相比，有较多的优势，创业更容易成功。

（二）按照创业的发展阶段分类

1. 初次创业型

初次创业是指事业韧创时期的活动，它是从无到有的过程。创业者经过市场调查，分析自己的优势与劣势以及外部环境的机遇与风险，权衡利弊，确定创业的类型和模式，履行必要的法律手续（如工商、税务登记等），招聘员工、建立组织、投入资本、营销产品或服务等，不断扩大市场，由亏损到盈利，这就是初始创业的过程。初始创业是一个边学边干、边干边学的过程。开始时困难较大，效率较低，投资回报较慢，有一定的风险性。

2. 二次创业型

二次创业也称为再创业，它是指初次创业结束后，为达到原定目标而继续创业的创业活动。为什么要二次创业呢？这是因为创业是一个过程，企业有一个生命周期，它分为四个阶段：投入期、成长期、成熟期、衰退期。创业表现最明显的是在投入期和成熟期。没有投入期就没有创业；同样，成熟期不再次创业，创业就会死亡。成熟期的再次创业就是第二次创业，二次创业的目的，就是要使企业不再进入衰退期，而长期保持在成长期和成熟期。没有第二次创业，企业必然只是昙花一现。例如，某知名企业曾有辉煌的历史，但在二次创业时，遇到了困难，面临崩溃，直到换了一位资深的创业高手，才使该企业由衰转盛，成为跨国企业集团。

3. 持续创业型

持续创业是指创业成功后，为巩固和扩大创业成果而不间断进行的创业活动。只有持续创业，才能巩固和扩大创业成果，达到“三生万物”，以致无穷的境界。

（三）根据创业者对市场的认识分类

1. 复制型创业

这种形式的创业，复制原有公司的经营模式，创新的成分很低。例如，某人原本在餐厅里担任厨师，后来离职自行创立一家与原服务餐厅类似的新餐厅。新创公司中属于复制型创业的比例虽然很高，但由于这种类型创业的创新贡献太低，缺乏创业精神的内涵，不是创业管理主要研究的对象。这种类型的创业基本上只能称为“如何开办新公司”，因此，很少被列入创业管理课程学习的对象。

2. 模仿型创业

这种形式的创业，对于市场虽然也无法带来新的价值创造，创新的成分也很低，但与复制型创业的不同之处在于，创业过程对于创业者而言还是具有很大的冒险成分。例如，某一纺织公司的经理辞掉工作，开设一家当前流行的网络咖啡店。这种形式的创业具有较高的不确定性，学习过程长，犯错误的机会多，代价也较大。从事这种创业类型的创业者如果具有适合的创业人格特性，经过系统的创业管理培训，掌握适当的市场进入时机，还是有很大的机会可以获得成功的。

3. 安定型创业

这种形式的创业，虽然为市场创造了新的价值，但对创业者而言，本身并没有面临太大的改变，做的也是比较熟悉的工作。这种创业类型强调的是创业精神的实现，也就是创新的活动，而不是新组织的创造，企业内部创业即属于这一类型。例如，研发单位的某小组在开发完成一项新产品后，继续在该企业部门开发另一项新产品。

4. 冒险型创业

这种类型的创业，除了对创业者本身带来极大的改变外，个人前途的不确定性也很高；对新企业的产品创新活动而言，也将面临很高的失败风险。冒险型创业是一种难度很高的创业类型，有较高的失败率，但成功所得的报酬也很惊人。这种类型的创业如果想要获得成功，创业者必须在创业者能力、创业时机、创业精神发挥、创业策略研究拟订、经营模式设计、创业过程管理等各方面能很好地把握。

（四）按照创业的动机分类

除从以上三个角度去分类外，还可以按照创业的动机，将创业分为自发创业、自主创业、自觉创业三类。其中，自发创业是为环境所迫，为争取生存的创业，是被动性的创业；自主创业是为适应环境需要，争取发展的创业，是具有较多主动性的创业；自觉创业是为了改造环境、造福社会的创业。

二、创业模式

（一）独自创业

独自创业是指由创业者个人独自全额出资，独立自主进行企业的创意、策划、运作，对企业的具体事务和社会竞争负全部责任并享有企业本身及其创造的全部成果的创业活动。这是一种把企业责、权、利均集中于主创人员的创业模式。这种创业模式具有如下三个特点：创业人员的单一性、权利义务的统一性、创业活动的独断性。独自创业具有利益驱动力强，工作效率高，营运成本低，灵活性较大等优点；缺点是经营规模小，决策随意性突出，在经营上孤军作战，抗风险能力不强等。

能从事独自创业的创业者，应具有一定的投资能力，有强健的身体和坚韧不拨的顽强斗志，有极强的独立性等条件。

（二）家族创业

家族创业是依赖血缘、亲情关系将创业成员团结起来，共同创建并经营运作企业活动的创业模式。这种创业模式的特点是：成员关系的伦理化，它充满了血肉相连的伦理关系；企业关系的非确定性，彼此在创业过程中的责、权、利关系即企业关系模糊而不确定，确定的是血缘亲情关系；在创业动机上是实现个人致富，达到特定指标；经营观念是“一切为了家庭”。家族创业利用情感的力量来团结、鼓舞人，凝聚力和亲和力强，同时它不需要启用大量固定的员工，员工队伍稳定，家族创业的这些优越性利于创业的开展。但是，家族创业也有其局限性，主要表现在：首先，创业风险与家庭命运紧密联系在一起，家庭的资源和人力都投入到创业中，创业成败决定了家庭命运，因此创业者面临的压力更大；其次，这种创业往往对责任、权利、义务缺乏明确的规定，造成创业效率低。

（三）合伙创业

合伙创业是指两个以上的创业者订立合同、共同出资、合伙经营、共享收益、共担风险，并对合伙企业债务承担无限连带责任的创业模式。这种创业的特点是：合伙人在地位上是平等的，他们之间只有纯粹的经济利益关系，没有行政关系。合伙人在责任、权利、义务上是明确的，在利益上是相互的，坚持互利互惠原则。这些特点就使得合伙创业具有如下优越性：①资金较为充足，经营规模较大，容易产生效益；②可以发挥集体智慧，便于事业发展；③利益主体是多人，就便于形成有效的相互监督机制，使企业处于合理、科学的经营管理状态。但是，合伙创业由于各自能力、看法等差距，矛盾较多，需要有较强的协作意识、信义品格和宽容精神，才能使合伙创业愈来愈好。

（四）集团创业

集团创业是创业者集体以一定章程和组织形式组织起来，依法人形式从事经营的创业模式。这种创业的特点是：创业主体团队化，投资全体多元化，经营管理科学化。集团创业是依靠团队的力量聚集社会的资金、技术，按照科学严密的组织系统和管理制度开展经营，凭借企业的规模获取效益，因而它具有如下优点：①集合了社会的财力、物力、人力，创业的规模大，具有最大限度的规模效应；②经营起点高，可经得起较大的市场压力和风险；③可以发挥集体优势；④投资多元化，可避免艰苦的原始积累阶段，直接进入经营。

也应看到在集体创业过程中，如何加强管理，充分发挥个人的积极性，克服依赖思想，妥善解决创业过程中的矛盾也是一些需考虑的重要问题。

第三节　创业与创业者

一、创业者

创业者并不是特殊人群，具备一些独特技能和素质有助于成功创业。

（一）创业者拥有三种自由

第一是时间自由。创业者是自己时间的主人，因此可以由自己来支配时间，不必朝九晚五去上班。但最初的创业者，需要付出很多的时间与精力在创业项目上，甚至要为此牺牲一些业余时间而专注于自己的事业。

第二是决策自由。创业者是自己活动的主人，在法律范畴内的决策可以完全自由。没有人告诉他该做什么不该做什么，什么是正确的什么是错误的，但是聪明的创业者往往都是善于整合资源、利用外脑的。

第三是财务自由。他拥有的自有资金如何投资、和谁商量、投资什么，可以不受别人干涉自由支配；同时，当他创业成功以后，他在购买物品的时候，可以不受价格因素的约束而仅仅考虑是否需要。

（二）成功创业者的特征

成功创业者的特征包括：①自主性强，不愿意受约束，对每件事都希望有自主权；②主动性强，愿意从事有具体目标的各种活动；③自控力强，有强烈的成功欲望，可以自我激励、自我管理；④善于发现机会，具有很强的商业直觉；⑤善于时间管理，会对时间安排做出取舍；⑥具有创新思维，看待事物的视角与众不同；⑦善于发现问题和解决问题，而不是回避问题；⑧能够客观地看待问题，不怕承认错误。

二、如何创业

（一）自主创业

1. 勇于逼迫自己

人在竞争中取胜，成功需要付出万分艰辛，这是很多人从生活中悟出的真理。所以古人就有“生于忧患，死于安乐”“敌存则祸消，敌去则祸召”的说法。

人们常用动物界的事实来说明这个道理：狮子和老虎为了不致饿死，就必须比鹿跑得更快，才能将鹿逮住吃掉；而鹿必须不断提高自己的奔跑能力才能自存，结果是狮子、老虎和鹿在追赶中速度不断提高，没有狮子和老虎，鹿的奔跑能力就会退化。如今年轻的一代，生长在安定的环境中，科技与生产的发展创造出了各种各样的产品，极大地满足了人们的需要，丰富了人们的生活，又加上独生子女逐渐增多，他们从小生活在家长的呵护中，生活无忧，极易造成人的意志懈怠。须知，当今的世界，列国争雄；当今的社会，市场经济条件下人人都在“八仙过海，各显神通”。

同样，人往往在竞争中才能牵动起自己强烈的情感，发挥自己丰富的想像，调动全身心的潜能拼搏求生存，创造力才能得以发挥。这就不难理解，为什么很多发明都起源于残酷的战争这样一个事实了。没有挑战，人的惰性就会表现出来。人的潜能巨大，但没有环境的逼迫就很难释放出来。

2. 以德立身

春秋时期，鲁国叔孙豹论古人三不朽，曰：“太上有立德，其次有立功，其次有立言。”孔子云：“不义富且贵，于我如浮云。”可见古人是很重视以德立身的。

以德立身，需要创业者树立远大理想。社会需要理想，人人需要理想。古人尚有“先天下之忧而忧，后天下之乐而乐”“天下兴亡，匹夫有责”的襟怀，现在创业的人们更不能没有理想。理想是人生的风帆，没有理想的人精神就会失落。我国是共产党领导的社会主义国家，我国的市场经济是社会主义市场经济。讲利益，讲的是国家民族集体的整体利益，讲的是个人的正当利益；讲手段，只能是合理合法的手段，不能不择手段；讲信仰，是人人平等，共同富裕，解放和发展生产力，全心全意为人民服务，公而忘私、法治德治等。这么大一个国家，这么多人，这么多事，如果没有共同的理想，必然失去向心力、凝聚力。

以德立身，需要创业者不断加强自身修养，尽快成为高尚的、有道德的人。有理想、有抱负、踏实工作、诚实、自信、乐观、利群、变革、创新，无疑是当代创业的人们应有的美好形象，而缺乏起码的道德修养，“有智商没有智慧，有前途没有壮志，有文化没有教养，有知识没有思想，有青春没有热血，有个性没有品行”，冷漠、自私、狂妄，既不自尊也不尊敬他人，追求享乐不能自拔等，则是与社会要求不相符的。

第四节　我国大学生创业教育

一、创业教育的含义

创业教育是知识经济时代培养学生创新精神和创造能力的需要，是社会和经济结构调整时期人才需求变化的需要。知识经济时代不仅需要大批具有创新精神和创造力的人才，更需要一个完整的创业体系的支持。这一体系包括鼓励创业的环境、支持创业的社会融资渠道，以及敢于冒险的企业家精神和企业家队伍的培育。由于种种原因高校毕业生的就业问题越来越突出，在今后几年将更加突出。这就要求高等学校既要不断提高人才培养的质量和社会适应性，还要加强对学生创新意识、创造精神和创业能力的培养。

创业教育是一种理念。这种理念要贯穿于高校的课堂教学及课外活动中。主要是通过课程体系、教学内容、教学方法的改革，教学实践的展开，不断提高学生的综合素质，增强学生的创新意识、创造精神和创业能力。同时，强调通过开设相关课程、资助资金、提供咨询等方式使学生具备自己开办企业的能力。

国内大学开展创业教育较晚，虽然目前创业教育活动已经在全国各院校相继展开，并取得了一定的成绩，但仍处于初始阶段，还需要不断努力。

二、我国高校教育中存在的问题

（一）高校课程设置不合理

我国高校的课程设置适应性较窄，许多高校的课程与专业设置大部分都是为城市设计的，而为边远及农村地区和基层企业设置的专业课程较少，因此形成了各专业、学科对城市就业环境的依赖性。

（二）高校教育体系缺乏对人才观念的正确引导

我们国家的经济建设中需要的是“一个科学家和九个工程师”，而我们的教育体系培养出来的却是“九个科学家和一个工程师”，从而形成理论型人才过剩，技能型人才不足的状况。我国的各种学校都热衷于升级，中专变大专、大专变本科、学院变大学、大学又致力于向“研究型大学”的升格转型，使人才的培养缺乏相应的层次结构，导致大学生的就业机会缺乏多样性的选择。各学校中“重专业、轻职业”“重理论、轻实践”“重知识、轻技能”的现象较为严重。在大学的学习时期，大学生主要倾注于象牙塔内的闭门学习，尤其是倾注于英语、计算机的等级考试，等等。对社会、对现实、对企业、对农村、对实践的关注了解甚少，使大学生自我期望过高，大学毕业后眼高手低，从而导致谋职就业的障碍。因此，人们说大学生到社会上去谋职业、找工作，是从理想主义走向现实主义的转折点，是很有道理的。

（三）中国的高校教育中缺乏“平凡”教育

过去，由于我国大学学历以上的高层次人才较为缺乏，大学生被人们视为“天之骄子”；使我国的高等教育一直推行着“精英教育”的模式，这种精英式的教育使大学生毕业后难以走进平凡，走向现实，走向基层，正确地评估自我的价值与位置。比如在中国高校举办的讲座、论坛主要是请社会名人、政府官员、科学家给学生做报告；而美国高校请的却是护士、警察、消防队员给学生做报告，给学生进行普通公民的“平凡教育”。因此，有留美学者认为，中国的高校教育给学生树立的是“标杆”，而美国的教育是让学生了解社会，使学生真正理解“伟大出自平凡”的真理，这有益于学生顺利地走向社会，有益于人的成长。

第十一章　创业者的素质

第一节　创业者的身心素质

一、创业者的身体心理素质和重要性

（一）创业者需要具备良好的身体素质

所谓身体素质，通常指的是人体肌肉活动的基本能力，是人体各器官系统的功能在肌肉工作中的综合反映。身体素质一般包括力量、速度、耐力、灵敏度、柔韧度等。身体素质经常潜在地表现在人们的生活、学习和劳动中。一个人身体素质的好坏与遗传有关，但与后天的营养和体育锻炼的关系更为密切。通过正确的方法和适当的锻炼，可以从各个方面提高身体素质水平。现代中小企业的创业与经营是艰苦而复杂的，创业者工作繁忙、时间长、压力大，如果身体不好，必然力不从心、难以承受创业重任。

熟悉苹果的人一定知道，乔布斯在21世纪全球资讯科技和电子产品中绝对是一个光彩夺目的人物，正是由于他的存在，全球资讯科技和电子产品史上增加了浓墨重彩的一笔。乔布斯是改变世界的天才，他凭借敏锐的触觉和过人的智慧，勇于变革，不断创新，引领全球资讯科技和电子产品的潮流，把计算机和电子产品变得简约化、平民化，让曾经是昂贵、稀少的电子产品变为现代人生活的一部分。他先后推出了麦金塔计算机、iMac、iPad、iPhone等风靡全球亿万人的电子产品，深刻地改变了现代通信、娱乐乃至生

活方式。

由于长期地专注于自己的事业，乔布斯积劳成疾，2003 年被确诊胰腺癌，但他却因为不愿耽误自己钟爱的事业一直拖了 9 个月迟迟未做手术并导致癌细胞扩散，最终于 2011 年 10 月 5 日病逝，享年 56 岁。他的去世让不少人为之扼腕叹息。

所有成功的创业者，在创业的道路上无不充满艰辛，付出了常人难以想象的劳动和汗水。超负荷的工作背后，必须有一个健康的身体作为支撑。现在有一种流行的说法是，40 岁以前用命换钱，40 岁以后拿钱换命。这种说法可能有点极端，但对于一个创业者来说，一个健康的身体，无疑是取得创业成功的必要基础。换句话说，只有拥有健康的身体，才能承受巨大的工作压力，保持持久的创业激情，做出斐然的工作成绩，并到达创业成功的顶峰。

（二）创业者身体素质要求的重要性

身体素质对创业者非常重要，其具体表现如下。

第一，身体素质是创业者必备的首要素质。创业者需要具备的素质多种多样，比如，心理素质、知识素质、创新素质等，然而任何素质的发挥都必须以相应的身体素质做基础，没有良好的身体素质，一切都是空中楼阁。

第二，身体素质的培育与创业进程的要求是矛盾交错的，是发展不协调的。身体素质的恢复和强化是一个持久性的过程，而创业是要不断努力和投入的，一旦有停顿，有时就意味着重新开始。

要做到身体素质的培育与创业过程的需求相协调，是一件比较麻烦的事情，这需要在项目选择与策略实施方面做一些调整。有时出于自身身体素质的要求，甚至你还必须撤换创业项目。就像苹果公司的 CEO 乔布斯，曾多次因为身体原因从公司病退休假，导致苹果公司多次错过机会把日常运作交给其他管理层，并且致使其股票大跌。这一系列的连锁反应都影响到了公司的发展和壮大。

第三，身体素质的好坏是创业持久性的保障。创业的负担性压力很大，也许初期不会感受到。一旦在实施过程中，随着压力的骤增而达到个人身体意质的承受极限，如果是这样，创业过程就如同被埋了一颗定时炸弹，无论前期发展如何优秀，此时只能独自空悲叹了。

身体要健康，就需要对身体进行调节和管理，这是大学生创业所应必备的一种能力。随着事业的开展，工作节奏的加快，生活方式的多元化，竞争日趋激烈，心理承受能力日渐加重，健康状况就呈下滑趋势，创业者应该对自己的健康状况有新的认识，把危险消除在萌芽状态，为保持健康做一个正确的规划和引导，以达到保健、养生、延年益寿的效果。

总而言之，身体素质对创业者来说是一个硬性指标，不是强求就能得来的，这需要创业者从小养成良好的生活习惯，后天也可以通过加强锻炼、多运动、多调节来塑造强健的体魄。

（三）创业者心理素质

一个人只是身强力壮，无器质性疾病，还不完全健康。只有体格和心理两方面都健康的人，才是真正的健康。对于创业者来说，心理素质往往比身体素质更重要，这是因为心理素质的好坏直接影响能否创业。心理上的偏差和失衡，又会演变为器质性的病变。例如，不关心人际关系的人往往容易患心血管病，过分重视人际关系的人又往往容易患胃病。良好的心态既能帮助创业者正确对待和处理创业中的问题，同时又能保证身体健康，少患疾病。

成功创业者的健康心理应具有如下特征：第一，有很强的自信心，遇到困难不悲观，遇到麻烦不急躁，沉着冷静，遇事不慌；第二，有较强的时间紧迫感，不喜欢也不会把宝贵的时间浪费在无聊的事情上，奋斗目标稳定，干事专一，不朝三暮四，不三心二意，一旦决定，就矢志不渝；第三，脚踏实地，做事认真，有耐心，那种急功近利的投机心理，恨不得一夜之间成为暴发户的人创业是不易成功的；第四，心胸开阔，不计较虚名和个人得失；第五，经得起困难、曲折、失败的考验，意志坚强，同时也能适应各种环境，能随机应变。

二、创业者应具备的意志品德

创业是一项充满挑战的事业，一个具有创业愿望的大学生能否最终走上成功创业之路，与他是否相信自己可以在激烈的挑战和竞争中取胜有着直接的关系。实践创业活动的主体是大学生，客体是商业机会和各种为达到目的而需要和可以得到的资源。

大学生实践创业是大学生通过发现和识别商业机会，组织各种资源提供产品和服务以创造价值的过程，也是一个不断探索的过程。在创业过程中，困难、挫折甚至失败是在所难免的，所以大学生能否从挫折和失败中重新站起来，是创业者能否取得事业成功的一个重要因素。意志是人不可缺少的一种心理素质，也是人们一切行动不可缺少的推动力。一个人具有坚强的意志，就能调节自己的行动和精神状态，克服困难，战胜挫折，取得事业的成功，反之则一事无成。

（一）意志与品质

什么是意志？意志是人们自觉地确定目的，并根据目的支配和调节行动，克服多种障碍与困难，进而实现预定目标的心理过程。意志是人类所独有的心理现象，是人类意识能动作用的集中表现。人脑的构成方式，使得人类不仅能够通过感觉、知觉、记忆、思维等心理过程认识客观事物及其规律，而且还能够制订行动计划，积极而有目的地控制自己的行为。

意志的本质在于意识的积极调节，其对行动的调节表现为发动和制止两方面。发动是推动人们去从事达到预定目的所必需的行动，制止表现为抑制与预定目的不相符合的愿望和行动。意志对行动调节作用的两个方面，在人的实际活动中是相互联系、相互制约、对立统一的。当然，人的意志行动并不是经过一次发动和制止就可以完成的，它往往需要多次反复，不断克服内在和外在障碍才能完成。

意志对人的活动的支配调节作用，不仅限于调节外部动作，还可以调节心理状态，包括人的认识活动和情绪状态。大量研究证明，意志对自主神经所支配的内脏活动，也能进行一定的调节，如通过生物反馈的训练，可在一定程度上调节心率的快慢、血压的升降、肠胃的蠕动与否、皮肤温度的高低等。这说明人的意识的能动作用，已经发展到了在改造外部客观世界的同时，也能够调节人体内部的生理活动。

（二）意志过程的基本特征

人的意志过程有三个相互联系的基本特征。

第一，意志过程与自觉行动相联系。目的是行动的方向，意志行动是有目的的自觉的行动。这里的目的是自愿的、有意识的，所以意志行动既不是勉强的行动，也不是无方向性的、盲目的冲动，而是经过深思熟虑，反复权衡后有明确目的的自觉行动。离开了明确的目的性，就无意志可言。这种目的自觉性，既能激励符合目的的行动，又能克制不符合目的的其他行为。所以，意志水平是以提出目的的水平为转移的，目的越高尚、越远大，意志表现的水平就越高，反之亦然。许多大学生刚入校便树立了自己创业的目标和志向，因此其他同学比起来更有目标和行动力，这在大学的学习当中是具有积极意义的，相比一些终日无所事事的同学而言，树立了明确目标的同学会在今后的实践活动中取得更大的进步和收获。

第二，意志过程与意志行动相联系。人的行动都是由动作组成的，动作有不随意和随意两种。不随意动作是一种没有意识、没有目的、不由自主的活动，如眨眼睛、打哈欠、打喷嚏等。随意动作则是一种受意识调节的，具有一定目的方向性的运动，是在生活实践中学习并掌握了的动作，如科学家操作各种仪器做实验，运动员在赛场上参加各种比赛，老师在课堂上教授各类专业课程等都属于随意动作。对这些随意动作掌握的程度越高，意志行动就越容易实现。应指出，随意动作和不随意动作两者既有区别又有联系，在一定条件下可以相互转化。不随意动作经过特定训练，可以变成由意识调节的随意动作，如屏住呼吸、控制心跳等。随意动作经过反复训练，也会减弱成失去意识的控制，最终成为“自动化”的不随意动作，如抬腿便能走路，提笔便能写字等。

第三，意志过程与克服困难相联系。意志行动总是与人们克服困难，排除行动中的障碍分不开的。一般的随意动作，如打开电视看新闻，因寒冷而关上窗户，画画太阳或月亮等，由于不需要克服困难，还不能算作意志行动。但许多随意行动特别需要克服困难，如学习外语单词、背诵数学公式、参加冬泳锻炼等。可见，意志行动比随意行动具有更为复杂的心理成分，属于较高级的行动。意志行动与非意志行动的区别，就在于能否发挥意识的能动性，克服各种困难。衡量一个人意志是否坚强，往往以困难的性质和克服困难的难易程度为标准。例如，贝多芬在青年的时候突然耳聋，但仍然对音乐不离不弃，最后依靠强大的意志力和不断的坚持成了德国一位著名的音乐家、作曲家和钢琴大师；又如，美国作家海伦·凯勒失明又失聪，同样以自强不息的顽强毅力，在老师的帮助下战胜了生理缺陷造成的精神痛苦，掌握了英、法、德、拉丁、希腊等五国语言，完成了一系列的著作，最后她被评为美国十大英雄偶像并获得“总统自由勋章”等奖项。

（三）意志的作用

意志的作用体现在人的心理活动和实践活动中。

意志在人的心理活动中的作用，主要表现为如下三个方面。首先，意志给人的认识活动以巨大的影响。坚强的意志会使认识活动更具有明确的目的性和方向性，自觉地克服认识过程中的各种困难，积极地认识客观事物，深刻掌握客观事物发展的规律，有效地发展人的注意力、观察力、记忆力、想象力和创造力。其次，意志对人的情绪调节和情感培养也有很大的作用。意志坚强的人可以控制情绪，克服消极情绪的干扰（如失败时的恼怒和沮丧，胜利时的骄傲和狂热等），把意志行动坚持到底。可见，对情绪的控制水平如何，是一个人意志力强弱的重要标志。再次，意志对人的个性形成发展也具有十分重要的作用。意志不仅是一种心理过程，同时又是一种个性特征。一个人良好的性格、广博的兴趣、非凡的才能，不仅以顽强的意志品质为其形成的基础，而且顽强的意志品质本身又是构成个人性格的核心成分。

意志是人的意识能动性的集中体现，意志在人的实践活动中的作用，主要表现为它是有效地进行各种实践活动的主观保证。在实践活动中，坚强的意志既有力地推动着人们去组织和控制自己的行动，使人们按照客观的需要和事物的规律从事各种活动，并且制止那些不符合实际要求的行动，通过克服各种困难和挫折，成功地完成担负的任务。因此，意志是成人、成才、成事的关键。无论从事什么活动，没有良好的意志品质，都难以获得成功。“志不立，天下无可成之事”“有志者，事竟成”，皆已成为颠簸不破的真理。对于富有挑战性的创业活动而言，更是如此。

大学生在创业初期，往往会遇到政策、经费、人员、外部环境、发展及竞争压力等各方面的问题。这些问题通常会给创业者造成巨大的压力，进而形成创业过程中的阻力。因此创业者特别需要具备强大的意志力对自我进行不断的调整，以适应不断交化的外部环境造成的自身压力。强大的意志力是创业成功的前提条件和保障，是每个创业者都必须具备的。

硅谷有着“创业大本营”的美誉，在这儿，每年都有数以万计的企业倒下，同时也有成千上万的创业者一夜暴富。美国知名创业教练约翰·奈斯汉说：“造就硅谷成功神话的秘密，就是失败。失败的结果或许令人难堪，但却是取之不尽的活教材，在失败过程中所累积的努力与经验，都是缔造下一次成功的宝贵基础。”成功需要积累经验，创业的过程就是在不断的失败中摸爬滚打。只有在失败中不断积累经验财富，不断前行，才有可能到达成功的彼岸。

三、意志行动过程

人的意志行动是一个极其复杂的过程。通常，把意志行动的进程分为两个阶段：采取决定阶段和执行决定阶段。

（一）采取决定阶段

这是意志行动的准备阶段，它决定着意志行动的方向和轨道及其可能实现的程度，因此是整个意志行动不可缺少的阶段。这一阶段的主要内容是明确目的和解决由此而产生的动机矛盾，并选择行动的方式方法，提出行动计划，以做出决定而告终。这一阶段可大体按照下面三个步骤进行。

第一步：目的的确定。意志是有目的的行动，因此在行动之前必须先确定目的。目的是行动所期望和追求的结果，目的表明人要“做什么”。不随意动作是没有目的的，它不是意志行动。由激情引起的行动，往往是没有经过考虑的、明确的目的，因此称之为冲动的行动，它并不属于意志行动的范畴，意志行动具有自觉的目的。有时人的行动只有一个目的，并无选择和冲突，确定目的很容易，无需作出努力。这种只有一个目的的行动叫简单的意志行动。可在日常生活中，人们往往会同时具有两个以上的目的，这时为了选择其中之一就必须做好意志努力，耐心而又认真地权衡、抉择，特别是当几个目的对人生都具有重要意义和很大的诱惑力，而它们又互相排斥、不可兼得，或者虽不排斥，也不可兼得时，人们要选择和确定目的就会引起内心的种种矛盾和困难。这时必须以极大的意志力排除困难，解决矛盾，然后才能确定目的。对目的的社会价值和意义认识得愈全面、愈深刻，情感体验愈亲切，在实现目的的行动中意志就愈强而有力。一个人有了正确的目的，实现目的的行动也愈自觉。

第二步：动机与动机斗争。动机是在需要的基础上形成的。人们在自己的生活实践中形成了种种需要，同时也产生着满足这些需要的愿望。愿望是人有意识地为满足某种需要而产生的动力倾向，人的愿望又可分为无效和有效两种。无效的愿望是无法经过努力去实现的，它虽然也有满足需要的倾向，但却不能成为行动倾向，例如，“挟泰山以超北海，非不为也，实不能也。”有效愿望是经过努力可以实现的，它构成满足需要的行动倾向。人的需要是多种多样的，而且在同一时间内，人往往不只有一种需要。多种需要的同时存在就可能会产生相互冲突、互相排斥的矛盾动机。解决相互矛盾的动机会引起动机斗争，动机斗争的结果是从几个不同的目的中选择和确定一个作为当前行动的目标。这是以意志排除其他动机和目的的诱惑、干扰而做出的决定。

第三步：期望的调整。每个人总希望自己在意志行动中所确定的目的能够成功地实现。换句话说，个人的目的常与其成就动机相联系。目的中目标的高低和成就动机的强弱又都与个人的期望（或向往、抱负）水平有关。所谓期望水平，是指个人从事某种意志行动之前自我估计所能达到的成就目标水平。这个自定的目标水平代表个人对自己的一种期望程度，故称为期望水平。这种期望水平与将来意志行动的实际结果未必完全相符。

（二）执行决定阶段

这是意志行动的完成阶段，它是在解决了一系列内部矛盾之后所得出的决定。不管目的多么明确，动机多么高尚，期望多么美好，如果没有切实地采取行动，那么一切都是空谈而没有任何意义。因此，执行决定阶段是意志行动的关键阶段，在这个阶段中，应注意如下两个方面。

首先，这个阶段需要不断地克服来自内部和外部的困难，而内部困难则首当其冲。如果没有合理的目的和计划，便不能确保后期执行的顺利进行。当内部困难解决以后，外部困难才能迎刃而解。例如，中国人民要取得革命的胜利，首先就得完成国家的统一才能最终战胜外敌，获得民族的解放。当然，如果有人力不可抗拒的客观原因使得决定无法执行，就应该终止原计划而另做打算。如准备在某地投资的商人在当地遭遇巨大自然灾害的情况下，就应当果断更改执行计划的地点和时间，从而避免给自身带来经济损失。

其次，执行决定阶段要接受实践的考验。执行决定的过程往往是一个漫长的过程，例如，科学家要研究一种新的药品，作家要完成一部长篇巨著，运动员要获得奥运奖牌，都需要付出多年的努力和汗水。在这个过程中，就会有短暂的成功和失败不断地交替出现。要使意志行动的目的最终实现，就必须有对待成功的正确态度，既不能在成功的时候盲目自大，也不能在失败的时候轻言放弃，特别是在面对失败的时候，我们应该冷静客观地分析问题，解决问题，总结经验教训，避免在今后犯同样的错误。又如，“飞人”刘翔在北京奥运会之前不断地刷新 110 米跨栏的世界纪录，并且获奖无数，世人也对他寄予了极高的期望。但他却在众人的漏目之下，由于突发伤病痛失夺得奥运奖牌的机会，赛后他不仅遭到来自新闻媒体及大众的各种质疑，各大运动品牌供应商也纷纷与其解约。这无论在精神上还是物质上对刘翔来说都是一个巨大的打击。但他和他的教练团队却顶住了这些压力，从头做起，在美国治疗伤病一年之后，通过不断的训练和恢复重新回到赛场，并且在世界大赛中一次又一次创造了佳绩，重新赢得了世界的瞩目和世人的欢呼。只有经得起失败和挫折的考验，坚持到底，永不放弃，才能取得最后的成功。

第二节　创业者的知识能力素质

创业者的知识素质对创业起着举足轻重的作用。创业者要进行创造性思维，要做出正确的决策，必须掌握广博的知识，具有一专多能的知识结构，包括法律知识、科学的经营管理知识、相关的商业知识、专业知识等。具体来说，创业者应该具有以下四方面的知识：第一，做到用足、用活政策，依法行事，用法律维护自己的合法权益；第二，了解科学的经营管理知识和方法，提高管理水平；第三，掌握与本行业、本企业相关的科学技术知识，依靠科技进步增强竞争能力；第四，具备市场经济方面的知识，如财务会计、市场营销、国际贸易、国际金融等。另外，要创业必须具有创业能力，本节将论述创业者应具有哪些知识和创业能力以及怎样培养创业能力等问题。

一、创业者的知识要求

创业者的知识素质对创业起着举足轻重的作用。在知识大爆炸、竞争日益激烈的今天，单凭热情、勇气、经验或单一的专业知识，要想成功创业是很困难的。创业者需要有创造性思维，要做出正确决策，还必须掌握广博的知识，具有一专多能的知识结构。只有这样才能正确分析形势，把握事物发展的全局，提出独到的见解和谋略，认清事物的本质，把握其规律，实现创业目标。

（一）应具备相关的法律知识

创业活动总是处在宏观的社会背景之下，政府对于创业的态度、政策及法律直接影响到创业者的创业环境。当前，为鼓励大学生创业，政府出台了一系列优惠政策，颁布和完善了相关的法律法规，为大学生创造了一个良好的创业环境。在注册登记、金融贷款、税费减免、员工待遇等方面都为大学生创业提供了方便。此外，《中华人民共和国公司法》《中华人民共和国合伙企业法》《中华人民共和国个人独资企业法》等相关法律的出台也为大学生创业提供了法律保障。大学生在创业准备期，一定要熟悉相关政策、法律的内容，为己所用，从而为自己的创业提供方便。

（二）应具备一定的专门知识

所谓专门知识，是指你的企业生产的产品和提供的服务的相关专业知识和技能。比如，经营一家汽车修理厂，你当然要有汽车、汽车修理、汽车配件以及汽车保险和理赔的专业知识。创业者一旦进入一个行业，就必须尽可能多地掌握这个行业的专门知识。只有对本行业的供需状况、市场前景以及从事本行业的专业知识和技能了然于胸，才能避免盲目性和投机性，争取最大的成功概率。在一个自己完全不了解的行业中创业或者不具备所从事行业的专业知识，要想获得成功是十分困难的。

（三）应具备相关的商业知识

创业在某种程度上也是一种商业活动，所以创业过程中对相关商业知识的储备也必不可少，其中包括：①合法的专业知识。例如，有关私营及合伙企业、有限公司的法律法规，怎样进行验资，怎样申请开业登记，哪些行业不允许私营，哪些行业的经营需办理有关行业管理手续，怎样办理税务登记，纳税申报有哪些规定和程序，如何领购和使用发票，银行开户程序和有关结算规定，成为一般纳税人有哪些条件，如何纳税，怎样获得税收减征免征待遇，怎样进行账务票证管理，国家对偷漏税等违法行为有哪些制裁措施，增值税率及计征方法，工商管理部门怎样进行经济检查，行业管理部门如何进行行业管理和检查等。②营销知识。例如，市场预测与调查，消费心理的特点和特征、定价策略、产品促销策略、销售渠道和方式、营销管理等。③资金及财务知识。例如，货币金融知识，信用及资金筹措知识，资金核算及记账知识，证券、信托及投资知识，财务会计基本知识，外汇知识等。

二、创业者的能力要求

创业能力可分为分析决策能力、学习能力、组织领导能力、沟通能力、应变能力和创业能力等。

（一）分析决策能力

决策是一个人综合能力的表现，一个创业者首先要成为一名决策者。创业者的决策能力通常包括分析能力、判断能力和创新能力。大学生要创业，首先要对众多的创业目标以及方向进行分析比较，选择最适合发挥自己特长与优势的创业途径和方法。在创业的过程中，能从错综复杂的现象中发现事物的本质，找出存在的真正问题，分析原因，从而正确处理并解决问题，这就要求创业者具备良好的分析能力。所谓判断能力，就是能从客观事物的发展变化中找出因果关系，并善于从中把握事物的发展方向。分析是判断的前提，判断是分析的目的，良好的决策能力是良好的分析能力加上果断的判断能力。创业实际就是一个充满创新的事业，所以创业者必须具备创新能力，有创新思维，无思维定势，不墨守成规，能根据客观情况的变化，及时提出新目标、新方案，不断开拓新局面，创出新路子。可以说，不断创新是创业者不断前进的关键环节。

（二）学习能力

创业者的学习能力在很大程度上代表着企业的发展后劲，制约创业的进程和效果，它是衡量创业者优劣的重要砝码。学习是最合算的投资，我们只要花 1～2 小时就可以学到别人几乎毕生的经验，避免了大量的摸索时间和不必要的代价。大凡成功的创业者，都是虚心好学之士。创业者要想取得事业的稳定成功，就必须拥有超群的学习能力。

在竞争加剧的知识经济时代。“比竞争对手更善于学习”或许就是唯一可取的竞争优势，事实上，善于学习比愿意学习更重要。人类已经进入知识经济时代，专业知识增长迅猛，科学技术日新月异，产业环境复杂多变，不学习必定落伍。创业者面临着大量未曾经历过的新课题、新挑战，面对复杂多变的问题和不可预测的挑战性，必须善于学习掌握最新变化，不能指望直接照搬某种固定模式而成功。创业者只有树立终身学习的理念，不断学习、终身学习才能够站稳脚跟，才能够实现事业的发展。

（三）组织领导能力

现代企业竞争表面上是单一的企业与企业或者企业家与企业家之间的竞争，实际上是供应链和供应链之间的竞争、资源网和资源网之间的竞争。每个人的知识、经验、技能和拥有的资源都是有限的。如今，成功不再是个人的事，单纯依靠自身资源就能够创业成功的时代已经过去，我们已经走进了靠团队制胜的新时代。

俗话说：“一个篱笆三个桩，一个好汉三个帮。”在由各种人与人之间的关系构成的社会里，没有人能独自成功，尤其对于创业者来说，“人脉就是财脉”，能否构筑良好的人际关系，是检验领导能力的重要尺度之一。可以说，建设一个优秀的创业团队是创业者事业持续健康发展的必备基础，除非只满足于永远当个体户。要想事业不断发展壮大，就必须掌握驾驭团队的领导能力，离开了优秀团队，新创企业的发展必将成为无本之木，难以为继。许多创业者之所以最终惨遭破产的厄运，根本原因就在于没有建成一个优秀的创业团队。

（四）沟通能力

想要沟通得好，就要有良好的语言表达能力，此时就要提高语言表达的针对性、准确性、逻辑性和艺术性。作为一名创业者通常有多种事务缠身，必须节省时间，提高沟通效率。简洁、明快、准确的表达方式更加适用，努力做到简洁明快、幽默风趣，表达中务必相互尊重、真诚相待，避免使用破坏性的言辞。学会欣赏和赞美对方的优点，运用幽默风趣的语言和智慧赢得对方的悦纳。

（五）应变能力

创业者作为小企业的代表和掌舵人，应该具备良好的应变能力。以变应变，就要有敏锐的洞察力。当今市场千变万化，机会和风险并存，要抓住机会必须要有“先知先觉”的能力，也要有冒险精神，不敢冒险就不敢前进，一旦疏忽机会就稍纵即逝。冒险精神要求创业者时时刻刻拥有对市场决断的勇气与洞察力，能审时度势地在复杂环境与突发情况下洞察到事物的内在本质和运动发展趋势，能通过各种渠道认真听取并分析各方面的意见，并不失时机地做出科学合理的决策。独树一帜的预见能力，是创业者战胜对手的法宝。

管理学家认为，21 世纪唯一不变的真理，就是“凡事都会改变”。我们创业的环境是动态变化的，企业的目标、策略和方法必须根据环境的变化进行必要的调整。创业者要善于观察形势，能够认识和把握客观环境中变与不变的东西，抓住矛盾的主要方面，把握事物的主流。不仅逆境中要主动应变，顺境中也需不断创新和应变。创业者一定要敢于尝试、敢于实践、敢于创新。商务活动中的一个新理念、新项目、新技术、新市场、新资金渠道的发现和利用，都可以大大增强企业的生存适应能力。只有针对具体的变化提出应对措施，才能在变化的环境中趋利避害，化被动为主动，最终赢得胜利。

（六）创业能力

1. 创业能力的概念

创业能力就是指创业者认识和把握机会的能力，它包括创业动机（思想层面）和创业技能（技术层面）。创业动机指创业的目的和理想追求。人和组织的目标越大，则越具有社会性，动力就越大，成就可能越大，相反就难有大的作为。创业技能包括创业技术以及思维决策、管理、营销能力等。

2. 创业能力的分类

从创业主体角度来讲，创业能力分为个人创业能力、组织创业能力和社会创业能力三类。其中，个人创业能力是创业中个人表现出的能力。组织创业能力包括企业组织、行政组织和非营利组织的创业能力。社会创业能力是指社区（如居委会）的创业能力。

3. 创业能力的培养

创业能力不是天生的，而是可以培养的。实践和教育是培养创业能力的根本途径。应指出一点的是，我国虽然在培养创业能力方面做了不少努力，但也存在着一些不足。主要表现在：教育体制跟不上形势的发展，在教学内容、教学方法等方面还存在许多不足，特别是应试教育对学生创业能力的培养十分不利。在目前这种情况下，如何培养学生的创业能力，还是一个有待继续探索的问题。

大学生应认识到，并不是要求创业者必须完全具备很强的创业能力才能去创业，但创业者本人要有不断提高自身素质的自觉性和实际行动。提高创业能力的途径：一靠学习，二靠改造。要想成为一个成功的创业者，就要做一个终身学习者和自我改造者。哈佛大学拉克教授讲过这样一段话："创业对大多数人而言是一件极具诱惑的事情，同时也是一件极具挑战的事情。创业不是人人都能成功，但也并非想象中那么困难。但任何一个梦想成功的人，倘若他知道创业需要策划、技术及创意的观念，那么成功已离他不远了。"

第三节　创业者的创业素质

一、创造性思维素质

创业的核心是创新。要创新，应具备创造性思维素质。所谓创造性思维素质，是指能够以较高的质量和效率获取知识，并能根据市场需求灵活运用所学知识开发出新产品和新技术的思维方式。创造性思维素质不仅注重对知识的学习能力，更强调发现问题和解决问题的能力。为了培养良好的创造性思维素质，应做到以下几方面。

第一，多看、多听、少说。多看，就是要多掌握文字信息；多听，则是多了解有声的信息；少说，就是多干实事。当今的世界是高度信息化的世界，信息就是财富，对创业者而言，信息就是蕴藏机会的金矿。因此，创业者应主动地收集信息。

第二，多思考，善于分析。要有敏锐的洞察能力和极强的感知能力，能从丰富的信息中，发掘出对自己发展有用的信息。

第三，善于比较，努力创新。创业的核心是创新。所谓创新，就是要有新意，包括理论创新、方法创新、技术产品创新、体制和管理上的创新等。凡是别人没有，只有自己才有的叫创新；凡是别人有，但自己有的与别人的不同，有新意，也叫创新。通俗地讲，就是“人无我有，人有我新”。

如何创新？首先，就要努力在观念上创新。思想是行为的先导，只有观念上创新，才能在技术、产品、管理等方面创新。为此，要树立改革意识、开放意识、科技意识、危机意识、战略意识，努力学习和开拓未知领域。其次，要在技术和产品上创新。技术和产品上创新是创业者在创业上创新的核心。技术产品创新和超前，企业就能生存下去了，反之则失败或被淘汰。再次，要在机制和管理上创新。机制和管理上的创新，是创业成功的保证。体制是一种物质力量，不同体制下会形成不同的思维方式、工作方式、行为方式，因而，就会产生不同的活力、创造力，不同的效率和效益。创业者应在领导体制、管理体制上不断创新。

第四，应不断学习，抛弃旧东西，探索新途径。英特尔公司副总裁达维多提出一条定律，称为达维多定律。一家企业要在市场上占主导地位，那么就要做到：第一个开发出第一代产品，第一个淘汰自己的产品。该定律表明创业者具有超越精神的重要性。某知名公司负责人说：“只有自己先否定自己，才不会被消费者否定，只有自己先打败自己，才不会被市场打败，只有自己不断超越自己，他人才不会超越自己。”他们都强调了不断创新的重要性。要超越，就要有远大志向，要战胜自我（特别是战胜自己的惰性和惯性），就要拼搏，做事要持之以恒。

长期以来，我国教育偏重于知识的传授、记忆和吸收，而忽略创造性思维素质培养，造就了大批“高分低能人才”，这对创业型人才的培养极为不利，这是我国高等教育应该深刻反思的一个重大问题。

二、经济与管理素质

创业不仅需要精通本专业的知识，更需要具备经济头脑和管理素质。科技必须应用于生产，生产出的产品或服务，必须适应市场需要。在这一过程中，开发、生产和销售必须符合市场原则和机制，创业企业才有生存和发展的可能，这必然涉及资源配置、预测决策、经济分析、经济核算、成果转让、成本费用等一系列的经济问题。同时，在激烈的市场竞争中，企业的目标是要追求利润最大化，在这一目标引导下，企业不仅要靠产品、技术来追求效益，更要靠科学管理来提高效益，正所谓“管理出效益”。管理主要包括如下四个方面：①经济管理，资金是企业的血液，创业要获得成功，避免失利，就必须掌握如何筹集资金，如何合理有效地使用资金等方面的知识，为此，创业者应了解财务管理体制，财务人员的任用，国家税收政策及相关程序、熟悉财务报表等；②人力资源管理，创业者应学会选人、用人、育人，要能充分发挥员工的最大积极性、创造性、主动性，为创业事业做贡献；③自我管理，创业者应加强自我修养，调节好自己的习惯和生活方式等；④市场营销管理，创业者应学习如何找准市场目标，如何疏通销售渠道，如何整合促销手段、改善顾客关系等。

三、法律素质与意识

市场经济在本质上与旧市场法治经济不同。随着市场经济的逐步成熟与完善，相关法律规范已经渗透到经济领域的生产、交换、分配、消费的各个环节和层面。加入 WTO 与国际市场接轨，风险投资、企业股份制改造、法人治理结构的建立以及各类新型市场的培育与发展都离不开法律，具备法律素质、懂法并善于用法，已是人才素质结构中不可或缺的重要元素。创业者必须熟悉和了解市场、社会和企业等内外部环境的法律法规及其运行机制。例如，要建立企业，必须到工商行政管理部门办理登记手续，领取运业执照等。

四、道德修养与心理素质

只有有道德的人才是社会上最受欢迎的人。要创业，首先要学会做人，不会做人，就不可能取得创业的成功。正如日本创业家松下幸之助指出的那样：“一个经营者不一定是万能的，但是却至少应该是一位品格高尚的人。因为只有品格高尚的人才能使员工受到感召而毫无保留地奉献。惟其如此，创业才有牢固的根基，发展才有持久的动力。”

创业者的道德素质主要表现在以下五方面。一是要讲究诚信和企业信用。诚实守信是创业的通行证，是企业国际化经营的最基本要求，是立业之道、兴业之本。因不讲诚实守信导致创业失败、企业破产的事例举不胜举。二是要有责任心、使命感等。三是为人正派、公道，不搞歪门邪道，不损人利己，不弄虚作假。四是富有理想、拥有乐观与自信、具有紧迫感、勇于面对风险等。五是严格遵守国家的法律法规和政策。不论创业成功的大小，在其他创业者面前，都要谦虚、谨慎、不卑不亢、不骄不躁，富有团结协作的精神，正确处理各种利益之间的关系，争取为国家多做贡献。这些潜质在学校学习期间就应当得到培育和塑造。创业者还必须具备良好的心理素质，主要原因在于心理健康可以使人心情愉悦、精力充沛、头脑敏锐清晰、丰富想象力、协调行动能力，可以从根本上提高工作效率，激发潜在的创造性。

我们应当注意到，目前我国高等学校学生的心理健康状况令人担忧。在我国第 12 个"大学生心理健康日"时，北京市卫生局某领导透露，北京正在尝试建立"关爱大学生心理健康医校合作模式"。因为当前出现心理问题的大学生数量有所增加，虽然大学生并非心理问题的高发群体，也不是自杀的高危群体，但当前大学生的心理健康状况不容乐观，主要存在着社会适应、学习、人际关系、就业、恋爱及性意识等方面不同程度的心理问题。据分析，大学生心理发展尚未成熟，当心理冲突和矛盾得不到合理解决的时候容易形成心理障碍。特别是当代的大学生多是独生子女，家长的过度保护、学校的应试教育、生活经历的缺乏使当代的大学生心理脆弱，缺乏挫折忍受力，以致出现心理疾病。此外，竞争的加剧、生活节奏的加速，使大学生产生了过去从未有过的紧张感与压力感。为此，该领导建议，学校可以通过开办心理健康课堂和校园宣传话动来加强学生对精神卫生知识的了解。同时，心理卫生人员参与建立"关爱大学生心理健康医校合作模式"，为大学生心理健康开辟教育、咨询、会诊、治疗、危机干预等一条龙心理健康服务的绿色通道。

大学生心理特征主要是情感丰富，情绪被动大，思想上追求人格独立，现实生活中依赖性很强，较初高中阶段来说，感情比较复杂，在婚恋、就业、考研、经济、人际关系等诸多方面存在压力。因此，在校大学生应当学会自我调节以及如何处理不同的人际关系和沟通问题等。这些都有利于他们更早地适应社会，也能为今后的生活和工作做好必要的准备。

五、创业知识和经验的素质

深厚而广博的知识积累是创业的基础。创业不但不能脱离专业知识的学习而孤立地进行，而且必须更紧密地依赖专业知识的学习。人的创造性只有在不断地学习知识和积累经验的过程中才能够潜移默化地生成。同时，用智力换资本，这是大学生创业的特色之路。一些投资者往往就是看中大学生所掌握的先进知识和技术，才愿意对其创业计划进行资助。创业的知识主要包括专业技术知识、经营管理知识和人际交往知识。前两类知识往往是实用性的，一般容易被创业者注意到，而后一类知识则是一项事业可持续发展的底蕴，应该得到越来越多的关注。创业经验是一种非知识体系的东西，但却有助于人们深刻地感悟创业这种实践活动。通过自己亲身的创业实践获得的经验属于直接的创业经验，而经由别人的创业实践了解到的则属于间接的创业经验。

第四节 创业者的创新能力素质

创新能力，按习惯的说法，也称为创新力，指运用知识和理论，在科学、艺术、技术和各种实践活动领域中不断提供具有经济价值、社会价值、生态价值的新思想、新理论、新方法和新发明的能力。创新能力是创业能力素质的重要组成部分。当今社会的竞争，与其说是人才的竞争，不如说是人的创新能力的竞争。创新能力的培养和发展离不开广博的知识、扎实的专业基础、熟练的专业技能、丰富的实践经验、良好的心态，它取决于创新意识、智力和创造性思维等。

具有创新精神，才能让创业者发挥自己的潜能，打破各种束缚，开创新的局面。中国工业电器龙头企业浙江正泰集团董事长南存辉在总结企业发展时说：“一个优秀企业的发展，是不断战胜对手和超越自我的结果。创新与卓越同在，创新是企业的生存之本。”

一、高等教育理念创新

高等教育理念创新不仅为国家各级各类的办学理念提供基本方向与稿神指针，而且是国家经济社会发展与社会文化风尚的“引擎”和“标杆”，为社会发展提供了强大的精神动力和人力资源保障，并迅速带动本国科技、经济、文化的巨大进步。

通过对中外成功创业者品质和素质的研究表明，对大学生进行创业教育，培养具有创造力、创新精神和创业能力的高素质、复合型人才是当前高等教育的重要任务。因此，必须尽快转变我国传统高等教育理念，深化高校人才培养模式改革，重视创业教育，确立以培养创业基本意质为核心的教育观。

在现代社会中，仅仅依靠较强的创新、创业意识，要想取得成功是十分困难的，除此之外，还必须具备很强的创新、创业技能、技巧和管理、沟通能力等基本功，创新、创业之路才会更加通畅。首先是过硬专业技术能力。大学生创新、创业主要应从事高新技术产业，这是大学生创新、创业的优势所在，所以必须要掌握一定的核心技术和持续的创新能力，这是创业发展壮大的原动力。只有具备先进的核心技术，创业才有竞争力，才能不断地发展壮大。其次是市场应变能力。市场充满风险和挑战，要充分认识市场的运行规律，进行有效的市场分析，把握商机，减少风险性和盲目性，提高市场运作效率。再次是团队沟通、协调和管理能力。创新、创业是一项具有较大难度和挑战性的系统工程，仅靠一个人是难以做大做强的，这也是不可行的。如何有效地组成一个既分工又合作、协调一致的团队，是取得创新、创业成功的关键。

从大学生关注的知识面来看，文史类占 30.4%，休闲类占 29.8%，专业类占 20.8%，自然类占 14.2%。这反映了学生在自然科学知识方面的关注严重不足。此外，多数学生能够运用所学知识进行相关实验、撰写论文和调查报告。但因此而获奖或发表的成果却只有 11.1%，这说明学生在学习的深度方面还努力不够。出现上述情况的原因如下。

第一，学校的近期行为与长远发展存在内在冲突。从对一些高校教学状况的调查发现，尽管绝大多数院校都深知开展创业教育的重要性，但在实施中，目前也只有少数院校在统招学生中以公共素质课名义开设了这门课程，更多的学校只是在毕业班的就业指导中提及一下，并没有安排具体的课程教学，没有把它作为必修课固定下来。其原因在于：当前多数院校的在校学生还主要以自学考试为主，课程通过率还是学校教学工作的中心环节。因此，在行为的选择上只是保证学生的通过率，无暇顾及毕业生创业素质的培养与发展。同时，有的院校领导认为，如果在实际教学中强化学生的创业素质、创业实践，势必影响学生考试科目的学习，从而降低了通过率，势必波及学校生存之本的生源。我国目前的教育现状，使院校领导不敢也不能改变考试课程通过率的衡量标准，不可能把精力放在与课程通过率相冲突的创业教育上。学校的近期行为与长期发展形成了冲突。

第二，资金不足与创新创业教育教学需求上的不协调。创业教育实际上是为学生提供创办企业所需要的创业意识、创业精神、创业能力、创业知识及创业实践活动的教育，本质上就是一种素质教育。这种教育严格上说是一种区别于理论教育的实践教育，因而开设创业教育的结果必然要求学校加大资金的投入，如专业师资的引进、现有师资的培训、实践基地的建设等。这样一来，学校本身资金有限，而对非衡量教学成果的创业教育又要求加大投入，使办学者显得力不从心，从而限制了创业教育的全面开展。

第三，实施创新创业教育师资引进与师资培训上的隐忧。创新创业教育的专业师资总体上十分欠缺，引进从事创业教育理论与实践教学的人才更是困难。师资缺乏导致了创业教育不能积极开展。

第四，社会评价标准与创新创业素质教育上的分歧。目前，许多院校在具体的评价指标上，往往表现为比较学生的技术素质、应试素质和实践素质，把学生的课程通过率看得尤为重要。而创业素质更多注重的是学生的创新素质、风险意识、人际关系能力和把握机会的能力。创业教育的结果就是要积极塑造学生的这些素质，这同社会标准有着明显的差异。

第五，政府管理职能与实施创新创业教育间的摩擦。尽管政府提倡实施创新创业教育，但客观上却在一定程度上制约了高校创业教育活动的开展。特别是以毕业率、就业率作为考评指标，不能激发选择创业教育的原动力；教师资格的限制使那些没有高校资格证但有丰富创业实践经验的成功人士很难长期传经送宝，理论教学又不能满足学生的实际需要。另外，实施创业教育，要切实根据学生的创业兴趣编写教学内容、制定教学大纲、构建创业实践基地、模拟创业实践、有针对性地对学生进行创业指导、规划创业计划等。这些必然要求高校能有更多的自主权，能够依据自己的需要，开展教学活动。而政府主管部门行为上的某些限制，影响了高校创业教育的实施。

要解决上述问题，必须在高等教育理念上进行创新。

二、营造良好的创新创业环境和氛围，提高大学生创新素质

大学生要提高创新能力，就要培养创业意识。我国高校的科研成果转化率长期偏低，而且转化周期过长，许多优秀科研成果束之高阁，游离于我国经济建设的主战场之外，其中一个重要的原因就是高校培养的人才缺乏创业意识和创业素质。

培养大学生综合创业素质还必须通过拓展和整合教学主渠道以外有助于提高学生综合素质的各类活动和实践环节，将创新创业根植于学生的潜意识

之中，引导和帮助学生完善知识和能力结构，培育良好的创业品质。高校不仅要有步骤地将创业素质的培养纳入课堂教学体系，通过教学、课堂、讲座等丰富多彩的形式广泛开展理论学习和科技文化活动，更要积极组织学生参与社会实践、到企业中学习并参与管理以及开辟其他有益于素质提高的第二课堂。

在学校层面，应该根据自身的实际情况，开展创新创业教育，形成良好的创新创业氛围，并采取有效措施，如组织创业设计大赛，建立创业基地与专业创业指导团队，制定并完善相关创业指导制度等来提高大学生创新创业能力。

三、构建高校人才培养创新模式

高等学校担负着培养和造就高素质创新人才的历史使命，深化高校内部改革、全面推进素质教育、建立创新机制、培养创新型人才是高校的一项迫切任务。创新人才培养模式是培养创新人才和创业品质的核心。人才培养模式应是多样化的，并且是强调学生全面素质的提高、创新创业能力的培养、个性充分发展的人才培养模式。

目前，我国高等教育创新教育的人才培养新模式并未完全形成。为此，高等教育首先要改革传统的就业教育培养模式，从就业教育转向创新创业教育的人才培养模式。改变统一教学计划、统一学制、统一管理的整齐划一的人才培养模式，把统一要求与多样化、个性化的创新创业教育结合起来，采取灵活多样的培养方式，因材施教，为创新创业人才的成长创造良好的环境与条件。

根据高等学校的培养目标和“教学做合一”的思想，高校的创新创业教育就应突出“实践“创业”“教学做合一”。创新创业教育中的人才培养模式应多样化。这就是要在“应用型”主流模式基础上形成多种人才培养模式，主要有：“复合型”模式、“合格＋特长型”模式、“创业型”模式，具体如下。

（一）“复合型”模式

倡导“不可一业不专，不宜只专一业”的理念，鼓励学生在学好本专业的同时，留出时间和精力扩展知识面。一是通过本专业内的知识对其他专业方向的扩展；二是通过跨专业、跨学院修读选修课，实现知识的扩展；三是通过辅修获得其他专业的知识；四是通过攻读第二学位或双学位并获得另一专业的学位。

（二）“合格＋特长型”模式

引导学生在完成基本学习要求的基础上，根据自己的特长、兴趣和志向，注重个性发展充分发展自己的优势领域。

（三）“创业型”模式

这是为有志自主创业的学生设计的模式。通过开设创业选修课，组织创业设计大赛，支持学生开展课外科技演练活动等为学生提供创业基础。

在此基础上，还可以针对不同学科，构建其他模式，如“工程技术型”模式（面向生产一线，从事生产、开发等技术性工作的学生，是工科专业的主要模式）、“工程管理型”模式（面向以工程技术为主的企业，利用自己所学的专业知识和管理知识做技术管理工作）、“工程设计型”模式（面向以工程技术为主的研究所和企业事业单位开展科技研发和工作）、“艺术＋工程型”模式（这是艺术类各专业采取的主要模式）、“国际型”模式（适用于国际经济与贸易、经贸外语、会计学等专业与专业方向的学生，毕业生主要面向独资、合资企业或出国深造、工作）等。

要建立科学的创新教育观念，努力促进教育与社会实践相结合。一方面，学校应培养学生的创新意识，鼓励学生积极投身于社会实践；另一方面，社会和企业要为大学生提供更多的实践和学习机会。

最后要指出，创新能力不是生来就有的，而是在刻苦的专业知识学习过程中，接受创新创业教育和实践，特别是在进行创业活动实践的长期磨炼中形成的。创业者要提高创新能力，离不开学习、学习、再学习和实践、实践、再实践。

第十二章　创业环境与创业机会

第一节　创业环境

一、创业环境的概念

创业环境是指开展创业活动的范围和领域，是创业者所处的环境和情况，是影响创业的各种外部因素和条件的总和。

按照上述概念，创业环境包含三层含义。第一，创业环境是创业活动的领城。包括创业的性质和活动的范围。第二，创业环境是创业者面临的处境。环境是变化的，具有较大的不确定性，由于创业环境的不断变化和发展，创业者要不断面临新情况、解决新问题，这就决定了创业是一项变革和创新的活动。第三，创业环境是创业活动的基本条件。环境是一种客观存在，存在决定意识。创业环境对创业活动的决定作用在于它能为人们的创业活动提供各种物质和精神条件，能从各个方面影响创业活动的进程，决定创业活动的成败。

二、创业环境的分类

从不同的角度可将创业环境分为不同的种类。

（一）直接环境与间接环境

按照是否直接影响创业的角度，创业环境可分为直接环境和间接环境。

直接影响创业活动的因素，如客户、竞争者、供应者、员工、合作伙伴、创业活动涉及的物资供应等为直接环境；而间接影响创业活动的因素，如政治、经济、社会、技术等因素叫间接环境。

（二）社会环境和自然环境

从影响创业的宏观条件的角度，创业环境可分为社会环境和自然环境。社会环境是指国情，是创业者所处的国家和社会的政治制度、经济制度、法律制度、思想文化、风俗时尚以及在特定历史时期的路线、方针、政策等。而自然环境是指创业者面对的地理、资源、气候等环境。社会环境和自然环境是创业活动开展的宏观条件，它的变化对创业活动的影响是不可抗拒的，创业者只能适应和利用它们而不能改变它们。

（三）宏观环境与微观环境

从对创业的影响程度的角度，创业环境可分为宏观环境与微观环境两类。宏观环境是指影响创业活动的带全局性的因素，如国家的大政方针、经济政治形势等。微观环境是指一个地区和周边的环境，包括创业者所在地区的经济形势、社会发展以及周边的消费者、竞争者、同盟者、供应商等。一般来讲，微观环境的选择余地较大，要改变微观环境付出的代价较小。

（四）外部环境与内部环境

从对创业的影响范围的角度，创业环境可分为外部环境和内部环境。影响创业活动的外界因素叫外部环境，包括存在的机遇和可能面临的挑战，如政治、经济、技术、社会、自然等因素。内部环境是指影响创业活动的内部因素，如创业者的经济、技术、人际关系、创业能力等。外部环境是可变的，如新技术的采用、政策的变化、国内外经济形势的变化等。同样，内部环境也是可以改变的，如创业者通过业务培训提高创业能力等。

此外，从别的角度创业环境还可分为：合作环境与竞争环境、融资环境与投资环境、生产环境与消费环境等。

创业环境是创业的土壤，良好的创业环境可使创业顺利实现其创业目标，而不利的创业环境将使创业难以开展。因此，策划创业时，应对创业环境进行分析，选择适合的环境。

三、创业环境的特征

与一般环境一样，创业环境也具有客观性、复杂性、变化性等本质特征。但它作为特殊的环境，还具有自身的独特性，主要表现在如下四个方面。

（一）机遇与挑战并存

创业环境是一个充满无限商机的领城，它给各类人才的脱颖而出提供了极为广阔的天地和舞台，提供了极为丰富的发展机会和动力支持以及丰富的物质基础和条件，这就是机遇。创业环境提供的机遇仅仅是一种成功的可能性，具有权强的时效性和确定性。并非所有的人都能抓住机遇并有效地利用，也不是无论什么时候抓住它都能取得成功，只有有才能、有勇气和有毅力的人才能抓住机遇和有效地利用机遇。抓住机遇需要迅速、果断，一旦错过机会，创业就会陷入困境。这说明创业环境在提供机遇的同时，也向人们提供了挑战，机遇与挑战并存，机遇与挑战紧密联系一起，机遇意味着挑战，挑战包含着机遇。机遇与挑战并存是创业环境最为典型的特征。

（二）利益与风险同在

创业是一个发现和捕获机会并由此创造出新颖的产品或服务，实现其潜在价值的过程，是一个具有强烈功利色彩的活动。它为利益所驱动，每个创业者都以极大的致富热情投入其创业活动。但创业也是一个充满高风险的活动，并非所有创业者都能如愿以偿。创业活动具有逐利性和冒险性的程度，是由创业环境内含的利益与风险来决定的。利益和风险同是创业环境的基本特征。利益和风险同时存在、相伴始终，它们之间联系紧密，无法分割。这种特征使人们的创业活动成为一项既充满利益诱惑，又富有风险刺激的事业。要想得到利益，就必须承担风险，创业者任何利益的获得，都是战胜风险的结果。

（三）适应与创新共求

创业环境的另一个突出特征是适应与创新共求。一方面，创业环境为人们的创业活动提供必要的条件和现实根据，成为人们开展创业活动的出发点，要求人们的创业活动必须遵循客观规律，适应创业环境的客观实际；另一方面，随着时代的进步，创业环境也在不断变化，这就要求创业者开拓创新，改变现状，以适应新的创业环境。不适应创业环境的要求，创业活动就无法开展。同样，若不能与时俱进、开拓创新，创业活动也会失去其自身的价值。适应需要创新，创新也是一种适应，适应和创新是创业环境的固有趋向和内在要求，创业活动就是在适应和创新这两大动力的相互作用下推进的，创业者只有在创业活动中正确处理适应与创新的关系，在适应中求生存，在创新中求发展，既适应环境，又改造环境，才能使创业活动长久立于不败之地。

（四）顺境与逆境俱进

创业环境既含有对创业有利的因素，也含有对创业不利的因素。当有利因素多于不利因素时称为顺境，此时对创业活动非常有利，做事得心应手；反之，处于逆境时，创业活动极其困难。创业活动中顺境与逆境俱进这一创业环境的特征，就要求创业者对创业活动要有正确的认识，认识到创业道路的曲折性和艰巨性。在顺境时不为一时的顺利冲昏头脑，要抓住良机，不断发展创业的大好形势；而在逆境中，不因暂时受挫而屈服，以百折不挠的精神战胜困难，变逆境为顺境。

四、创业环境分析

创业环境的正确分析有助于创业的顺利开展，关系着创业活动的成败，创业环境的分析包括宏观环境分析和微观环境分析两大类。

（一）创业宏观环境分析

创业宏观环境分析包括对整治黄景、经济环境、技术环境、社会环境、自然环境等因素进行分析。

1. 政治环境分析

政治环境分析就是指对国内外政治形势和法律、法规、方针、政策等是否适合创业进行分析。政治环境分析包括：①分析政局是否稳定、国内外政治形势的变化情况；②分析国家对创业活动的有关政策，包括产业政策、投资政策、税收政策、融资政策、金融政策以及知识产权保护、关税、环境保护，外贸等政策。

2. 经济环境分析

经济环境分析就是指对国内外经济形势和市场需求进行分析。经济环境分析主要是分析三个方面。第一，市场环境分析。主要分析市场需求情况和市场秩序以及物资供应情况。通过分析，掌握创业所需原料供应是否有保障，市场需求的活跃与否，金额市场秩序的正常与否，以避免或降低非市场因素的干扰。第二，市场竞争情况分析。主要分析市场竞争的对手和合作伙伴是哪些以及它们的发展情况，以确定自己在市场竞争中采取的策略和方法。第三，资金市场和劳动力市场的分析。主要分析资金市场的变化（如银行信贷政策、贷款利息的提高与降低、借款渠道的多少等）和劳动力市场的供求情况等。

3. 技术环境分析

技术环境分析就是指对国内外有关行业的科技发展水平及趋势和自己的技术情况进行分析。技术环境分析包括如下两个方面：第一，与自己创业活动有关的国内外的科技发展水平及趋势，如新技术、新工艺、新材料、新设备、新能源的发现、发明及使用情况；第二，自身科技发展情况及趋势。通过国内外与自身技术的比较分析，找出自身的优势与劣势以及与他们之间的差距，及时采取措施，引进并采用最新科技成果，避免技术上的落后。

4. 社会环境分析

社会环境分析是指对社会环境，包括人口、居民生活水平和文化教育水平、社会成员的构成、人口分布、年龄状况等这些影响产品需求和发展方向的因素进行分析。人口数量、分布和构成不同，需求也不同。不同的人口构成和分布，就对应不同的消费群体，从而就有不同的市场目标。生活水平高的地方，对服装、文化娱乐、高档次商品等的需求较多，对花色品种、商品质量的要求较高，而生活水平较低的地方情况则相反。只有对社会环境进行认真分析，才能使创业活动收到最大成效。

5. 自然环境分析

自然环境分析是指对自然资源的种类、数量、可用性以及自然地理、气候等影响因素进行分析。通过对自然环境的分析，有利于充分利用自然资源并根据当地自然地理气候条件，有针对性地开展创业活动。

（二）创业微观环境分析

创业微观环境分析是指对创业周边的消费者、同盟者、竞争者、供应商以及创业者自身情况进行分析。

1. 消费者分析

消费者分析就是要对消费者的需求情况、消费心理、消费习俗、消费层次等进行分析在满足消费者要求的同时，积极引导需求，开拓新市场。

2. 竞争者分析

竞争者分析是指了解竞争者的优势、劣势和自己的优势、劣势以及其他公司或竞争者带来的有利信息和潜在威胁。通过这种分析，知已知彼，就能制订和实施有效的创业计划。

3. 同盟者和供应者分析

创业者应对本行的同盟者的状况、发展趋势以及特点进行分析，同时还应对供应商能否适时提供物资材料进行分析，以保障创业活动的顺利开展。

4. 创业者自身情况的分析

主要分析创业者自身的创业能力、经济、技术条件、人际关系等。

五、高校大学生创业环境的分析

作为社会群体的重要组成部分——大学生群体在创业环境方面，既有有利方面，也有不利方面。

（一）有利方面

改革开放以来，我国政治稳定，经济快速增长，技术和人才市场比较活跃，市场经济秩序日益规范，法律制度日益健全，资金比较充裕，这些为大学生创业提供了有利的条件，使创业环境不断改善，突出表现在如下三个方面：第一，可供选择的创业方式不断增多，创业机会成本不断降低，创业风险也相应降低，为了鼓励创业，各地已不断简化创办企业的手续，缩短办事周期，降低各种收费，使创业门槛不断降低；第二，创业扶持政策越来越多，如融资担保、税收优惠、中介服务、技术作价入股、利用外资、出口信贷等；第三，创业载体和创业服务机构发展较快。经过十多年的发展，我国高新技术区、创业服务中心、大学科技园等有很大发展，已经成为大学生创业所依托的重要载体。为创业服务的生产力促进中心技术市场、科技咨询、科技评估、知识产权服务机构等中介服务机构在政府的支持下快速发展，对大学生创业的影响越来越大。

（二）不利方面

第一，创业活动面临激烈的竞争。目前，随着我国城市化进程的加快，大量农民工进城，高等学校大学生扩招，大学生就业困难加剧，这些必然使创业活动中的竞争更加激烈，如果大学生不能适应这种创业环境，创业工作就不能取得成功。第二，创业能获得成功的要求更高。在创业活动面临的竞争更加激烈的情况下，必然对创业能获得成功的要求提高。过去进行创业，有一定的创业资金、场地等，加上创业者的努力奋斗，就能成功。随着创业竞争的加剧，创业更要求掌握合适的创业机会，采用先进的科学技术（特别是高新科技）和先进的管理方法等，因而创业获得成功的困难就越来越大。第三，大学生自身的弱点与创业环境的适应程度，与创业能获得成功的要求有较大差距。突出表现在：大学生创业缺资金、阅历浅、缺乏经验；易犯冷热病，往往凭一时的兴趣，创业不能坚持；不能建立良好和谐的人际关系等。

第二节 我国大学生创业下的政府角色

一、政府在大学生创业过程中的角色定位

政府角色也指“政府的作用”，主要涉及政府的性质、地位、作用、权力、职能、任务等，以及政府的权力边界、职能定位、行为范式等。政府在市场经济中的职能定位，是“守夜人”“看得见的手”“划桨者”以及“掌舵者”等的争论经久不衰，分歧与论断此起彼伏。

到底是以市场为主还是以政府为主，是市场多一点还是政府多一点，是自由放任还是国家干预历来争论颇多。以亚当·斯密为代表的自由主义论者认为政府干预越少越好，“政府是纳税人的守夜人”，政府的干预只会带来麻烦不会解决问题。他在《国富论》一书中指出，自私自利是人类与生俱来特性，追求自身利益最大化是天性。应该放任个人自由，人在自由竞争的环境中，“看不见的手”会实现资源的最优配置。

马基雅维里（Machiavelli）认为“作为君主，应该首先让人畏惧，而不

是被人爱戴。人们爱戴君主，是基于他们自己的意志，而感到畏惧则是基于君主的意志，因此一位明智的君主应当立足在自己的意志之上，而不是立足在他人的意志之上。”他认为国家的存在本身就是目的，是约束人性邪恶的产物，因此更关注国家的团结、统一和强权对经济发展的重要性。

凯恩斯首次提出了国家干预理论，反对自由放任的经济政策，他以财政政策与货币政策为核心论证了国家直接干预经济的必要性，认为市场价格机制无法自动调节和很好解决生产过剩的经济危机和失业问题，因此必须由政府出面解决市场失灵问题。诺贝尔经济学奖获得者、新自由主义代表人物哈耶克反对国家对经济的干预，认为资本主义经济有自行趋于稳定的机制，把20世纪70年代的滞涨归咎于凯恩斯主义。反对计划经济，认为计划经济限制人性，甚至认为计划经济是“通向奴役的道路”。

关于政府角色定位的争论主要聚焦于“政府是应该一如既往地提供商品和服务，还是应该将这些职能转交给私营部门去完成，政府是否还要像现在这样提供大量的补助和进行那么多的管制”等展开。虽然在不同时期、不同地域关于政府与市场的强弱关系会不同，但是基本上有一个不变的共识就是：政府与市场两者谁都不可少。在西方发达资本主义社会基本上是以市场为主导，在尊重市场经济规律的前提下发挥政府的作用，政府的定位是弥补市场的不足和失灵而不是取代市场。我国在十八届三中全会中明确指出“在现阶段，我国持续、大力进行的经济体制改革核心和重点是，要处理好政府与市场的关系问题，要让市场在资源配置中起决定性作用以及更好发挥政府作用。”在大学生创业活动中政府不能“越位”，但是更不能“缺位”。大学生创业活动的顺利开展和不断发展离不开政府的主导作用，政府应通过行政管理职能的科学发挥，引导大学生创业，为其创造良好的创业大环境，做大学生创业活动的积极引导者；同时通过各种创业优惠、扶持和激励政策促进大学生创业，做大学生创业活动的促进者；最后还要为市场服务、为大学生群体创业开路，做大学生创业活动的服务者。

（一）政府是大学生创业活动的引导者

时下，我国经济增长方式仍然以资源消耗为主，属于高污染高消耗的粗放型、不可持续性的发展方式。经济增长过度依赖于政府投资和对外出口，自身消费能力有限；依赖于资源消耗，创新能力、知识转化率较低。而大学生群体的创业活动则为经济增长提供了新的可能，成为新的经济增长点。2015年2月国务院总理李克强在常务会议上首次提出了我国经济增长的“双引擎”的理念，一是增加公共产品和公共服务的供给，一是推动大众创业、万众创新。在经济发展过程中，大型企业对经济的拉动作用、对就业岗位的创造逐渐减少，而小微企业的经济价值、创造就业岗位的社会价值日益显现。实践证明，小微企业的发展不仅有利于拉动经济持续健康发展，更有利于社会稳定与和谐。因此，在转方式调结构的过程中，政府应该积极倡导社会群体的创新创业活动，打造“众创空间”，鼓励“创客”，激发全社会的创业热情。特别是大学生群体的创业活动，鼓励大学生将知识、技术转化为经济增长的内生驱动力，充分发挥高校人才优势。拒绝“人口诅咒”继续保持“人口红利”优势。通过鼓励创业促进社会资源的合理流动、高效利用，通过大学生创业活动的形式，使得创新活动得以在全社会开展，使得创新精神迸发涌流。通过提高以大学生为代表的小微企业的创建、发展，提高生产的知识含量、技术含量，从而降低对能源资源和土地资源的消耗水平，以此来增强国家综合实力和国际竞争力。

就创业对就业的带动作用来看，机会型创业比生存型创业的确能够带动更多的人就业，能够创造更多的就业岗位、就业机会。创业对就业的带动效应主要体现在，创业者通过创业活动创办新的企业不仅实现了创业者自身的自主就业，同时也通过创业增加了新的工作岗位、工作需求，拓展就业机会带来新的经济增长点，帮助更多劳动者就业。一般地，不同特征的创业类型带动就业对当年贡献差异不是很明显，而对未来五年就业的贡献差异显著。主要是因为机会型创业能通过单个人的创业活动创造和新增一批就业岗位的创业倍增效应。这种创业带动就业的倍增效应还体现在新创建的企业或公司，能从原来单纯的就业人群中培养和造就更多创业主体，而新的创业主体又会提供更多的就业机会，从而实现创业者与就业岗位增加的良性互动。通过创业的倍增效应，创业带动就业的整体增长。生存型创业对就业的带动作用不是很明显。近些年，随着全球就业压力增加，国内外学者热衷于创业带动就业的研究。Van Praag曾经提出，创业可以通过增加和创造新的就业机会的方式而减少社会失业率。Audret sch 等人的研究发现，在经济合作与发展组织（OPEC）国家经济中，经济活动中的企业正朝着小型化、小微型、灵活性的方向发展和成长，而且人们也越来越注重自我创业，自我主宰职业生涯。从长远的角度看，这样的创业趋势和特点将推动一国经济持续、加速、健康增长，在此过程中发挥减少失业，增加社会和谐因素，维护社会稳定的社会效应。创业类型从生存型创业变为机会型创业，带来的岗位增加的正相关性，近些年更为明显。

政府的职责主要是为大学生群体的创业活动创造良好的创业环境，《全球创业观察中国报告》将一个国家的创业环境主要归类为九大方面，主要包括：创业资金条件、政府项目、政府政策、研究开发转移、市场变化和壁垒、教育和培训、有形基础设施、商业环境、文化和社会规范等。以经济发展方式、产业结构为导向，积极引导大学生创业需求，并根据市场环境、创业环境、大学生群体需求状况适时调整创业扶持政策，引领大学生创业活动的积极开展和健康发展。作为大学生创业活动的引领者，体现了政府将大学生创业活动上升为国家战略的高度，体现了政府对大学生创业活动的重要性有了全面的认识，对大学生创业活动的重要意义有了深刻的认识，属于战略干预层面。只有在战略上重视、引导和支持，才能使政策的着力点逐渐增加，政策价值取向逐渐明晰，政策扶持力度逐渐加大，政策工具不断丰富。政府通过宏观调控措施促进大学生创业活动的开展，带动大学生创业的积极性，达到政府鼓励创业的政策目标。

（二）政府是大学生创业活动的促进者

在大学生创业过程中，政府不仅要做引导者更要做促进者和激励者。如果说引导者的角色是从宏观的角度定位政府职责，那么促进者的角色则要求政策以具体的扶持政策来实现其引导职责。通过具体的扶持、激励措施实现政府的引导作用，将引导职责的发挥寓于具体的政策之中。

政府的促进者角色主要是指政府通过一系列的激励机制、扶持政策来调动大学生群体的创业积极性，减少创业进入门槛和创业过程中的障碍，降低创业成本，使得创业成功者获得肯定、支持和尊重，使得创业失败者获得保障和再次创业的可能。从创业的阶段来说，在创业的初始阶段，政府应充分考虑到大学生群体创业资源少、资金有限、创业起点低等特点，降低创业门槛、创业成本，让想创业的大学生能够创业，减少创业的审批项目和简化创业所需程序。对已经创业的大学生要让其生存下去，政府应该减少行政性收费、制定优惠的财政补贴政策、税收优惠政策和金融担保等相关的资金支持政策。政府不仅要发挥自身的财政资金优势，更要调动社会强大的资金潜力，让更多的民间资本向大学生创业活动领域汇集。作为大学生创业活动的促进者，政府可以通过公共产品和公共服务工具、经济政策工具、法律工具、行政管理工具等，通过多维度、多角度的政策工具，将政府的促进、激励职能发挥到位。不仅要充分利用各种形式的政府政策工具，更要注重各种政策工具之间的协调配合，注重政府促进创业政策的连贯性和持续性，更要注重政策的有效性、及时性可操作性及精细化。

通过政府的产业政策、金融政策和财政政策等方面的支持，力求将政府的作用发挥到极致以实现理想的创业型社会。理想的创业型社会将涌现大量创业群体、企业家群体，创新型新生企业层出不穷，大学生创业氛围浓厚，创业环境宽松，创业融资门槛低、渠道多元，大学生群体的创业意愿高涨和创业能力增强，创业率高创业成功率也高，大学生创业活动的普遍开展使得整个社会的经济发展充满活力，进而带动经济持续、健康和协调发展，提升整个国家的竞争力和综合国力。

（三）政府是大学生创业活动的服务者

政府不仅要做大学生创业活动的引领者和促进者，更要做大学生创业活动的服务者。将政府角色定位为大学生创业活动的服务者，这就要求政府必须转变传统的管制型、管理型政府的职能定位，政府角色不再是高高在上的控制者，而是无私的服务者。这不仅意味着政府职能的转变，更意味着政府执政理念的转变，意味着服务型政府建设迫在眉睫，是服务型政府在大学生创业领域的具体体现。服务型政府为公众服务，是一个为社会提供公共产品和公共服务的政府；为市场主体提供公平、自由的竞争环境。政府通过及时公布相关创业信息，让更多大学生创业者了解甚至参与到创业政策的制定之中。传统的管制型、统治型政府已经与现在的社会环境格格不入，各种弊端不断显现，构建服务型政府成为中国新一轮政府改革的目标。

大学生创业企业由于主体的特殊性、起步阶段的阶段特征，使得大学生创业企业相比较来说生存能力更弱、经营风险更高、市场适应能力更加脆弱。因此，政府在大学生创业活动中的地位尤为重要，亟需政府通过相关的政策给予扶持和帮助，创造一个有利于大学生创业活动的孵化环境。政府应不断顺应市场经济的发展趋势，不断调整和优化自身职能的机构设置，提升政府的执政能力、提高政治效率和社会服务水平。由“领导经济”转变为“服务经济”。政府的主要职责是社会管理、公共服务、经济调节和市场监管，负责为大学生创业者提供公共产品，包括硬件的公共基础设施、办公设施等和软件方面的知识产权保护、环境保护、信息发布等。

二、政府在大学生创业过程中存在的角色问题

（一）政府对创业教育的引导有待加强

以经济发展方式、产业结构为导向，积极引导大学生创业需求，并根据市场环境、创业环境、大学生群体需求状况适时调整创业扶持政策，引领大学生创业活动的积极开展和健康发展。作为大学生创业活动的引领者，体现了政府将大学生创业活动上升为国家战略的高度，体现了政府对大学生创业活动的重要性有了全面的认识，对大学生创业活动的重要意义有了深刻的认识，属于战略引领层面。社会普遍认为“2014 年是创业元年，2015 年是创业的黄金年”，特别是“创客”首次走入政府工作报告和当前“双创”的时代背景下，创业热潮有目共睹。但是政府在引导创业教育方面还存在一些不足，使得创业教育在开展过程中偏离政府政策的初衷。

当前高校在响应政府创业政策上，在创业教育领域存在两大误区：一是片面重视创业理论，轻视创业实践操作环节；二是过分强调创业，导致“学业”让位于“创业”现象。因此，政府在提倡高校鼓励大学生创业时，应该引导高校创业教育的科学开展。政府在鼓励创业教育上，不仅要出台宏观的政策引导，还要对创业教育开展的相关标准进行科学引导。任何一项事业如果过分高涨，政府应该保持理性。大学生创业同样如此，目前，我国大部分高校都陆续出台优惠政策鼓励在校大学生创业，包括创业计入学分、创业可以不用请假旷课、创业可以加学分等一系列针对在校大学生的创业优惠、倾

斜、扶持和鼓励政策。高校为了鼓励在校大学生积极投身于创业活动，制定、出台了相关的创业激励政策，但是，高校在促进大学生创业的过程中要有底线意识。大学生创业固然会带动经济发展，创造新的就业岗位，缓解就业压力，促进知识转化为现实生产力等一系列的经济价值和社会价值。但是，在促进大学生创业活动中政府应该保持理性，因为大学生创业群体毕竟第一身份还是学生，而学生的第一使命是学习，正如李克强总理所说的，“学好专业知识，创业的空间才会更广阔”。

因此，不能为了创业而创业，政府应该引导高校出台创业扶持政策时体现出差异性，鼓励真正适合创业的群体去创业。在鼓励大学生创业的同时也要理性的引导，让大学生科学认识创业、理性选择创业。其次，高校的政策落实是否会存在走样，人都是经济性的动物，都有其自利的本性。高校的创业扶持政策同样如此，如果将大学生群体仅仅当作道德高尚的道德人是不对的，也是不符合人性的，可能会导致大学生群体为了不上课、为了加学分出现欺骗、造假等现象，这不仅会影响学生自身人格的健康发展，而且过度强调创业也会扰乱正常的教学教育秩序，冲击学校的学术氛围，不利于学校自身的角色定位。

（二）政府对创业舆论环境的引导有待加强

大学生创业活动不是一件孤立的活动，在学校中要受到学校创业文化的影响，走入社会要受到社会氛围的影响。不能否认在我国的传统文化根基中，缺少创新、突破、革新的精神，正如孔子所说的“吾乐而好古，述而不作”。以及中国根深蒂固的“官本位”思想，以是否做官、官职大小作为衡量一个人人生价值的最高准则。以做官为自己的最高理想追求。以官为本，一切为了做官，以权为纲，以仕途作为个人最终的职业目标，把做官当作人生的最高追求。不仅这样要求自己，同样也以这样的标准去考查和衡量别人。社会上的这种崇官现象正是价值观念扭曲的结果。在价值日益多元化的今天，官本位思想并未根除。当前的大学生群体，属于时代的宠儿，不应该被根深蒂固的传统文化束缚，他们是一群更有创造性、创新意识、创新能力的年轻群体，不仅有创业的热情，也有创业的理论知识指导。

虽然大学生群体有很大的创业优势，但是毕业后真正选择创业的人数并不多，创业率不高。这与大学生创业群体高涨的创业热情是不符合的，但是与当前的社会创业氛围息息相关。传统的价值观念和保守思想在很大程度上束缚了大学生创业步伐。社会上的这种偏见和来自自身家庭的单一价值期望，会给大学生创业者造成较大的心理负担和创业阻力。因此，在这样的大环境氛围下，以及考虑到大学生群体的群体特征。无论是作为孕育大学生创业起源地的学校，还是作为接纳、培育甚至淘汰大学生创业企业生存地的社会，对于大学生创业活动和大学生创业群体应该有必要的尊重、鼓励和包容。

（三）政府促进创业的孵化平台作用发挥有待提高

大学生创业实践基地是大学生将好的创意、好的想法、好的点子落实到实践中的实质性载体。创业实践平台是促进大学生创业过程中不可缺少的活动场所、检验基地。方便、高效、多样化的创业实践基地，是大学生创业群体相互交流、学习、借鉴的场所，有助于志同道合的年轻人将自己的想法、创业与有经验的创业群体进行交流，从中积累经验、改进自己的创业规划。同样，创业实践基地的多功能、针对性、创造性的特点也使得大学生创业群体，在资金、技术、经验和人员比较匮乏的情况下，有效地利用创业实践基地的资源，也可以和创业实践基地的相关企业合作减少自己的创业活动成本。

大学生创业孵化基地作为创业实践基地的主要形式，根据创办的主体不同可以将创业孵化基地分成不同的类型。李炳安在《大学生创业促进制度》一书中根据创办主体不同将大学生创业孵化基地氛围以下四类。一是政府型孵化器。由政府直接创办，以公益性为主要特征，以促进大学生创业为核心目标，搭建多功能的创业实践平台，包括政策理论研究、创业指导培训和综合服务等。二是政府企业结合型孵化基地。三是大学型孵化基地。主要是指一些有条件、有能力、有需要的大学自己创办的创业孵化基地。具有“公益性、示范性、专业性”的特点，主要针对本校学生进行创业孵化和指导的一种创业孵化基地。四是公司型孵化基地。公司作为主体创办创业孵化基地促进大学生群体创业。

虽然理论上在形式和种类上促进大学生的孵化基地众多，但是在现实中会发现各种类型的创业孵化基地在运作中存在一系列问题。政府型创业孵化基地存在利用率低下、孵化功能单一、孵化设施设备陈旧、相关管理人员和服务人员服务意识和管理能力较低等问题；政府企业合作型在具体的实施中存在政府监管缺失，资金投入不符合实际需要，出现隐形不公平和权力寻租问题。对大学生创业企业的孵化内容，创业孵化领域，创业孵化覆盖面等都有待进一步完善；高校创办的孵化基地一般规模较小，创业孵化基地缺乏专业性指导，与相关企业合作不紧密，产学研的功能未能有效发挥；公司型孵化基地准入门槛高，真正能进入的大学生群体寥寥无几，带有很大的营利性目的，孵化的出发点不是帮助大学生群体创业。因此，在创办大学生创业孵化基地上，政府要明确其主导性地位。政府主要的关注点应该在政府性创业孵化器、政府企业结合型和大学型创业孵化基地，在促进创业孵化基地创办的过程中，应该给学校、地方更多的选择权、参与权、决定权。政府放权并不代表政府不再管理，政府在创办大学生创业孵化基地的过程中，始终要扮演好“元治理”的角色。制定孵化基地建设的标准，监督孵化基地的运行和相关功能的发挥，收集大学生群体的意见等是政府促进大学生创业过程中义不容辞的责任和义务。

（四）政府创业服务政策配套有待完善

政府公共行政的公共性本质意味着政府的行政行为要固守其自身相对独立的价值，政府固然要维护经济发展。但是，秩序、安全、效率、公平正义等公共基本价值之间存在着某种优先次序，公平正义是公共行政的核心价值。政府的公平正义的核心公共行政价值，反映在大学生创业活动领域，也就意味着政府要为大学生群体营造一个有利于创业的公平环境。政府的创业服务职能宏观上来说主要是指政府为大学生创业群体营造一个良好的社会环境；微观来说就具体到相关的基础设施的完善、社会中介机构的培育、创业者权益的保障、创业技能培训、创业项目评估审核、创业方向指导等。创业是一项系统性工程，不是一朝一夕就能完成的，也不是政府提供了资金支持就一劳永逸的。创业的系统性以及创业群体的特殊性都要求政府在促进大学生创业时出台的创业政策，要涉及创业过程的各个阶段、各个时期、各种类型的主体，只有科学规划、充分全面考虑政府在促进大学生创业过程中才能扮演好服务者角色。

但是，当前的创业扶持与促进政策，涉及大学生创业的相关服务领域和项目的创业扶持政策不多。大学生创业毕竟是一项系统性的工程不是仅仅涉及资金问题。这也是相当一部分创业大学生群体的误区，总认为创业就是融资，融到资金就是创业成功，资金多少就代表创业的成功大小，这都属于创业过程中的不理性、不科学的认识。创业资金的重要性使得政府及社会各方都将注意力投射到融资这一点，创业资金固然重要，但是创业绝不仅仅等同于融资。更重要的是创业过程中的指导、培训、相关社会组织的支持，这种支持不仅包括资金支持，更包括人才支持、项目评估、人员培训、风险评估等一系列的配套服务。在大学生创业的初始阶段缺乏对创业项目的科学评估、对市场需求的有效匹配。在创业成长阶段，缺乏对创业相关信息的有效传输，使得信息不对称现象的存在加大了大学生创业的成本和阻力。特别是创业过程中相关的注册手续、相关企业设立程序以及实际管理中可能存在的经营管理问题，缺乏专业性的指导和咨询机构。对于创业后期的保障措施更是处于空白阶段，对于创业失败者的保障性措施缺乏。政府在促进大学生创业过程中应该重视作为社会重要一极的第三部门的力量，政府在注重自身出台扶持政策的方式给予大学生群体直接鼓励的同时，应该充分挖掘、鼓励和引导社会第三部门组织积极参与到促进大学生创业的活动中来。而第三部门在促进大学生创业过程中的地位与意义都不容忽视。除此之外，政府的服务能力弱，服务水平有待提高，针对大学生创业的政府服务部门的工作人员本身对于大学生创业政策的解读能力、服务能力、服务意识都有待提高。

（五）政府优惠政策宣传有待加强

大学生群体虽然关注创业，有创业热情、创业意愿，但是毕竟身处校园，能够接触的创业政策相关信息主要是通过学校的创业就业中心网站公布的消息，政策渠道来源少。学校毕竟是一个传授学业的地方，高校在大学生创业活动中虽然扮演着重要的启蒙作用，但是真正能将创业教育开展好的高校寥寥无几，这就为大学生了解政府出台的创业优惠政策增加了障碍。除此之外，大学生身边的同学、老师大多数还是以科研为重点，创业的大学生群体在高校中还是属于少数群体，因此就缺少了创业伙伴之间政策交流与分享环节。因此，虽然政府以政策文件的形式鼓励社会创业、鼓励大学生创业，同时也鼓励高校开展创业教育，但是学校作为一个传道授业解惑的地方，学习仍然是学校和学生的第一使命。而且，大学生作为在校生毕竟有其群体特色，大学生由于对创业活动接触少，导致其对政府创业政策的理解能力，对创业政策的解读能力必然会存在误解、不理解等问题。因此大学生群体对创业政策、法规还不是很了解，对政府层面的优惠政策还不熟悉。除了大学生群体自身原因之外，政府政策宣传不到位，也使得一系列的创业优惠政策还仅仅停留在纸上，没有真正的落实，政策宣传和实施效果不佳。大学生群体对创业政策的不了解将导致大学生群体很难享受到政府的优惠，而这不仅不利于大学生自身创业，也会对政府政策效果产生影响，导致政策制定者不能准确把握政策需求一方真是需要，不利于政策的优化、修改和完善。政策的制定本身就是一个不断完善的过程，而政策的完善依赖于政策对象的信息反馈。政策在宣传过程中相关服务政策的缺失使得政府在扶持、鼓励大学生创业的政策中存在短板，不能很好地起到对于大学生群体的保障、服务、指导等功能角色的发挥。

政府相关部门在宣传大学生创业政策时，除了利用政府自身的官方网站，还应充分利用新媒体时代下的微博、微信等新兴的自媒体，利用电视台、新闻媒体等宣传渠道，使得宣传平台多样化。任何一项政策的出台都不可能一蹴而就，都要经过多次、反复的修正和完善，而政策完善的依据就是政策相对者的意见和建议。在创业优惠政策的宣传方式上，不仅要将政策挂到网上，还应有详细、具体的政策解读和具体案例演示，从而使大学生能够接触到并会用创业政策。大学生创业政策主要针对大学生群体，而各个地区的高校无疑是大学生聚集的地方，政府以及相关部门应该充分利用并积极与相关高校取得联系，积极主动将创业政策宣传的各大高校，让创业政策下到学校与政策相对人近距离接触。相关政府工作人员应进行政策理论培训，政府部门应针对大学生创业群体的创业促进政策进行整理和归类，以利于有效的信息整合与资源共享。大学生群体在咨询政策的具体环节时，政府工作人员如果不能科学、清楚、准确地给予解答，创业政策效果就会大打折扣。

三、改进政府在大学生创业过程中角色的建议

（一）加强政府促进大学生创业的资金支撑

1. 多样化的财政促进政策

企业特别是中小型企业越来越成为推动创新、刺激经济发展、为市场注

入活力的实际主体，而政府的财政政策导向功能和乘数效应在推动大学生创业活动中具有不可替代的独特地位和作用。西方发达国家在经济社会发展过程中，政府会适时推出相应的财税金融政策促进创业活动顺利开展，对促进创业活动的进行、成长和开展，特别是对本国高新技术产业的发展都发挥了不可小觑的作用。尤其是创业活动非常活跃的美国，通过推行扩张性的财政政策，对美国经济的持续增长和创新创业活动的不断开展起到助推作用。而我国属于政府主导型的社会主义市场经济国家，政府在社会经济发展中的作用无可替代，拥有一个强有力的政府在促进大学生创业活动中具有绝对优势，因此，我国应充分利用财政政策促进大学生创业活动的开展。

一是财政资金直接参与投资持有股份。考虑到我国在促进创业的发展历程比较短、积累的实践经验比较少、相关的理论研究和专业性的创业人才比较少，因此，借鉴以美国为代表的创业先进国家的经验具有相当程度的必要性。但是，在学习西方创业支持模式、创业相关理论的同时，必须充分考虑到本国的实际环境状况、大学生群体的实际创业状况以及社会第三部门等的发展状况，实现创业扶持和鼓励理论的本土化、本地化，更好服务于大学生创业活动的开展。政府财政资金的使用在促进和支持大学生创业的同时，还必须要充分保障财政资金的安全和有效，这主要是考虑到政府财政资金的特殊性和独特性。因为，政府的财政资金是全体纳税人的钱，政府只是被授权使用，而且财政资金的用途具有很严格的要求，不能任意投资、参股。之所以要让政府的财政资金直接投入或者说是直接参股，主要是考虑到大学生新创企业的创业初期融资困难的现实状况。政府财政资金前期投放的既可以对新创企业给予资金上的支持，解决大学生群体创业初期资金难题，更重要的是通过政府财政资金投入的方式来吸引和引导社会资本，特别是社会上大量闲置的民间资本的投入，达到引入和稳定其他资金的目的，真正发挥财政政策的杠杆和引导作用。但是必须考虑到财政资金的特殊性，应该对其投资的比例有一定的限额，更重要的是要保障财政资金的退出渠道畅通。保障财政资金的流动性和灵活性，以便投入到下一轮的扶持和促进大学生创新创业活动之中。

二是财政资金给予大学生创业群体资金补助或资金奖励。财政资金的补助要具有针对性，奖励要具有典型性，能起到激励效果。在具体的资金发放过程中要根据大学生创新创业的类型、种类、发展前景和注册资金的数额不同，有倾向性和有侧重点地给予财政资金补助和奖励。同时，对大学生创业取得的重大进展或者科研成果实现产业化的新创企业给予财政奖励。使政府的财政资金既能够起到鼓励、促进的激励作用，又能够起到扶持、保障的兜底作用。

三是政府采购。政府采购资金向大学生创新创业领域倾斜，体现了政府宏观调控的职能和保护民族产业的职能。因此，应在中央层面由国务院出台具有全国性的政府采购目录，这将有利于我国政府采购事业促进自主创新功能的发挥，实现精准扶持。政府在支持大学生创新创业政策密集出台，政策涉及到降低创业门槛，降税减费，加大政府财政资金支持，拓宽融资渠道，积极建设创业平台、完善创业服务提升创业服务水平等，但是很少有涉及政府采购方面的政策。

2. 宽松的税收优惠政策

税收政策是一种相比于宏观性的财政政策的一种更侧重于对市场微观主体的政策。税收政策的实质是政府通过运用公权力来减少新创企业的税收负担，从而减少其资金流出，进而达到对新创企业给予资金上支持的公共政策。相比于政府财政政策，税收政策更贴近于创业主体，直接从本源上减少新创企业的开支，减少了税收征收过程中的时间、人力、物力资源成本。税收政策越来越成为政府激励企业进行科技创新的一项措施，成为政府投资科技的一条重要渠道。税收政策是提高企业竞争力，促进企业投资发展的重要手段。在税收政策方面我们可以借鉴外国在促进创新能力提高方面的主要税收政策，同时结合我国的国情，使其本土化，为促进我国创新企业发展服务。

首先，根据我国目前税收政策在促进大学生创业领域的现状和大学生群体的创业特性，可以建立促进产学研合作研发的税收优惠措施。目前我国在激励产学研联合方面的税收政策还处于一个空白状态，以至于中小企业既不愿意自己主动投资研发也不愿意与高校等科研机构联合研发，主要原因是占用大量宝贵资金而且风险较大、资本回报周期较长，这主要是高科技创业特性决定的。这就需要政府支持。发达国家政府很重视对研发的资金投入，不仅在财政上直接支持产学研合作而且还提供税收方面的激励政策，充分发挥税收政策在促进创业中的激励作用。其次，在税收的实际征收过程中对于起征点的规定，要体现时代性、发展性和变化性，不能对企业的起征点几十年不变，应当根据经济发展水平和区域发展水平，具体的、合理和科学的确定企业纳税的起征点。最后，企业所得税的减半范围应该扩大，这种企业所得税的减半主体主要集中为小型微型企业。以前的减半范围是年所得额 20 万元的才有机会获得减半的财政优惠，减半的起点相对来说过低。政府减少对于小微企业的税收，并不会减少社会财富总量，反而使得大学生创业企业等有更多支配资金的资金数额，有利于社会资源配置效益、效率的提高。而且根据拉弗曲线的税收与税率之间的抛物线关系，反而可能带来政府税收总额的增加。

3. 完善的金融担保政策

缺乏资金对大学生创业群体来说是最突出、最迫切、最不容忽视的创业难题。创业企业在初始阶段需要投入大量的资金，但是大学生的群体特征决定了其缺乏社会资金积累这一环节，而且银行贷款主要针对的对象是处于成长期和成熟期的企业，有较好的信誉和资本雄厚的大企业，这也是资本逐利本性使然。而大学生新创的企业由于处于创业初期阶段创业信用较低、缺乏抵押资产，商业银行普遍不愿意涉足风险较大的大学生创业企业领域。因此，单靠市场力量难以满足大学生创业者对创业资金的需求，这就需要政府出台贷款担保政策，在贷款、担保、风险防范等方面发挥政府公共权力机构的作用，弥补市场机制的缺陷。如何完善大学生创业担保的体制机制，按照大学生创办企业的类型和企业所处的阶段，提供不同的担保贷款支持是当前政府在制定大学生创业的资金扶持政策时应该考虑的问题。

各地区在制定创业政策时都会把解决创业资金问题放在首位，实施方式多样的创业金融政策来尽量满足创业群体对创业资金的需求，政府除了直接出资或和民间联合出资成立中小企业投资公司外，还通过杠杆贷款、贷款担保、债务豁免等途径来解决创业融资问题，因为毕竟政府可用于创业的资金也是有限的，单靠政府自身力量不能给创业者以有力的支持，远不能满足创业群体对于创业资金的需要，这就需要政府充分挖掘社会力量，充分利用好民间资本，利用好政府资金的杠杆作用，努力引导多元主体共同参与到促进大学生创业的活动中来。金融担保政策要突破地域、户籍和城乡限制，提高担保额度和灵活性。

总之，无论是财政资金还是税收资金政策，其核心都是要依赖于当地财政及其政府的重视。各级地方政府应该从长远的角度来看待大学生创业问题，大学生创业在促进地区经济增长的同时，会进一步增长政府的税收和财政，而增加的财政从理论上又可以进一步为促进大学生创业提供资金激励，以此形成政府财政与大学生创业之间的良性活动。政府财政资金充裕、政府足够重视，好的政策才能落实，政策落实是政策预期目标实现的前提。但是，相对于庞大的大学生群体需求，仅仅依靠政府的财政资金显然不够。因此，政府财政政策所起的作用主要还是吸引社会资金，引导民间资本积极投身到扶持大学生创业之中。当然，一项政策要想起到效果，还需要政策的执行。因为政策的执行是整个政策生命周期中最关键的环节，是其他环节发挥作用的前提。

（二）改善政府对大学生的创业引导模式

1. 改革创业教育体系

大学生是中国较高素质的人力资源群，是建设创新型国家的一支重要力量，是我国经济社会发展战的第一资源。为此，我国出台了《国家中长期人才发展规划纲要（2010—2020）》，明确提出了我国人才发展的总体目标，“服务发展、以用为本”也被确认为人才发展的指导方针。以高校为主体开展的创业教育在培育、激励、引导大学生创业活动中具有举足轻重的地位，高校是知识的生产地，创新创业活动的核心、内驱动力是创新。创新的知识创造性和知识溢出性是推动创业发展的动力源泉。同时，创新活动又进一步催生了新的创新压力，从而推动创新创业活动的不断开展。创新创业能够适应和创造新的市场需求，不断增多的创业者会挖掘出新的经济增长点，同时政府政策优惠也会被充分利用，进而增加经济发展的深度。美国创业教育之父杰夫里·蒂蒙斯（Jeffy A. Timmnos）教授认为，学校的创业教育应该不同于社会上的以解决生存为目的的培训，更不是一种“企业家速成班”，真正意义上的创业教育应该致力于为未来几代人设立“创业遗传代码”以造就革命性的创业一代作为其基本价值取向。

加快推进创业教育改革。高校教育改革势在必行，在当前国家实施创新驱动发展战略以及大众创业万众创新时代背景之下，高校应顺势而变，培养时代需要的创新型人才。教育部在《关于做好2016届全国普通高等学校毕业生就业创业工作的通知》的文件中明确要求，各高校要加快推进创新创业教育改革，把提高教育质量作为创新创业教育改革的出发点和落脚点，为国家经济持续健康发展培养创新型人才队伍。根据人才定位和创新创业教育目标，各高校应该将创业教育贯穿于专业教育全过程，将创业教育与专业教育相融合。首先应该明确创业教育的目的。创新创业教育是以培养创业能力为中心的教育，是为社会培养创新型、创造型、创业型人才，是技能教育的一种，但是又不止于技能教育，创业教育更重要的使命和任务还应注重培养大学生创业者的创业素质、创业精神、创业文化，通过创业教育在高校和整个社会厚植创业遗传代码，培养企业家精神。其次，要明确创业教育是一项系统性工程，强调教育的连续性，不是临时性、辅助性、枝节性的教育，不是专业教育的附加内容。更不能把创新创业教育当成企业家速成班，偏离创业教育的宗旨和本质方向。因此，应该注重将高校的创业教育与高校的专业教育有机融合、科学搭配。再次，还要注重创业教育自身的特殊性，创新创业教育有较高的实践性要求，单单理论上的教学和课堂式的说教不是全面、完整的创新创业教育。因为，创新创业教育本身就包括创业理论与创业实践两个部分，两者密切联系不可分割。创业实践是创业教育的理论延伸，是创业教育的必要条件。

2. 培育创业文化

创业活动表象背后隐含着一种创业精神，实质上是一种文化现象。高校对大学生创业活动的认可程度、支持程度、包容程度取决于这个学校的创业文化。可以说创业文化是高校创业活动得以顺利开展的基础价值体系。创业教育的核心就是创业文化的塑造。在GEM专家访谈中，文化与社会规范指标与创业的联系最为普遍也最为深刻、持久。良好的创业文化对于大学生创业活动的开展有着重要的促进作用。因此，政府应该注重创业文化角色的扮演者，出台创业文化引导政策。首先，引导社会转变创业观念，针对传统文化中的“求稳怕变”的保守思想的影响，对于大学生创业的顺利开展还有很大阻力作用。政府应该在全社会提倡创业越来越成为实现自身价值的有效途径之一。充分利用宣传媒体的价值传播作用，改变人们以往的保守思想，让大学生敢于创业，同时让社会包容、支持大学生创业。其次，发挥创业典型的带动示范作用。充分利用创业成功典范的模范代表作用，报道创业典型的创业经历，传播创新、冒险、敢为人先的企业家精神。在当下这样一个信息化社会，文化多样、价值多元，政府应该通过政策引导让创业成功者成为人们敬仰的对象，使创业成为人们追求致富目标的合理、重要渠道。成功的创业者是富有能力的基本标志，拥有超高的个人魅力，从而鼓励着大学生的创业激情。社会不仅要尊重创业成功者，更要给予失败者宽容、理解和帮助，创业毕竟充满艰辛，更有诸多不确定性，社会包容的氛围会使创业失败者有勇气重新出发，也让未创业者和潜在创业者敢于创业。

（三）提升和改进政府在大学生创业过程中的服务能力与方式

1. 调整政府机构设置，优化政府服务职能

创业活动与经济增长之间的关系问题，全球创业观察提出了一个包括两个部分的理论模型。之所以说是两个部分是因为这一理论模型包含了两大主体，一个是成熟型的大企业，另一个是还处于初创阶段的新创企业，大学生创新创业活动就属于第二部分。某学者对这一理论模型做了分析、诠释，他认为该理论模型的两个部分既相互独立，又相互补充、相辅相成、相得益彰，因为任何一个市场都不可能只存在成熟稳定、资金雄厚、市场广阔的大企业，也不可能只存在创办时间短、资金力量薄弱、处于初级阶段的新创企业。该理论模型上半部分反应的就是成熟大企业的活动机制：这一部分存在的前提假设是，如果一个国家的一般环境条件得到改善（全球创业观察把促进经济增长的条件分为一般环境条件和创业环境条件，其中一般环境条件主要包括：对外贸易开放程度、政府的国际地位、金融市场的有效性、技术与研究开发的程度和密度、基础设施条件、管理技能和劳动力市场的灵活性），那么处于上半部分的大企业、成熟企业的国际竞争力就会明显加强。随着这些大企业的不断成长、扩张和深化发展，它们将会为本国经济创造更多的产品和服务的需求，也就是进一步创造了新的市场需求。这种需求的增加就会导致中小

企业市场机会的增加，这就是创新和竞争所带来的市场的正外部性，从而激发更多的小微企业创建，同时为已经存在的新企业提供新的市场。而且，当国际贸易环境相对稳定的时候，市场和生产技术变化相对较小的时候，成熟企业对经济的促进作用就更为明显。该理论下半部分反映的就是新创企业，属于第二套推动经济增长的机制，强调的是创立和发展新企业的创业活动的地位和作用。在这一部分中与新创企业密切相关的条件称之为“创业条件”(创业条件主要包括：金融支持、政府政策、政府项目、教育和培训、研究开发转移、商业环境和专业基础设施、国内市场开放程度、实体基础设施的可得性和文化及社会规范)，主要是相对“一般环境条件”而言。模型的这一部分机制又可以细分为两个部分：一是市场中创业机会的出现；二是识别、追逐创业机会的创业者的创业能力。当市场处于动荡变革状态时，这时一个企业如果想要在这种环境下创业成功，就需要有更高程度的创造性、创新性以及创业者对市场敏锐而迅速的应变能力、洞察能力，这时新创企业对经济的促进作用就较为明显。因此GEM模型最大的价值就在于，科学、可靠地探讨和论证了创业活动与经济增长的正相关性，这对于地方政府高度重视大学生创业，积极为大学生创业活动的开展创造良好的外部环境，提供了重要的理论依据。

科学、合理的政府机构设置，才能保证政府职能的有效发挥，保障政府行为科学、高效、便民，实现政府服务职能的发挥。因此，要保障政府在促进大学生创业过程中的服务水平、服务能力的不断提高，政府应该逐渐从“领导经济”转变为“服务经济”，政府职能定位从管制型政府、管理型政府向服务型政府、善治型政府转变。政府机构设置，要以事为中心，而不是以人为中心；以服务大学生创业需求为导向，而不是以政府自身意愿为导向。政府的社会监督职能不可缺少，但是在促进大学生创业过程中，政府的服务职能更是不能付之阙如。首先，政府在促进大学生创业过程中应该有统一的领导组织，成立多方参与的领导小组，主要是负责大学生创业活动的研究和指导，并协调好各方职能机构的工作开展，监督各项大学生创业政策的开展和具体落实。其次，政府可以主导建立相应的大学生创业管理中心，全面负责大学生创业活动开展的具体工作。负责创业优惠政策的发布、相关办事流程、创业信息、服务资源的推送等。再次，加大对政策的解读力度。政府要建立健全创业政策的相关解读机制，凡是关于大学生创业的优惠政策，政府相关部门要及时在政府门户网站上首发的同时，更要注重相关政策解读评论文章的推送。政策解读文章可以联合政策制定主体、大学生创业领域相关专家学者和专门机构来撰写，通过通俗易懂的方式，深入浅出地解读和宣传创业政策，同时还可以组织在线访谈的形式、电视电话问答形式解答大学生对创业政策的疑问。政府通过合理的机构设置，提供社会管理职能，为大学生创业提供稳定的社会环境；通过经济调节和市场监管，为大学生创业者提供公平、合理、有序的市场竞争环境；通过提供公共产品和公共服务，为大学生提供良好的软件设施和硬件设施，为大学生创业活动的顺利开展提供完善的基础设施条件和社会氛围、体制机制等软环境。

2. 完善权益保护的相关法律

政府通过制定相关规章、规定等以法律的形式来保障大学生创业过程中的合法权益。政府在为大学生创业保驾护航的过程中，政府政策和相关法规的兜底、保障、维护作用不可缺少。因为，大学生创业活动是属于创新性活动，创业活动的成功很大程度上有赖于知识产权等相关技术性、知识性、创意性的生产资料投入，而这些权益在当前促进大学生创业过程中还处于法律上的空白阶段。

首先，政府要不断建立、完善、充实当前的实施产权法，最终形成一套全面、完整、完备的知识产权法保护体系。使得政府在政策执行中，在政府的具体行政行为中能够有法可依。同样，也让市场主体既包括大学生创业群体也包括其他相关的市场主体，在经济行为中能有标准、界限、底线，使市场行为真正成为依法行为，市场经济成为法治经济。这样可以避免一些大企业或者以短期盈利为目的企业，利用大学生创业过程中的政策和法律盲点，进行违法的市场行为活动，损害大学生创业的知识产权和创业相关权益。

其次，有了保护大学生创业的相关法律，并不能保障法律保护效果的自动有效实现。不仅要科学立法，还要全民守法，而全民守法的一个前提就是要让市场主体指导、了解、理解政府的权益保护相关法律。因此，应加强普法力度，加大对相关法律的宣传。不仅要对相关法条加大宣传力度，还要对违法后果，相应的处罚量刑力度，以及对之后的从业限制等都要宣传到位，在社会上营造一种良好的知识产权保护氛围。

最后，还应注重针对创业失败群体的利益保障。通过具体的政策措施明确大学生创业失败后的相关救济途径。从规则和制度上给予大学生创业群体相应的物质利益保障，这样既有利于政府保障措施的落实，也为大学生创业群体提供了心理上和物质上的保障，让大学生创业群体不会因为创业失败就一夜返贫，兜住大学生创业权益的底线。

3. 提供孵化基地

创业是一个持续不断的过程性活动，从有创业意愿、萌发创业动机、识别创业机会、实施创业行为，到企业生存、发展、成熟，最后破产等阶段，整个创业活动的各个阶段都充满了不确定性，在每一个阶段都会成为企业终止的地方。管理学家伊查克·爱迪思（Ichak Adizes）也提出，企业的成长就像自然生命体一样有一个孕育诞生、逐步成长、发展壮大、成熟完善直至衰亡的生命周期，他认为“企业与自然界的生物（植物和动物）一样都有一个出生、成长、老化、衰亡的过程，他们的这个过程性质是非常相似的，都具有近似的生命周期过程。爱迪思将企业生命周期划分为成长阶段、再生与成熟阶段、老化阶段三个阶段，其中，企业的成长阶段包括孕育期、婴儿期、学步期三个子阶段。”任何事物在其孕育诞生阶段都是最脆弱、抵抗能力最差、最需要保护的阶段，大学生创新创业企业也一样，属于新创企业处在生命力比较脆弱的阶段，处于起步期。因此，需要政府提供孵化基地助其起步、成长，待其相对成熟时再推入市场、参与竞争，最终实现优胜劣汰。

政府创建创业孵化基地主要是发挥创业的集群效应，对促进创业活动的开展意义重大：一是小企业集聚效应。创业孵化基地通过为小微企业提供价格低廉甚至免费的软硬件服务设施，使得包括大学生创新创业企业在内的小微企业再次集聚，充分利用物理设施设备；二是整合地方科技资源，比如科技实验室、研发中心等；三是汇聚当地创新人才，与本地高校资源相结合，有利于“产学研”的密切结合。因此政府有必要干预、推动，在尊重市场的前提下，发挥政府的主导作用、适当参与，有效解决学校与企业之间合作的诸多壁垒障碍。

在创建创业孵化基地过程中，要注意以下几点：一是注重创业孵化基地与大学生群体特征相结合，大学生群体因为社会资源、自身资金相对较少，因此创业孵化基地在设置服务项目的时候，应该尽量具体化、细节化、全程化；二是创业孵化基地的设置还要注意本地区大学生的知识结构特征、应用性与专业性的区别，特别是高新技术创业活动要基于倾向性政策、资金、场地支持；三是结合“互联网＋”的时代特征，创业孵化基地的服务网络化，促进传统行业创业活动与互联网的融合，政府充分运用“互联网思维”促进创业孵化基地提供网上在线办事服务。

第三节　影响大学生创业的因素与创业机会

一、影响大学生创业的因素

影响大学生创业的因素可概括为个人、环境和风险三大因素。具体来讲，可分为个人心理和能力性因素、文化性因素、资源性因素、教育性因素、环境性因素、风险性因素等。也可以分为内部因素和外部因素两种。其中，内部因素主要是个体因素，包括个人心理和能力等，而外部因素包括学校、家庭、大学生群体、社会等因素。

（一）个人心理和能力性因素

有研究表明：不同学历层次和不同知识结构的创业者在创业倾向上有一定的差异。MBA 学历者的创业倾向明显高于本科、硕士和博士，而本科、硕士和博士之间，创业倾向无显著差异。拥有数年工作经验的 MBA 学生具有良好的经济头脑，因而具有较高的创业倾向，不同专业的学生在创业倾向上也存在一定差异。

目前，影响大学生创业在认识心理上的因素表现在以下方面。①在价值取向倾向上，有的大学生儒雅清高、孤芳自赏、好高骛远、照章办事、四平八稳、按劳取酬、有限风险。而创业却要求人们放下架子、忘我投入、大处着眼、小处入手、灵活务实、不拘形式、大胆决策、风险自担。②怕苦怕累，怕竞争，不愿从基层干起，在做人做事方面有所欠缺。③害怕失败，怕出差错，缺乏自信，不敢接受挑战，不敢尝试冒险。④缺乏敏感度，不善观察和思考。⑤把创业理想化，凭着自身的爱好和兴趣，一旦失败，就万念俱灰，心理承受能力差。

影响大学生创业在能力上的因素表现在以下几方面。①大学生的知识大多来自课本，缺乏实际经验。经营理念与手段等不能适应市场的实际。②创业的积极主动性不够。很多大学生都是在找不到合适工作的前提下，才考虑去创业。③缺乏心理准备。许多大学生对自己的创业能力缺乏客观的评价，心理上对创业的难度准备不足，有急功近利的思想，缺乏长期创业的心理准备，对创业过程中要遇到的风险和困难预计不足。④有不少大学生缺乏团结协作、共同探索、战胜困难的精神和能力，无法走出创业的困境。

（二）文化性因素

影响大学生，特别是民办高校大学生创业在文化上的因素表现在：社会上许多人对大学生就业观点没有很好地转变，没有形成有利于大学毕业生自主创业的社会氛围。许多人认为大学毕业生进知名企业、党政机关、学校等企事业单位才算好的就业，而把创业作为无可奈何的选择。

（三）资源性因素

大学生拥有的创业资源比较匮乏，获取资源的方式和渠道有限。特别表现为：社会阅历不足、信息资源贫乏、社会网络不广泛、创业资金缺乏、创业门路少。

（四）教育性因素

目前，大多数高等院校尚未将创业教育纳入人才培养目标和体系之中，未开设创业教育课程，导致学生对创业方面的方针政策知之甚少，创业技能等方面的知识和能力欠缺。大学创业教育的定位与目标不甚正确，思路也不清晰，课程设置、教学方式较为单一。过于重视对技能的训练，而忽视对创业精神的引导，创业教育单兵作战，创业教育与专业教育、基础知识学习脱节。

（五）环境性因素

创业环境是指可供创业企业家创办小企业（或称初创企业）并使之得到成长的物理和社会空间。《我国大学创业教育的观念、理念与实践》一书中指出了包括金融支持、政府政策、政府项目支持、教育培训、研究开发转移效率、商业和专业基础设施、进入壁垒、文化和社会规范等 8 个方面的创业环境条件。目前学校以及学生周围环境中的不少人（包括老师、学生家长、亲朋好友等）认为自主创业会耽误学习，自主创业不利于学校管理，因此，周围环境对学生自主创业产生巨大的阻力。

（六）风险性因素

创业风险是指创业中存在的风险，具体指由于创业环境的不确定性，创业机会与创业企业的复杂性，创业者、创业团队与创业投资者的能力与实力的有限性，而导致创业活动偏离预先的设想。

创业风险具有客观存在性、不确定性、损益双重性、相关性、不可预测性和预测不准性等特点，这就要求大学生具有自信心，思维上要全面、正确地认识自我，进而挑战自我，而高等院校大学生往往缺乏风险意识和抗风险的能力。

二、创业机会

（一）创业机会的概念和作用

机会，简单地说，它是指促进事物发展的客观机遇和契机。具体地讲，是指客观事物在其运动变化过程中形成、事业发展所需要的有利时机。它包含这样几个方面的意思：第一，它是一个时间概念，表现为最有利于事业发展的一个短暂阶段；第二，机会是客观存在的、在事物运动中形成的、不以人的意志为转移的，它有其自身发展的规律性；第三，机会要符合人们的需要，使人的处境发生转机，促进事物超常规发展，否则不叫机会。

创业机会属于机会的一种，指人们在创业过程中所遇到各种有利于创业活动开展和获得成功的良好时机。

著名作家柳青在《创业史》中写道："人生的道路虽然漫长，但紧要处却只有几步。"这紧要的几步说的就是机会，这反映了机会在人生选择、命运改变中具有至关重要的作用。机会对于创业具有更为重要的作用，主要表现在以下几方面。

(1) 机会是创业的动力。创业是一项具有较大风险性的机会活动，并不是人人都对它充满渴望。生活在顺境中的人，往往不愿意冒轻易失去现有的优越条件的风险而为未知的结果而创业。处于逆境中的人，也并不是人人都有冒险精神，部分人也希望时来运转，不到万不得已，是不肯主动接受命运挑战的。人们产生创业的念头并付诸行为，往往都是在一次偶然的机会中给他展现了光明的前景，使他看到了美好的未来和成功的希望，促使他产生了创业的动机，满怀希望地踏上创业的征途。

（2）机会为创业者指明前进的方向，是创业的路标。人生道路上有许多岔道口，机会如同竖立在岔道口的路标，创业者抓住机会，沿机会所指方向前进，其一生就会出现转机。

（3）机会是创业的关键。机会往往是人生的转折点，是新生活的开始，抓住机会，距离成功就不再遥远。机会犹如成功的导火线，抓住机会，加上个人的努力与才能，就能获得成功。

（二）创业机会的表现形式

按照不同的情况，可以把创业机会分为不同的表现形式，总的来讲，主要表现形式有如下几种。

1. 历史机会和个别机会

历史机会是指在特定的历史时期，由于社会形势的变化所形成的有利因素，它是一个整体性、全面性的机会，它不考虑某一具体社会活动主体的条件，而以全社会成员为对象。同一时代的人都可以拥有和利用这种历史机会。个别机会是针对个别人在特定时间的良好机会，是指从事某一社会活动的个别主体所需要的机会。个别机会因人而异，对有些人来说是机会，而对另一些人就不一定是机会。应指出，个别机会是社会产生出来的，需要在社会机会的前提下才能发挥作用。例如，改革开放是社会机会，而个人则在此大环境下找寻自己的个别机会。

2. 常规机会与偶然机会

常规机会是指一种比较有规律、比较常见的机会。通常是指客观事物的发展变化形成的不断循环、重复出现的机会。偶然机会是指因其一偶然事件的出现而造成的出乎预料的、事先未能预见到的机会。这种机会带有偶然性、意外性，不易事前把握，所以这种偶然机会要异常珍惜，具有很高的利用价值。

3. 首要机会与次要机会

在我们遇见的机会中，往往是多种机会同时出现。这时，就要辨别首要机会与次要机会。首要机会是指那些对创业活动产生重大影响和起决定作用的有利因素，这种机会会导致整个创业活动超常规发展，进而迅速走向成功。次要机会是指那些虽对创业活动具有积极影响和促进作用，但不能带来根本性变化的有利时机。面对各种机会，当然首先要抓住首要机会，但也要依据轻重缓急，利用次要机会。

4. 表面机会与潜在机会

表面机会是指客观环境变化已经呈现出来的某种有利条件。这种机会显而易见，易于识别与发现。潜在机会指隐藏在客观事物背后的，已经存在但尚未表现出来或虽表现出来但未被发现的机会。由于这种机会难以发现，未被多数人了解，所以它是具有较高的利用价值，是最适宜利用并取得成功的机会。

5. 现实机会与未来机会

现实机会是指当前形势下已经出现或正在出现的机会，我们需要识别和利用的就是这种现实机会。未来机会是指在将来一定时间内可能出现的机会，它通常表现为有利于客观环境变化和社会发展的某种倾向和趋势，有某种不确定性，当客观条件具备时，就能转化为现实机会。把握未来机会需要科学预见。抓好和利用现实机会，正确预见未来事件，是一个人能力大小的体现。

（三）创业机会的特征

1. 隐藏性

创业机会是一种无形的事物，人们只能凭感觉意识到它的存在，而无法用眼睛看到它。它总是隐藏在社会现象背后，其真相被掩盖着。创业机会虽然不是一眼就能看出来，但是又是客观存在着的，只要认真观察和思考，就能发现并抓住机遇。

2. 偶然性

所谓机会的偶然性，是指机会是人们事先无法预见的，不定时和偶然发生的现象。这种偶然性又是在人们生活中经常出现的，普遍存在于人们身边的事物中，只是不容易捕捉到它。创业机会虽然是偶然现象，但都是客观事物内在必然性的表现。只有经过平时长期的知识积累，辛勤持久的探索，留心意外，就比较容易发现偶然机会，利用偶然机会。否则，即使创业机会来了，也意识不到这是一种机会，而把它作为一种社会现象而已。

3. 易逝性

创业机会的显著特点是易逝性，一去不返。正如俗话说的“机不可失，时不再来”。机会的易逝性表现在稍纵即逝，它是在偶然之间出现的，创业者必须紧抓不放，否则便瞬间消失。机会不仅稍纵即逝，而且一去不返。应指出，创业机会虽然经常有，但同样的机会绝不会重来。机会虽然很多，但能被人抓住和利用的却很少。

4. 时代性

创业机会是与时代联系在一起的，具有时代特征，不同的时代会给机会以不同的社会色彩、民族色彩、时期色彩。社会色彩是指不同的社会制度会对机会产生不同的影响。社会制度比较宽松时，能在更广阔的领域里为每个人提供更多创业机会，反之，则提供很少的创业机会。民族色彩是指不同文化的民族有不同利用机会的风格。时代色彩指不同时期对创业机会的影响。改革开放以来，时代为有志之士提供了有利的创业机会和条件。民族色彩和时期色彩是指不同的民族和时期会对机会产生不同的影响。

（四）创业机会的形成

机会虽然具有偶然性，但是它的出现却遵循一定的规律，它是在一定的条件下形成的。

1. 机会是在挑战命运中显现的

机会总是和人生紧密地联系在一起，对人生和机会的看法有两种。一种人相信命运，认为人生由命运决定。持这种看法的人，抱着一切听天由命的想法，他们不可能主动去发现机会，而且即使机会来了，他们也不会抓住机会、利用机会来改变人生。另一种人则不相信命运，他们认为人生道路是靠自己走出来的。他们不满足于现状，勇于向命运挑战，主动去发现机会、利用机会。

2. 机会是从兴趣的源泉中激发出来的

机会的出现以人的兴趣、爱好为发源地。好奇心、兴趣、爱好，可激发人们去主动认识某种事物和某种活动，当一个人对生活中的事物发生兴趣、爱好后，就会全身心地去探索，于是许多机会就会被发现和创造。容易发现并抓住机会的人，总是热爱生活，对生活中的事物充满浓厚的兴趣，并且求知欲望较强。

3. 机会是才能爆发的结果

目前人们已公认这样一个公式：成功＝才能＋机会，它反映了才能和机会是成功最重要的两个因素。但是它们有主次之分：才能是内因，是主要的；机会是外因，是次要的。才能是人生成功的决定性因素，而机会要通过才能才可以发挥作用。才能是成功的基础，机会只起到引导才能爆发的作用。一个真正有才能的人，总是容易发现机会、抓住机会，即使错过了几次机会，还会发现和抓住新的机会。反之，一个没有真才实学的人，才华平庸，即使机会来了，也不会发现和抓住机会，自然也很难成功。所以，要想成功，最首要的是提高自身的能力、素质，而不是单纯地寻找机会。

第四节　中美大学生创业环境对比

随着以信息产业等为代表的高新技术产业的快速发展，新经济时代的到来已成为一个不争的事实。它给这个世界带来了翻天覆地的变化，令人类社会的各个层次都受到了强烈的震撼。从国家到企业、从企业到个人，在一遍“重新洗牌”的躁动中都不约而同地将目光投向了它的源头——美国。新经济时代离不开高新技术产业的蓬勃发展，也正是一批批经济领域和科技领域的拓荒者们的顽强创业造就着新时代的神话。

一、美国的创业环境

（一）文化背景

美国是一个提倡独立、崇尚冒险的国家。从好莱坞影片中的西部淘金到华尔街上的金融投机，个人英雄主义的影子几乎随处可见。鼓励冒险、宽容失败、顺其自然的文化土壤，对于风险性极大的创业活动来说无疑是难得的温床。“独立、冒险”，对个人来讲也许只是很简单的四个字。不论在哪里，都不难找到具备这种品质的人。然而，不论是哪一种意识特性，也不论是积极的还是消极的，一旦它渗透到了社会的每个细胞，就会形成一股极其强大的社会力量，影响着人们的行为和日常生活。这样一来，看清了美国的文化土壤，就不难理解为什么新经济的浪潮会从这里开始，为什么在这里会有如此多的创业者前赴后继。

（二）政策环境

有关权威机构分析：在支持美国高科技发展的 11 个主要原因中，有 8 个为政府政策。正是美国政府在体制和政策上的不断改革和创新，为创业者制造和保持了较为良好的经营环境。

20 世纪 80 年代初，在制造业的竞争中败给日本和德国之后，美国政府组织全国著名的经济学家和科学家进行了一年多的调查和研究后，提出了《全球竞争：新的现实》的报告，并从此拉开了美国新一轮产业结构调整战略的序幕。报告指出："面对快速发展的众多追赶者，美国必须独辟路径，以产业结构调整为契机，重新获得国际竞争的比较优势和扩大全球市场份额，从而与追赶者拉开距离。"为加速高科技产业的发展，美国政府实施了一系列积极有效的政策，如加大新技术产业的投资力度、引导固定资本投资、对研究和开发（R&D）投资实行倾斜政策等。从研究与开发的投资来看，尽管美国财政连年出现巨额赤字，但研究经费却不断增加。20 世纪 80 年代，美国政府用于基础研究的开支，按不变价格计算增加了 60%，工业部门用于基础研究的投资增加了 70%。1989 年美国在研究和开发方面的投资高达 1292 亿美元，比英、德、法、日、加的总额还要多。进入 20 世纪 90 年代，美国政府还专门制定了"信息高速公路计划"。到 1990 年，其对信息产业的投资已经超过对其他产业的投资，标志着美国开始迈向信息时代。2000 年，美国在创新技术研究和开发上的投入超过 2500 亿美元，占美国 GDP 的近 2.5%。在经济政策上，美国政府始终将健全法律法规作为工作重点，并不断调整金融及财政政策，为企业创造宽松的经营环境和畅通的融资渠道。20 世纪 70 年代末，美国出台一系列支持高科技风险投资的政策法规之后，迅速推动了风险资本市场的快速发展，仅 1978 年收入法案将资本增值税率从 49. 5%降低到 28%，一年之后，就使高科技风险资本增长了 10 倍。此外，在美国，创业也好，风险投资也好，始终是由市场来决定并开展的，政府极少对企业直接进行干预。

美国早在 1890 年就推出了世界上第一部反垄断法——《谢尔曼法托拉斯法》。此后于 1953 年，正式制定了《中小企业法》，并于 1955 年对其进行了修改。依据《中小企业法》，美国政府建立了专门针对中小企业的行政管理机构——“中小企业局”。中小企业局的主要任务就是调查中小企业所面临的问题，制定相关的政策和措施，并具体提供资金帮助、管理帮助及获得政府采购支持等。由于资金短缺几乎是所有中小企业的主要难题，美国政府建立了专门面向中小企业的融资体系，用以拓宽中小企业的融资渠道。至 1995 年，全美共有 500 家风险公司累计向 7 万多家中小企业直接投资了不低于 110 亿美元的资金。作为美国永久性的政府机构，中小企业局还直接参与中小企业的融资，通过直接贷款、协调贷款、少担保贷款等多种形式，向中小企业提供资金援助。为促进中小企业整体质量的提高，美国政府制定了《中小企业技术革新法》《中小企业振兴中心法》，对高新技术中小企业制定有特殊的培育制度。中小企业从大专院校和退休人员中招聘大量的经营管理专家，从事管理、技术、营销和企业决策的指导工作，并建立了企业诊断制度，对企业的经营状况进行咨询指导。美国政府还为中小企业建立了专门的计算机信息网络，用以帮助中小企业及时掌握市场动态，并通过国家信息系统向中小企业提供相关的信息服务。美国政府对中小企业的扶持政策确立了中小企业的经济和社会地位，一方面促进了美国中小企业的健康发展，另一方面也极大地鼓舞了后来者的创业热情，为美国新经济时代创业高潮的来临奠定了基础。

（三）人才环境

一般来说，新兴高技术企业往往是由拥有某项专有技术和新创意的专业技术人员所创立的。相对而言，他们缺乏全面的管理知识和经验。在企业创业初期，也许这种问题并不严重。然而，随着企业规模的迅速扩张，这一矛盾将会显得尤为突出。在美国，人力资本市场发展较早，市场化程度高，职业经理人阶层早已形成，并且在整个经济社会中扮演着非常重要的角色。然而，现代人力资本理论告诉我们，“经营管理企业的人才是一种异质型人力资本，它具有高度稀缺性、高生产效率的特点和边际报酬递增生产力的形态”。也就是说，即使在美国，高素质的企业经营管理人才仍然是一种十分稀缺的资源。近十几年来，美国的商学院也因此得以蓬勃发展。每年约有10万个MBA学员以高分毕业，然而还是远远满足不了市场的需求。好的MBA专业毕业人员起薪甚至可以高达10万美元。并且，由于整个高新技术的产业化发展还刚起步，加之更新快、周期短、专业性强和竞争激烈等特点，使得具备管理高新技术企业能力的职业经理人才在美国更为短缺，成为企业间竞相争夺的资源。

（四）教育和技术环境

1. 教育体系发达

美国新兴企业的大量涌现和不断创新，一方面要归功于先进的科学技术，另一方面要归功于这背后发达的教育体系。美国是世界上教育事业最发达的国家之一，其教育体系早在建国时就初具规模，经过多年的发展和逐步完善，才形成了今天的初等教育、中等教育和高等教育三级体制。美国各阶层对教育的支持是有目共睹的。教育被美国全社会视为生存的基础和生活质量的保证。自第二次世界大战以后，美国高等教育与经济、社会发展的关系愈加紧密，产学研结合日益密切，逐步走向了多功能、多形式、多样化和终身教育等立体发展的进程。美国政府在高等教育的改革与发展中扮演着十分重要的角色。

美国教育的市场化、社会化和产业化程度高，始终注重对学生能力的培养。学生从上幼儿园开始，就要接受市场和职业观点的熏陶。鼓励学生个体积极参与各种运用知识、培养能力的实践活动，更多地从学生的角度去研究教育，想方设法拓宽学生的视野，让他们尽早与社会接轨，并在接触社会的过程中，认识社会，发现自身的价值。高等学校则实行学分制，课程科目名目繁多，选择余地很大，以帮助学生拓展知识面。教师在每学期开始时给学生布置大量的阅读书目和材料，努力培养学生自学和学术研究的能力。这些能力的培养和市场观的熏陶对于需要直接面向社会和市场的创业活动来说都是十分必要的。

2. 高等院校的重要地位

大学是美国重要的人才基地，美国高科技企业的快速增长与美国对全世界人才的吸引和储备是分不开的。

除直接的研究开发以外，大学在整个产学研结合体系中还扮演着承上启下的重要角色。以美国著名的硅谷科学工业园区为例，在那里，围绕着斯坦福和伯克利两所主要的研究型大学，分布着几千家高科技产业和许多研究开发机构，其中最大的是具有3500多人的斯坦福研究所。这种以科研力量雄厚的大学为中心，以高新技术产业群为基础形成的产学研三位一体的科技基地，既出人才，又出技术、产品，大大缩短了反映高新技术发展的知识信息从创造加工到传播应用的周期，带动和加速了高新技术产业的发展。

二、我国的创业环境概况

（一）形成过程

长期以来，我国的经济体制一直在以计划经济为主的圈子里徘徊。在这一历史阶段，市场规律在我国是基本无效的。1978年，党的十一届三中全会胜利召开，我国经济体制改革的序幕由此拉开，一批敢为天下先的个体经营者、民营企业家们也开始了艰难的创业历程。我国改革开放接近40年的发展过程，是中国特色社会主义市场经济逐步由探索走向完善的过程，也是我国非公有制企业创业、发展和壮大的过程。在发展初期，创业者以个体工商户为主，他们往往是抱着试试看的心态下海的，所从事的经营业务也往往较为简单，科技含量较低，既谈不上规模，更缺乏正规化的管理。经过近40年的市场选择和自身发展，这种状况已经发生了巨大变化。面向市场的灵活机动的经营方式和不断提高的管理技术水平，使它们显示出了强大的生命力，在艰苦的环境中，创造出高的成长率和效益。

近年来，国家对整个个体私营经济的重视程度不断增加，出台了一系列政策用以优化非公有制经济的发展环境，非公有制经济作为国民经济的重要组成部分已被写入宪法。一些地方政府积极设立个体私营经济园区，以加快其规模化、集约化经营的步伐。中央政府和地方政府的重视，令个体私营企业的社会地位不断提高，极大地鼓舞了创业者的投资热情，政府不断完善市场体系的努力也促使非公有制企业加快自身规范化管理的步伐，推动了非公有制企业迅速驶入良性发展轨道。

（二）基本现状

1. 文化背景

同美国“鼓励冒险、宽容失败”的文化有所不同，中国有句古话：“出头的椽子先烂。”从中不难看出某些根深蒂固的保守思想尚影响着人们的行为。似乎在我们周围，始终能够看到中庸之道的影子。在这里并不是要讨论中庸哲学的是与非。某些企业家甚至能够成功地将中庸之道运用到日常的经营和管理当中去，这也充分肯定了中庸哲学积极的一面。毕竟生产经营活动的主要目的就是不断降低风险和追求利益最大化。可是，“创业”本身就意味着需要创业者主动去承担风险。在这一点上它和“中庸”显然是格格不入的。

同美国文化强调独立有所不同，我国是崇祖思想和家长作风盛行的国家之一。家长的意见往往能够左右年轻人的思想和行为。并且事实上由于受到生理和经历等各种因素的影响，同年轻人相比，老年人的思想也会更加趋于保守。所以，家长们的约束常常也会成为创业活动的一种阻力。

由此可见，同美国人相比，中国的创业者往往在创业初期就需要承受更多的压力，这其中既有自身思想上的主观因素，也有来自外在的客观阻力。当然，改革开放已令我国的许多传统观念受到前所未有的挑战。尤其是年青一代，他们在思想上受西方文化的影响更大。近年来，我国政府在鼓励创业方面的积极宣传以及一批成功创业者的示范效应都使得传统保守思想的负面影响大为减弱。从整体上看，随着我国人民思想的不断解放，创业的文化环境还将不断得到改善。

2. 经济环境

对于创业者来说，整个宏观经济环境的持续良好无疑是一个十分有利的因素。但是，我国发展市场经济的时间相对较短，国民经济处于战略性调整阶段，体制上也还有一个完善的过程，所以目前尚存在着许多不利因素，尤其是金融和资本市场的问题。上海交通大学管理学院院长张祥教授在交大举办新经济论坛时曾指出：“新经济条件下，对创业中小企业的发展起关键作用的四类人是创业者或技术创新者、专业管理者、风险投资家和投资银行家。”从中不难发现，这四类人中有两类都集中在金融和资本市场，投资和融资环境的重要性由此可见一斑。

投资银行是连接企业和资本市场的纽带，它能够帮助发展中的中小企业通过资本市场迅速达到融资的目的。目前我国投资银行在规模、业务、风险防范等方面和西方投资银行都存在较大差距。过去投资银行的服务对象也以国有企业为主。但是，我国证券市场的快速发展，一方面为广大具有良好发展前景的中小企业解决了融资上的困难，同时也为投资银行进一步拓宽了市场。政府银证分业管理政策使得投资银行能够独立于金融体系之中，十分有利于我国年轻的投资银行的成长。

3. 教育与科技环境

我国是一个人口众多，且农村人口比重很高的发展中国家，工业化水平仍在提高，科技和教育仍不发达，地区发展又很不平衡。而科技发展水平和人力资源的开发程度已经成为综合国力竞争的决定性因素。

由于历史的原因，我国教育模式的特点是“窄而深”，注重“教”。相比之下，美国教育模式的特点则是“宽而浅”，更强调“学”的重要性。美国的教育是服务型、开放的，一般都实行“学分制”。学生只要修够学分即可拿到文凭，在校时间可不受限制，因而学生创新能力强，具备了较强的独立性和竞争意识。而我国的教育是管理型、封闭型的，实行的是“不完全学分制”，大部分学生不能提前或推迟学习，接触社会的机会不多。在这种教育环境中，学生知识创新意识不足，普遍缺乏一种创新精神和冒险精神。加上过于注重学习的过程与形式，而忽略了学习的目的，因而走出校园谱写创业史的不多。实践证明，“填鸭式”教学不利于培养学生创新意识、创造能力。虽然这个问题早已为人们所认识，并且政府部门也在加强素质教育方面做了许多的工作，但由于升学制度等因素的限制，我国素质教育的开展遇到了很多阻力，收效甚微。

高等院校常常感叹于学生就业问题所带来的压力。与此同时，社会上的许多用人单位也时常抱怨难以从高校招到合适的人才。这说明一些教育部门的社会意识和市场意识还非常缺乏，“闭门造车”式的产品观念仍然很强。教育要适应社会需求，教育要适应国民经济发展的需要。创业和创新都是实践性很强的工作，如果教育偏离了社会需求和实践，就很难培养出大量的创业人才和创新人才。

第十三章　创业准备

"创业"顾名思义就是"创立一番事业"，大学生在初次创业的道路上会面临社会经验、管理能力等方面的不足，所以大学生创业，首先必须做好创业的准备，即制订一份详细的创业计划，组建一个优秀的创业团队，选择一些恰当的融资方法。

第一节　创业计划

一、创业计划的作用

在竞争日益激烈、就业形势日益严峻的今天，大学生创业已成为其毕业后的去向和解决就业问题的重要途径之一。为保证创业有规划、有目的地进行，需要创业者制订一份详细、优秀的创业计划。创业计划的制订过程是创业的重要阶段，对创业全过程都具有重要的指导意义，是决定创业成败的重要组成部分，应当引起创业者的高度重视。

创业计划对于新创企业自身来说是必不可少的，更是其在创业之初和创业瓶颈期获得外部支持的重要工具。一份优秀的创业计划既是创业者在制订过程中对企业经营现状不断自我否定与肯定，以及新创企业对未来发展战略和自我定位的审视与思考，也是创业者获取投资与认可的必备材料。

（一）保证创业顺利启动

创业计划，是指对未来创业的规划与安排。创业计划为创业者制订了合理的规划和行动指南，通过创业计划可展示创业者的创意和思想，描述创业者的创业行动。因此，创业计划的制订要建立在企业对自我的准确定位上和充分的调查研究基础上。

著名风险投资家 Eugene Kleiner 说过："如果你想踏踏实实地做一份工作，写一份商业计划，它能迫使你进行系统的思考。有些创意可能听起来很棒，但是当你把所有的细节和数据写下来的时候，就会发现该创意其实毫无价值。"一个酝酿中的创业不管在框架上还是思想上，起初都是模糊粗略、考虑不周全的，只有把创业的想法通过创业计划描述出来，才能够帮助创业者厘清思路和扩大思维的视角，使创业者客观冷静地从全局和整体审视创业的构想，并在不断的自我肯定和否定中正视内外环境与利弊因素，避免创业的盲目性，从而使创业的想法不断成熟可行。

对创业计划的制订还展示出了创业者的能力、决心和自信。创业计划作为创业的前期工作，需要创业者在制订创业计划的过程中认真踏实、广泛调查、深入研究、实事求是、对自我客观评估和定位，这正是对创业者创业能力、决心和自信的考验。

创业计划还可以激励管理团队和员工，增加凝聚力，团结团队力量。创业初期，一切都还是未知的情况下，一份优秀的创业计划可以向整个创业团队展示创业的前景，增强创业团队的自信与力量；可以鼓励参与创业的员工朝着同一个目标努力，为创业的顺利启动提供高质量的人力资源。

总之，作为创业前期的准备工作和必不可少的阶段，创业计划为保证创业的顺利启动奠定了基础，做好了准备。

（二）保证创业有序实施

创业的过程正是对创业计划实施的过程。正如有句话所说，成功总是留给有准备的人。创业计划包括了创业的阶段性目标以及目标实现的措施，通过制订创业计划可以在实施过程中明确创业目标，并根据创业者的经营思想和策略有序地落实相应的措施，从而避免创业中的盲目行为和不合理的决定，减少创业失误。

俗话说："凡事预则立，不预则废。"对创业计划的制订，可以让创业者提前预知创业过程中可能存在的风险和困难，并采取有效措施规避，从而提高创业成功率。创业有风险，未来又是不可预测的。因此，立足于客观、真实、全面的创业计划，能为企业的经营管理提供一个全面的分析，能帮助创业者在复杂的创业环境中考虑到来自各方面的阻力。

创业计划是检验创业阶段性成果的工具之一。作为行动指南的创业计划正是企业经营管理中的标杆，以此为基础和参照，可以帮助创业者在创业过程中坚定目标，及时纠正偏差，保证创业有序实施。对于资金薄弱、技术落后的新创企业来说，应尽量减少偏差，因为初创阶段的任何一点差错都可能造成严重的后果。同时也应注意，由于环境的不确定性和信息的不对称性，理想与现实始终存在着差距，创业计划中的预期与企业的实际经营结果也会存在偏差。作为企业创业先期具有预测性与计划性的书面材料，创业计划书必然会存在不足和漏洞，创业者可以在创业计划书的基础上，适时调整创业目标和行为。

总之，在新创企业的经营管理过程中，作为行动指南的创业计划可以不断规范和指导创业行为，保证创业有序开展。

（三）获取外部支持与参与

创业是一个高风险、高投资的选择，仅仅依靠创业者自身的力量与资源，在充满困难与挑战的创业路上是很难成功的。创业需要合作者的参与，需要投资者的支持。而一份完整详细的创业计划正是创业者获取合作者与投资者信任并支持的“敲门砖”和“通行证”，是新创企业连接外部合作者与投资者的桥梁，是企业自我展示与推销的重要方式。

借助创业计划，可以激发、吸引优秀投资者与合作者的兴趣和参与。

1. 吸引合作者

企业的合作伙伴可能是企业资金与技术等资源的重要供应商，也可能是企业产品（服务）的重要供销商，因此其是否参与创业过程对企业的经营和发展具有至关重要的作用。而决定合作者是否参与进来，最重要的因素就是创业过程中风险与利益的平衡。不管什么情况下，合作者优先考虑的都是自己的利益，对即将要合作的新创企业的选择也毫不例外。合作是一个长期的过程，需要考虑的因素也是复杂多样的。创业计划书便是合作者了解新创企业的开端和重要来源之一。它的制订详细阐述了创业蓝图与理想，分析了企业的内外环境和利弊因素，这些都为合作者较为全面具体地了解新创企业提供了一个很好的平台。通过对创业计划书的研读，合作者可以初步掌握企业运营现状，可以对企业未来的经营收益和发展前景作出判断，并决定是否参与到该项创业中，且这项创业又是否值得参与。

2. 吸引投资者

企业的经营与发展离不开投资者在资金和技术上的投资。投资者选择投资对象时，更看重的是其投资后的回报与收益。创业计划书可以使投资者在了解企业经营现状的基础上推测出企业的发展前景，以及需要投入多少资金和技术，自身又能从中获利多少，从而说服投资者投入资本，参与企业的发展。对于新创企业来说，没有经营成果与实践经验，因此详尽的创业计划书必然是投资者对企业认识、分析、判断时必不可缺的材料，而一份优秀高质量的创业计划书也必然是投资者最全面了解投资对象的捷径。

新创企业的投资者一般包括银行、政府、风险投资家等。银行是提供金融服务的重要企业之一，它凭借信用中介的作用掌握了大量的社会财富和资金。通过创业计划书，创业者可以向银行寻求融资、争取贷款，从而保证创业过程中的资金充足。政府是整合社会资源的重要力量，如能获取政府的投资与支持，新创企业在创业过程中必定能如虎添翼，也更容易在创业过程中获取更多外部力量的投资与支持。通常，风险投资家会对处于韧创或还未成熟但又具有良好发展前景的企业进行投资。通过对创业计划书的研读，风险投资家可以迅速从专业的角度判断该项创业的投资价值。

所以，在创业阶段，不管对新创企业本身还是对可能参与创业的外部相关利益者来说，创业计划书都是他们对创业过程和未来发展前景进行判断的最有力工具之一。

二、创业计划书的编写

创业计划书是创业者为达到既定目标，在对有关信息和资源进行搜集、分析、加工、整理之后，以一定的格式和要求全方位、多角度描述创业内容的文字性材料，包括创业理念、前景展示、战略定位、资源整合、可能风险等各个方面。创业计划书，可以展示出新创企业当前的发展机遇和前景，以及可能出现的困难和挑战，帮助创业者和相关利益者对该项创业有更清晰全面的认识。因此，如何撰写出一份缜密、翔实的创业计划书，对新创企业的成败具有至关重要的作用。

（一）编写原则

1. 简洁清晰

创业计划书对企业的展示和描述是通过语言和文字表达出来的。因此，语言文字是否简洁，表达是否清晰，直接影响研读者对创业计划书的第一印象，也在一定程度上关系着对创业者能力的肯定与判断。一份优秀的创业计划书必须具有较强的语言文字功底，能够简洁详尽、有条理、有重点地表达出阅读者需要从中获取的信息。

2. 规范美观

阅读者对创业计划书的评判往往是由外到内、从表及里进行的。创业计划书格式的规范、排版的布局直接反映出整体的质量与水准，以及编写者对创业的态度与重视程度。因此，创业计划书要尽可能做到格式规范、排版美观、装订精致。

3. 客观真实

创业计划书是创业的准备阶段，是创业之路的行动指南，是对未来的规划与安排。因此，创业计划书对企业现状以及前景的展示，对创业道路上风险与机遇的描述，要力求客观真实，切合实际，避免言过其实，夸大主观，破坏创业计划书的可信度和可操作性。

4. 全面完整

创业计划书不仅是创业者对自我的定位和审视，也是获取外部力量信任并支持的“通行证”和“敲门砖”，而这里所指的外部力量范围广泛。因此，创业计划书应多角度、全方位地保证内容的全面完整，在简洁清晰的基础上保证创业计划书的多维性，让不同的阅读者都能从各自的角度阅读到所需信息，尽可能吸引到最佳投资者与合作者。

5. 创新独特

创新是创业成功的核心。创业计划从外在到内容体现出来的新颖性和创新点正是创业之初能出奇制胜的关键，是吸引合作者与投资者的法宝。一份高质量的创业计划书要想从海量的创业计划中脱颖而出，一定要在各个方面做到与众不同。

（二）编写内容

1. 创业计划书摘要

创业计划书摘要应简明扼要地涵盖整个创业计划的要点与精华，以便阅读者在最短的时间内获取最有效的信息，帮助阅读者迅速做出分析与判断。因此，创业计划书摘要一定要突出全书重点，放在创业计划书的最前面、最醒目的地方。正因为它是对整个创业计划的总结与归纳，所以也是最后才完成的部分。创业计划书摘要的内容应包括企业介绍、产品（服务）介绍、行业与市场分析、营销策略、生产与销售计划、财务规划、企业资源整合等，还应特别强调新创企业的发展目标与战略、独特之处，以及风险与收益的平衡问题。这些都会是阅读者和潜在投资者与合作者关注的永恒话题，力争在一开始就能吸引阅读者的眼球，激发阅读者的兴致。

2. 正文

正文是创业计划书的核心，是对计划摘要的细化。这部分应该力求以简短的语言表达出最丰富、最全面的内容。主要内容如下。

（1）企业介绍。这部分从企业的性质、发展历程与规划、业务范围等方面介绍企业的基本情况，并重点从企业理念及战略目标等为企业的发展合理定位。企业目标可以分别从短期、中期、长期三个方面描述，主要是为了展示新创企业发展的前景与未来规划，这是创业进程的指挥棒。这部分的阅读，使阅读者对企业情况有一定了解，为合作打下基础。在这部分的描写中应当注意，对企业当前发展的不足之处要客观如实的说明，故意回避或者歪曲只会影响阅读者对企业的信任。

（2）产品（服务）介绍。产品（服务）的介绍应该包括产品的性能与质量、产品的研发过程、产品的竞争优势与独特之处、产品的市场需求与前景预测、产品的成本与收益分析等。但是，因产品（服务）所具有的专业性，在对产品描述的时候应尽量避免用过多的专业术语，尽可能用通俗易懂的语言对产品进行描述，以增强阅读者对产品（服务）的深入认识和了解。新创企业最初的成功主要依靠对产品（服务）的研发，产品（服务）是创业的关键因素，其是否具有创新性、是否具有市场，以及市场与收益的大小都会直接影响着创业的成败。因此，这部分应该着重突显出产品（服务）的独特性以及市场对产品（服务）的需求。如果可以，在介绍产品（服务）时还应附上图片或者样本等，使其更生动形象。总之，对这部分的描写一定要给阅读者树立这样一种产品形象：质量安全，性能可靠，成本低效益高，具有广阔的市场前景和强劲的竞争力。这样，才能让阅读者看到创业成功的希望。

（3）行业分析。对企业所在行业的分析正是对企业所处外部环境和因素的分析，这直接影响到企业在创业过程中的生产计划、经营策略和市场战略，应客观地对该行业的基本特点、竞争状况，以及是否存在发展机会、行业能力、行业竞争结构等做出正确评价与分析。

（4）市场分析。在创业初期，随着产品（服务）研发的成功，企业面临的主要工作是开拓市场、立足市场，并不断扩大市场占有率。因此，对市场的掌握与了解也是创业计划书中的重中之重。市场是企业产品（服务）实现价值的归属，也是企业创业结果的检验场所。这部分应该通过对目标市场的深入了解与调查，从现状和预测两方面进行分析。

（5）组织结构与人事管理。在企业的经营过程中，人力资源是企业最宝贵的资源之一。人的创造性和能动性具有强大的潜力，一个优秀的创业团队和组织在对创业计划进行有效实施的过程中. 也能产生巨大的能动性。在这部分中，应对参与创业的主要管理人员从教育背景、能力、经验、素质与技能以及他们在创业过程中担任的职务和责任等各方面进行详细阐述，并对创业过程中企业的股权结构与分配等问题进行说明。必要时，它还可以介绍企业对员工的激励政策和措施。此外，在这部分中还应对企业的组织结构进行分析，明确组织结构的形式，确定企业的部门设置、各部门的职责与功能、企业的报酬体系等。为了详细清晰地展示出组织结构，创业计划书的制订者可以附上组织结构图等资料，使阅读者能够对企业的组织结构和人事管理一目了然。

（6）营销策略。面对激烈的竞争环境，以及初创企业在市场和资源分配中的不利地位，好的营销策略对创业的成功和发展具有非常重要的作用。它能够更好地优化企业资源，提高企业的管理质量与竞争能力，是产品（服务）

走向市场并立足市场的手段和方式。在这部分的编写过程中，可以从价格策略、产品策略、渠道策略和促销策略等方面分别阐述企业的营销策略。

（7）生产计划与运作管理。生产计划是企业运营的核心和关键，根据对行业、对市场的分析，应制订合理的生产计划，平衡生产与需求，减少资源浪费，实现利益最大化。

（8）财务规划与管理。企业的创立和发展必然需要资金的支持。因此，需要对财务进行合理的规划和管理，这是企业经营管理的重要组成部分，也是企业获取资金并能有效使用的管理工作。财务规划与管理直接关系到企业以及相关利益者的直接利益，在编写创业计划书时应该重视这方面的有关问题。其中，重点是现金流量表、资产负债表以及损益表的制备，它们直接反映出企业的财务状况。

（9）风险管理。企业在创业过程中面临的风险是多方面的。由于初创企业的不成熟性和不稳定性，不易获得支持和信任，没有充足的资金和技术。因此，从企业的种子期到创立期，再到成长期、扩张期、成熟期等各个阶段中必然会遇到许多挑战和风险。这部分的编写应该根据企业在创业过程中各个阶段的主要特征，列举出在技术、市场、竞争等方面可能存在的风险以及风险程度的大小，并提出应对风险的措施，以及在最好或者最坏环境下企业又该如何应对、如何经营，从而帮助新创企业正视问题，提前对潜在的风险进行预测和应对，降低创业失败的风险。

3. 附录

附录是指因篇幅太长等原因不宜放在正文，但又需要对正文进行补充说明的文章和参考资料。附录也是创业计划书的组成部分之一，主要包括附件、附图、附表三种形式。

（1）与企业有关的材料。例如，企业章程、企业的资质认证资料复印件、团队成员介绍、有关的法律文书、合同协议等。

（2）与企业产品（服务）有关的资料。例如，产品生产流程图、技术图纸、相关技术和产品专利、反映市场需求的调查问卷、生产设备清单等。

（3）与企业经营有关的资料。例如，潜在竞争者的资料、主要消费者名单、可能的合作者与投资者介绍等。

（4）财务资料。例如，反映企业财务状况和预测资金需求的财务报表、资产负债表、利润表、现金流量表等。

上述创业计划书的模本仅是创业者在编写创业计划书时的参考，其形式和结构并不是一成不变的，千万不能生搬硬套。因此，编写者应该在囊括必要信息和内容的基础上灵活运用模本，编写出更完美、更详尽的创业计划书。

第二节　创业团队

过去对于创业者的研究多着重于个人创业家的人格特质和行为，即将创业视为单一创业家的活动，借由成功创业家的身上找出一些特定且具代表性的人格特质和行为，来预测一个人未来是否是成功的创业家以及企业创业绩效。然而，越来越多的调查结果显示，创业团队比个人创业家更能解释创业绩效。除此之外，创业团队之所以会兴起并越来越为人们所重视，得力于当代相关创业背景的推波助澜。当代社会提倡“合作式的创业精神”，各国并以此为解决国家竞争力的重要途径。美国国情专家 Rohen Relch 曾撰文总结过：“经济的成功来自于具有天分、热情和共识的团队所创造，而非透过个人英雄创业家的述思。”

当代高科技创业的蓬勃兴起，更容易突显出创业过程中创业团队的重要性，这主要与高科技产业的产业特性有关。在高科技创业的历程中，由于所需的技术能力往往单凭创业者一个人是不够的，必须要有各种不同的人员才能拥有足够的技能、能力、资源，共同应对激烈的竞争环境。因此，在创业的初期通常是以创业团队的形式，由两个以上的成员共同创业。创业团队对高科技创业的影响是极为重要的，很多数据与个案都显示，能否拥有并维持一个优良的创业团队，是影响高科技创业企业成功与否的最大因素。

一、创业团队的基本概念

（一）创业团队的定义

创业团队是指在创业初期（包括企业成立前和成立早期），由一群才能互补、责任共担、愿为共同的创业目标而奋斗的人所组成的特殊群体。

一般而言，创业团队由四大要素组成。①目标：目标是将人们的努力凝聚起来的重要要素，从本质上来说创业团队的根本目标都在于创造新价值，②人员：任何计划的实施最终还是要落实到人的身上去，人作为知识的载体，所拥有的知识对创业团队的贡献程度将决定企业在市场中的命运；③团队成员的角色分配：即明确各人在新创企业中担任的职务和承担的责任；④创业计划：即制定成员在不同阶段分别要做哪些工作以及怎样做的指导计划。

（二）创业团队的作用

现代企业，需要的是少走从前的弯路，而从一开始就走规范化管理道路，因此，创业者在注册公司时就应该组建创业团队。一个好的创业团队对新创科技型企业的成功起着举足轻重的作用。新型风险企业的发展潜力（即其打破创始人的自有资源限制，从私人投资者和风险资本支持手中吸引资本的能力）与企业管理团队的素质之间有着十分紧密的联系。一个喜欢独立奋斗的创业者固然可以谋生，然而一个团队的营造者却能够创建出一个组织或一个公司，而且是一个能够创造重要价值并有收益选择权的公司。创业团队的凝聚力、合作精神、立足长远目标的敬业精神会帮助新创企业渡过危难时刻，加快成长步伐。另外，团队成员之间的互补、协调以及与创业者之间的补充和平衡，对新创科技型企业起到了降低管理风险、提高管理水平的作用。

在一项针对104家高科技企业的研究报告指出，在年销售额达到500万美元以上的高成长企业中，有83.3%是以团队形式建立的；而在另外73家停止经营的企业中，仅有53.8%有数位创始人。这一模式在一项关于“128公路一百强”的研究中表现得更为明显：100家创立时间较短、销售额高于平均数几倍的企业中70%有多位创始人。

Arild A Spelund对新创技术型公司的创业团队研究表明，创业是一个包含众多人的组织形成过程，特别是这个过程更为复杂的技术型公司要求输入更多的能力。Arild A Spelund还研究了团队成员在创业过程的不同阶段个人经历、能力和资源控制水平对新企业死亡率的影响。认为，创业团队的素质能提高新创企业的生存状况；创业团队对技术型公司企业影响最大的并不是团队本身的大小，而是团队成员的经历。另外，广泛的经验问题比团队的异质性影响更大。

（三）创业团队的组建

1. 创业团队组建的基本原则

（1）目标明确合理原则。目标必需明确，这样才能使团队成员清楚的认识到共同的奋斗方向是什么。与此同时，目标也必须是合理的、切实可行的，这样才能真正达到激励的目的。

（2）互补原则。创业者之所以寻求团队合作，其目的就在于弥补创业目标与自身能力间差距。只有当团队成员相互间在知识、技能、经验等方面实现互补时，才有可能通过相互协作发挥出“1+1>2”的协同效应。

（3）精简高效原则。为了减少创业期的运作成本、最大比例的分享成果，创业团队人员构成应在保证企业能高效运作的前提下尽量精简。

（4）动态开放原则。创业过程是一个充满了不确定性的过程，团队中可能因为能力、观念等多种原因不断有人在离开，同时也有人在要求加入。因此，在组建创业团队时，应注意保持团队的动态性和开放性，使真正完美匹配的人员能被吸纳到创业团队中来。

2. 创业团队组建的主要影响因素

创业团队的组建受多种因素的影响，这些因素相互作用共同影响着组建过程，并进一步影响着团队建成后的运行效率。

（1）创业者。创业者的能力和思想意识从根本上决定了是否要组建创业团队、团队组建的时间表以及由哪些人组成团队。创业者只有在意识到组建团队可以弥补自身能力与创业目标之间存在的差距，才有可能考虑是否需要组建创业团队，以及对什么时候需要引进什么样的人员才能和自己形成互补做出准确判断。

（2）商机。不同类型的商机需要的创业团队类型不同。创业者应根据创业者与商机间的匹配程度，决定是否要组建团队以及何时、如何组建团队。

（3）团队目标与价值观。共同的价值观、统一的目标是组建创业团队的前提，团队成员若不认可团队目标，就不可能全心全意为此目标的实现而与其他团队成员相互合作、共同奋斗。而不同的价值观将直接导致团队成员在创业过程中脱离团队，进而削弱创业团队作用的发挥。没有一致的目标和共同的价值观，创业团队即使组建起来，也无法形成有效发挥协同作用，缺乏战斗力。

（4）团队成员。团队成员能力的总和决定了创业团队整体能力和发展潜力。创业团队成员的才能互补是组建创业团队的必要条件。而团队成员间的互信是形成团队的基础。互信的缺乏，将直接导致团队成员间协作障碍的出现。

（5）外部环境。创业团队的生存和发展直接受到了制度性环境、基础设施服务、经济环境、社会环境、市场环境、资源环境等多种外部要素的影响。这些外部环境要素从宏观上间接地影响着对创业团队组建类型的需求。

3. 创业团队的组建程序及其主要工作

创业团队的组建是一个相当复杂的过程，不同类型的创业项目所需的团队不一样，创建步骤也不完全相同。

企业团队组建的主要工作如下。

（1）明确创业目标。创业团队的总目标就是要通过完成创业阶段的技术、市场、规划、组织、管理等各项工作实现企业从无到有、从起步到成熟。总目标确定之后，为了推动团队最终实现创业目标，再将总目标加以分解，设定若干可行的、阶段性的子目标。

（2）制订创业计划。在确定了一个个阶段性子目标以及总目标之后，紧接着就要研究如何实现这些目标，这就需要制订周密的创业计划。创业计划是在对创业目标进行具体分解的基础上，以团队为整体来考虑的计划，创业计划确定了在不同的创业阶段需要完成的阶段性任务，通过逐步实现这些阶段性目标来最终实现创业目标。

（3）招募合适的人员。招募合适的人员也是创业团队组建最关键的一步。关于创业团队成员的招募，主要应考虑两个方面。一是考虑互补性，即考虑其能否与其他成员在能力或技术上形成互补。这种互补性形成既有助于强化团队成员间彼此的合作，又能保证整个团队的战斗力，更好地发挥团队的作用。一般而言，创业团队至少需要管理、技术和营销三个方面的人才。只有这三个方面的人才形成良好的沟通协作关系后，创业团队才可能实现稳定高效。二是考虑适度规模，适度的团队规模是保证团队高效运转的重要条件。团队成员太少则无法实现团队的功能和优势，而过多又可能会产生交流的障碍，团队很可能会分裂成许多较小的团体，进而大大削弱团队的凝聚力。一般认为，创业团队的规模控制在2～12人最佳。

（4）职权划分。为了保证团队成员执行创业计划、顺利开展各项工作，必须预先在团队内部进行职权的划分。创业团队的职权划分就是根据执行创业计划的需要，具体确定每个团队成员所要担负的职责以及相应所享有的权限。团队成员间职权的划分必须明确，既要避免职权的重叠和交叉，也要避免无人承担造成工作上的疏漏。此外，由于还处于创业过程中，面临的创业环境又是动态复杂的，不断会出现新的问题，团队成员可能不断出现更换，因此创业团队成员的职权也应根据需要不断地调整。

（5）构建创业团队制度体系。创业团队制度体系体现了创业团队对成员的控制和激励能力，主要包括了团队的各种约束制度和各种激励制度。一方面，创业团队通过各种约束制度（主要包括纪律条例、组织条例、财务条例、保密条例等）指导其成员避免做出不利于团队发展的行为，实现对其的行为进行有效的约束、保证团队的稳定秩序。另一方面，创业团队要实现高效运作要有有效的激励机制（主要包括利益分配方案、奖惩制度、考核标准、激励措施等），使团队成员能看到随着创业目标的实现，其自身利益将会得到怎样的改变，从而达到充分调动成员的积极性、最大限度发挥团队成员作用的目的。要实现有效的激励首先就必须把成员的收益模式界定清楚，尤其是关于股权、奖惩等与团队成员利益密切相关的事宜。需要注意的是，创业团队的制度体系应以规范化的书面形式确定下来，以免带来不必要的混乱。

（6）团队的调整融合。完美组合的创业团队并非创业一开始就能建立起来的，很多时候在企业创立一定时间以后随着企业的发展逐步形成的。随着团队的运作，团队组建时在人员匹配、制度设计、职权划分等方面的不合理会逐渐暴露出来，这时就需要对团队进行调整融合。问题的暴露需要一个过程，因此团队调整融合也应是一个动态持续的过程。在完成了前面的工作步骤之后，团队调整融合工作专门针对运行中出现的问题不断地对前面的步骤进行调整直至满足实践需要为止。在进行团队调整融合的过程中，最为重要的是要保证团队成员间经常进行有效的沟通与协调，培养强化团队精神，提升团队士气。

二、大学生创业团队建设存在的问题

（一）创业团队建设的法律法规不完善

作为一种将所学知识应用于实践并实现自身价值的重要方式，自主创业成为了当代大学生热衷选择，无规矩不成方圆，只有在法律法规的约束下，大学生创业团队的建设才能越走越远。然而，现实中关于大学生创业团队建设方面的法律法规还并不是尽善尽美，存在着很多限制大学生创业团队建设发展的因素，大致可以分为以下几点。

第一，大学生创业团队中的合同法律问题，掌握法律合同知识对大学生创业团队的建设以及运行具有十分有益的作用。

第二，大学生创业团队中的物权法律问题。这是创业者需要重点关注的问题，物权法维持社会发展的基本问题就是所有权问题。创业既是财富的创造过程，也是不断积累财富的过程，只有明确了产权的归属问题，艰苦创业才有实际的意义。物权法是规范财产占有和支配关系的法律，而财产所有权的明晰正是市场交易的前提。

第三，大学生创业团队中的知识产权法律问题。知识产权法律制度是一种公共政策的产物，不能够从日常生活的经验和常识中提炼出来，因此，一定不能以所谓的“日常”和“日常生活经验”来取代法律的分析和推理。

第四，大学生创业团队优惠政策问题。一般来说，中央和地方的创业团队优惠政策主要包括以下八个方面：一是对大学毕业生团队创业的，放宽市场准入门槛和企业设立条件；二是通过建立创业基地或其他方式提供经营场所支持；三是建立专项的创业基金，为大学生创业提供必要的资金支持；四是提供减免行政事业性费用和税收政策，大学生创业团队由于资金的紧张，对其进行费用减免政策有助于成长；五是对大学生创业项目予以补贴和补助；六是提供创业信息服务和创业培训；七是提供社会保障方面的政策优惠；八是采取一些鼓励大学生创业的优惠政策，如“解决落户、保留学籍”等。不难看出，国家对大学生创业团队的优惠政策是综合立体的，涉及到大学生创业的每个方面，有利于为大学生提供一个宽松、优越的政策环境。

（二）创业团队管理制度不规范

规范的规章制度是大学生创业团队建设成功的基本保障，大学生创业团队最好的管理方式是在刚建立之初让员工对新企业有认同感，并调动他们的积极性和创造性，能高效率地工作，淋漓尽致地发挥他们的潜力和能力。成功的企业背后必然有一个强大的团队，而一个强大团队的内部必然有一个比较完备齐全的管理制度，但大学生创业团队在创业之初软肋往往就在自己企业内部的管理制度上，所以一个良好的管理制度至少应该涉及到以下四个方面。

1. 加强大学生创业团队内部合作制度

“团结就是力量”说明加强创业团队间人际关系的重要性，它是创业团队能否成功的关键，然而良好的人际关系不是与生具有的，它需要团队成员间在日常工作、生活中不断学习、锻炼和提高。人际交往就如同事物的发展一般，都有一定的规律性，只有掌握正确的交往方法，创业团队成员间才能建立起和谐的人际关系。

加强大学生创业团队内部人际关系需具备以下六个方面：正直、平等、诚信、宽容、换位思考、学会倾听。①正直从词义学的角度来说，其结构由“正”和“直”构成，其意义也由此生成。“正”即正确。正直指的是正确、乐观向上的人际交往能力，制造团结互助、融洽相处的人际关系氛围，不制造无原则的人际交往、不与消极堕落的人为朋友、也绝对不搞拉帮结派的人际关系。②平等从词义学的角度来说，其结构由“平”和“等”构成，其意义也由此生成。“平”即平行，不高不低，“等”即等于，不大不小。所以平等的含义是指在日常交往中，个人人格上是平等的，没有高低贵贱之分。平等包括自我要保持尊严的同时也必须尊重他人，相互尊重是人际交往的基础，如果没有了这个基础，良好的人际交往便不复存在。③诚信从词义学的角度来说，其结构是由“诚”和“信”构成，其意义也由此生成。“诚”即诚实，“信”即信用，所以诚信指的是人际交往中要坦诚相待、遵守诺言。④宽容从词义学的角度来说，其结构由“宽”和“容”构成，其意义也由此生成。“宽”即宽大，“容”即容量，所以宽容指的是在人际交往间对对方要有宽容，允许对方与自己的不同之处或是偶尔无心的错误，常说“金无足赤，人无完人”。⑤换位思考则是强调一直站在他者的角度、用他者的眼光去思考和看待问题，理解他者的具体状况，并能够顺利理解和处理存在的问题。⑥学会倾听，在前面已提到，尊重是人际交往的基础，所以在对方说话时，不要随意打断或是三心二意，而是要专心聆听，从谈话中找到彼此感兴趣的话题，这样人际交往就会更进一步。

2. 完善招聘制度

人与人之间是不同的，各有各的特色，大学生创业团队就是把每个人的优势集中在一块，形成优秀团队即由合格员工组建的团队，正如某知名企业家在接受《商学院》杂志采访时说：“团队成员应该有互补性，并且能够拥抱变化；我们在创业时就遵循了这样的原则，现在仍然在贯彻这一原则。对管理者的要求也是随着企业的不同发展阶段而变化的。所幸的是，我们拥有一个年轻的管理团队，能够很好地应对变化并把握变化带来的机会。”

3. 建立优秀团队制度

从现实的社会环境来看，越来越需要团队合作去完成某些事业，许多成功的企业最初都是由创业团队建立并发展起来的。在知识、经济高速发展的今天，靠一个人来取得创业的成功已不太现实，因为创业企业的发展是一种团队合作的行为。因此，优秀创业团队的建立包含这几个方面：一是优秀团队的内部构成要素；二是建立优秀团队的要素；三是优秀团队的基本特征；四是优秀团队的合作情况。

(1) 优秀团队的内部构成因素。创业团队，其内部成员在家庭背景、技术能力、知识兴趣和性格爱好方面都各不相同，也正因为如此他们在团队的内部分工和角色扮演上能够达成互补，其目标是一致的，这是团队存在的根本。一般来说，一个完整的团队由目标、定位、职权、计划和人员五个要素组成。①目标是团队的核心，是把成员联系起来的根本力量，创业团队想要实现什么目标，这会决定其创业团队的项目规划及实施步骤，但是“目标”有时也会不断的变化，因为创业的实际情况会不断发生变化，创业团队可以根据具体的现实状况更改目标，这是机遇与问题共存的过程。②定位是创业团队如何与现有组织结构相结合的问题，这能够把团队的组织形式进行清晰的规划，其首要任务就是决定团队成员及团队对谁负责，然后是采取措施激励团队成员，并最后形成一套完整而有效的制度规范，把团队人员构成和组织方式确定下来。③职权是指创业团队的“权利”与“义务”，这体现在创业团队工作范围和实际运作过程中决策的自主程度。它实际上是团队目标和定位的眼神。要注意的一点是，创业团队的职权一定要明确，不能够含混，以致工作界限模糊，影响团队的运作。④计划是如何具体实施“职权”，因为一旦明确了团队的指责和权限后，就需要把它们分配到团队成员，这是一个怎么做的问题。同时计划既需要宏观地把握创业团队的发展方向，也需要细致入微地把成员的具体职责和权限明晰安排。⑤人员是决定团队能否获取成功的关键。一般而言，创业团队应包括技术性人才、管理型人才、营销型人才等。这几方面的人才协调好，是团队稳定发展的保障。

以上构成优秀团队的五个要素是团队的基本组成部分，缺一不可，而且各个要素之间相互制约、相互影响。

（2）建立优秀团队的要素。在建立优秀团队时，不要只选择背景、教育、经历状况相似的人，虽然这样做将在许多方面显得容易和令人愉悦，但是它不能提供新企业所需的丰富的人力资源基础，一个优秀的团队，它必须包含和掌握非常宽泛的信息、知识、技能、才能和能力。创业团队内部成员应该是互补的，他们可以在技术、知识、管理、经验上相互补充，这样才能是团队发挥最大的功效。综上所述，在建立优秀团队时注意避免创业团队成员间的相似性，而是找到他们之间的互补性。

（3）优秀团队的基本特征。曾有人统计，在美国，创业团队成员的分手率要高于离婚率，由此可见团队组成的不易，所以创业者应高度重视创业团队的建设，而优秀的团队一般都具有以下基本特征：有明确的目标、以团队利益为主、凝聚力坚不可摧、技能技术突出、合适领导、诚信正直、勇于创新、坚持正确的经营方针等。

（4）优秀团队的合作情况。获取必要的人力资源是创业团队发展企业的第一步。对促进创业团队成员间的有效合作主要有三个因素：一是明确的职责分工；二是公平感知这一基本问题的密切关注；三是团队成员之间的有效沟通。

4. 建立激励机制

一个完善的企业应由不同的部门组成，每个部门分管的领域各目的人员配置均不相同，所以应采用不同的激励机制，企业才会有更好的发展，归纳起来激励机制主要包含以下三个方面：一是对领军人物的激励；二是对风险投资者的激励；三是对一般员工的激励。

（1）对领军人物的激励。领军人物即是在大学生创业团队的“精英”，而这种“精英”在知识结构、素质构成和个性修养方面都很突出，他们是支撑创业更好发展的支柱，他们将自己突出的资源与市场资源相结合，为企业创造更多的利润。这种奖励通常有这些方式：薪酬、股权、机会、情感、环境等。薪酬在一定程度上体现一个人的价值，而薪酬又与绩效挂钩，所以，建立一个完善的绩效考核体制，对每一个人都是公平、公正的。股权的合理分配，特别是对领军人物是一种持续激励的方法，这样一种形式表现的是对“精英”的承认与重视，对企业对“精英”是双赢的过程。机会激励对“精英”也是一种有效的激励措施，常说“机会是给有准备的人”，而“精英”们拥有扎实的专业知识，所以，机会对他们来说，尤为重要。要公平、公正的运用机会激励，保证不会对“精英”的积极性造成不必要的损害。情感激励对领军人物来说显得尤为重要，中国自古以来都是有情有义之国，而对于受过良好教育的领军人物来说，受尊重的需求相对较高，更加渴望被尊重，让他们多参与决策讨论，以增强他们的被认同感和企业归属感。在节日里发放小礼物等，带来的可能是领军人物更加努力的工作和企业更多的效益。一个良好的工作环境对领军人物来说是他们能顺利从事工作的基本保障，所以企业内部应该创造良好的创新氛围，对他们创新的关注、支持、重视和理解。

（2）对风险投资者的激励。创业初期的企业缺乏足够的资金，这就需要引进风险投资进行必要的融资，但是如果出现一些问题，就会对风险投资者的积极性造成影响，这就需要对风投者进行有效的激励。退出的激励机制源于退出收益的经济激励。风险投资的退出方式存在许多不同之处，但是其退出收益却都是基于创业者的良好业绩前提下。由于有限合伙制的利润分享机制，风险投资的退出实现了风险投资个人利益最大化与风险企业股东利益最大化之间的统一，对个人利益的追求激励着风险投资方追求股东利益的最大化。

（3）对一般员工的激励。一般员工是指公司非部门领导以外的其他工作人员，这些人员一般做一些具体的工作，如销售、财务、生产等。首先让一般员工要有企业归属感，使一般员工有与企业共存亡的意识，形成企业的整体行动力，使所有员工都投入到创业者推动的创业活动之中，为实现创业者的创业目标而努力。实行对一般员工的激励，应包括评价激励、薪酬激励、参与激励、榜样激励四个方面。评价激励通常指的是客观正确地评价员工的工作态度、努力程度及每月的绩效，从而激发员工积极上进的竞争意识并负责与行动的这个过程。例如某公司，每半年便对员工进行一次综合考评，优胜劣汰的机制，让员工更加积极主动地争取工作机会，从而达到个人价值的体现及增加社会影响力。薪酬激励指的是在客观正确地评价员工综合考核内容基础上，通过合理的薪酬，给员工适当的激励，主要采用的方法有三种：一是按时按件计算；二是基本工资加提成；三是个人收入与企业效益挂钩。按时按件计算的方式最大程度避免了以往的“大锅饭”弊端，通过正确考核，员工不再担心因为不确定因素而拿不到自己相应的工资，以此解决员工生存和安心的问题。基本工资加提成，是指在基本工资的基础上设立工作提成奖励，这是薪酬激励的重要手段，对员工的工作积极性具有重要作用。

（三）缺乏一个有效的创业团队

1. 缺乏领军人物

缺乏领军人物主要表现在大学生创业团队中缺少“精英”，而这种“精英”也就是大学生创业团队的领军人物，而领军人物在知识结构、素质构成和个性修养方面都要很突出。

（1）知识结构方面。大学生创业团队领军人物需要具备以下四方面的知识体系。

首先是专业知识体系。大学生创业团队领军人物需要自身拥有过硬的专业知识，因为只有这样，才具有竞争力，否则就会失去人才优势。现在很多大学生创业团队领军人物首先都着手自己所学的专业知识方面，比如英语专业的开英语培训班，美术专业的开美术培训班，大学生创业团队正是运用这些专业知识，对创业形式进行分析，把握事物的流行趋势，有自己的独到见解，实现创业目标。

其次是商业知识体系。创业不仅是课程里的死板知识，它还是一种具体的商业实践活动，但是大学生团队很少具备丰富的商业实践经验，对商业规律中的商品交换与流通等都知之甚少。而这种情况就对大学生团队创业造成了巨大的限制，缺乏商业知识体系就很难把创业计划进行细致入微的安排。缺乏商业知识，就会缺乏商业意识，更缺乏经商能力，所以，不管是立志创业的普通大学生，还是立志创业的大学生精英，必须学习一些商业知识，了解经商之道。

再次是管理知识体系。大学生创业团队作为一个组织而言，其本身就存在管理问题，团队内部的成员分工以及决策流程都需要重视。如果顺利发展成为企业，那么企业管理更是一个大问题，这涉及到人力资源、财务、活动策划等方面。没有相应的管理知识和经验，很难把这些问题都协调好。

最后是相应的法律法规知识体系。当今社会是法制社会，任何创业者都必须遵纪守法，不然不但不会给社会及自身带来财富，反而给社会带来危害，给人民带来不好的效应，所以大学生创业团队在创业前及创业过程中，需要熟悉相应的法律法规。

当然，在大学生创业团队建设中，以上四方面知识体系领军人物未必都能够完全熟练掌握。但他们可以在实践中边创业边学习，很多商业巨子都是这样过来的。现在社会学习途径更是多样，有培训机构与网络资源等。这样通过不同知识结构的精英人才组合到一起，组建一个以领军人物为核心的大学生创业团队。

（2）素质结构方面。大学生创业团队成员在素质构成上必须是过关的。一是创业团队成员要有健康的体魄，因为身体是革命的本钱；二是创业团队成员要灵敏的商业头脑，头脑和智慧是创业成功额必备条件；三是创业成员要有过硬的心理素质，如决策的独立性、对环境的适应性等；四是创业能力要强，商场如战场，创业团队要有极强的凝聚力，遇到挫折后能够在最短时间内恢复战斗力。

（3）个性修养方面。在创业团队成员的个性修养上，大学生创业团队要有自己的独特品质。一是要有虚心求教的精神，活到老学到老，要做商业界的“唐玄奘”；二是要有良好的沟通能力和一定范围的社交网络；三是要有积极的创新意识和能力，不断接受新事物；四是要有正确的自我认识，果断的决定自己在商业中的进退与去留，并不是所有的人都适合创业。

2. 选择项目缺乏经验

缺乏经验是我国大学生创业团队组建过程中存在的普遍问题，因为他们大多刚刚毕业，或者还没有毕业，大多缺乏必要的社会阅历，对社会了解不够，所以他们在选择项目时往往很难把握，这就很难保证大学生创业团队的顺利发展。经验不足具体表现在这几个方面：一是大学生创业团队选择项目目标不明确；二是在项目运行过程中，空谈多余实践；三是没有自己鲜明的项目创业模式和理念；四是在项目的实际运行过程中，成员分工和资源运用不当；五是在项目运行过程中，不懂经验维持已有的创业成果；六是在项目运行中，意志不坚定，容易自满。

3. 创业资金筹集困难

日本创业家中田修曾说过，“有钱谁都会创业，关键在于没有钱怎么创业。”可见资金对创业的重要性。一般创业者资金都来源于个人资金、亲友资金、风险投资、民间资本、商业融资、合作融资这六个方面，但大学生创业团队个人资金不雄厚，亲友对大学生创业团队的信任度不够，过大的风险投资、商业融资使得大学生创业团队难以承受，又找不到民间资本的管道，合作融资的机会有限，导致大学生创业团队的资金筹集困难。

个人资金主要受家庭条件的影响，如果家庭条件不好，就很难给大学生创业提供资金支持，以我国目前的经济状况，大部分大学生创业很难从家庭方面获得足够的资金支持。亲友资金又叫亲情融资，就是向身边的亲人或者朋友筹措创业启动资金。对大学生创业团队来说，在创业初期对资金预估的不约定性来讲，除了大学生创业团队自身的资金外，向亲友间借款是周转资金的主要来源，但是由于大学生创业团队在创业初期，创业轨迹未成形，亲友间对此往往持不理解、不支持的态度，导致亲友资金筹集困难。风险投资是现代社会一种全新的资金融投方式，它主要是指给那些极具发展潜力的新成立的企业，或中小企业提供股权资本，然后通过提供管理服务并参与创业过程，目的是为了在投资对象发展成熟之后获得资本增值收益，其运作方式为股权转让。所以，大学生创业团队如何吸引风险投资的眼球最为关键，而往往大学生创业团队会觉得交给风险投资进行运作而产生更大的风险。不同于风险投资的民间资本则没有那么高的标准，但民间资金金额不大，对于大学生创业团队来说，一时半会儿也难以找到该管道。

三、完善我国大学生创业团队建设的对策

（一）完善大学生创业团队的社会环境

社会环境是影响大学生创业的重要因素，良好的社会环境可以给大学生创业团队带来更多的创业机会。

1. 培养大学生的创业意识

意识的养成是一个很漫长的过程，是在个体的社会化过程中有意识的习成。而意识是行为的先导，要鼓励大学生群体创业，必须先培养大学生群体的创业意识。全社会要给大学生创业团队提供良好的创业平台，给予大学生正能量，引导大学生正确创业，在这样的良好创业环境下成功的大学生团队，为了回报社会，不仅能解决更多的就业人员，还将回报给社会无穷的正能量。

2. 保持和促进经济的健康发展

自改革开放以来，中国经济保持着高速增长的态势，市场每年都在不断地扩展壮大中，经济的“高速增长”意味着经济模式是不固定和海纳百川的，也意味着市场变化和产品的更新换代快，这种宏观经济的不断好转和市场经济的变化性、宽容性，给大学生创业者带来的创业机会越来越多。加之第三产业增加值占国内生产总值的比重（第三产业增加值占总产值比重%）逐年增加，特别是在一些经济发展水平较高的城市，其第三产业的增加值占其生产总值的比重越来越大且已经达到较高的水平，这为高科技类创业和咨询服务类等创业的实施提供了难得的契机。因此，身处于这样一个经济快速、健康发展的环境中，对大学生特别是那些跃跃欲试的大学生创业者来说，是正值创业的好机会。

3. 推进科学技术的进步

科学技术飞速发展，知识创业的观念逐渐形成，为大学生提供了更好的创业途径。在知识经济初现端倪的时代，科学技术是第一生产力已得到全社

会的普遍认同，知识亦变成了最重要的“知本”形态，并且成为生产力诸多要素中最活跃的、起决定作用的因素，它被看成是提高劳动生产率和实现经济高速增长的驱动器。

（二）加强高校大学生创业团队的教育

大学生创业课程是进行大学生创业团队教育的重要媒介和载体，而对大学生的创业教育目的在于将创业大学生培养成综合性的人才。因此，大学生创业教育课程的建设必须形成完整的体系，大学生创业团队教育的课程体系的设计应也应围绕着这一目标展开，并使课程价值和功能达到最大化。为此，大学生创业团队建设教育课程必须将学科与实践有机结合起来，以使课程价值和功能充分发挥，从而达到创业教育的目的。

1. 提高高校领导对大学生创业团队的重视

高校领导对大学生创业团队的重视程度，会直接关系到大学生创业教育的师资投入及老师与同学上课的热情程度，此外，也会对大学生发挥创业意识的程度产生间接的影响。在高校领导重视的环境下，将有利于大学生创业团队的开展、实施、执行。

2. 加强大学生创业团队的学科建设

大学生团队创业的学科建设包含创新与创业方面的专业课程以及相关的创业实践课程。学习专业课程知识的目的是为了丰富大学生的创业相关理论知识，为创业实践打下坚实的基础作用。而实践又是对大学生创新意识的培养，在实践过程中不断完善。

3. 加强大学生创业团队教育的师资队伍建设

国内高校老师大部分都是兼职创业教育，导致大学生创业在高校的发展参差不齐，专业教师队伍缺乏。为了能更好地让大学生创业团队得到发展，高校应加强师资队伍的建设。团队创业教育是以理论结合实践的相辅相成的教育模式，其要求教师不仅具有教育学、社会学、心理学等较强的专业知识，还要具备一定的创业实践能力，能在教学的过程中通过实际案例进行对学生的创新意识、创业能力的培养。

4. 大学生创业团队的教材建设

好的教材是大学生创业成功的不可缺少的工具，而专门针对大学生创业团队的教材几乎没有，涉及的内容不全面，如侧重于创业，或者团队建设。所以在大学生创业团队这方面的书应加强建设。从目前的大学是创业教育的教材发展趋势看，我国目前的大学生创业的相关教材更多的向理论结合案例的方式发展，使创业大学生能够对创业的相关知识有更具体和切实际的把握，以此提高大学生在创业过程中对已有的理论和知识的应用能力。但是，对创业团队的介绍往往只集中一个章节，且都对团队创建这一方面的论述和介绍不充分。

（三）鼓励大学生建设成功和高校的创业团队

团队是由少数具有互补性技能，为达到一定的目标的人而成立的共同承担责任的群体。相较于一般的组织而言，团队更加提高了对不断变化的外部环境的应变能能力和适应能力，符合当今社会对组织结构扁平化的要求。

1. 团队的最初形成

团队这样的群体形式或者组织形式是在 30 多年前由美国通用食品公司、沃尔沃和戈尔公司在他们的生产过程之中产生的。他所带来的在生产工作绩效方面的极大提高，曾经在一时间造成在了很大的轰动，一度成为各大新闻媒体的热点话题。而在 2013 年上映的《中国合伙人》中，更进一步地为世人展现了团队在创业方面的独特魅力。在影片中化身为新梦想的新东方，由三个性格能力各异、背景悬殊的年轻人为了生活、更为了梦想打拼创立并不断地发展壮大，最终在危机中迎风破浪，成为当时在美国华尔街上市的第一家教育机构，也是中国的第一支教育企业股。

2. 高效的团队形成

在组织行为中列举了一个成功的高绩效团队的影响因素，包括规模、能力和角色的互补水平、对共同目标的认可程度、绩效的公平度以及团队成员之间的信任度等。对于大学生的创业团队的建设来说，这些因素也是至关重要的。首先，创业大学生要明确认识到自己所创的行业的行业类型和自己的水平，并以此来确定自己团队的规模。其次，团队的领导者要注意平衡团队内部人员的能力和角色，尽量广地吸纳不同学科、不同背景的毕业生来加入自己的创业团队；在注意平衡团队内成员的能力和背景的同时，还要全体团队成员行为的自己团队目标的高度统一的认同，才能做到“劲往一处使”，保证航道的正确性及航行的速度；而公平合理的绩效评估机制是任何组织和团体得意存在和发展的必要保障，也是增强团队凝聚力的必要手段。最后，团队的信任度直接影响到团队成员间的配合度，团队信任若发生危机即意味着团队存在的危机。

3. 高效创业团队的最初形成模式

在校期间的“同乡会”或“老乡会”以及各种类型的校园兴趣团体都可以成为大学生创业团队形成的优质温床。前者是基于地缘而自发形成的一种典型的非正式团体，这种团体是同乡人之间集体思念故乡的情感载体，在这一团体中，成员之间可以自由的交流各种信息。而校园中的兴趣团体则是大学生基于各自的兴趣爱好而集合而成的，共同的兴趣爱好会极大地减少人际交流的成本，形成成员间“心心相惜”的局面。以上笔者所提及的两种学生非正式团体对形成大学生创业团队都会发生积极的促进作用。

（四）加强大学生创业团队的管理

提高大学生创业团队的合理管理，首先要明白创业团队管理是团队管理形式表现，主要从制度的制定及制度的实施两个方面进行阐述。

1. 关于大学生创业团队制度的制定

大到国家，小到企业，都需要有相关制度的约束与鞭策，要使大学生创业团队成员间的权利和利益合理化，创业团队一定要制定适合团队的相关管理制度，但如何制定适合团队的制度，则要根据创业团队的特点进行，制定的原则要遵循具有操作性、公平性，涉及方面要有薪资、培训等方面。因为只有管理制度实施了，才能更好地保障团队成员间的合理利益，只有利益合理化，创业团队才会稳定持续发展。

2. 关于大学生创业团队制度的实施

既然合理的管理制度制定，那么为了保障团队成员的合法利益化，最主要的就是要做到公平公正。如薪资在整个制度中尤为重要，虽然创业团队中的每个成员的人生观、价值观不一样，导致对薪资的高低有所不同，但付出与收获是成正比的，对创业团队做出贡献的大学生，要有奖励的体现，而对于做出损害创业团队利益的大学生，要有惩罚的体现。

第三节　创业资金

刚开始的创业企业都有融资需要，因此融资计划是创业准备中比较重要的部分。创业计划最直接的用途是获得风险投资的重要工具，因此，在创业准备阶段中必须提出融资计划。

一、融资计划内容

（一）确定愿意并能够出资的投资人

投资商以及银行在进行投资的时候，都有一定的行业取向。一般来讲，投资商或银行家都趋向于向特定的一个或几个领域投资，他们往往在这些领域内有丰富的投资经验以及行业的管理经验。创业者应该根据自身项目的具体特点，选择合适的投资商。这样有两点好处：第一，相对比较容易获得投资；第二，选择投资商是选择合作者的过程，融资所期望带来的不只是资金，而且更重要的是先进的管理经验、丰富的行业信息以及长期的战略合作伙伴。

（二）确定出资方式的来源构成

在融资过程中应该注意融资结构问题，资金的筹措是有成本的，而且不同的融资方式所带来的风险性质不同，如银行贷款会加大企业的财务风险，而风险投资则会影响企业的股权结构，进而带来决策和管理方面的风险，因此，在创业准备阶段必须确定融资结构和方式。

（三）确定融资的整体规划以及最终的退出方案

企业的融资过程是一个长期的过程，尤其对于旨在最终包装上市的快速发展企业，这种企业在成长期要经过几轮融资过程。因此，在创业准备阶段应该将企业融资的整体计划向用户进行介绍，这样可以使用户对企业的未来有一个较为直观的了解。

另外，风险投资的性质是追求高额回报，所以当企业经营到一定的规模时，投资商就要退出风险企业，进行下一轮风险投资。如果投资商不能在一定时期内退出企业经营，则不能完成投资的周转，这种情况有悖于风险投资的特性。因此，创业者应该在创业准备阶段为风险投资预先设计好可行的资金退出途径，否则投资商是不肯介入的。

二、创业融资的途径

创业融资是指创业准备阶段和企业草创阶段的融资，这个时期对于大学生创业者来说，最难解决的便是资金问题。其实只要想办法，大学生创业者有众多途径可以解决融资问题。

（一）个人资金

尽管有些创业者没有动用个人资金就办起了新的风险企业，但这种情况很少。这不仅因为从资金成本或企业经营控制的角度来说，个人资金成本最为低廉，而且还因为在试图引入外部资金，尤其是获得银行、私人投资者以及创业资本家的资金时，绝对必须拥有个人资本。因为外部资金的供给者通常认为，如果创业者自己没有资金，就可能对企业经营不会那么尽心尽力。个人资金的投入水平，关键在于创业者占其全部可用资产的比例，而不在于资金的绝对数量。外部投资者要求创业者投资全部的可用资产，认为这就标志着创业者确实对自己的企业充满信心，并将为了企业的成功付出必要的努力。创业者应该时刻牢记，不是资金的绝对数量，而是占其可用资金的比例，才最终决定着外部投资者对创业者投入水平的满意程度，进而决定是否投资。

当然，最终创业者所决定的自己资金的水平取决于他或她与外部投资者谈判时的谈判地位。如果创业者的某种技术或者产品具有大家认同的巨大的市场价值，创业者就可以有自行决定自有资金投入水平的余地，否则只有通过谈判决定。

（二）家庭或朋友资金

新创企业早期需要的资金具有高度的不确定性，而且由于需要的资金较少，对银行和其他金融机构来说缺乏规模经济性。除了一些特殊情况，机构的权益投资者和贷款人几乎不涉及这一阶段的新创企业融资。因此在这一阶段，对新创企业，除了创业者本人，家庭或朋友就是最为常见的资金来源，出于他们与创业者之间的亲情友情关系，也由于他们易于接触，他们是最可能进行投资的人。彼此的了解有助于克服不熟悉的投资者所面临的一种不确定性。家庭和朋友能为新创企业提供少量的权益资金，部分满足大多数新创企业所需要的少量资本需求。有时候家庭或朋友的帮助并不是直接提供资金，而是通过提供担保等方式帮助创业者获得所需要的资金。

尽管从家人或朋友那里获得资金较为容易，但同所有其他资金来源一样，这种融资既有好处，也有缺陷。虽然获得的资金数额较少，但如果它是以权益资金的方式注入，家庭成员或朋友就获得了企业的股东地位，享有相应的权益和特权。这可能会使他们觉得他们对企业的经营有直接的控制权，从而对雇员、企业销售收入及利润产生负面的影响。一些有才干的人可能会觉得企业里面尽是裙带关系，自己没有发展的空间，从而萌生去意，因此，在向家人和朋友融资时，要避免被贴上家族企业的标签。

（三）间接融资

所谓间接融资主要是指银行贷款。

1. 抵押贷款

抵押贷款指借款人以其所拥有的财产作抵押，作为获得银行贷款的担保。在抵押期间，借款人可以继续使用其用于抵押的财产。当借款人不按合同约定按时还款时，贷款人有权依照有关法规将该财产折价或者拍卖、变卖后，用所得钱款优先得到偿还。适合于创业者的有不动产抵押贷款、动产抵押贷款、无形资产抵押贷款等。①不动产抵押贷款：创业者可以土地、房屋等不动产作抵押，向银行获取贷款。②动产抵押贷款：创业者可以股票、国债、企业债券等获银行承认的有价证券，及金银珠宝首饰等动产作抵押，向银行获取贷款。③无形资产抵押贷款：是一种创新的抵押贷款形式，适用于拥有专利技术、专利产品的创业者，创业者可以专利权、著作权等无形资产向银行作抵押或质押，获取银行贷款。

2. 担保贷款

担保贷款指借款方向银行提供符合法定条件的第三方保证人作为还款保证，借款方不能履约还款时，银行有权按约定要求保证人履行或承担清偿贷款连带责任的借款方式。比较适合创业者的担保贷款形式如下。①自然人担保贷款：自然人担保可采取抵押、权利质押、抵押加保证三种方式。如果借款人未能按期偿还全部贷款本息或发生其他违约事项，银行将要求担保人履行担保义务。②专业担保公司担保贷款：目前各地有许多由政府或民间组织的专业担保公司，可以为包括初创企业在内的中小企业提供融资担保。北京中关村担保公司、首创担保公司等属于政府性质担保公司，目前在全国31个省、市中，已有100多个城市建立了此类性质的担保机构，为中小企业提供融资服务。这些担保机构大多实行会员制管理的形式，属于公共服务性、行业自律性、自身非盈利性组织。创业者可以积极申请，成为这些机构的会员，以后向银行借款时，可以由这些机构提供担保。与银行相比，担保公司对抵押品的要求则显得更为灵活。担保公司为了保障自己的利益，往往会要求企业提供反担保措施，有时会派人到企业监控资金流动情况。③托管担保贷款：一种创新的担保贷款形式。对于一些在草创阶段的企业，虽然土地、厂房皆为租赁而来，但也可以通过将租来的厂房、土地，经社会资产评估，约请托管公司托管的办法获取银行贷款。如上海百业兴资产管理公司就可以接受企业委托，对企业的季节性库存原料、成品库进行评估、托管，然后以这些物资的价值为基础，为企业获取银行贷款提供相应价值的担保。通过这种方法，企业既可以将暂时用不着的“死”资产盘活，又可以获得一定量银行资金的支持，缓解资金压力。

3. 项目开发贷款

如果企业拥有重大价值的科技成果转化项目，初始投人资金数额比较大，企业自有资本难以承受，则可以向银行申请项目开发贷款，银行可视情况为企业提供一部分流动资金贷款。此类贷款较适合高科技创业企业。

4. 出口创汇贷款

对于出口导向性企业，如果一开始就拥有订单，那么可以要求银行根据企业的出口合同或进口方提供的信用签证，为企业提供打包贷款。对有现汇账户的企业，银行还可以提供外汇抵押贷款。对有外汇收入来源的企业，可以凭结汇凭证取得人民币贷款。

（四）直接融资

除向银行贷款间接融资外，创业者还有许多获取直接融资的渠道，如股权融资、债权融资、企业内部集资、融资租赁、风险投资等。

1. 股权融资

股权融资指资金不通过金融中介机构，融资方通过出让企业股权获取融资的一种方式，大家所熟悉的通过发售企业股票获取融资就是股权融资中的一种。对于缺乏经验的创业者来说，选择股权融资这种方式需要注意的是股权出让比例。股权出让比例过大，则可能失去对企业的控制权；股权出让比例不够，则又可能让资金提供方不满，导致融资失败。这个问题需要统筹考虑，平衡处理。

2. 债权融资

债权融资指企业通过举债筹措资金，资金供给者作为债权人享有到期收回本息的融资方式。民间借贷应该算是债权融资中的一种，且是人们最常见的一种。对于非法集资，有特别重要的界定值，就是向社会不特定对象即社会公众筹集资金。根据这一点，如果不是向社会不特定对象即社会公众筹集资金，就不能叫非法集资，而应算是正常的民间借贷。另一点是非法集资通常数额巨大。把握住这两点，在进行民间借贷筹措创业资金时，就不容易触犯禁忌。

3. 企业内部集资

企业内部集资指企业为了自身的经营资金需要，在本单位内部职工中以债券、内部股等形式筹集资金的借贷行为，是企业较为直接常用的、也较为迅速简便的一种融资方式，但一定要严格遵守金融监管机构的相关规定。

4. 融资租赁

融资租赁也称金融租赁或资本性租赁，是以融通资金为目的的租赁。其一般操作程序是，由出租方融通资金，为承租方提供所需设备，具有融资和融物双重职能的租赁交易，它主要涉及出租方、承租方和供货方三方当事人，并由两个或两个以上的合同所构成。出租方订立租赁合同，将购买的设备租给承租方使用，在租赁期内，由承租方按合同规定分期向出租方支付租金。租赁期满承租方按合同规定选择留购、续租或退回出租方。承租人采用融资租赁方式，可以通过融物而达到融资的目的。对于缺乏资金的新创企业来说，融资租赁的好处显而易见，其中主要的是融资租赁灵活的付款安排，例如延期支付，递增或递减支付，使承租用户能够根据自己的资金安排来支付款额；全部费用在租期内以租金方式逐期支付，减少一次性固定资产投资，大大简化了财务管理及支付手续。另外，承租方还可享受由租赁所带来的税务上的好处。

5. 风险投资

对于创业者来说，尤其是对于高科技领域的创业者，寻求风险投资的帮助，是一个值得认真考虑的途径。风险投资中的天使投资，更是专门为那些具有专有技术或独特概念而缺少自有资金的创业者所准备。天使投资者更多是由私人来充当投资者角色，投资数额相对较少，对被投资企业审查不太严格，手续更加简便、快捷，更重要的是它一般投向那些创业初期的企业或仅仅停留在创业者头脑里的构思。

三、大学生融资误区及解决方案

初出茅庐的大学生在初次创业的道路上除了面临社会经验、管理能力等方面的不足外，在创业融资方面常常走入误区，最终使自己的努力功败垂成。当前的融资误区主要表现在以下三个方面。

误区一：急于得到企业启动或周转资金，给小钱让大股份，贱卖技术或创意。有不少核心技术拥有者在公司运营一段时间后，对当初的投资协议深感不满并提出毁约，而这样做的后果只能是在资本市场上臭名昭著。

误区二：即便投资人不能提供增值性服务和指导，仍与其捆绑在一起。

误区三：对风险投资不负责任的使用，烧别人的钱圆自己的梦。每一轮融资中的投资者都将影响后续融资的可行性和价值评估。因此，对于尚处早期的创业公司来说，应引入一些真正有实力、能提供增值性服务、与创业者理念统一的投资者，哪怕这意味着暂时放弃一些眼前的利益。

资金作为公司的血脉，必不可少，因此融资问题对新创企业来说尤为重要。大学生们要想凭借自己的技术或创意获得应有回报，就必须解决好融资问题。针对上述三个误区，创业者在融资的过程中需要做好以下工作。

第一，在制定融资方案之前要准确评估自己的有形和无形资产的价值，千万不要妄自菲薄，低估了自己的价值。网易公司经过多轮融资和上市，目前丁磊还拥有超过60%的股份，这说明丁磊在每轮融资的过程中用了少量的股份就达到了自己的目标，是我们学习的榜样。

第二，融资过程中要做好融资方案的选择。尽管国内的融资渠道还不是很健全，但方式比较多，主要是：①合资、合作、外资企业融资渠道；②银行及金融机构贷款；③政府贷款；④风险投资；⑤发行债券，⑥发行股票，⑦转让经营权；⑧BOT 融资。多渠道的比较与选择可以有效降低融资成本，提高效率。通过上述途径得到的发展资金可以分为两类：资本金和债务资金。债务资金（如银行贷款等）不会稀释创业者股权，而且可以有效分担创业者的投资风险，推荐优先使用。

第三，如果采用出让股权的方式进行融资，必须做好投资人的选择。只有同自己经营理念相近，其业务或能力能够为投资项目提供渠道或指导的投资才能有效支撑企业的成长。目前的关键问题是，大学生很难找到融资对象，找到一个就像发现了救命稻草一样，根本就没有讨价还价的余地，这样的融资肯定会给后续工作带来很多麻烦。出现这种问题的主要原因是信息不对称，因此创业者一定要加强对融资市场的信息收集与整理，在掌握大量的情报资料的前提下做出最优的选择。

第四，创业不仅是实现理想的过程，更是使投资者（股东）的投资保值增值的过程。创业者和投资者是一个事物的两个方面，大家只有通过企业这个载体才能达到双赢的目标。“烧投资者的钱圆自己的梦”的问题说到底是企业家的信用问题，有这种思想的人不会成为一个成功的创业者。能为股东创造价值的企业家才能得到更多的融资机会和成长机会。因此创业者不仅要加强自身的技术能力，还需要具备企业家的道德风范。

大学生创业者只有解决好了融资问题，才能将自己的技术和创意转化为赢利的工具，才能在激烈的市场竞争中立于不败之地；拓宽融资渠道、对投资人负责才能使自己的企业茁壮成长。

第十四章　创业的具体实施

第一节　创业机会的选择

一、寻找和发现创业机会的基本途径

市场按其开发程度可分为显在市场和潜在市场。显在市场是指目前明显存在的没有被满足的需求市场。对于显在市场机会，企业容易发现它，寻找和识别它的难度较小。但正是由于这个优点也带来一个最大的缺点，这就是市场竞争较激烈。潜在市场是隐藏在某种需求后面的未被满足的市场，它不容易被发现，寻找和识别它的难度较大。正因为如此，如果企业能找到并抓住这种机会，其竞争对手会较少，效益就会比较高。那么，应如何去寻找和发现创业机会呢？

（一）通过不同行业之间的交叉结合寻找边缘市场机会

对于出现在本行业经营领域内的市场机会，企业能够充分重视，并能充分利用企业自身的优势和经验，抓住行业市场机会开展营销活动，但行业市场机会在行业内部会遇到同行业间的激烈竞争，从而失去或减弱机会效益。也应看到，由于企业都比较注重行业内的主要领域，而在行业之间有时会出现“真空地带”。这种行业与行业之间交叉结合的边缘地带可能会产生新的市场需求，出现边缘机会。

（二）着眼未来市场，研究寻找新产品及商业模式

我们在创业过程中，要想做大做强，就必须善于总结，摸索并建立一套适合自己公司的新产业及商业模式，为了寻找新产业及商业模式。首先应搞清楚商业模式的摄念。

所谓商业模式，狭义上讲，是指企业的价值主张和成本结构的关系，即企业如何去赚钱；广义上讲，是指企业做生意的方式，包括价值主张、价格主张、成本主张、流程及人员主张等。它们的具体含义如下。

（1）价值主张，也就是所谓的买方效用，涉及你的商品或者服务能够为顾客和买方大众提供哪些价值。作为刚创业的公司，应多考虑为买方提供增值服务，这不仅能赢得客户的信任，而且还能从广大的角度取得价格优势。

（2）价格主张，也就是战略定价。当有了很好的买方效用时，你就应考虑如何去抓住市场（尤其是大众的市场），把价格定在什么样的范畴内才能真正抓住整个市场的主体并占据整个市场。

（3）成本主张。它涉及前面所说的狭义的商业模式。当企业有了很好的买方效用，也有了能够抓住大众市场的战略定价后，就应考虑企业能否在一个可以持续的模式下赚钱以及如何做到资源共享和平台互换来减轻创业初期的成本等问题。

（4）流程及人员主张。这涉及战略执行问题，要考虑我们的客户培养、业务获取、业务完成等问题。在这里，特别要强调建立一个互补企业、协作企业、联盟企业在内的产业平台，形成抱团打天下、合作共赢的局面。为此，要资源共享和平台互换。

所谓资源共享，就是要广泛地建立协作伙伴关系。当我们接到一单业务时，我们不一定要全部凭自己的实力来做完，在计算成本的情况下，可以看看协作企业是否能完成。这样，一个企业只需要培养核心员工，就可以减轻人力成本。在有关资质方面，也可以通过挂靠的形式进行。

（三）努力搞好创意产业

创业所从事的行业一般都是创意产业或与创意产业密切相关的行业。“资本时代已经过去，创意时代正在到来！”未来学家阿尔文·托夫勒曾经这样预言。现在，预言成为现实，一股巨大的创意经济浪潮正在席卷全球，创意正

在成为时代发展最强大的引擎，创意的力量正在催生和引爆每个人的梦想。马云改变了全球商人的交易，甚至将每个人一夜间变成了商人；江南春为广告赋予了新的智慧，让每个人都看到了商业创新的可能；超级女声启发了平民的种种梦想与亿万观众的互动；腾讯 QQ 和网络游戏创造了比现实更广阔的虚拟空间；携程让机票和酒店实现了远程销售，等等。强大的创意力量，正在将全世界的资源像“变形金刚”一般重新组合。

1. 创意产业的重要作用

创意产业的发展，会使社会形成新的经济增长方式，因此被称为创意经济。创意产业的发展已经形成了全球化的经济发展趋势，对推动经济增长起着重要的作用。英国学者约翰·霍金斯在《创意经济》一书中明确指出，全世界创意经济每天创造 220 亿美元，并以 5%的速度递增。在一些国家增长的速度更快，美国达 14%，英国为 12%。

2. 创意产业发展的两个基本要素

首先是文化资源。创意产业的发展，文化创意无疑是不竭的动力和源泉。正如 19 世纪法国文学家福楼拜所说：“艺术越来越科学化，科学越来越艺术化，两者在山麓分手，有朝一日，将在山顶重逢。”只不过这是在一个全新的、具有更高境界的历史时期的重逢。

其次是人才资源。创意产业的高速发展依靠的是文化创意人力资本的投入产出和文化创意阶层的掘起。创意人才是推动创意产业发展的根本动力。文化经济学家理查·佛罗里达在《创意阶层的掘起》一书中，认为社会已分化成四个主要的职业群体：农业阶层、工业阶层、服务业阶层和创意阶层。所谓创意人才，包括为创意产业服务的劳动力、“创造新观念、新技术和新的创造性内容”的创意人才群体和从事科学和工程学、建筑与设计、教育、艺术、音乐和娱乐的人构成的“超级创造性核心”人才这样三类。

3. 努力做好创意产品

要从事好创意产业的创业，必须在文化资源和人才资源两方面予以高度重视。创意产业的核心是创造性思维，创造性思维来自深厚的文化底蕴、新观念和新思想的引入、想象力的开发和不懈的探索精神。我们如果选择了以创意产业作为创业的领域，就必须补文化的课，特别是中国传统文化的课，借以充实自己的文化内涵，培养自己的创新性思维和创意。同时，要不断网罗创意人才，包括为创意产业服务的劳动力，创意人才群体，特别是要网罗“超级创造性核心”人才。

二、应用创新理论去发现创业机会

（一）试错法

试错法是设计人员根据已有的产品或以往的设计经验，提出新产品的工作原理，通过持续的修改和完善，然后做样件。如果样件不能满足要求，则返回到方案设计，重新开始，直到证明样件设计满足要求，可转入小批量生产和批量生产的方法为止。即设计人员根据经验或已有的产品沿方向 A 寻找“解”，如果扑空，就调整方向，沿着方向 B 寻找，如果还找不到，再变换方向 C，如此一直调整方向，直到第 N 个方向碰到一个满意的“解”为止。由于设计人员不知道满意的“解”所在的位置，在找到该“解”或较满意的“解”之前，往往要扑空多次、试错多次。试错的次数，取决于设计者的知识水平和经验。

试错法的成果在 19 世纪是非常卓著的：电动机、发电机、电灯、变压器、山地掘进机、离心泵、内燃机、钻井设备、转化器、炼钢平炉、钢筋混凝土、汽车、地铁、飞机、电报、电话、收音机、电影、照相等的发明都是由试错法带来的。虽然试错法效率很低，但是这种方法仍然没有失去它担当解决创造性难题的重任的能力。这是因为：其一，时代出现了科学和技术的联盟；其二，在技术创造中涌入了越来越多的发明家和研究人员；其三，对显而易见的（不需要深入研究的）自然效应和现象的研究及它们在技术中的直接应用继续进行着，因为当时的技术系统相对来说比较简单。然而实际中常常会出现一些棘手的创造性难题，依靠试错法解决它们至少要耗费几十年的时间。这些难题并不都是那么复杂，但就算是简单的问题，试错法也常常束手无策，无计可施。

（二）头脑风暴法

头脑风暴法是目前在解决问题的过程和产品概念设计中被广泛用到的一种方法。其理论创始者阿·奥斯本是一位美国商船船长。1939 年他开始设计了头脑风暴的方法，直到他的公司“巴顿·巴尔顿·达尔斯丁和阿·奥斯本”成功运用了这个方法近20年后，也就是1957年，头脑风暴法才被公之于众，此时该公司已经拥有14个分公司和1800名员工。现在世界上大约有十几种头脑风暴的形式：个人的、双人的、多阶段的、分阶段的、想法研讨式的、受控会议式的等。所有这些方式都不如单纯的头脑风暴法有效，因为试图控制自然力作用过程的企图恰恰损害了头脑风暴中只有价值的架构——为非理性想法的出现创造条件。使用头脑风暴法可分为两步走，首先是利用头脑风暴产生想法，然后对想法进行过滤。例如：

假设甲、乙、丙3个人进行头脑风暴，它的两个步骤为：

第1步：发散思维。由于3个人的知识结构不同，对同一个问题求解的出发点不同，每个人先在自己熟悉的领域及附近发表意见。丙沿方向A提出设想，乙在此基础上向方向B延伸，甲又沿方向C延伸，方向（A—B—C）形成了“思路”。然后进行第二次头脑风暴，甲、乙、丙分别使设想向D、E、F延伸，方向（D—E—F）形成了另一条“思路”。小组的讨论结果可形成多条思路。

第2步：集中思维。对大量的思路进行筛选分析，确定可能问题的“解”。本步骤将耗费大量的时间和精力，而且存在取舍的选择难度，所以效率低下。许多问题的解决都因为这个步骤而延误时间。

头脑风暴法因为操作受到一定条件的限制，效率又不高，因此人们便不断完善该法，如默写式智力激励法、卡片式智力激励法、三菱式智力激励法等。有很多企业因为陷于头脑风暴法的汪洋大海而不能自拔，错失新产品推出的良机。

（三）TRIZ理论

创新从最通俗的意义上讲就是创造性地发现问题和创造性地解决问题的过程，TRIZ理论的强大作用正在于它为人们创造性地发现问题和解决问题提供了系统的理论和方法工具。现代TRIZ理论体系主要包括以下几个方面的内容。

1. 创新思维方法与问题分析方法

TRIZ理论中提供了如何系统分析问题的科学方法，如多屏幕法等；而对于复杂问题的分析，则包含了科学的问题分析建模方法——物－场分析法，它可以帮助快速确认核心问题，发现根本矛盾所在。

2. 技术系统进化法则

针对技术系统进化演变规律，在大量专利分析的基础上TRIZ理论总结提炼出八个基本进化法则。利用这些进化法则，可以分析确认当前产品的技术状态，并预测未来发展趋势，开发富有竞争力的新产品。

3. 技术矛盾解决原理

不同的发明创造往往遵循共同的规律。TRIZ理论将这些共同的规律归纳成40个创新原理，针对具体的技术矛盾，可以基于这些创新原理、结合工程实际寻求具体的解决方案。

4. 创新问题标准解法

针对具体问题的物一场模型的不同特征，分别对应有标准的模型处理方法，包括模型的修整、转换、物质与场的添加等。

5. 发明问题解决算法（ARIZ）

主要针对问题情境复杂，矛盾及其相关部件不明确的技术系统。它是一个对初始问题进行一系列变形及再定义等非计算性的逻辑过程，实现对问题的逐步深入分析，问题转化，直至问题的解决。

6. 基于物理、化学、几何学等工程学原理而构建的知识库

基于物理、化学、几何学等领域的数百万项发明专利的分析结果而构建的知识库可以为技术创新提供丰富的方案来源。

TRIZ理论的基本哲理包括以下6条。

（1）所有的工程系统服从相同的发展规则。这一规则可以用来研究创造发明问题的有效解，也可用来评价与预测如何求解一个工程系统（包括新产品与新服务系统）的解决方案。

（2）像社会系统一样，工程系统可以通过解决冲突而得到发展。

（3）任何一个发明或创新的问题都可以表示为需求和不能（或不再能）满足这些需求的原型系统之间的冲突。所以，“求解发明问题”与“寻找发明问题的解决方案”就意味着在利用折衷与调和不能被采纳时对冲突的求解。

（4）为探索冲突问题的解决方案，有必要利用专业工程师尚不知道或不熟悉的物理或其他科学与工程的知识。技术功能和可能实现该功能的物理学、

化学、生物学等效应对应的分类知识库可以成为探索冲突问题解的指针。

（5）存在评价每项发明创造的可靠判据。这些判据如下。

①该项发明创造是否是建立在大量专利信息基础上的？基于偶然发现的少数事例的发明项目不是严肃的研究成果。事实证明，一项重大或重要的发明项目通常是建立在不少于 1 万到 2 万项专利（或知产权/版权）研究的基础上。

②发明人或研究者是否考虑过发明问题的级别？大量低水平的发明不如一项或少量高水平的发明。因为，低水平的发明只能在简单的情况下运用。

③该项发明是否是从大量高水平的试验中提炼出来的结论或建议？

（6）在大多数情况下，理论的寿命与机器的发展规律是一致的。因而，“试凑法”很难产生两种或两种以上的系统解。

相对于传统的创新方法，比如试错法、头脑风暴法等，TRIZ 理论具有鲜明的特点和优势。它成功地揭示了创造发明的内在规律和原理，着力于澄清和强调系统中存在的矛盾，而不是逃避矛盾，其目标是完全解决矛盾，获得最终的理想解，而不是采取折衷或者妥协的做法，而且它是基于技术的发展演化规律研究整个设计与开发过程，而不再是随机的行为。实践证明，运用 TRIZ 理论，可大大加快人们创造发明的进程而且能得到高质量的创新产品。它能够帮助我们系统的分析问题情境，快速发现问题本质或者矛盾，它能够准确确定问题探索方向，突破思维障碍，打破思维定势，以新的视觉分析问题，进行系统思维，能根据技术进化规律预测未来发展趋势，帮助我们开发富有竞争力的新产品。

第二节 创业条件的评估

一、创业动机与职业兴趣

一个人缺乏物质生活保障，便会产生生理、安全的需要，因而需要去工作、劳动，获取报酬，换取物质条件，满足需要，因此会对所有能挣钱“糊口”、维持生存的工作感兴趣。当认为某项工作能挣大钱、报酬高时，会强化自己克服种种困难从事该项工作的动机；但若觉察或发现该项工作有生命危险时，便会降低或放弃这种兴趣，减弱想从事该项工作的动机。这个是由美国著名职业指导专家霍兰德提出的理论，主要观点是：每个人的性格和天赋决定了其职业趋向。霍兰德把人的职业趋向和职业归纳为六种类型：现实型、研究型、艺术型、社会型、企业型和常规型。劳动者找到了适宜的职业，其才能与积极性才能得以充分发挥。霍兰德理论六种类型的关系如图 14-1 所示。

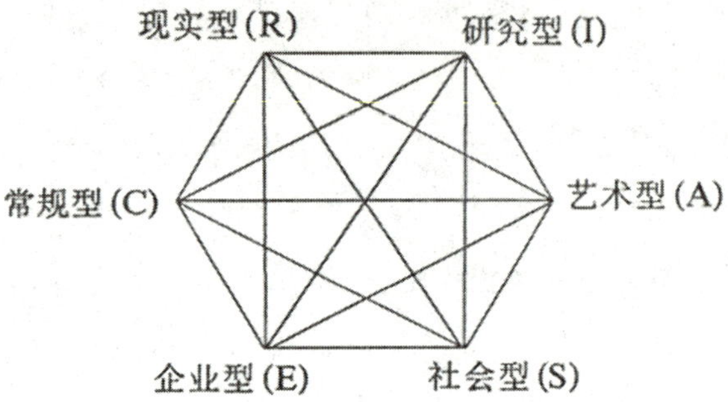

图 14-1　霍兰德理论中职业趋向的六种类型关系

（一）社会型（S）

这种职业趋向的人的共同特征是：喜欢与人交往、不断结交新的朋友、善言谈、愿意教导别人；关心社会问题、渴望发挥自己的社会作用；寻求广泛的人际关系，比较看重社会义务和社会道德。

这种职业趋向的人的性格特点是：为人友好、热情、善解人意、乐于助人。

适合这种职业趋向的人的典型职业是：喜欢与人打交道的工作，能够不断结交新的朋友，从事提供信息、启迪、帮助、培训、开发或治疗等事务工作。如教育工作者（教师、教育行政人员等），社会工作者（咨询人员、公关人员等）。

（二）艺术型（A）

这种职业趋向的人的共同特征是：有创造力，乐于创造新颖、与众不同的成果，渴望表现自己的个性，实现自身的价值；做事理想化、追求完美、不重实际；具有一定的艺术才能和个性；善于表达、怀旧，心态较为复杂。

这种职业趋向的人的性格特点是：有创造性、非传统、敏感、容易情绪化、较冲动、不服从指挥。

适合这种职业趋向的人的典型职业有：喜欢的工作要求具备艺术修养、创造力、表达能力和直觉，并将其用于语言、行为、声音、颜色和形式的审美、思索和感受，并且具备相应的能力。不善于从事事务性工作。这种类型性格的人可从事如下方面的工作：艺术（演员、导演、艺术设计师、雕刻家、建筑师、摄影家、广告制作人）、音乐（歌唱家、作曲家、乐队指挥）、文学（小说家、诗人、剧作家等）。

（三）企业型（E）

这种职业趋向的人的共同特征是：追求权力、权威和物质财富，具有领导才能；喜欢竞争、敢冒风险、有野心和抱负；为人务实，习惯以利益得失、权利、地位、金钱等来衡量做事的价值，做事有较强的目的性。

这种职业趋向的人的性格特点是：善辩、精力旺盛、独断、乐观、自信、好交际、机敏、有支配愿望。适合这种职业趋向的人的典型职业有：喜欢要求具备经营、管理、劝服、监督和领导才能，以实现机构、政治、社会及经济目标的工作，并具备相应的能力。如项目经理、销售人员、营销管理人员、政府官员、企业领导、法官、律师等。

工作中通常要求管理人员和销售人员要有较强的企业兴趣，企业兴趣强则做事目的性强，务实，推动性也较强；若企业兴趣弱（小于40%）则做事的推动性较弱，速度较慢。

（四）研究型（I）

这种职业趋向的人的共同特征：他们是思想家而非实干家，抽象思维能力强，求知欲强，肯动脑，善思考，不愿动手；喜欢独立的和富有创造性的工作；知识渊博，有学识才能，不善于领导他人；考虑问题理性，做事喜欢精确，喜欢逻辑分析和推理，不断探讨未知的领域。

这种职业趋向的人的性格特点是：坚持性强、有韧性、喜欢钻研、为人好奇、独立性强。

适合这种职业趋向的人的典型职业有：喜欢智力的、抽象的、分析的、独立的定向任务，要求具备智力或分析才能，并将其用于观察、估测、衡量、形成理论、最终解决问题的工作，并具备相应能力。如科学研究人员、教师、工程师、计算机编程人员、医生、系统分析员等。

工作中调研兴趣强的人做事较为坚持，有韧性，善始善终；调研兴趣弱的（如小于20%）通常做事容易浅尝辄止，不能善始善终。

（五）常规型（C）

这种职业趋向的人的共同特征是：尊重权威和规章制度，喜欢按计划办事，细心、有条理，习惯接受他人的指挥和领导，自己不谋求领导职务；喜欢关注实际和细节情况，通常较为谨慎和保守，缺乏创造性，不喜欢冒险和竞争，富有自我牺牲精神。

这种职业趋向的人的性格特点是：有责任心、依赖性强、高效率、稳重踏实、细致、有耐心、循规蹈矩。适合这种职业趋向的人的典型职业有：要求注意细节、精确度、有系统有条理，具有记录、归档、据特定要求或程序组织数据和文字信息的职业，并具备相应能力。如秘书、办公室人员、记事员、会计、行政助理、图书馆管理员、出纳员、打字员、投资分析员等。

常规型的人做事有耐心、细致，如果人的常规兴趣弱，若小于20%，则通常表现为做事较为粗心，容易丢三落四，不够踏实。

（六）现实型（R）

这种职业趋向的人的共同特征是：愿意使用工具从事操作性工作，动手能力强，做事手脚灵活，动作协调；擅长于具体任务，不善言辞，做事保守，较为谦虚，缺乏社交能力，通常喜欢独立做事。

这种职业趋向的人的性格特点是：感觉迟钝、不讲究方式方法、谦逊、踏实稳重、诚实可靠。适合这种职业趋向的人的典型职业有：喜欢使用工具、机器，需要基本操作技能的工作。要求具备机械方面的才能、体力以及从事与物件、机器、工具、运动器材、植物、动物相关的职业，并具备相应的能力。如技术性职业（计算机硬件人员、摄影师、制图员、机械装配工），技能性职业（木匠、厨师、技工、修理工、农民、一般劳动者）等。

每个创业者可根据自己的性格特点和兴趣，选择某种职业，在创业中才容易做出成绩。

三、创业基本条件的准备

（一）心理上的准备

有一句经典的创业成败座右铭：“创业失败是必然的，成功是偶然的。”所以在创业之初不要想着以后要做得如何成功，如何伟大，而所要做的第一件事就是如何让企业活下来。创业过程中会遇到这样那样的困难，所以创业者要做好失败的心理准备。

（二）身体上的准备

创业是个艰苦的过程，不管创业到什么样的阶段，都要面临很多意外和困难。正因为要战胜如此多的困难，因此就必须拥有健康的身体。无论遇到什么问题，都能夜以继日地去奋斗，去努力解决，从而战胜它。

（三）主观上的准备

主观上的准备就是对所从事的项目，有一个深入的了解，懂得这个行业的一些专业领域知识。在创业之初，一定要做好充分的计划准备。

（四）客观上的准备

在创业之前就要开始累积相关的人脉，无论是创业资金还是人才等在创业之韧都需要其他人的帮助，所以在创业开始前，要先开始累积人脉，这样才能当你需要的时候，就可以随时利用他们的优势资源。这里，特别是要对财力进行积累和评估。

创办企业除了个人的基本素质之外，最大的困难就是资金。再好的项目没有资金都是枉然，所以，你在创办企业之前，必须清楚所选的项目需要多少启动资金，如装修费用、设备投资、房租、人员工资、水电、税收等。在尽可能利用政府提供的优惠政策降低成本的基础上，采取靠个人收入和积蓄、向家人和朋友借、向银行贷款、找志同道合的合伙人，做投资少、周转快的小生意等多种办法筹集启动资金。

第三节　创业构想的选择

一、创业模型的选择

（一）蒂蒙斯创业模板

蒂蒙斯创业过程模型，指的是一种商业模型。创始人或工作团队必须在推进业务的过程中，在模糊和不确定的动态的创业环境中具有创造性地捕捉商机、整合资源和构建战略、解决问题的能力，勤奋工作、富于牺牲。

蒂蒙斯创业过程模型的含义包括以下三个方面。

第一，商业机会是创业过程的核心驱动力，创始人或工作团队是创业过程的主导者，资源是创业成功的必要保证。创业过程始于创业机会，而不是钱、战略、网络、团队或商业计划。开始创业时，商业机会比资金、团队的才干和能力及适应的资源更重要。在创业过程中，资源与商机间经历着一个适应→差距→适应的动态过程。商业计划为在提供沟通创业者、商机和资源三个要素的质量和相互间匹配和平衡状态的语言和规则。

第二，创业过程是商业机会、创业者和资源三个要素匹配和平衡的结果。处于模型底部的创始人或工作团队要善于配置和平衡，借此推进创业过程，他们必须做的核心过程是：对商机的理性分析和把握，对风险的认识和规避，对资源的最合理的利用和配制，对工作团队适应性的分析和认识。

第三，创业过程是一个连续不断的寻求平衡的行为组合。在三个要素中绝对的平衡是不存在的，但企业要保持发展，必须追求一种动态的平衡。保持平衡的观念展望企业未来时，创业者必须思量的问题是：目前的团队是否能领导公司未来的成长、资源状况；下一阶段成功面临的陷阱。这些问题在不同的阶段以不同的形式出现，牵涉到企业的可持续发展。

总之，创业者在创业过程中的情绪就像一个杂技表演者，一边要在平衡线上跳上跳下，保持平衡，一边还要在动荡的处境中进行各式各样的表演。

（二）加纳创业模型

该模型认为描述新企业创业主要包括四个维度：创立新企业的个人——

创业者、他们所创建新企业的类型——组织、新企业所面临的环境及新企业创立的过程。这四个维度中，决定性的维度是创业者。

（三）威克姆创业模型

威克姆创业模型认为，创业活动包括创业者、机会、组织和资源四个要素，这四要素互相联系。与蒂蒙斯模型不同，威克姆认为创业者是创业活动的中心，其在创业中的职能体现在与其他三个要素的关系上，即识别和确认创业机会、管理创业资源、领导创业组织，同时通过创业者来有效处理机会、资源和组织之间的关系，实现要素间的动态协调和匹配。

该模型还揭示了资源、机会、组织三要素之间的相互关系。资本、人力、技术等资源要集中用于机会利用上，并且要考虑资源的成本和风险；资源的集合形成组织，包括组织的资本结构、组织结构、程序和制度以及组织文化。组织的资产、结构、程序和文化等形成一个有机的整体，来适应所开发的机会，为此组织需要根据机会的变化而不断进行调整。

（四）克里斯蒂安创业模型

该模型强调“创业者与新事业互动的能力”，与人格特质的关联性不高，创业者的能力可以经由有系统的创业管理教育加以培育。

（五）萨尔曼创业模型

萨尔曼认为，在创业过程中，为了更好地开发商业机会和创建新企业，创业者必须把握人、机会、外部环境和其自身的交易行为四个关键要素。①人是指为创业提供服务或者资源的人，包括经理、雇员、律师、会计师、资金提供者、零件供应商以及与新创企业直接或间接相关的其他人。②机会是指任何需要投入资源的活动，不但包括亟待企业开发的技术、市场，而且还包括创业过程中所有需要创业者投入资源的事务。③外部环境是指无法通过管理来直接控制的因素，如资本市场利率水平、相关的政策法规、宏观经济形势以及行业内的进入威胁等。④创业者的交易行为是指创业者与资源供应者之间的直接或间接关系。萨尔曼创业模型的核心思想是要素之间的适应性，即人、机会、交易行为与外部环境能否协调整合、相互促进。环境处于模型中心，影响着其他三个创业要素，同时其他三个创业因素也会反过来影响环境。考虑交易行为因素也是该模型的一个重要特点，它明确指出了社会网络对创业的重要性。

根据该模型我们可以很清晰地识别出成功创业的特点，即配置良好的人力资源，拥有所需要的知识和技能的管理团队，拥有盈利前景良好的商业模式，容易获得利润又能防止被模仿，市场环境良好，交易方式能够给所有利益相关者以充分的激励等。这个模型扩大了创业要素的外延，更具实践指导意义，同时也为创业过程研究开辟了新视野。

（六）佐拉和乔治亚的创业模型

该模型认为国际创业受到三大因素的影响，即环境因素、组织因素和战略因素，这些因素以不同的程度、速度和范围共同作用于国际创业的全过程，从而导致错综复杂和千变万化的国际创业形势。该模型是国际创业领域较为完整的创业模型。

二、选择好的创业构想

（一）企业类型

企业有很多种类型，主要可以分为以下四种类型。

1. 贸易企业

贸易企业从事商品的买卖活动。从制造商或批发商处购买商品，再把商品卖给顾客和其他企业。所有把商品卖给最终消费者的商店都是零售商，而批发商则是从制造企业购买商品，然后再卖给零售商。如开商店、开商品批发部等都是贸易企业。

2. 制造企业

制造企业生产产品。如果打算开一家企业生产并销售砖瓦、家具、服装或水果罐头等，那么你拥有的就是一家制造企业。

3. 服务企业

服务企业不出售任何产品，也不制造产品。服务企业提供服务或劳务，如房屋装修、邮件快递、搬家公司、汽车运输、家庭服务、法律咨询、技术培训等行当都是服务企业。

4. 农、林、牧、渔业企业

这类企业利用土地或水域进行生产。种植或饲养的产品多种多样，可能是种果树、种蔬菜、承包山林，也可能是养鱼虾、养家畜等。

（二）创办微小企业条件的分析

创办微小企业条件的分析主要包括如下三个方面。

第一，你周围有哪些市场机会？

生活中遇到的问题——你在当地买东西和需要服务时，曾碰到过的问题。

工作中遇到的问题——为了完成某项任务，由于服务或材料不足而受影响。

其他人遇到的问题——通过倾听其他人的抱怨，了解他们的需求和问题。

你所在的社区缺少什么——在你生活的地区进行调研，了解人们缺少哪些服务。

如果人们无法获得所需要的产品或服务，这对你来说就是一个填补空白的好机会；如果现有的企业提供的服务很差，这也给你为他们提供更佳的服务带来竞争机会；如果某个产品价格很高，你便可以寻找更便宜的货源，或寻找不那么贵的替代品。

第二，你能够抓住这些机会吗？

当你建立了一个创办企业的构想时，首先要判断一下它在当地是否存在发展的机会，然后你要确定自己是否有能力利用这些机会，这要从自己的能力和兴趣来判断。例如，你若不会修汽车，就不可能开汽车修理店。

第三，验证你的企业构想。

当你已经有了创办企业的构想，你还需要对它进行检验。你需要知道它是否可行，是否经得起推敲，是否能使你的企业具有竞争力和赢利能力。

三、测试创业构想的SWOT分析方法

SWOT是由Strength（优势）、Weakness（劣势）、Opportunity（机会）、Threat（威胁）四个英文单词的第一个字母组合而成的。创业构想的SWOT分析，也就是对自己将要创办的企业的优势、劣势、机会和威胁这四个方面进行分析。

优势——你创业的长处。例如，你的产品比竞争对手的好，价格便宜；你商店的位置非常有利；你的员工技术水平很高等。

劣势——你创业的弱点。例如，你的产品比竞争对手的价格高；你没有足够的资金按自己的愿望做广告；你无法像竞争对手那样提供综合性的系列服务等。

机会——周边地区存在的对你企业有利的事情。例如，你所做的行业正好赶上时髦，越来越流行；附近没有和你类似的商店；许多新的住宅小区正在这个地区建设，潜在顾客的数量将会上升等。

威胁——周边地区存在的对你企业不利的事情。例如，在这个地区有生产同样产品的其他企业；原材料价格上涨，运输成本提高，导致你的商品价格上升；你不知道你的产品还能流行多久等。

第四节　创业的管理模式

通常而言，创业管理其实就是一个利用系统性的相互的组合过程，这种组合并非是由某一基本性因素就能够起到相关作用的，而是需要相关的作用来理解其是否会导致相关企业得到成功。这就决定我们进行有关的持续创业成功的话，要通过一个非常系统性的目的来进行有关决定，这些还必然要囊括到整个企业的创新性活力、创业者的冒险精神、整个企业及创业者本身的执行能力以及整个创业团队的团队精神等。对于创业管理而言，其最为关键的特征体现在创新方面，对于创新而言，并不一定需要不断地进行有关发明创造，更多地需要我们对企业或者社会所掌握的已有技术以及要素进行重新的组合，从而实现经济效益的过程；需要不断明确到，在此的创业其实也不是要无限制地不断进行有关的冒险活动，而是进行有关的理性活动，从而逐渐地控制整个风险问题。

一、我国大学生创业管理存在的主要问题

（一）创业管理概念不清

创业管理工作大多数还是处于一个问题式的事务性指导，目前还只是重视相关的政策以及有关的技巧等方面，而对于创业者本身的一些创业方面的能力以及发展的指导还是远远不够。有些人认为只有在找不到工作时才去开店做生意；有些人认为做生意要有经济基础和天赋，并不是每个人都可以当

老板；同时也有一部分学生家长对于学生毕业之后能够直接进行创业还是没什么期待，往往认为他们的孩子是玩玩而已，虽不反对，但也不支持；甚至还有一些家长认为学生在校进行创业活动，会影响学习，是走歪门邪道，这样就大大打击了大学生创业的积极性。

（二）创业管理课程体系不健全

虽然，我们国家开展创业培训已经有十多年的时间，但对于创业管理方面的研究还不完善、不健全。不管是在学校还是在社会，创业管理的课程体系还不系统，实践总结方面还有待于进行进一步的强化。创业管理的课程还没有体系化、系统化和关联化，这反映了创业管理研究的不深入、不系统，众多学者从各自角度出发，研究结果相当混乱，因此需要在高校召开统一的课程体系建设会，协调、完成创业管理的理论基础建设。

（三）创业管理的教学力量和后续服务力量建设不完善

创业教育本身对于师资力量的要求也是格外严格的。老师不仅要具有很好的理论知识基础，同时还要具有较好的创业经验，但是这种双师型的教师比较缺乏。目前创业导师主要是两类人：一类是来源于企事业工作的管理人员，主要是以他们的实际经验对学生进行创业教学；另一类是就业指导工作的老师，这些导师一般都没有实际创业经验，对学生的教育局限于单纯性的知识传授。当然一些有创业经验的企业家也会被邀请来做讲座，但还是杯水车薪，特别是后续服务的指导，更是力量薄弱。

（四）创业管理文化氛围不够

当前，我们国家创业管理文化氛围还不够浓厚，在整个学校之中的创业引导、创业政策、相关配套设施、后续服务指导还不成体系。传统文化以及一些社会习惯往往会给学生在创业中带来负面影响，整个社会还没有形成对创业支持态度与良好氛围。

二、大学生创业管理的对策与措施

（一）社会方面

1. 制定相关政策，落实执行情况

政策扶持作为一种激励，是对大学生自主创业的一种鼓励。政府的各个部门需要不断加强合作，使相关的保障政策能够进一步地落实到位。政府相关职能部门的工作应落实到位，真正重视大学生的创业工作。只是聚集探讨创业问题，没有相关的实际操作规则以及程序，难以产生相关的影响问题。对于一些具体操作过少，而只是去过度地来强化相关的概念，将相关的问题进行形式以及政策化。如果政府各部门之间，能真正的认识到问题，加强相关合作，就能非常容易进行相关的制订工作，进而开展一些比较切实可行的工作，这样也更便于对毕业生的创业采取一些帮扶措施，能够不断地推进大学生进行创业。

2. 降低创业门槛，提供创业机会

创业管理是一个全过程活动，不可能将其分段管理，这容易导致创业的失败。为了促进创业教育的开展，社会各部门要提供相应的创业便利，从而使得创业管理能够吸引更多学生参与。对于政府部门而言，从各种途径来降低大学生创业门槛。如在注册程序上，工商行政管理部门要简化程序，使各个地区大学生的创业申请更加便捷；或者要不断地简化税收程序，相关的税务部门需要大力支持大学生创业，特别是创业初期，在税收方面得到大力的减免力度。此外，政务部门也可以通过降低各种审批项目的收费来减轻大学生的负担。一个非常良好的整体性社会创业环境，就是能够不断地来降低整个大学生开展相关创业的一个难度，这不仅是政府部门需要不断地出台很多大学生创业优惠政策，与此同时还是需要金融机构提供更多的资金帮助其创造更多的创业机会。

3. 完善金融体系，提供资金资助

作为创业管理的有机组成部分，如果无法为刚刚创业的大学生提供资金方面的支持，那么学生创业会更加艰难。因此在创业管理课程设计中必须要注重融资和国家资金支持政策的知识介绍。对于我们国家相关的政府机构就是需要来加强大学生的创业指导，应该要成立一个具体指导作用的大学生创业领导机构，这个机构就是通过构建一个专门扶持大学生创业的专项资金，不断地领导和持续支持各个地区之间的主要由大学生开展相关的创业工作。具体而言，主要是从两个方面入手：第一方面是需要不断地加大整个大学生的创业园区的建设，在此主要促进这些园区的发展，强化这些大学生创业园要真正地成为整个大学生开展相关创业的主要发展平台，这些具体的创业园也可以为特别想进行相关创业的大学生来提供必要的场地、具体应用到创业过程中的技术研发、企业发展的一些主要资金融资、企业成立与运行的一些基本的办证、以及相关的创业管理与企业运行的相关知识培训等配套服务；第二方面是需要不断地出台一些政策来鼓励相关创业大学生，以此来带动相关就业人才的及时就业。

（二）学校方面

1. 转变教育管理理念

大学生创业管理是一种新的教育管理理念。我国传统的教育观念认为大学生毕业后面临的就是就业、考研或出国，高校人才培养的目标也都局限在研究型和应用型。因此，高校必须尽快改进教育管理理念，建立一个适合大学生创业教育的合理、有效、有发展潜力的体系。

在创业教育理念上，创业教育是培养具有开创性特点的大学生，包括首创精神、冒险精神、创业能力以及管理技能的培养，要由精英教育向大众教育过渡，要根据学校发展战略制定创业教育战略，逐渐扩大学生参与创业教育的接触面，从政策、资金上支持更多的学生接受创业教育。要逐步改革传统的办学方式，积极构建科学的教育模式，让创业教育的思想和行为渗透到整个办学当中来。

大学生创业管理应该树立三大理念：一是把大学生分为生存型创业教育和机会型创业教育；二是创业教育主要是为国家和社会培养出创业型的人才，为经济的发展、科技的创新提供强而有力的人力资源保障；三是创业教育是对现行就业模式必要的补充和提高。

2. 宣传创业知识，营造创业氛围

有一个成功的例子就是高校通过成立创业协会、开展创业竞赛活动在学校内营造很高的创业氛围，鼓励大学生拥有自身的创业意识和创新精神是高校培养大学生的追求目标之一，也要培养大学生的团队协作意识。各地区的高校可以参照兄弟院校成功的例子，在本校内更好地宣传创业理念。校园文化对大学生的影响较大，创业氛围较好的校园文化能帮助大学生培养创业意识，发现创业机会，更多地去关注和了解国家对创业的相关扶持政策，从而为创业做好准备。从调查的数据分析情况来看，大学生普遍感觉学校的创业氛围比较差，所以高校应该大力提倡开展丰富多彩的校园文化生活，鼓励学生多参加创业计划大赛和暑假社会实践活动等，组织各种创业有关的学术讲座，培养学生的创新意识、激发学生的创业热情。

3. 贯彻素质教育，完善课程体系

我国推行素质教育已经有十多年的时间，其本质的内涵就是不断地来继续抓相关的人才培养工作。但是素质教育发展并非一帆风顺，要做好这个事情，需要做好以下几点：一是需要注重到因材施教的内涵，要采用积极的措施从而使学生能够不断积极、主动地开展相关的学习工作；二是需要开展一些宣传活动想办法激发学生的创业兴趣，让他们乐意来学习，主动来学习；三是需要教授正确的学习方法，让学生在轻松的环境下学会学习；四是需要不断对相关的培养学生方式方法继续自我检查，要不断强化整个期间的反馈能力，使得这些学生不断地学习积累；五是需要不断地培养学生的动手能力，使其能够将理论与实践有机结合起来。高校可以依据相关的课程计划来开设一些具体化创业课程，从而使得整个课程更加具有一些可操作性及实用性，从而达到一个具体的目的。我国大部分的城市都是文化底蕴浓厚的城市，在教学育人方面经验丰富。在实施创业教育的时候要注重理论教学与实践活动的结合，创业知识与相关专业的结合。在制订课程计划时应参考成功的经验，致力于创业知识、创业个性特征和创业意识的整合性教育。

各高校应该在原有基础上进行课程的整体优化和有机集成，建立立体化、多层次的创业管理课程体系，在整个大学阶段的教学之中将创新、创造、创业教育贯穿始终。高校还可以开设单独的创业课程，系统介绍创业相关的知识、创业相关的理论、创业必须具备的技能、创业案例等，为大学生成功创业奠定扎实的基础。高校不仅要将创业教育纳为专业教育和素质教育教学计划和学分体系当中，还应该将创业实践作为创业管理的延伸与发展。如与有代表性的企业建立合作的关系，建立校企合作的创业课程教学活动，使创业教育的形式灵活多样化，使大学生亲身去感受和了解企业的运作方式，感受企业的经营理念、企业文化、企业风险与价值观等，为大学生的创业管理提供更为广阔的空间，为学生从最初的开始创业到最终的成功创业提供理论和实践的指导。

（三）个人方面

1. 重视能力培养，提升自身素质

对于各个地区的大学生而言，需要在更多的时候来不断地开展相关工作的重视问题，同时还需要加强对自己一些主要性能力进行有关的培养，特别是要注意到整个创业就是一项非常复杂的事业，这就需要大学生们努力提高自己各方面的能力。这些主要的创业能力包括经营管理能力、专业技术能力、创新能力、人际沟通交往能力等。这就要求大学生在学校里要不断地寻找到相关的有利机会来增强自己管理方面的能力，比如参与相关的社团以及学生会一些主要性的干部来进行相关的竞选；同时也要求大学生要在一些主要性的专业学习上不断地进行一些主要理解与透彻，积极地、不断地来扩大自己的整个知识面；要多与不同专业不同年龄阶段的人沟通交流，学习别人的优点，不断完善自己的内涵，提升自身素质。

2. 参与社会实践，积累社会经历

创业不是纸上谈兵，最终是要投入到现实社会中去的，各个地区的大学生面对的是社会中的竞争对手，因此要提前积累社会经验。仅仅凭借书本上的知识是很难适应这个社会的。各个地区的在校生可以通过寒暑假的社会实践、勤工俭学来积累实践经验。参与社会实践要目标明确，要对自己以后的创业有利，能够学到创业用到的知识。

第十五章　初创企业的公司管理

第一节　战略管理

一、战略管理概述

（一）战略管理的概念

战略管理可以从广义和狭义两个方面来理解。广义的战略管理是指运用战略对整个企业进行管理；狭义的战略管理是指对企业战略的制定、实施和控制进行管理。

狭义的战略管理包括：战略制定、战略实施和战略控制三部分。战略制定是指如何组织力量，按必要的程序和方法把战略制定出来；战略实施则是指如何通过组织系统把战略贯彻下去，并变为全体职工的行动；战略控制主要是如何评估战略实施中的成果，从而促使职工正确地贯彻既定战略，或者根据实际情况及时修改战略计划。

企业经营战略的制定，是一个相当复杂的过程。如果企业不能对战略制定的所有工作进行科学、有序的管理，企业就难以及时有效地制定出正确的经营策略。

（二）战略管理的任务

战略管理过程，主要是指战略制定和战略实施的过程，主要包括五项相互联系的管理任务。

①提出公司的战略展望，指明公司的未来业务和公司前进的目的地，从而为公司提出一个长期的发展方向，清晰地描绘公司将竭尽全力所要进入的事业，使整个组织对一切行动有一种目标感。

②建立目标体系，将公司的战略展望转换成公司要达到的具体业绩标难。

③制定战略、达到期望的效果。

④高效、有效地实施和执行选择的公司战略。

⑤评价公司的经营业绩，采取完整性措施，参照实际的经营事实、变化的经营环境、新的思维和新的机会，调整公司的战略展望、公司的长期发展方向、公司的目标体系、公司的战略以及公司战略的执行。

（三）战略管理的特征

企业战略管理是指企业为了适应未来环境的变化，寻求长期生存和稳定发展而制订的总体性和长远性的谋划。企业战略管理的特征如下。

1. 全局性

经营战略具有全局性的特征。它指以企业全局为研究对象，来确定企业的总体目标，规定企业的总体行动，追求企业的总体效果。

战略管理必须以企业全局为对象，根据企业总体发展的需要而规定企业的总体行动，从全局出发去实现对局部的指导，使局部得到最优的结果，保证全局目标的实现。

2. 长远性

长远性指企业战略的着眼点是企业的未来而不是现在，是为了谋求企业的长远利益而不是眼前利益。

3. 纲领性

纲领性指经营战略所确定的战略目标和发展方向是一种原则性和总体性的规定，是对企业未来的一种粗线条设计，是对企业未来成败的总体谋划，而不是纠缠于现实的细枝末节。

4. 抗争性

抗争性指企业在竞争中为战胜竞争对手，迎接环境的挑战而制订的一整套行动方案。

5. 风险性

风险性指战略考虑企业的未来，而未来具有不确定性，因而战略必然具有风险性。

（四）企业的经营思想

企业的经营思想也称为企业的经营哲学，是指企业在经营活动中对发生的各种关系的认识和态度的总和，是企业从事生产经营活动的基本指导思想，它是由一系列的观念所组成的。企业对某一关系的认识和态度，就是某一方面的经营观念。企业无论是否已经认识到、自觉或不自觉，客观上都存在着自己的经营思想。

企业经营思想的内容是相当广泛的，因为企业在经营过程中需要处理的关系涉及方方面面，对某一方面的认识和态度，就是某一方面的经营观念。这一系列观念的总和就是企业的经营思想。人们对企业经营中主要关系的认识存在差异性，因此对企业经营思想主要内容的认识也存在区别。以下介绍一些基本观念，但并不排除其他观念在一定条件下的重要性，也不排除其他的一些观念是下列观念的派生观念。

1. 市场观念

市场观念是企业处理自身与顾客之间关系的经营思想。顾客需求是企业经营活动的出发点和归宿，是企业的生存发展之源。企业生产什么、生产多少、什么时候生产以及生产的产品以什么方式去满足顾客的基本需求是市场观念的基本内涵。

2. 竞争观念

竞争观念是企业处理自身与竞争对手之间关系的经营思想。市场竞争是在市场经济的条件下，各企业之间为争夺更有利的生产经营地位，从而获得更多经济利益的斗争。市场竞争具有客观性、排他性、风险性和公平性。企业对这方面的认识和态度，反映出企业竞争观念的表现方式和强度。

3. 效益观念

效益观念是企业处理自身投入与产出之间关系的经营思想。企业可视为一个资源转换器，以一定的资源投入，经过内部的转移技术，转换出社会和市场所需要的产品。经济效益是产出和投入之比，这个比率越大，经济效益就越高。效益观念的本质就是以较少的投入（资金、人、财、物）带来较大的产出（产量、销售收入和利润）。因此，企业的效益观念涉及处理好投入、转化和产出的综合平衡，生产出适销对路的产品。

4. 创新观念

创新观念是企业处理现状和变革之间关系的经营思想。创新是企业家抓住市场的潜在机会，对经营要素、经营条件和经营组织的重新组合，以建立效能更强、效率更高的新经营体系的变革过程。企业的创新观念主要体现在三个方面：一是技术创新，包括新产品开发、老产品的改造、新技术和新工艺的采用以及新资源的利用；二是市场创新，即向新市场的开拓；三是组织创新，包括变革原有的组织形式，建立新的经营组织。变革是有风险的，然而不变革也是有风险的。对两种风险的认识和态度是创新观念的本质。

5. 长远观念

长远观念是企业处理自身近期利益与长远发展关系的经营思想。近期利益和长远发展是一对矛盾统一体，商品生产的特点是扩大再生产，然而投资者和职工当前的利益又不能不考虑。企业领导者如何兼顾这对矛盾，是长远观念的核心。

6. 社会观念（生态观念）

社会观念是企业处理自身发展之间关系的经营思想。现代企业越来越感到社会责任的重要性。企业之所以能存在，就在于能对社会做出某些贡献。除了生产适销对路的产品外，企业还对国家、生态环境、文化教育事业、社区发展、就业、职工福利和个人发展负有责任。社会观念的本质，就是谋求企业与社会的共同发展。企业的发展为社会做出了贡献，社会的发展又为企业的发展创造了一个良好的外部环境，所以也称为生态平衡观念。推而广之，生态观念是指企业与所有利益相关者互惠互利，共同发展的观念。

7. 民主观念

民主观念是企业领导在决策时处理与下属以及职工关系的经营思想。决策是企业经营的核心问题，现代企业的经营决策要科学化、民主化。企业的广大职工中蕴藏着丰富巨大的想像力和创造力，企业领导者如何把这种想像力和创造力激发出来，予以加工提炼，是民主观念的核心。

（五）企业宗旨

企业宗旨是关于企业存在的目的或对社会发展的某一方面应做出的贡献的陈述，有时也称为企业使命。

企业宗旨不仅陈述了企业未来的任务，而且要阐明为什么要完成这个任务以及完成任务的行为规范是什么。因此，企业宗旨的陈述应该包括以下基本内容。

①企业形成和存在的基本目的。这一内容提出了企业的价值观念，以及企业的基本社会责任和期望在某方面对社会的贡献。

②为实现根本目的所应从事的经营活动的范围。这一内容规定着企业在战略期的生产范围和市场范围。

③企业在经营活动中的基本行为规则和原则。这一内容阐明了企业的经营思想。经营思想的陈述，往往反映在企业的经营方针中。

二、企业外部环境分析

（一）宏观环境分析

企业要进行项目投资，必须摸清自己和该项目所处的宏观环境。如果没有良好的宏观环境，企业的投资将会陷入种种困境。

1. 经济环境

经济环境覆盖非常广泛，它对企业运营的影响通常要比其他的环境思想束缚更加有力。属于此项的因素主要有国民经济状况、利息率、通货膨胀率、汇率等。

2. 社会人文环境

近年来，社会环境方面的变化日趋增加，这些变化打破了传统习惯，使人们重新审视自己的信仰、追求及生活方式，影响着人们对穿着款式、消费倾向、业余爱好，以及对产品与服务的需求，从而使企业运营面临着严峻的挑战。

3. 政策环境

法律是政府用来管理企业运营的一种手段，其作用是双重的：一方面，它们对企业的行为有着种种限制；另一方面，它们也保护着企业的合理竞争与正当权益。因此，这是企业投资时必须考虑的一个重要因素。此外，政府制定的各种法令、政策，以及其他一些旨在保护消费者、保护环境、调整产业结构、引导投资方向等的措施，也会对各行各业产生影响。当然，这部分分析要针对行业的具体情况而定。

4. 科技环境

企业的投资在很大程度上受到科学技术因素的影响。科技因素对企业投资的影响是双重的：一方面，它可能给某些企业带来机遇；另一方面，科技因素会导致社会需求结构发生变化，从而给某些企业甚至整个行业带来威胁。

（二）行业环境分析

企业对所投资的行业环境——主要是行业竞争因素进行分析是绝对必要的。因为，对所要涉足的投资领域进行充分的行业分析后才能“知己知彼”，使企业立于不败之地。

1. 新进入者的威胁

如果新进入者的威胁是很大的，那么该行业的吸引力就会逐渐减少。因为在通常情况下，新进入者会增加市场的竞争激烈程度，并减少总体收益水平。

2. 行业当前的竞争状况

以主要参与者之间的竞争为特征的行业，显然没有那些在一般程度上竞争的行业更具吸引力。通常，行业的高度竞争会导致市场营销费用的上升、价格战、员工的争夺和其他相关的一些问题。这样的行为会导致消费者和竞争者的利益减少。

3. 来自替代品的压力

替代品是指能满足相同需求的其他类型产品。一个行业产品替代品的数量越多，该行业的吸引力就越小。相反，那些提供相对专有产品或服务的行业则有更大的吸引力。由于几乎所有的行业都存在替代品的可能性，所以是不是存在替代品并不能看作是某个行业是否具有吸引力的决定性特征。但是，只有那些具有小范围替代品的行业才能获得较高额的收益率。

4. 行业容量（或生产能力）

行业竞争结构的最后一个特征是指这一行业的供求状况。长期存在剩余生产能力并不是行业长期获利的一个好标志。一个行业健康发展的关键标志之一，就是看它是否以一种稳定的趋势，在接近其生产能力水平的状况下运转。

（三）竞争对手分析

一个完备的企业战略，必须建立在认真分析竞争对手的基础上，对竞争对手的分析是全面的。当把竞争对手作为一个战略环境因素对待时，主要分析其对企业在市场份额、财务状况、管理水平、产品质量、员工素质、用户信誉等多方面构成的影响。其中，又以财务状况和产品质量等方面的影响较大，因为这两方面对企业竞争力产生的影响是相对较大的。如果最后评定的综合实力与主要对手接近，则宜寻找新的增长点，如开发新产品、开拓新市场，否则难以发挥自身在竞争中的优势。

三、企业内部环境分析

（一）企业的组织结构环境分析

企业组织结构环境是指企业管理系统和操作系统的具体组合形式。它通常包括管理职能部门的设置及人员的配备、职能部门的权限分工与合作方式、操作层的权利关系、正式组织与非正式组织的连贯渠道等内容。

企业组织结构环境对战略管理有直接的影响。一个上下关系协调的企业，可以在战略的制定、实施考核中，较好地适应外部环境的变化，从而对战略进行及时的调整。一个中层管理班子知识结构、技能结构、年龄结构合理的企业，可以保证高层领导者最大限度地将精力放在战略管理上。企业的营销能力较强，则可以为开发新产品、新市场的战略提供强有力的支持。

（二）企业的文化环境分析

企业文化是企业在发展过程中形成的各种价值观、行为规范、管理理念等诸要素的总称。在企业战略管理中分析企业文化环境，就是要弄清企业文化对战略管理的促进作用和制约作用。企业战略管理是在特定的文化背景下完成的。企业管理人员和员工的行为会受到企业文化的极大影响。因此，若对企业文化环境因素重视不够、处理不当，则会对企业的战略管理产生不利影响。

（三）企业的资源环境分析

企业的资源包括企业的人力、物力、财力资源，以及与此相关的技术资源、管理资源等。从某种意义上讲，战略管理的核心问题就是要在特定的社会宏观环境、行业环境下，在与对手的竞争中，寻找有效利用资源、发挥自身优势、克服自身弱点的市场位置。企业战略管理的过程是一个发现资源、配置资源的过程。

四、战略控制

（一）战略控制的目的与任务

战略控制，一般是指将预定的目标同反馈回来的实践结果进行比较，检测偏差程度，评价其是否符合原定目标和要求，发现问题及时采取处理措施。一个企业对其战略活动的控制是一个调节过程。具体地说，战略控制就是通过保持企业系统稳定地进行，借以实现企业战略目标不断调节的过程。

战略控制之所以必要，是因为在战略实施过程中会出现一些问题，一般是由于战略方案不周全，或者环境发生与原来预测不同的变化而引起的。因此，战略控制的目的主要有两个方面：一是为了保证战略方案的正确实施；二是为了检验、修订、优化原订战略。

（二）战略控制的基本原则

①领导与战略相适应。企业的主要领导人必须负责研究、执行战略。

②组织与战略相适应。战略要有合适的组织结构相配。

③执行计划与战略相适应。战略必须有起作用的行动计划支持。

④资源分配与战略相适应。资源分配必须支持战略目标的实现。

⑤企业文化与战略相适应。企业文化，特别是企业高层管理人员的心理必须与执行战略相适应。

⑥战略具有可行性。

⑦企业要有战略控制的预警系统。

⑧严格执行完整的奖惩制度。企业对成功的执行者必须给予奖励。

（三）战略控制的主要类型

①回避控制问题。具体的手段有高效自动化、管理集中化、风险共担、

转移或放弃某些经营活动。

②具体活动的控制。它是保证企业职工能够按照企业的预期进行活动的一种控制手段。其具体做法主要有三种方式，即行为限制、工作责任制、事前审查。

③绩效控制。它是以企业的绩效为中心，通过绩效责任制来达到有效的控制。

④人员控制系统。它是根据所涉人员对企业做出的贡献大小而实施的控制。此外，人员控制系统还可以为某些人员提供一定的帮助。

第二节　组织工作

一、组织的一般理论

（一）组织的概念及任务

组织是指建立生产经营活动功能实体的一系列活动。

企业组织工作，就是根据企业生产经营需要及内外环境，建立企业内部管理体制，规定企业成员间正式的社会关系，以便有效达成企业目标的一系列活动。

组织的任务就是要建立有效的经营体制，包括建立所有者机构、高层领导机构，以及完成各项具体任务的职能机构，以解决实体的问题；还要规定产权关系、领导关系、指挥关系、横向协作关系，解决“制”的问题。

（二）企业组织的基本要求

企业组织必须明确其出发点，必须有明确的质量评判尺度。包括：①企业组织的功能要求；②企业组织的效率要求；③企业组织的稳定性和适应性要求；④企业组织的激励性要求；⑤企业组织的协调性要求。

以上对企业组织的五项基本要求中，功能和效率是最终要求，稳定性及适应性是功能和效率在时间特性方面的要求，激励性及协调性则是保证功能、效率的基础性要求。

（三）企业组织工作的程序和内容

企业组织是一项管理活动，它必须按照其自身的基本要求，完成一系列工作，最终建立起具有实现预定目标、功能的社会有机体。企业组织工作的内容主要包括以下八项，它们构成前后衔接的关系：①了解企业的环境、战略、目标和任务；②将集体任务加以分解，分配给不同部门和个人；③部门化及定编；④选择企业组织总体模式；⑤规定协作程序、责任和权利；⑥建立信息沟通网络；⑦建立组织运行的纪律和制度；⑧建设组织文化。

二、组织设计

（一）组织设计的基本内容

企业组织设计有两项基本要求，即分工和协作。分工主要取决于工作性质和技术体系，它使企业的总体任务按照一定的要求进行分解。协调涉及控制和信息沟通，使分解的任务能有效地完成总体的目标。

组织设计的基本内容包括两个方面：一是企业结构设计或对现有组织结构进行再设计；二是保证企业组织结构正常运行所需管理制度和方法的设计，诸如组织结构运行中的横向协调、管理规范、部门和个人的绩效评价、控制制度和激励制度、人员配置和培训等。

（二）组织结构的特征因素

组织结构的特征因素就是描述一个组织结构各方面特征的标志或参数。它反映了企业组织结构的基本情况。主要特征因素有管理层次和管理幅度、专业化程度、地区分布、分工形式、关键职能、集权程度、规范化程度、制度化程度、职业化程度、人员结构等。

（三）组织结构的权变因素

企业组织结构内部特征与外部条件和环境有关，这就是组织结构的权变因素。正确地掌握这些权变因素，是科学地进行组织设计的前提。影响组织结构设计的主要因素有以下几个方面。

1. 企业环境

一是环境的复杂性；二是环境的稳定性。企业的环境因素越是复杂多变，组织设计就越要强调适应性，采取多种的组织对策来消除外部环境对企业的不利影响，其中包括增加组织结构的柔性。例如：领导关系不太明确，常有变动；分工不明显，任务和权责关系常常调整；规范化的规章、程序较少，决策权限下授，主要靠横向沟通等。

一般来说，在市场竞争愈来愈激烈的今天，企业的组织结构应力求粗而短，以便使信息渠道增多且加快信息传递速度，建立起企业快速反应机制。这就是所谓的组织结构扁平化。

2. 企业战略

企业组织结构是实现企业经营战略的重要工具。不同的战略要求不同的组织结构。如实行单一经营战略，则组织形式可能采用职能制。如实行多种经营战略，则可能采用事业部制等。

3. 企业技术

这里讲的技术，不仅包括设备、生产工艺，而且包括了职工的技术知识和技能。这种知识和技能，不仅指生产技术方面，也包括管理业务的知识和技能，其中，信息技术对企业组织结构的影响是最明显的。

4. 人员素质

人员素质包括员工的价值观念、工作态度、行为风格、业务知识、管理技能、工作经验以及年龄结构等，影响到集权程度、分工形式、人员定编等方面。

5. 企业规模

这是影响组织设计的一个基本因素，几乎对所有的结构特征因素都有影响，特别影响到专业化程度（即部门设置的多少）、管理层次、集权程度、规范化程度、制度化程度以及人员结构等因素。

6. 企业生命周期

企业生命周期就是企业处于创业、成长和发展的不同阶段，不同的主要矛盾和问题，因而组织设计的主要任务也就不同。

（四）组织设计的程序

①确定组织设计的基本方法和原则。

②进行职能分析和职能设计，包括进行初步的管理流程的总体设计。

③设计组织结构的框架，即设计承担管理职能和业务的各个管理层次、

部门、岗位及其权责，这是组织设计的主要工作。

④联系方式的设计，即设计上下管理层之间，左右管理部门之间的协调方式和控制手段。

⑤管理规范的设计，在前两步设计的基础上，进一步确定各管理业务的管理工作程序、管理工作应达到的要求（管理工作标准）和管理人员应采用的管理方法等。

⑥人员配备和训练，一般来说，组织结构设计时先暂不考虑现有人员的情况。

⑦各类运行制度的设计，包括管理部门和管理人员的绩效评价和考核制度，以及管理人员的激励制度。

⑧反馈和修正。组织设计是个动态过程，对不完善的地方或出现新的情况要进行修改。

（五）组织设计的指导原则

①任务目标原则。组织设计与企业任务、目标是手段和目的的关系。企业的任务、目标既是企业组织设计的出发点，也是企业组织设计的归宿点，即衡量企业组织设计是否合理的最终标准。

②人事与组织相互协调的原则。要求人事为组织服务，组织应考虑人事基础。职务设计要兼顾组织需要及个人需要和人员来源；坚持因事设职，但在特殊情况下亦可因人设职。

③适度分工、强化协作原则。凡事关企业全面的决定权，必须集中在高层，统一筹划；一般管理权应尽可能下放，但某一层次如不能承担相应责任，则应将责任和权利上移；实行一级管一级。

④统一指挥和权利制衡原则。贯彻这一原则要做到：正确处理直线经理与职能经理的关系；在同一管理层次中，必须明确主辅关系，不能因分工而形成几个权利的统一，同时在市场组织中必须形成权利制衡机制。

⑤精简及有效跨度原则。

⑥稳定性与适应性相结合原则。

⑦执行与监督分设原则。

（六）现代扁平化组织结构理论

精简中层，使组织扁平化将成为一种潮流。现代扁平化组织结构理论强调：

①系统。企业在分工基础上，应当更强调系统。一个企业组织是许多相互作用的部分组成的一个开放系统，管理人员应用系统方法就可以阐明系统目标，确定评价系统工作成绩的标准，并把企业同各种环境系统更好地联系起来。

②减少中间层。组织不良最常见、最严重的病症，便是管理层次太多。组织结构上一项基本原则是，尽量减少管理层次，尽量形成一条最短的指挥链。

③影响力。影响力并非完全来自于权威，还受其他因素的影响，如知识、信息、人格魅力等。

④分权。20世纪后半叶“分权”已成为一种潮流。柯达公司总裁罗伯特说：“过去我们的机构臃肿庞大……唯一能使我们发挥协调作用的办法是缩小机构。”

⑤加大控制幅度。信息化、计算机化等也使企业管理、管理控制幅度加大成为可能。

三、组织设计的具体内容

（一）职能设计

职能设计就是对企业的管理业务进行总体设计，确定企业的各项管理职能及其结构，并层层分解为各个管理层次、管理部门、管理职务和岗位的业务工作。职能设计是否正确合理，将对整个管理组织能否顺利运转产生决定性的影响。

职能设计包括基本职能设计、关键职能设计和职能分解。职能分解就是将确定的基本职能和关键职能逐步地细化为两级职能、三级职能等，从而为各个管理层次、管理部门、职务以及岗位规定相应的管理职能。在职能分解过程中，要注意确定各职能之间的分工及其联系和制约的关系，避免职能间的重叠和脱节。

（二）管理层次与幅度设计

①从形式上看，管理幅度是一名领导人直接领导的下级人员的人数，直接控制和协调业务活动量的多少。实际上是领导人。

②管理层次是描述企业纵向结构特征的一个概念，它是指从企业最高一级管理组织到最低一级管理组织的组织等级，或者是指从最高一级领导职务到最低一级领导职务的等级。

③管理幅度与管理层次具有反比例的数量关系。同时，管理幅度与管理层次又存在相互制约的关系。管理幅度起主导作用，管理幅度决定管理层次。

④管理幅度设计应考虑管理工作性质，即上下级管理工作的复杂性、变化性和下级人员工作的相似性、人员素质状况、下级人员职权合理与明确的程度、计划与控制的明确及难易程度、信息沟通的效率与效果、组织变革的速度、下级人员和单位空间分布的相近性等。

⑤管理层次设计除主要研究分析有效管理幅度外，还应对企业职能的纵向结构和组织效率进行研究分析。

⑥管理层次设计的变革——扁平结构和单职制。

（三）部门设计

①部门指的是承担一定管理职能的组织单位，是由某些具有紧密联系的管理业务和人员构成的集合。

②部门设计包括两项基本内容：一是确定企业应该设置哪些部门；二是规定这些部门之间的相互关系，将它们联结为一个整体。

③部门结构有集权的职能制结构、分权的事业部制结构、模拟分权制结构和矩阵结构 4 种类型。不同的部门结构类型从总体上说明了企业是如何组织部门分工的，也就是依据什么原则将各项管理业务活动组合起来而设置部门的。

④在部门结构设计时，第一，要既考虑业务活动技能的类似性，又考虑其关系紧密性，把两者结合起来；第二，要考虑组织内部应存在高层领导能够有效控制的一定程度的竞争性；第三，要考虑人的因素；第四，要正确处理部门的个别效率与企业的综合效率之间的关系，应在保证实现企业目标的前提下，力求精简机构，压缩人员。

⑤界定部门职责时，应规范各项任务的工作流程，找出部门之间交叉的工作，明确各部门的职责权限。工作流程图可以一目了然地描述完成工作的程序，反映各岗位之间的工作衔接关系。当出现职责交叉现象时，应具体问题具体分析。

（四）职权设计

①职权设计就是正确地处理企业上下级之间和同级之间的职权关系，将不同类型的职权合理地分配到各个层次和部门，明确规定各部门、各种职务的具体职权，建立起集中统一、上下左右协调配合的职权结构。它是保证各部门能够真正履行职责的一项重要的组织设计工作。

②企业内部有多种职权。按照职权在管理循环过程中所履行的职能分类，企业职权有经营决策权、生产经营指挥权、监督权和咨询权；按职权关系分类，企业职权有直线职权，也就是指挥权（或命令权）；参谋职权，即提出建议或提供服务，协助其他部门或人员做好工作的权力；职能职权，即由直线组织的上级向参谋机构和下级人员授权，允许其按规定的程序和制度，在一定的职能工作范围内做出规定，向下一级直线部门和人员发布指示，提出要求的权力。

③职权结构和职权设计的内容一般包括：职权的纵向结构和集权与分权的设计，职权的横向结构和部门职权分立与衔接的设计。前者一般由高层的经营决策权、中层的专业管理权和基层的作业管理权组成。同时，各层都应有相应的决策权。后者则包含：各部门享有与专业分工相应的职权；按照协作关系享有的相应职权和横向制螺丝钉关系所确定的监督权。

④维护统一指挥，保证责权一致，集权与分权相结合，让参谋机构切实发挥作用，以及对职权做出明确规定是职权设计的基本原则和主要方法。

（五）横向联系设计

①横向联系设计的目的是为了解决企业管理专业分工与协作之间的矛盾，达到在分工的基础上加强协作，提高企业管理整体功能。

②横向联系设计包括两项基本内容：横向协调方式的设计和横向制约方式的设计。

③横向联系设计的基本方式有三种：第一种为结构性方式，即调整乃至

变革原有的组织结构；第二种为非结构性方式，即只是改变、完善组织运行的规则与形式；第三种为人际关系方式，即通过来取组织手段，来改进人际关系，促进部门间的协作。

④横向协调的各种方式及选择：非结构性方式，制定和完善管理工作规范、定期召开例会、由主管部门组织会审会签、跨部门直接沟通；结构性方式，设置联络员、组织临时性（或永久性）任务小组或委员会、设置专职协调部门、建立事业部、建立职能部、矩阵结构；人际关系方式，开展联谊活动、建立疏通反映意见的正式渠道。

⑤横向制约设计，主要是健全横向制约机构（如监督部门）和责任制。

四、岗位管理

（一）岗位的内涵

岗位，亦称职位，是指在企业生产经营活动（及其他工作）中，在特定的生产组织和工作组织条件下，在一定时间内，承担若干项工作，具有特定的劳动（工作）对象和手段及一定的职务、权限和责任的一名或一组职工的工作位置。

岗位具有三个特征：第一，岗位是客观存在的，而不是人们的主观产物；第二，岗位是以事为中心来设置的，而不是“因人设岗”；第三，任何一个岗位，都需要合适的人去担任，才能实现岗位本身所拥有的功能。

（二）岗位管理

岗位管理是根据企业劳动组织的要求，对从事生产经营活动所需岗位进行设置、描述、测评及人岗适配等一系列管理活动的总称。

岗位管理的主要任务有：合理进行岗位设置，岗位变更，规范地制定岗位描述，科学地核定岗位定员，及时地组织岗位测评，有效地配置岗位人员，客观地进行岗位考核，积极地组织岗位培训，合理地兑现岗位待遇。

（三）职务设计

职务（或岗位）设计与分析是组织设计的最基础工作。职务设计是在目标活动逐步分解的基础上，设计和确定组织内从事具体管理工作所需的职务类别和数量，分析每个任职人员应负的责任和应具备的素质。

职务（或岗位）的设置科学与否，将直接影响一个企业的人力资源管理的效率和科学性。在一个组织中设置什么岗位，多少岗位，每个岗位上安排多少人，安排什么素质的人员，都将直接依赖工作分析的结果。

第三节　人力资源管理

一、人力资源管理概述

（一）人力资源的概念

1954 年，全球知名的管理学家彼得·德鲁克（Peter F. Ducker）在其出版的《管理的实践》一书中首次提出了“人力资源”的概念，提出人力资源与其他资源相比拥有的独特的“协调能力、融合能力、判断能力和想象能力”，管理者必须考虑人力资源这一“特殊资产”，并且要注意人力资源只能为人力资源所有者自己利用的特性。在此书中，德鲁克虽然提出了人力资源的概念并指出了其重要性，却未对人力资源这一概念给出详细的定义。后来不同的学者从不同的角度给出了不同的定义，并没有统一的看法。人力资源最一般的含义是：能够推动整个经济和社会发展、具有劳动能力人口的总和。人力资源最基本的方面，包括体力和智力。如果从现实的应用形态来看，则包括体质、智力、知识和技能四个方面。具有劳动能力的人，不是泛指一切具有一定的脑力和体力的人，而是指能独立参加社会劳动、推动整个经济和社会发展的人。所以，人力资源既包括劳动年龄内具有劳动能力的人口，也包括劳动年龄外参加社会劳动的人口。

（二）人力资源的特点

人本身所具有的生物性、能动性、智力性和社会性，决定了人力资源具有以下特点。

1. 人力资源是主体性资源或能动性资源

主体性或能动性是人力资源的首要特征，是与其他一切资源最根本的区别。所谓主体性，就是说人力资源在经济活动中起着主导作用。一切经济活动首先是人的活动，由人的活动才引发、控制、带动了其他资源的活动。另外，在经济活动中，人力资源是唯一起创造作用的因素。经济活动的生命是发展、进取、创新，而只有人力资源才能担负起这种发展、进取和创新的任务，其他任何生产要素都不具有这样的能力。

2. 人力资源是特殊的资本性资源

人力资源作为一种经济性资源，具有资本属性，与一般的物质资本有共同点。①人力资源是公共社会、企业等集团和个人投资的产物，其质量高低主要取决于投资程度。从根本上说，人力资源的这个特点起源于人的能力获得的后天性。因为任何人的能力都不可能是先天就有的，为了形成能力，必须接受教育和培训，必须投入财富和时间。②人力资源也是在一定时期内可能源源不断地带来收益的资源，它一旦形成，一定能够在适当的时期内为投资者带来收益。③人力资源在使用过程中也会出现有形磨损和无形磨损。例如，劳动者自身的衰老就是有形磨损，劳动者知识和技能的老化就是无形磨损。但是，人力资源又不同于一般资本，对一般实物资本普通适用的收益递减规律，不完全适用于人力资源。在现代社会的经济发展中，呈现的是人力资本收益递增规律，当代经济的增长主要应当归因于人力资源。

3. 人力资源的社会性

每个人都生活在一定的社会环境中，不可避免地受社会文化的影响，形成特有的价值观念和行为方式，既可能与企业所倡导的文化价值一致，也可能相互冲突。这就增加了人力资源管理的复杂性和难度。

4. 人力资源开发的持续性

人力资源是可以不断开发的资源，它不像物质资源那样，形成最终产品之后就无法继续开发了。人的培训、积累、创造的过程都是人力资源持续开发的过程。对个人而言，在其职业生涯结束前，个人所拥有的人力资源都是可以持续开发的资源。

（三）人力资源管理的概念及基本功能

1. 人力资源管理的概念

人力资源管理是企业的基本管理职能之一，其基本任务是：吸引、保留、激励、开发企业所需的人力资源，促成企业目标的实现，从而使企业在市场竞争中得以生存和发展。简单地说，就是把企业所需的人力资源吸引到企业中来，将他们保留在企业之内，调动他们的工作积极性并开发他们的措施，从而获得人力资源高效率的利用。

2. 人力资源管理的基本功能

人力资源管理应该具备以下五项基本功能。

（1）人力获取。人力获取包括招聘、选拔、委派。

（2）整合。整合是指让被招收的员工了解企业的宗旨与价值观，使之内化为他们自己的价值观，从而建立和加强他们对组织的认同感和责任感。

（3）保持与激励。保持与激励包括为员工提供所需奖励，增加其满足感，使之安心和积极工作。

（4）控制与调整。控制与调整包括评估员工的素质，考核其绩效，然后做出相应的奖惩、升降、辞退、解聘等决策。

（5）开发。开发是对员工实施培训，并为他们提供发展的机会，指导他们明确自己的长短处与今后的发展方向和道路。

这五项功能密切关联、相辅相成。管理者在某一方面的决策常常会影响到其他方面。例如：激励可以使员工对工作满意、留恋、安心，从而促进了整合；开发使员工看到自己在本企业的前途，从而更积极和安心，等等。

人力资源管理是生产力发展到一定阶段的产物，随着生产力的进一步发展、人力资源素质的提高，其管理理念和模式也不断地被调整以适应新的管理环境的要求。

二、人力资源规划

（一）人力资源规划的概念

人力资源规划（Human Resource Plan，HRP）也叫人力资源计划，是指为实施企业的发展战略，完成企业的生产经营目标，根据企业内外环境和条件的变化，通过对企业未来人力资源的需要和供给状况的分析及估计，运用科学的方法进行组织设计，对人力资源的获取、配置、使用、保护等各个环节进行职能性策划，制订企业人力资源供需平衡计划，以确保组织在需要的时间和需要的岗位上，获得各种必需的人力资源，保证事（岗位）得其人、人尽其才，从而实现人力资源与其他资源的合理配置，有效激励、开发员工的规划。

（二）人力资源规划的基本内容（表15—1）

表15—1 人力资源规划的基本内容

计划内容	目标	政策	预算
总体规划	数量、质量、结构、绩效的改善等	扩大、收缩、稳定、改革	资金安排
人员补充计划	类型、数量、结构、绩效的改善等	人员标准、来源、起点待遇	招聘选拔费用
人员配置计划	部门编制、HR结构优化、职位匹配、职务轮换	任职条件、职务轮换范围及时间	薪酬预算
接替提升计划	后备人才数量保持、人才结构	选拔标准、资格，使用期，提升比例，为提升资深人员安置	职务变更引起的工资变化
培训与开发计划	素质及绩效改善，培训类型、数量，培训内容	培训时间保证，培训效果保证（待遇、考核、使用）	培训开发的总成本
工资激励计划	人才流失减少，士气提高，绩效改进	工资政策，激励政策，激励方式	增加工资，奖金的数额
员工关系计划	减少非期望离职率，劳资关系改进，减少投诉	参与管理、加强沟通	法律咨询，诉讼费
退休解聘计划	劳务成本降低及生产率提高	退休政策，解聘程序	安置费

（三）人力资源的预测方法

1．经验预测法

经验预测法是人力资源预测中最简单的方法，它适合于较稳定的小型企业。经验预测法就是用以往的经验来推测未来的人员需求。不同管理者的预测可能有偏差，但可以通过多人综合预测或查阅历史记录等方法提高预测的准确率。要注意的是经验预测法只适合于企业在一定时期的发展状况，对于新的职务或者工作方式发生变化的职务该方法不合适。

2. 现状规划法

现状规划法假定当前的职务设置和人员培养是恰当的，并没有职务空缺，所以不存在人员总数扩充的问题。人员需求完全取决于人员退休等情况的变化。所以，人力资源预测就相当于对人员退休等情况的预测。人员退休是可以准确预测的，人员离职包括人员的辞职、辞退、重病等情况是无法预测的，通过历史资料统计和分析比例，可以更为准确地预测离职人数。现状规划法适合于中、短期的人力资源预测。

3. 模型法

模型法是通过数学模型对真实情况进行实验的一种方法。模型法首先要收集自身和同行业其他企业的相关历史数据，通过数据分析建立数学模型，根据模型去确定销售额增长率和人员数量的增长率之间的关系，这样就可以通过企业未来的计划销售增长率来预测人员数量的增长。模型法适合于大、中型企业的长、中期人力资源预测。

4. 专家讨论法

专家讨论法适合于技术型企业的长期人力资源预测。现代社会技术更新非常迅速，用传统的人力资源预测方法很难准确预计未来对技术人员的需求。相关领域的技术专家把握了技术发展的趋势，所以能更加容易地对该领域的技术人员状况作出预测。为了增加预测的可信度，可以采用二次讨论法。在第一次讨论中，各专家独立拿出自己对技术发展的预测方案，管理人员将这些方案进行整理，编写成企业的技术发展方案。第二次讨论，主要根据企业的技术发展方案来进行人力资源预测。

5. 定员法

定员法适用于大型企业和历史悠久的传统企业。这类企业的技术更新比较缓慢，企业发展思路非常稳定，所以每个职务和人员编制也相对确定。这类企业可以根据人力资源现状来推测出未来的人力资源状况。在实际应用中，有设备定员法、岗位定员法、比例定员法和效率定员法等几种方式。

6. 自上而下法

自上而下法就是从企业组织结构的底层开始的逐步进行预测的方法。具体方法是先进行企业组织结构中最底层的人员预测，然后将各个部门的预测层层向上汇总，最后进行企业人力资源总体预测。组织结构最底层的员工很难把握企业的发展战略和经营规划等，所以他们无法做出中长期的人力资源预测。这种方法适合于短期人力资源预测。

三、工作分析

（一）与工作分析有关的概念

①任务：指为达到某一特定目的而进行的一项活动，例如会计在登记一笔账目。在一定时间内需要由一名职工承担一系列相同或相似的任务时，一个工作职务也就产生了。

②职务：指对职工所应承担任务的规定。它与职位的不同点在于强调所承担的任务内容，而不是任务的地点。

③责任：指份内应做好的事。即职工在职务规定的范围内应尽责地、保质保量地进行劳作，完成任务。

④职责：职务与责任的统一，专指由一名职工担负的各项任务组成的工作活动。

⑤岗位：亦称职位，指在特定的组织中，在一定时间内，由一名职工承担若干项任务，并具有一定职务和责任权限时，就构成一个岗位。它与职务的不同点在于强调承担某类任务的人员数量及具体劳动地点（位置）。

⑥工作：在工作分析中，工作是由一组主要职责相近的职务（职位）所组成。

⑦工作族（或工作类型）：指两个或两个以上工作的集合。一个工作族是由性质相同的若干个工作组成的，如销售和生产分别是两个工作族。

⑧职业：指个人在社会中所从事的作为主要生活来源的工作。“工作”和“职业”的区别主要在于其范围不同。

（二）工作分析的定义

工作分析又称职称分析、岗位分析，是指对某特定的工作做出明确规定，并确定完成这一工作需要有什么样的行为的过程。工作分析的组成如下。

1. 工作描述

工作描述具体说明某一工作的物质特点和环境特点，主要包括职务名称、工作活动和工作程序、工作条件和物理环境、社会环境、聘用条件等几个方面。

2. 工作说明书

工作说明书又称职务要求，要求说明从事某项工作的人员必须具备的生理要求和心理要求。主要包括年龄、性别、学历、工作经验、健康状况、力量和体力、运动的灵活性、感觉器官的灵敏度、观察能力、集中能力、记性能力、理解能力、解决问题能力、语言表达能力、决策能力、特殊能力、性格、气质、兴趣爱好、态度、事业心、合作性、领导能力等。

（三）工作分析的意义

工作分析是现代人力资源管理所有职能，即人力资源获取、整合、保持与激励、控制与调整、开发等职能工作的基础和前提。其意义表现在以下几个方面：①为企业从事决策奠定了坚实的基础，提供了科学依据；②避免人力资源的浪费；③科学评价员工实绩；④人尽其才；⑤有效地激励员工。

（四）工作分析的程序

工作分析是一个全面的评价过程，此过程可以分为几个阶段。

①准备阶段，主要任务是了解情况、确定样本、建立关系、组成工作小组。

②调查阶段，主要任务是对整个工作过程、工作环境、工作内容和工作人员等方面作全面的调查。

③分析阶段，主要任务是对有关工作特征和工作人员特征的调查结果进行深入全面的分析。

④完成阶段，根据规范和信息编制“工作描述”和“工作说明书”。

四、员工培训与发展

作为企业人力资本投资的主要形式，员工培训在企业发展中起着至关重要的作用。通常所说的员工培训是指企业实施的有计划、连续的系统学习行为或过程，其目的是通过培训使员工的知识、技能、态度，乃至行为发生定向改进，从而确保员工能够按照预期的标准或水平完成所承担的工作任务。其终极目标是实现员工个人发展与企业发展的双赢。

（一）员工培训的基本特征

1. 培训是有目的的

通过培训，人们可以系统地获得技能、知识和态度，这种获得可以提高个人、团队与企业的绩效。

2. 培训本身是一个系统

这一系统始于对培训需求的分析评价，确定培训目标，选择、设计培训方案，实施培训，最后对培训效果进行检验，进而反馈、修正。

3. 培训效果是培训系统与企业的其他系统功能发生相互作用的结果

培训不是在真空中发生的，而是在实实在在的企业环境中发生的。根据系统的观点，企业本身是非常复杂的体系，培训就是一系列相互作用的系统中的一个子系统，而人力资源管理又包括招聘、培训、绩效、薪酬等子系统。任何一个系统的变化都有可能会影响到培训项目的计划、实施与评估，因此，培训必须强调要与企业战略相适应，同企业人力资源各方面的行动相配合，同整个社会政治、文化和具体行业的各种外部制约条件相适应。

（二）员工培训的原则

1. 理论联系实际，学用一致

企业员工培训和一般院校的普通教育不同，只有和实际相结合才能产生较好的效果。理论联系实际，要求培训要根据企业经营和发展状况以及企业员工的特点来进行，既讲授专业技能知识和一般原理，提高受训者的理论水平和认识能力，又解决一些企业在经营管理中存在的实际问题，以提高企业的整体效益和管理水平。

2. 知识技能培训与组织文化培训兼顾

培训的内容应该与岗位职责相衔接。组织中的任何职位都要求任职者既要掌握必备的知识和技能，又要了解并遵守组织的制度并具有基本的职业道德。这一方面可通过招聘中的考查来保证，另一方面还必须通过不断地培训加以强化。组织既要安排文化知识、专业知识、专业技能的培训内容，还应安排理想、信念、价值观、道德观等方面的培训内容。而后者又要与组织目标、组织哲学、组织精神、组织道德、组织风气、组织制度、组织传统等密切结合起来进行教育，使之切合本单位实际。

3. 全员培训和重点提高相结合

全员培训就是有计划、有步骤地对在职的各级各类人员都进行培训，这是提高全员素质的必由之路。但全面并不等于平均使用力量，仍然要有重点，即重点培训技术、管理骨干，特别是培训中上层管理人员。对于年纪较轻、素质较好、有培养前途的第二、第三梯队干部，更应该有计划地进行培训。

4. 反馈与强化培训效果的原则

在培训过程中，要注意对培训效果的反馈和结果的强化。反馈的作用在于巩固学习技能、及时纠正错误和偏差，反馈的信息越及时、准确，培训的效果就越好。强化是结合反馈对接受培训人员的奖励或惩罚。这种强化不仅应在培训结束后马上进行，如奖励接受培训效果好并取得优异成绩的人员；还应在培训之后的上岗工作中对培训的效果给予强化，如奖励那些由于培训带来的工作能力的提高并取得明显绩效的员工。一般来说，受人贬斥而发奋总不如受人赞扬更能自强自信，更能燃起奋发向上的热情。

5. 改善结构原则

目前我国企业组织中科学技术专业人员和管理人员存在着结构严重不合理的现象。结构不合理包括三个方面。一是分布不合理。例如，有相当数量的企业缺少销售、国际贸易和会计方面的合格人才。二是专业知识的结构不合理。例如，有的单位在从事外贸工作的人员中，懂外贸、具有外贸知识的人不懂外语或外语不过硬；而懂外语的人则缺少外贸方面的知识。三是年龄不合理。许多企业里高级科技等专业人员和高层管理人员往往年龄偏高，中、青年的比例很小。

6. 培训方式和方法多样性原则

公司从普通员工到最高决策者，所从事的工作不同，创造的业绩不同，能力和应达到的工作标准也不同。因此，不同的员工通过培训所要获取的知识也就有所不同。由于培训内容不同，培训方式和培训方法也应有所不同。如一线员工操作技能的培训采用模拟训练方法比较合适；管理人员管理技能的培训主要是用案例研究法、课堂传授法。

7. 长期性原则

有的员工培训项目有立竿见影的效果，但有的培训要在一段时间以后才能反映到员工工作绩效或企业经济效益上，尤其是管理人员和员工观念的培训。因此，要正确地认识智力投资和人力开发的长期性和持续性。要用“以人为本”的经营管理理念来搞好员工培训。企业要摒弃急功近利的态度，坚持培训的长期性和持续性。

8. 因材施教原则（个体差异原则）

企业从普通员工到最高决策者，所从事的工作不同，创造的绩效不同，能力应当达到的工作标准也不相同。所以，员工培训开发工作应充分考虑他们各自的特点，做到因材施教。也就是说，要针对员工的不同文化水平、不同职务、不同要求以及其他差异，区别对待。

（三）员工培训的目标

1. 传递信息

通过培训，要使被培训者了解组织在一定时期内的生产特点、产品性质、工艺流程、营销政策、市场状况等方面情况，熟悉公司的生产经营业务。

2. 改变态度

通过对被培训者，特别是新聘人员的培训，使他们逐步了解组织文化，接受组织的价值观念，按照组织认同的行动准则从事工作。

3. 发展能力

能力分为基本能力和解决实际问题的能力。基本能力是员工从事岗位所需要的知识和技能。解决实际问题的能力包括心理素质、理解能力、判断能力、创造能力、组织能力和协调能力等。人员培训的一个重要目的，便是根据工作的要求，努力提高被培训者在决策、用人、激励、沟通、创新等方面的能力。

4. 迎合员工的需要

培训的目标之一就是使员工不但要熟练地掌握现有工作岗位上所需要的知识和技能，还要使他们了解和掌握企业或本行业的最新的科学技术动态，以增强他们在实践中的工作能力。

5. 适应竞争的需要

企业进行培训的目的就是要培养一大批始终站在科学技术前沿的高级人才，并要通过培训使广大的员工能适应工作内容变化的需要。

6. 适应企业的变化

所有企业都将面临某种变化，且变化发生率正在加速。当今企业发生的最为显著的变化如下：由兼并、收购、迅递增长及裁减引起的组织结构变化；由大量计算机化引起的技术和工作方法变化；人力资源变化——由许多人构成形形色色的劳动力等。

7. 适应科技的发展

近年来现代科学技术的发展，一方面创造了许多新的职业，如国内外目前仍需要大量的计算机程序人员和操作人员，另一方面又淘汰了不少老的工作或使原来老的工作岗位增添了新的工作内容。另外，随着我国经济改革的深入和市场经济的日益健全，我国一方面大量需要金融、房地产等第三产业的人才，另一方面又拥有许多在企业改革中精简下来的“闲余人员”。从这点看，企业对员工进行培训的目的包含：①培训员工去担当新的工作或原来的但工作内容有改变的工作。②培训精简下来的“闲余人员”去从事企业或社会举办的第三产业的工作。

五、职业计划与职业管理

（一）运用职业计划和职业管理的重要性

人是企业最本质、最重要的资源。一方面，企业想要保持员工的稳定性和积极性，不断提高员工的业务技能以创造更好的经济效益；另一方面，企业又希望能维持不同程度的人员知识观念的更新替代，以适应外界环境的变化，保持活力和竞争力。而员工则希望自己的职业得到发展，实现自我人生价值，并获取利益方面的期望。因此，运用职业计划，进行或参与职业管理，不论对员工个人还是对组织都显得十分重要。

对员工个人而言，运用职业计划，参与职业管理的重要性体现在三个方面。

①职业计划和职业管理既可以使员工个人了解自身的长处和短处，养成

对环境和工作目标进行分析的习惯，又可以使员工合理计划、集中时间精力完成任务，提高技能，有利于员工强化对工作环境的把握能力和工作困难的控制能力。

②良好的职业计划和职业管理可以帮助个人从更高的角度看待工作中的各种问题和选择，将各分离的事件结合联系，服务于职业目标，使职业生活更加完美和富有成效。同时，有利于员工个人处理好职业生活同其他部分的关系。

③良好的职业计划和职业管理可以实现自我价值的不断提升和超越。

对组织而言，运用职业计划，进行职业管理也具有深远的意义。

①可以了解组织内部员工的职业需要、能力及目标，调和它们同存在于现实和未来的机会与挑战的矛盾，帮助员工克服困难，实现目标。

②可以更加有效地利用人力资源。针对员工深层次职业需要的职业管理，对员工具有更有效的激励作用，能进一步开发人力资源的职业价值。而且，由于职业管理是针对组织和员工的特点“度身定制”的，这种激励作用具有较强的独特性和排他性。

③提供平等的就业机会。这对企业持续发展十分重要。职业管理考虑了员工不同的特点和需要，并据此设计不同的职业发展路径以利于不同类型的员工在职业生活中扬长避短。同时，职业计划和职业管理的深入实施，有利于组织人力资源水平的稳定提高。

（二）职业计划

1. 职业计划的定义

职业计划是指确定员工职业目标并采取行动实现职业目标的过程。

2. 职业计划的内容

（1）自我定位。自我定位是指客观、全面、深入地了解自己。一是察明为人处世所信奉的价值观念，明确为人的基本原则和追求的价值目标；二是要熟悉自己所掌握的技能；三是应剖析、了解自己的优势和弱点。在按照上述层次完成自我观察之后，就对自己形成了一个客观、全面的定位。

（2）目标设定。在正确自我定位的基础上，设立更加明确的职业目标。

（3）目标实现。通过各种积极的具体行动去争取目标的达成。具体行动包括求职、应聘、制定和完成工作目标、参加培训、构建人际关系网、谋求晋升及调换工作等。

（4）回顾与修正。在达成职业目标的过程中自觉地总结经验和教训，修正对自我的认识和最终的职业目标。

3. 职业生涯设计

职业生涯设计由审视自我、确立目标、生涯策略、生涯评估四个环节组成。

首先，有效的职业生涯设计必须在充分且正确地认识自身的条件与相关环境的基础上进行。对自我及环境的了解越透彻，越能做好职业生涯设计。

其次，有效的职业生涯设计需要切实可行的目标，以便排除不必要的犹豫和干扰，全心致力于目标的实现，如果没有切实可行的目标作驱动力，人们是很容易对现状妥协的。

再次，有效的职业生涯设计需要有确实能够执行的生涯策略，这些具体且可行性较强的行动方案会帮助你一步一步走向成功，实现目标。

最后，有效的职业生涯设计还需要不断地修正生涯目标，反省策略是否恰当，以能适应环境的改变，同时可以作为下轮生涯设计的参考依据。

4. 职业定位

（1）技术型。持有这类职业定位的人出于自身个性与爱好考虑，往往并不愿意从事管理工作，而是愿意在自己所处的专业技术领域发展。在我国过去不培养专业经理的时候，经常将技术拔尖的科技人员提拔到领导岗位，但他们本人往往并不喜欢这个工作，更希望能继续研究自己的专业。

（2）管理型。这类人有强烈的愿望去做管理人员。同时，经验也告诉他们自己有能力达到高层领导职位。因此，他们将职业目标定为有相当大职责的管理岗位。成为高层经理需要的能力包括三个方面：分析能力，即在信息不充分或情况不确定时，判断、分析、解决问题的能力；人际能力，即影响、监督、领导、应对与控制各级人员的能力；情绪控制力，即有能力在面对危急事件时，不沮丧、不气馁，并且有能力承担重大的责任而不被压垮。

（3）创造型。这类人需要建立完全属于自己的东西，或是以自己名字命名的产品或工艺，或是自己的公司，或是能反映个人成就的私人财产，他们认为只有这些实实在在的事物才能体现自己的才干。

（4）自由独立型。这些人更喜欢独来独往，不愿像在大公司里那样彼此依赖，很多有这种职业定位的人同时也有相当高的技术型职业定位，但是他们不同于那些简单技术型定位的人，他们并不愿意在组织中发展，而是宁愿做一名咨询人员，或是独立从业，或是与他人合伙开业。也有一些自由独立型的人成为自由撰稿人，或是开一家小的零售店。

（5）安全型。这些人最关心的是职业的长期稳定性与安全性，他们为了安定的工作、可观的收入、优越的福利与养老制度等付出努力。目前，我国绝大多数的人都选择这种职业定位，很多情况下，这是由社会发展水平决定的，而并不完全是本人的意愿。

六、绩效评估

（一）绩效评估及其目的

1. 绩效评估的定义

绩效评估又称绩效考核。它是指组织或者主管对员工的工作所做的系统的评价，是一衡量、影响员工工作表现的正式系统，以此来提高员工工作的有效性及其未来工作的潜能，从而使员工本身、组织乃至社会都受益。

绩效考核是对员工的工作绩效进行考核，以便形成客观公正的人事决策的过程。人事决策包括确定员工的报酬、对员工进行绩效反馈、制定与实施员工培训计划、员工提升、进行人事规划、决定留住或解雇员工、进行人事研究等。

2. 绩效评估的目的

绩效评估本身首先是一种绩效控制的手段。一方面它具有激励功能，另一方面也是执行惩戒的依据之一，具有促进员工提高工作效率、改善绩效的作用。

绩效评估的目的主要体现在以下几个方面：①员工薪酬管理的重要工具；②绩效评估结果也是员工调迁、升降、淘汰的重要依据；③对于员工的培训与发展有重要意义；④具有促进上下级间的沟通、了解彼此对对方期望的作用；⑤绩效评估结果可提供给有关职能部门作为制定有关决策时的参考依据。

总之，绩效评估对员工个人来说有激励、惩戒、了解组织期望、促进改善等作用。对组织来讲，则有进行人事决策、更好地对员工管理的作用。

（二）绩效评估标准体系

绩效是依据某一岗位绩效评估指标体系来进行的。一般是首先对工作岗位进行分析，初步确定指标，然后依据绩效评估的原理与原则对其进行论证，再进行指标分析，确定指标体系。

为了减少管理成本，在进行岗位分析时，并不是所有的岗位职责、要求，都作为评估的指标，而是应用个案研究、访谈、问卷调查等方法及多元分析法，选取组织看来至关重要的岗位职责、要求作为评估指标。

（三）绩效评估标准

绩效评估标准就是对员工进行评估的标准和尺度。

对员工进行绩效评估，单有指标体系是不够的，指标体系仅仅确定了员工绩效的质，而具体评估时，还要依据一定的标准对每一指标进行衡量，因此还需要有绩效评估标准。

（四）绩效评估的方法

绩效评估的方法包括：①分级法，具体有简单分级、交替分级、范例对比法、对偶比较法、强制分配法；②量表绩效评估法，即运用工作考核表进行评估；③关键事件法，即由做考察并知情的人对被评员工做“绩效考核日记”或“绩效记录”；④评语法；⑤立体考核法；⑥目标管理法；⑦面谈方法。

第四节　财务管理

一、企业财务管理概述

（一）企业财务管理的基本要求

企业财务管理的基本要求是：建立健全的企业内部财务管理制度，做好财务管理的基础工作，如实反映企业的财务状况，依法计算和缴纳国家税收，保证投资者的权益不受侵犯。

（二）企业财务管理的重要性

企业对财务的管理，说到底是对资金流量的集中管理与控制。加强财务资金管理，不只是事后算账、做账、统计、结算，而必须是把财务资金管理作为整个企业管理的核心，使之贯穿到生产经营的每一个环节。从企业洽谈合同、收取订单乃至再前面的市场调查、项目可行性论证开始，就必须认真考虑企业的财务和赢利能力，以保证企业取得最大的经济效益。从这个意义上讲，财务管理是一个大概念。抓财务管理，就是在抓企业管理。必须确定这样的理念：企业的关键在管理，管理的核心在财务，财务的重点在资金。

（三）企业财务管理的内容

企业财务管理的内容可简单归纳为：

一个中心，即以企业价值最大化为中心。

两个基本点，即企业治理、财务管理两个基本点。

三个到位，即企业经营活动、投资活动、融资活动管理到位。

四方平衡，即股东、客户、员工、社会平衡。

五项改革，即从以财务为主的业绩评估，到包括非财务指标的业绩评估；从以生产为导向的财务管理，到以市场为导向的财务管理；从单纯注意企业财务报表，到包括企业的现金流量管理：从被动的风险管理，变为主动的风险管理；从混乱的母子公司关系，变为母子公司之间责、权、利分明。

六个循环，即预算、报告、收入、支出、资金、评估等六个循环。

（四）财务管理的功能体现

一般来说，财务管理的功能通过预算体系、报告体系、收入体系、支出体系、资金体系和业绩评估六个子系统的运作来实现。

1. 预算体系

预算体系分为：营运预算，主要用于计划企业的基本经济活动；财务预算，是关于资金的筹措和使用的预算，包括短期现金的收支预算和信贷预算，以及长期的资本支出预算和长期资本筹措预算。

2. 报告体系

基于在商务单元的关闭和业务操作结束的前提下，开展的通过由总账管理到结账合并等程序将会计信息编制为管理报告和财务报告的过程。

3. 收入体系

该体系通过对购货商订货报价、对客户的信誉分析、对定单的分类和整理、向客户发货和提供结算票据、收款和对收到的现金进行管理，以及对应收账款的管理和回收等一系列过程的整体描述。

4. 支出体系

在企业业务运作管理战略性供给的约束下，通过对市场的需求分析和采购计划的制定，在购货和收货的过程中，安排和处理应付账款。

5. 资金体系

在核心管理机构和与银行的不断联系之下，通过对存款的跟踪与调整金的不断集成、现金流的预测和确定、对管理资金超额和赤字间的平衡管理的分析，以及资金的经常性支付等过程的概括。

6. 业绩评估体系

衡量企业业绩系统的关键是，要针对企业目标的优先次序，确定一系列关键指标信息。

二、财务会计

财务是指财务管理，是组织财力活动和处理财务关系的一项综合性经济管理工作。会计是以货币为主要计算单位对经济主体的经济活动进行描述的一个信息系统。

（一）财务与会计之间的联系与区别

1. 财务与会计之间有着十分密切的联系

财务与会计两者的研究对象都是主体的资金运动，尽管两者研究的侧重点不同，财务侧重资金运动本质关系的分析和研究，会计侧重资金运动数量关系的描述和研究。然而主体经济活动的价值运动都构成了它们的研究对象。两者的联系还表现为会计是基础，财务是目标。会计所提供的信息是其他要素管理（包括财务）的基础，企业财务管理的各项职能都是建立在可靠、翔实、及时的会计信息基础上的。

2. 财务与会计的区别

（1）本质和职能不同。会计的本质是一个以提供财务、成本信息为主的信息系统，它的主要职能是对企业生产经营活动过程中发生的经济业务，依一定方法进行确认、计量、报告，并向相关的对象（包括企业所有者、经营者、债权人、国家财税部门等）提供信息服务，为其他要素管理提供信息服务，是一种间接的管理。而财务的本质是控制系统，它利用专门的方法，对企业生产经营活动事前进行预测、决策、计划，事中进行控制，事后要进行考核、分析、评价。财务在本质上是控制，要求企业经营活动按既定的目标和轨迹运行，是一种直接的、全过程的管理。

（2）工作的依据和要求不同。会计工作依据的是各主体公允的会计准则、惯例和行业统一规范的会计制度。在会计的具体工作中，要求所有的会计凭证合法，所有的会计处理规范，甚至是标准化的，不能有主观的因素进行干扰，以确保会计信息的明晰、可靠和公正。财务则主要体现了投资者对企业的要求，财务管理工作的依据通常是企业的内部管理制度。

（3）工作性质和岗位要求不同。会计工作是一种专业性强和技术性高的工作。财务工作则是一项群众性的工作，强调的是“全员参与”企业财务管理。

（4）责任主体和责任对象不同。会计工作要求本着客观、公允的原则对各利益主体负责。会计工作的责任对象不仅仅是企业的所有者和经营者，还包括国家财税及主管部门、银行等债权人，也包括企业的职工和潜在的投资者等。会计工作应负责向各利益主体提供客观、可靠、及时的会计信息，报告企业的财务状况、盈亏情况、偿债能力、企业发展前景等有关信息。各利益主体可根据利益要求和财务状况，做出相应的决策。单位负责人及其所控制的会计人员就是会计工作的责任主体。经营者是财务工作的责任主体，所有者则是财务工作的责任对象。

（二）管理会计

管理会计的核心内容是成本，贯穿于管理会计的主要方法是成本效益分析方法，即对企业各种活动的形成与结果进行成本效益分析。管理会计关注的是管理成本，管理成本是管理会计的核心概念，也是管理会计的对象。

通常认为，财务会计提供信息，管理会计运用信息。实际上，管理会计不仅运用信息，而且也提供信息。管理会计提供的信息对管理当局的决策、控制和业绩评价，更具有可靠性和相关性。

（三）战略管理会计

企业管理上升到战略层次，作为决策支持系统的管理会计，也必须具有战略性，协助企业管理者对内进行战略审视，对外作出战略决策，最大限度地协调企业现实与经济环境之间的关系，以保持企业在激烈的竞争中立于不败之地。

随着全球经济的迅猛发展，战略管理会计以其长期性、全局性、外向性和综合性的特点，从战略的高度，满足现代企业发展需要。

企业会计必须从算账型转为管理型，对于企业的一切经营活动从计划到实施，都应当从能否获得最佳经济效益的角度作出分析判断和评价，进而把会计工作的重点转移到预测分析、检查控制和参与决策上来，实施全过程、全方位的经济核算。

三、预算管理

（一）预算及其重要性

预算是企业经营目标的具体化，企业通过编制预算，确定预期利润，指导经营运作。因此，企业经营要把预算管理作为管理工作的核心，把预算作为控制企业的主要手段。

从运用现代企业战略管理与财务管理的基本思路看，公司预算控制是投资者与经营者分别从不同的管理角度有机协调地将公司使命、公司长远发展目标、公司中期经营战略计划实施到位的关键环节，是投资者对公司进行投资管理、管理层对公司开展经营管理的最合适的管理结合系统运作过程。

公司的预算管理体系包括总体效益预算、销售预算、采购预算、成本预算、各项费用预算、投资预算、分配预算和资金预算。预算不等于预测或计划，预算管理是一种权力控制管理，预算制定后如同公司内部的“宪法”，各责任单位必须执行。预算的目的是为了控制。

公司预算控制，既是整个公司产权管理体系中的一个主要手段，又是整个公司经营管理体系中的重要组成部分，更是联系、协调公司的产权管理体系与经营管理体系的一个基本过程。究其内容，主要是指公司的年度经营预算和财务预算。其中，经营预算是指那些与财务预算紧密相关的市场营销计划、产品销售计划，以及资源配置计划，它们都属于公司理财范围内的预算。

（二）预算的功能及用预算控制企业的优越性

1. 预算的功能

（1）它是投资方案（项目投资预算），它能解决的项目包括：能否投资、预期的投资利润、投资回收期和怎样投资。

（2）它是经营方案（年度预算），它能解决下一年度的目标利润额、应销售额、成本费用应控制额、企业何以维持和生产何以维持等问题。

（3）它是控制手段，用它可以控制生产经营活动、监控生产经营活动和考核责任部门业绩。

2. 用预算控制企业的优越性

（1）可以减少投资的盲目性。

（2）可以使经营者心中有数。明确企业一年要实现多少利润，为了实现这个利润，要生产、销售多少，成本费用应控制到何种程度，甚至人力、物力应该怎样安排等。

（3）预算能够防范经营风险。因为预算不单是指出一系列的目标数据，还是对市场、对自身有一个准确的预测，并在此基础上解决问题。

（4）预算能够对员工起到激励和制约作用。预算中的责任目标自然会变成一种压力，使职能部门为达到目标而努力。

（5）预算可反映经营者对投资者的责任。预算方案既是投资者对经营者提出的条件，又是经营者对投资者的一种承诺。只有完成了预算，经营者才算是完成了任务。

（三）预算控制范围

企业应将一切经济活动纳入预算，实现全面预算管理。财务预算（包括管理费用控制、储备资金预算、生产资金预算、存量资金盘活等）加上经营预算和专门决策预算（资本支出预算），就是全面预算。或者说，财务预算与业务预算、资本预算、筹资预算共同构成企业的全面预算。预算控制范围包括：盈利能力、成本费用、营运能力、偿债能力、投资效益及其他经营能力等。

（四）财务预算管理的基本内容

①预算管理是利用预算对企业内部各部门、各单位的各种财务及非财务资源进行分配、考核、控制，以便有效地组织和协调企业的生产经营活动，完成既定的经营目标。

企业财务预算是在预算和决策的基础上，围绕企业的战略目标，对一定时期内企业资金取得和投放、各项收入和支出、企业经营成果及其分配等资金运动所做的具体安排。

②企业财务预算应当围绕企业的战略要求和发展规划，以业务预算、资本预算为基础，以经营利润为目标，以现金流量为核心进行编制，并主要以财务报表形式予以充分反映。

③企业财务预算一般按年度编制，业务预算、资本预算、筹资预算分季度、月份落实。

④企业应当重视财务预算管理工作，将财务须算作为制定、落实内部经济责任制的依据。企业财务预算管理由母公司组织实施，分级归口管理。

⑤企业编制财务预算应当按照内部经济活动的责任、权限进行，并遵循一定的原则和基本要求。

四、成本费用管理

（一）成本效益观念

传统的成本管理是以企业是否节约为依据，片面地从降低成本乃至力求避免某些费用的发生入手，强调节约和节省，传统成本管理的目的可简单地归纳为减少支出、降低成本。这就是成本论成本的狭隘观念。在市场经济环境下，企业成本管理工作应与企业的整体经济效益直接联系起来，以一种新的认识观——现代成本效益观念看待成本及其控制问题，实现由传统的“节约、节省”观念向现代效益观念转变。企业的一切成本管理活动应以成本效益观念作为支配思想，从“投入”与“产出”的对比分析来看待“投入”（成本）的必要性、合理性，即努力以尽可能少的成本付出，创造尽可能多的使用价值。值得注意的是：“尽可能少的成本付出”与“减少支出、降低成本”在概念上是有区别的。例如，在对市场需求调查分析的基础上，认识到若在产品的原有功能基础上新增某一功能，会使产品的市场占有率大幅提高，那么，尽管为实现产品的新增功能会相应地增加一部分成本，只要这部分成本的增加能提高企业产品的市场竞争力，最终为企业带来更大的经济效益，这种成本增加就符合成本效益观念。这种成本观念可以说是“花钱是为了省钱”。

（二）成本的系统管理观念

在市场经济环境下，企业应树立成本的系统管理观念，将企业的成本管理工作视为一项系统工程，强调整体与全局，对企业成本管理的对象、内容、方法进行全方位的分析研究。

一方面，为使企业产品在市场上具有强大竞争力，成本管理就不能再局限于产品的生产（制造）过程，而是应该将视野向前延伸到产品的市场需求分析、相关技术的发展态势分析，以及产品的设计；向后延伸到顾客的使用、维修及处置。按照成本全程管理的要求，就会涉及到产品的信息来源成本、技术成本、后勤成本、生产成本、库存成本、销售成本以及对顾客的维修成本、处置成本等成本范畴。对这些成本内容都应以严格、细致的科学手段进行管理。例如，在产品设计阶段推行价值分析，就是一种技术与经济相结合的成本管理手段。

另一方面，随着市场经济的发展，非物质产品日趋商品化。与此相适应，成本管理的内涵也应由物质产品成本扩展到非物质产品成本，如人力资源成本、资本成本、服务成本、产权成本、环境成本等。

（三）传统的成本管理与战略成本管理

传统的成本管理只着重于企业内部的产品生产制造过程，没有涉及企业成本发生的全过程，仅以成本本身控制为主，较少涉及引发成本的动因。在战略管理的背景环境下，其缺陷就表现得越来越明显。例如，传统成本管理由于缺乏对外部环境的分析，阻碍了管理者的视野，束缚了各种潜在的、可能的管理创新和更有效的管理方法的运用。而战略管理成本则不同，它极大地拓展了成本管理的空间，将成本管理的对象从单纯关注产品的设计、制造一直延伸至从采购原材料开始到把最终产品提供给消费者的所有活动，甚至超出了企业边界向前延伸至供应商，向后延伸至销售商，充分降低成本的挖掘。

战略成本管理的管理空间可分为三个部分，即供应成本、产品成本和客户成本。

战略成本管理的基本思想是把成本因素同企业的竞争地位联系起来，把成本管理提升到企业战略的层次上，利用战略管理思想对企业生产运作的总体成本进行管理。

战略成本管理的目标是通过战略性成本信息的提供与分析利用，以提升企业的核心竞争力，维持企业可持续发展的竞争优势，持续不断地降低企业成本。

（四）战略导向型成本管理

战略导向型成本管理，是企业为了获得和保持竞争优势而进行的成本分析和成本管理。即要根据企业所采取的战略，建立相应的成本管理体系，它有两个方面的含义：其一，企业进行战略导向型成本管理的目的是要求企业在严峻的国内外竞争中，获得和保持企业长期的竞争优势；其二，企业所进行的成本管理必须以其长期发展的战略为基础，并随着长期发展战略的改变而改变。

（五）管理成本的内容

1. 决策成本

它主要是企业管理当局作决策时需要考虑的成本。企业在进行生产经营活动、投资活动、融资活动时，都需要对不同的方案进行比较、选择，然后从中选出可行的或者最优的方案来具体实施。在对不同方案进行财务比较、选择时，一个共同的基础就是看不同方案成本的大小。这里的成本就是决策成本。决策时需要考虑的成本很多，但其核心是机会成本。机会成本选择恰当与否，直接关系到方案的科学性与合理性。因此，在决策阶段，会计人员应当提供科学的机会成本，为管理当局决策服务。

2. 控制成本

企业的各方案确定以后，就需要各部门、各单位分工协作，相互配合来完成方案确定的任务。为了达到这个目标，管理当局需要制定各种预算指标和标准成本，通过对这些预算指标和标准成本的分解与落实，把各部门和各项任务都纳入预算体系，促使各部门提高工作效率。同时，将各部门员工实际完成的情况与预算指标、标准成本进行比较，可以发现存在的问题，并及时进行纠正，保证目标的实现。在控制阶段，会计人员不仅要参与预算指标和标准成本的制定，更要利用其掌握的成本信息优势，对生产经营活动进行全过程控制。管理会计所应用的控制成本，其核心是预算成本和标准成本。

3. 责任成本

企业各种活动的结果既要通过其所取得的收入来反映，也要通过其所花费的成本来考核。为了有效评价各管理层的经营业绩，需要对发生的各项费用进行考核。按照“谁负责，谁承担责任”的原则来考核，其考核的依据就是各管理层的责任成本，但在对管理人员进行业绩评价时，不能依据成本总额，而应依其所能控制的成本进行。因为只有依据各自能够控制的成本进行评价才是恰当的，所以，责任成本的核心是可控成本。

（六）作业成本法

目前基于国际上流行的成本核算的理念而形成的一套在实际操作中较为成熟的成本核算方法，就是作业成本法。

作业成本法，就是将企业的全部经营按业务流程分解为一系列的活动（即所谓作业），再将企业所支出的成本按这些活动所耗用资源（人、财、物、时间）的多少分配到这些活动上去。由于驱动这些经营活动的因素毕竟是产品、服务和客户（即所谓的成本对象），所以生产不同的产品并将其销售给不同的客户，就会不同程度地占用作业，根据它们耗用作业的多少，即可核算出每一个成本对象所产生的成本。

第五节　营销管理

一、市场营销概述

（一）市场营销的定义

市场营销是指通过市场一定的交易程序以满足消费者现实或潜在需求的综合性活动。市场营销的任务是创造和保持顾客。

（二）市场营销理念

1.“顾客满意”理念

“顾客满意”是基于企业新环境下的重要营销理念之一。“顾客满意”战略通过对企业产品、服务、品牌不断进行定期定量的测评与改进，以优化服务品质，使顾客满意度最大化，进而达到顾客忠诚和培养顾客资源。

2. 双赢营销观念

“以顾客为中心”“需求导向”的单赢营销观念应向“以顾客和企业为中心”“创造需求，诱发潜在需求为导向”的顾客和企业双赢营销观念发展，使企业由被动营销转为主动营销。

（三）现代营销的十大原则

1. 需求创造原则

需求创造原则是支撑市场营销的诸原则中的核心原则。该原则认为，需求并非固定或有一定限度，而是可以通过企业的努力去扩大和创造。

2. 目标诉求原则

营销大致经历了三个阶段：一是大量生产和销售单一产品；二是多品种营销，没有针对性，只是给顾客提供了几种选择；三是目标营销，即针对自己所选定的目标市场开展营销。

3. 非价格竞争原则

企业间的竞争大致可分为两类：价格竞争和非价格竞争。前者是通过降价来使顾客花更少的钱却得到同样满足的一种竞争。后者是为顾客提供更好、更有特色，或者更能适合各自需求的产品和服务的一种竞争。非价格竞争对顾客和企业都有利。

4. 流通网络化原则

流通网络化是在从上游的制造商到下游的消费者的路径过程中，制造商与流通业者、消费者在连接点的有机联系，形成网络系统，积极开展相互间的协作。

5. 企业主体性原则

该原则要求企业要有意图、有计划地开展市场营销活动。也就是说，流通过程中的企业都必须积极主动地分别开展对市场的活动。

6. 科学认识市场原则

在市场营销中市场和顾客是出发点，必须充分运用市场分析、消费者行为分析、竞争分析、顾客满意度调查、各种实验、试销等科学的分析技术，正确地把握市场和顾客的现状和发展趋势。

7. 全面营销原则

企业需要建立起一种全面营销体制，即现代市场营销必须具备一种统括职能。由原来的生产、财务、人事、研发等职能，平行转变为将其统括起来及时有效应付激变环境的最重要的职能。

8. 推拉结合原则

各种促销措施归结起来不外乎推进策略和拉引策略。推进策略，是指制造商派推销人员作用于批发商，促进产品交易。批发商再向零售商推销产品，零售商再向消费者推销产品。拉引策略，是指制造商直接作用于消费者，唤起消费者的兴趣和购买欲望，引导消费者到商店寻购其产品，零售商再向批发商、批发商再向制造商寻购或订购产品。

9. 社会责任原则

企业的市场营销活动要被社会所接受，承担起对社会的责任。

10. 创新原则

市场营销要运用动态的观点，坚持不断创新。

二、营销策划

（一）营销策划的含义

营销策划是一个整体，它包括产品策划、渠道策划、促销策划、价格策划、广告策划、公关策划、促销策划、销售管理策划、人力资源的开发与组织策划等。成功的营销策划涵盖了丰富的内容，有策划的立项、调研、分析策划环境、确立策划目标、进行策划创意、组织人员实施等。

（二）差异化营销的概念

所谓差异化营销，就是企业凭借自身的技术优势和管理优势，以在性能、质量上优于市场上现有水平的产品，或是在销售方面，通过有特色的宣传活动、灵活的推销手段、周到的售后服务，在消费者心中树立起不同一般的良好形象。

（三）市场侵占

所谓市场侵占，就是企业在特定的地域采用特定的方法，主动进攻，积极地侵占对方的市场利益。以竞争对手为目标就决定了市场主导者争创第一方式的新定位。

“市场侵占论”明确提出了竞争导向——以竞争对手为中心的营销观念，即并不强调在消费者身上寻找突破口。因为，竞争者所表现的任何行为都包含着目的性，都是对市场和消费者所做的研究和总结。可以说，了解了竞争对手，并予以彻底地研究，就可以更直接、更全面地了解市场，补充自己的不足，进而针对竞争对手策略上的不足有的放矢，争取主动。

三、营销管理

（一）营销管理职能

企业希望设计能在目标市场最成功地实现其目标的市场营销组合，并将它付诸实施。这包括四种营销管理职能：分析、计划、实施及控制。

1. 市场营销分析

对市场营销职能的管理始于对企业情况的全面分析，企业必须分析市场营销环境，找到有吸引力的机会和避开环境中的威胁因素。

2. 市场营销计划

营销计划是指对有助于企业实现战略总目标的营销战略做出决策。每一类业务、产品或品牌都需要一个详细的营销计划。例如，产品或品牌计划应包括：计划实施概要、市场营销现状、威胁和机会、目标和问题、市场营销的战略、行动方案、预算和控制。

3. 市场营销实施

市场营销实施是指为实现战略营销目标而把营销计划转变为营销行动的过程。市场营销系统中各个层次的人员必须通力实施市场营销计划和战略。成功的市场营销实施取决于企业能否将行动方案、组织结构、决策和奖励制度、人力资源和企业文化这五大要素组合出一个能支持企业战略的、结合紧密的方案。

4. 市场营销控制

市场营销控制包括估计市场营销战略和计划的成果，并采取正确的行动以保证实现目标。控制过程包括四个步骤：管理部门先设定具体的市场营销目标，然后衡量企业在市场中的业绩，并估计希望业绩和实际业绩之间存在差异的原因，最后管理部门采取正确的行动，以此弥补目标与业绩之间的差距。

（二）整体营销能力

一般来说，企业的整体营销能力是指企业认识市场、开拓市场、综合运用营销的策略和技术的能力。扩大市场竞争力的综合能力，可细分为企业对市场的调查与预测能力；分析和把握市场机会的能力；产品选择和开发的能力，市场定位与营销策划能力；营销网络的设置与组织的能力；优化生产、降低成本的能力；提高产品质量、改善销售服务能力等。

第十六章　创业相关的法律制度

第一节　创业组织形式的法律制度

一、创业组织形式概述

创业者对于公司、合伙等名词并不陌生，而公司、合伙企业等均属于创业的组织形式。一般而言，无论从政府管理，还是为了经营便利，创业者从事生产经营活动都不会以个人名义进行，必然考虑采用公司、合伙企业等组织形式。企业组织形式的选择对于创业者来说至关重要，这不仅关系到创业者纳税的多少，还影响到创业者的企业注册流程、创业者个人须承担的责任大小以及创业者的融资行为等。

二、设立不同组织形式的法定条件

个体工商户、个人独资企业、合伙企业、有限责任公司是大学生创业常常选择的几种法律组织形式，上述组织形式均需符合法定的条件。

《中华人民共和国个体工商户条例》第八条规定："申请登记为个体工商户，应当向经营场所所在地登记机关申请注册登记。申请人应当提交登记申请书、身份证明和经营场所证明。个体工商户登记事项包括经营者的姓名和住所、组成形式、经营范围、经营场所。个体工商户使用名称的，名称也作为登记事项。"

《中华人民共和国个人独资企业法》第八条规定："设立个人独资企业应当具备下列条件：（一）投资人为一个自然人；（二）有合法的企业名称；（三）有投资人申报的出资；（四）有固定的生产经营场所和必要的生产经营条件；（五）有必要的从业人员。"

《中华人民共和国合伙企业法》第十四条规定："设立合伙企业，应当具备下列条件：（一）有两个以上合伙人。合伙人为自然人的，应当具有完全民事行为能力；（二）有书面合伙协议；（三）有合伙人认缴或者实际缴付的出资；（四）有合伙企业的名称和生产经营场所；（五）法律、行政法规规定的其他条件。"

《中华人民共和国公司法》第二十三条规定："设立有限责任公司，应当具备下列条件：（一）股东符合法定人数；（二）股东出资达到法定资本最低限额；（三）股东共同制定公司章程；（四）有公司名称，建立符合有限责任公司要求的组织机构；（五）有公司住所。"

三、不同组织形式的比较及利弊分析

大学生创业究竟应该选择何种组织形式？除了需要考虑是否符合不同组织形式的法定条件外，还应当熟悉各种形式的优劣，因此，不妨对这几种组织形式加以比较。

（一）法律地位不同

个体工商户不具有法人资格。依照相关法律规定，公民在法律允许的范围内，依法经核准登记从事工商业经营的为个体工商户。个体工商户是一种我国特有的公民参与生产经营活动的形式，也是个体经济的一种法律形式。个体工商户可比照自然人和法人享有民事主体资格，但个体工商户不是一个经营实体。

个人独资企业是依法在中国境内设立，由一个自然人投资，财产为投资人个人所有，投资人以其个人财产对企业债务承担无限责任的经营实体。个人独资企业不具有法人资格，虽然可以取字号，并可以对外以企业名义从事民事活动，但也只是自然人进行商业活动的一种特殊形态，属于自然人企业范畴。

合伙企业，是指自然人、法人和其他组织依照《中华人民共和国合伙企业法》在中国境内设立的普通合伙企业和有限合伙企业。普通合伙企业由普通合伙人组成，合伙人对合伙企业债务承担无限连带责任；而有限合伙企业由普通合伙人和有限合伙人组成，普通合伙人对合伙企业债务承担无限连带责任，有限合伙人以其认缴的出资额为限对合伙企业债务承担责任。

有限责任公司是指符合法律规定的股东出资组建，股东以其出资额为限对公司承担责任，公司以其全部资产对公司的债务承担责任的企业法人。

（二）出资人不同

个体工商户既可以由一个自然人出资设立，也可以由家庭共同出资设立；个人独资企业的出资人只能是一个自然人；合伙企业则至少由两人出资，当然合伙人可以是自然人，也可以是法人；有限责任公司由两个以上五十个以下股东共同出资设立，股东可以是自然人，也可以是法人，作为例外，一人有限责任公司是由一名自然人股东或一名法人股东投资设立。

（三）承担责任的财产范围不同

个体工商户：根据《中华人民共和国民法通则》和现行司法解释的规定，就承担的责任性质而言，个体工商户对所负债务承担的是无限清偿责任，即不以投入经营的财产为限，而应以其所有的全部财产承担责任：是个人经营的，以个人财产承担；是家庭经营的，以家庭财产承担。

个人独资企业：个人独资企业的出资人在一般情况下仅以其个人财产对企业债务承担无限责任，只是在企业设立登记时明确以家庭共有财产作为个人出资的才依法以家庭共有财产对企业债务承担无限责任。

合伙企业：普通合伙人对合伙企业债务承担无限连带责任，有限合伙人以其认缴的出资额为限对合伙企业债务承担责任。

有限责任公司：根据《中华人民共和国公司法》规定，有限责任公司的股东仅以其投资为限对公司债务承担有限责任。这也是有限责任公司作为独立法人实体的一个突出表现。

（四）适用法律不同

个体工商户依照《中华人民共和国个体工商户条例》的规定设立，个人独资企业依照《中华人民共和国个人独资企业法》设立，合伙企业依照《中华人民共和国合伙企业法》设立，而有限责任公司则依据《中华人民共和国公司法》设立，并受其调整。

（五）税收管理不同

首先，从税收管理上看，税务机关对个体工商户、个人独资企业和合伙企业的税收管理相对宽松，对建账要求较低，在税款征收方式上主要采用定额或定率征收；而对于有限责任公司，要求则严格得多，在税款征收方式上主要采用定率或查账征收。

其次，涉及的所得税不同。根据《国务院关于个人独资企业和合伙企业征收个人所得税问题的通知》规定，个人独资企业和合伙企业从2000年1月1日起，停止征收企业所得税，比照个体工商户生产经营所得征收个人所得税。所以个体工商户、合伙企业和个人独资企业只需缴纳个人所得税，不用缴纳企业所得税。有限责任公司必须缴纳企业所得税，对股东进行利润分配时还要缴纳个人所得税。从这个角度讲，个体工商户、个人独资企业和合伙企业比有限责任公司更有利。

通过上述比较，我们可以大体看出各种组织形式的利弊：有限责任公司的股东以出资为限承担有限责任，对于投资者的风险可以控制，但设立的条件相对严格，有最低注册资本的要求；个体工商户、个人独资企业及普通合伙企业的投资者承担无限责任，风险较大，但设立的门槛较低，尤其是个体工商户几乎没有实质性限制条件。

第二节　创业经营过程的相关法律制度

在选择好组织形式后，创业者面临着租赁经营场所、选择经营项目、聘用人员等问题，为了维护自身权益，应当熟悉《中华人民共和国合同法》《商业特许经营管理条例》《中华人民共和国劳动法》和《中华人民共和国劳动合同法》中有关创业经营过程涉及的相关法律制度。本节将阐述在经营场所租赁、项目选择、人员聘用、知识产权保护这四个方面的相关法律制度。

一、经营场所租赁涉及的法律——《中华人民共和国合同法》

由于法律规定从事生产经营活动必须有固定的经营场所，对于创业者而言，以租赁方式解决经营场所问题最为常见。租赁房屋、店铺看似简单，但是蕴含着一定的法律风险，因此，熟悉《中华人民共和国合同法》中有关租赁合同的法律规定，依法签订租赁合同是创业过程中重要的一环。

（一）租赁合同的主要条款

根据我国《中华人民共和国合同法》第十三章《租赁合同》第二百一十三条规定："租赁合同的内容的主要条款包括：租赁物的名称；数量；用途；租赁期限；租金及其支付期限和方式；租赁物维修等条款。"

（二）租赁合同的风险防范

租赁合同可从如下一些方面进行风险防范。

第一，房屋租赁的当事人最好订立书面合同。口头合同虽然有效，但因白纸黑字可减少纷争且订留下书面证据，所以建议租赁当事人采取订立书面合同的形式，此外，依据《中华人民共和国合同法》第二百一十五条规定，租赁期限六个月以上的合同必须采用书面形式，否则视为不定期租赁合同，这意味着出租人可以随时单方面解除合同，仅需适当提前通知承租人，这显然对于作为承担人的创业者不利。

第二，签约时一些必要的物业状况可以先拍照存证。租赁合同到期时，承租人应将所租房屋恢复原状返还给出租人，而何谓"房屋原状"常因欠缺证据，使租赁双方当事人各执一词，甚至诉诸法院予以解决。因此，为使"房屋原状"明确化，有必要在租赁合同订立后交房时，将所出租房屋的状况拍照存证，并以附件形式并入租赁合同。日后租赁关系结束收回房屋时，一旦和出租人产生纠纷，可作为证据。

第三，争取约定承租人可以转租。我国《中华人民共和国合同法》第二百二十四条规定，承租人经出租人同意，可以将租赁物转租给第三人。承租人转租的，承租人与出租人之间的租赁合同继续有效，第三人对租赁物造成损失的，承租人应当赔偿损失。这一条款规定了承租人的转租权，说明承租人只要有出租人的合法授权，承租人可以转租。如果创业项目失败，继续使用租赁物显然没有意义，若要提前解除合同，则意味着支付违约金，如果事先约定承租人有权转租，则可以减少经济损失。

第四，重申出租人的法定义务，减少租赁突发纠纷。突发纠纷，是指合同履行过程中碰到租赁合同签订时双方均未预见的突发情况，这使得合同履行的成本增加，甚至无法继续履行合同。此时，出租人和承租人往往认为责任在对方，要追究对方的违约责任，并因此产生纠纷。正确理解出租人的法定义务有助于此类问题的解决。比如，出租人将非商业用房出租给承租人，承租人事后发现需将非商业用房变更为商业用房后才可以营业。由于租赁合同中对于变更房屋使用性质的问题没有具体约定，由谁承担相应责任和费用，租赁双方认识不一。对于租赁合同中没有约定由谁承担的义务和责任，只能根据合同的性质、惯例以及相关法律来界定各自的义务。

第五，对于装修装饰、扩建等需明确约定。对于租赁的房屋，承租人往往会进行装修装饰，甚至改建、扩建，花费一定的费用，但是，一旦合同期满、提前解除合同或合同无效，双方容易对装修装饰是否拆除、是否补偿等问题引发纠纷，最好在签订合同时明确约定。《最高人民法院关于审理城镇房屋租赁合同纠纷案件具体应用法律若干问题的解释》（法释〔2009〕11号）第十三条规定："承租人未经出租人同意装饰装修或者扩建发生的费用，由承租人负担。出租人请求承租人恢复原状或者赔偿损失的，人民法院应予支持。"该司法解释第十条规定："承租人经出租人同意装饰装修，租赁期间届满或者合同解除时，除当事人另有约定外，未形成附合的装饰装修物，可由承租人拆除。因拆除造成房屋毁损的，承租人应当恢复原状。"由此可知，关于装修装饰问题写入租赁合同有利于保护承租人的权益。

第六，及时办理租赁登记备案手续。《最高人民法院关于审理城镇房屋租赁合同纠纷案件具体应用法律若干问题的解释》（法释〔2009〕11号）第六条规定："出租人就同一房屋订立数份租赁合同，在合同均有效的情况下，承租人均主张履行合同的，人民法院按照下列顺序确定履行合同的承租人：（一）已经合法占有租赁房屋的；（二）已经办理登记备案手续的；（三）合同成立在先的。"由此可知，如果发生"一屋多租"的情况，若承租人均未占有房屋，某租赁关系经过登记备案，则其他承租人无法对抗已经过备案登记的租赁关系承租人，即由经过备案登记的承租人取得承租权。因此，租赁双方当事人签订房屋租赁合同后，应及时到房屋管理部门做好备案登记的工作。

二、项目选择设计的法律——《商业特许经营管理条例》

由于缺乏经营管理经验，加盟特许经营企业是一条捷径，故作此选择的创业者并不少见。加盟特许经营企业对于创业成功具有一定的保障。然而，由于我国对商业特许经营的监管不严，不法经营者往往利用创业者缺乏法律知识欺诈加盟者，导致创业者首次创业就遭受重创。国家商务部是特许经营的最高监管部门，从其受理的特许经营投诉的情况加以分析，可为创业者避免上当受骗提供一定的帮助。

（一）特许加盟的风险及防范

1. 特许加盟项目的甄别

依照《商业特许经营管理条例》第八条："特许人应当自首次订立特许经营合同之日起15日内，依照本条例的规定向商务主管部门备案。在省、自治区、直辖市范围内从事特许经营活动的，应当向所在地省、自治区、直辖市人民政府商务主管部门备案；跨省、自治区、直辖市范围从事特许经营活动的，应当向国务院商务主管部门备案。"该条例第十条规定："商务主管部门应当将备案的特许人名单在政府网站上公布，并及时更新。"真实合法的特许人的名单登录商务部网站即可核实。

2. 特许经营合同的签订

鉴于特许人往往处于优势地位，为维护被特许人的权利，《商业特许经营管理条例》规定特许经营合同应当包括下列主要内容：特许人、被特许人的基本情况；特许经营的内容、期限；特许经营费用的种类、金额及其支付方式；经营指导、技术支持以及业务培训等服务的具体内容和提供方式；产品或者服务的质量、标准要求和保证措施；产品或者服务的促销与广告宣传；特许经营中的消费者权益保护和赔偿责任的承担；特许经营合同的变更、解除和终止；违约责任；争议的解决方式；特许人与被特许人约定的其他事项。

3. 特许人法定义务

特许人法定义务有：特许人应当向被特许人提供特许经营操作手册，并按照约定的内容和方式为被特许人持续提供经营指导、技术支持、业务培训等服务；特许经营的产品或者服务的质量、标准应当符合法律、行政法规和国家有关规定的要求；特许人要求被特许人在订立特许经营合同前支付费用的，应当以书面形式向被特许人说明该部分费用的用途以及退还的条件、方式；特许人向被特许人收取的推广、宣传费用，应当按照合同约定的用途使用，而且推广、宣传费用的使用情况应当及时向被特许人披露；特许人在推广、宣传活动中，不得有欺骗、误导的行为，其发布的广告中不得含有宣传被特许人从事特许经营活动收益的内容；特许人经营合同约定的特许经营期限应当不少于 3 年，但是，被特许人同意的除外。特许人和被特许人续签特许经营合同的，不适用前款规定。

在信息披露方面，特许人应当在订立特许经营合同之日前至少 30 日，以书面形式向被特许人提供《商业特许经营管理条例》第二十二条规定的信息，即“特许人的名称、住所、法定代表人、注册资本额、经营范围以及从事特许经营活动的基本情况；特许人的注册商标、企业标志、专利、专有技术和经营模式的基本情况；特许经营费用的种类、金额和支付方式（包括是否收取保证金以及保证金的返还条件和返还方式）；向被特许人提供产品、服务、设备的价格和条件；为被特许人持续提供经营指导、技术支持、业务培训等服务的具体内容、提供方式和实施计划；对被特许人的经营活动进行指导、监督的具体办法；特许经营网点投资预算；在中国境内现有的被特许人的数量、分布地域以及经营状况评估；最近 2 年的经会计师事务所审计的财务会计报告摘要和审计报告摘要；最近 5 年内与特许经营相关的诉讼和仲裁情况；特许人及其法定代表人是否有重大违法经营记录；国务院商务主管部门规定的其他信息。”

4. 被特许人的法定合同解除权及义务

被特许人的法定单方合同解除权。《商业特许经营管理条例》第十二条规定：特许人和被特许人应当在特许经营合同中约定，被特许人在特许经营合同订立后一定期限内，可以单方解除合同。

被特许人的法定义务：特许经营权禁止再转让，保守特许人的商业秘密等。

（二）维权的途径

1. 商务主管部门受理投诉的范围

根据相关规定，可以向商务主管部门投诉的范围应该包括：企业以外的其他单位和个人进行特许经营活动的；应该备案而没有备案的特许人；不符合备案条件的特许人已经被公告备案；应该在备案时披露的信息没有披露或提供虚假信息、披露虚假信息的；实际履行的合同文本与备案登记的文本不一致；备案登记内容发生变化以后没有在法定期限内予以变更登记备案；商务行政管理机关的工作人员滥用职权的；其他违反《商业特许经营条例》应由商务主管部门投诉受理的情形。

2. 相关职能机关受理投诉的范围

进行虚假广告宣传、以特许经营的名义从事传销活动的可以向工商部门投诉；特许经营的产品或服务不合格的投诉由质检部门受理；利用特许经营合同骗取他人钱财等涉嫌欺诈的、其他特许经营违法涉及犯罪行为的属于公安部门受理。

3. 司法机关受理纠纷的范围

因当事人在合同履行过程中不遵守合同约定的合同纠纷，应由当事人自行协商或者选择通过民事诉讼途径解决。

三、人员聘用设计的法律——《中华人民共和国劳动法》《中华人民共和国劳动合同法》

创业者除了本人亲自参加经营管理外，往往需要招聘劳动者。《中华人民共和国劳动法》《中华人民共和国劳动合同法》是调整劳动关系最重要的法律。法律把劳动者视为需要特别保护的弱势群体，因此为用人单位规定了较多的义务，一旦违反这些义务，须承担严厉的法律责任，如支付劳动者双倍工资等。由此可见，创业者了解《中华人民共和国劳动法》《中华人民共和国劳动合同法》十分必要。

（一）劳动合同的订立

《中华人民共和国劳动合同法》第二条规定，中华人民共和国境内的企业、个体经济组织、民办非企业单位等组织（以下称用人单位）与劳动者建立劳动关系，订立、履行、变更、解除或者终止劳动合同，适用本法。《中华人民共和国劳动法》第十五条规定，禁止用人单位招用未满十六周岁的未成年人。

用人单位在与劳动者订立劳动合同时，应该注意以下几点。

1. 正确行使订立劳动合同过程中的知情权

在劳动合同缔结之前，用人单位和员工为了建立劳动合同关系，通常采用用人单位招聘、员工应聘的方式来实现订立合同之前的平等协商。在这个过程中，双方当事人都必须有一个权利——了解对方的相关信息。用人单位在招聘劳动者时，应当告知劳动者本单位工作方面的相关内容和劳动者想了解的一些情况，这是劳动者的知情权。而用人单位也有权了解劳动者与劳动合同直接相关的基本情况，劳动者不得隐瞒，这是用人单位的知情权。

在现实生活中，用人单位的知情权往往行使得非常充分，但劳动者知情权的行使是有障碍的或者说是未能充分行使的，往往导致员工频繁跳槽，而损失最大的还是用人单位。因为每个员工都是用人单位花费较高的招聘成本招进来的，员工跳槽后，用人单位还得重新招人，又花费了一次招聘成本。所以，满足求职者的知情权，对用人单位是有利的。另外，用人单位在行使知情权的时候，应注意不要侵犯求职者的隐私权。

2. 禁止设定担保和收取抵押金

《中华人民共和国劳动合同法》中有禁止设定担保和收取押金的规定。因此，用人单位招聘劳动者时，不得让劳动者提供担保或者缴纳押金。如果用人单位违反了这一规定，将由劳动行政部门责令限期退还给劳动者本人，并且以每人500元以上、2000元以下的标准处以罚款，给劳动者造成损害的，还应当承担赔偿责任。所以，用人单位收了劳动者的押金以后，将受到行政处罚。

（二）劳动合同的解除

1. 协商解除

协商解除是指用人单位与劳动者经过协商达成一致，双方均同意解除劳动合同的情形。由于双方是平等协商的结果，法律不作过多的干预。

2. 单方解除

单方解除是指无需征得对方同意，一方即可解除合同的情形。由于合同是双方协商一致达成的，除非法律另有规定或双方明确约定，单方解除合同是不允许的。因此，行使单方解除合同权应有法律依据。

《中华人民共和国劳动合同法》给劳动者设定的单方解除合同权有两种：

第一种是预告解除，即提前30天向用人单位预告，30天以后就可以解除劳动合同；第二种是即时解除，当用人单位侵犯员工重大权益的时候，法律规定员工可以不经预告，立即解除合同。

四、知识产权保护涉及的法律——《中华人民共和国专利法》《中华人民共和国商标法》《中华人民共和国著作权法》

（一）知识产权概述

知识产权是指民事主体对智力劳动成果依法享有的专有权利，具有专有性、地域性、期限性的特征。知识产权的范围主要包括著作权、邻接权、专利权、商标权、商业秘密权、集成电路布图设计权等。在知识经济时代，加强对知识产权的保护尤为重要和迫切。对于创业者而言，保护自己的知识产权，有利于维护自身权益；尊重他人的知识产权，可避免承担法律责任。

（二）知识产权法的概念

知识产权法是指因调整知识产权的归属、行使、管理和保护等活动中产生的社会关系的法律规范总称。知识产权法的综合性和技术性特征十分明显，在知识产权法中，既有私法规范，也有公法规范；既有实体法规范，也有程序法规范，但从法律部门的归属上讲，知识产权法仍属于民法，是民法的特别法。

（三）知识产权的法律保护

我国知识产权立法起步较晚，但发展迅速，现已建立起符合国际先进标准的法律体系。

知识产权法的渊源是指知识产权法律规范的表现形式，可分为国内法渊源和国际法渊源两部分。知识产权的国内法渊源如《中华人民共和国著作权法》《中华人民共和国专利法》《中华人民共和国商标法》等，国际法渊源如与贸易有关的《知识产权协定》、保护工业产权《巴黎公约》、保护文学和艺术作品《伯尔尼公约》等。

未经知识产权权利人许可，又无其他合法依据，擅自行使知识产权权利人享有的专有权利或妨碍知识产权权利人正常行使权利等损害知识产权权利人合法权益的行为即构成侵权行为。侵犯他人知识产权需要承担民事责任甚至刑事责任。

（四）专利及其法律保护

专利是发明创造的首创者所拥有的受保护的独享权益，它是指某项发明创造向国家审批机关提出专利申请，经依法审查合格后向专利申请人授予的在规定时间内对该项发明创造享有的专有权。根据《中华人民共和国专利法》第二条的规定，它包括发明、实用新型和外观设计三种。

发明创造一旦用于生产，往往会带来巨大的经济效益，所以，对于创业者而言，若有发明创造，一方面可以利用专利技术作为出资，另一方面应积极申请专利对发明创造加以积极的保护。发明，是指对产品、方法或者其改进所提出的新的技术方案，可具体分为产品发明、方法发明和改进发明三种。产品发明是关于新产品或新物质的发明；方法发明是指为解决某特定技术问题而采用的手段和步骤的发明；改进发明是对已有的产品发明或方法发明所做出的实质性革新的技术方案的发明。

实用新型设计是指对产品的形状、构造或者其结合所提出的适于实用的新的技术方案。实用新型专利只保护产品。

外观设计又称为工业产品外观设计，是指对产品的形状、图案或者其结合以及色彩与形状、图案相结合所做出的富有美感并适于工业上应用的新设计。外观设计的裁体必须是产品。可以构成外观设计的组合有：产品的形状，产品的图案，产品的形状和图案，产品的形状和色彩，产品的图案和色彩，产品的形状、图案和色彩等。

1. 授予专利权的条件

发明创造要取得专利权，必须满足实质条件和形式条件。实质条件是指申请专利的发明创造自身必须具备的属性要求。形式条件则是指申请专利的发明创造在申请文件和手续等程序方面的要求。此处所讲的授予专利权的条件，仅指授予专利权的实质条件。

（1）发明与实用新型专利的授权条件：①新颖性。新颖性是指在申请日以前没有同样的发明或者实用新型在国内外出版物上公开发表过、在国内公开使用过或者以其他方式为公众所知，也没有同样的发明或者实用新型由他人向专利局提出过申请并且记载在申请日以后公布的专利申请文件中。申请专利的发明或者实用新型满足新颖性的标准，必须不同于现有技术，同时还不得出现相同类似发生抵触的申请。②创造性。创造性是指同申请日以前已有的技术相比，该发明有突出的实质性特点和显著的进步，该实用新型有实质性特点和进步。申请专利的发明或实用新型，必须与申请日前已有的技术相比，在技术方案的构成上有实质性的差别，必须是通过创造性思维活动的结果，不能是现有技术通过简单的分析、归纳、推理就能够自然获得的结果。发明的创造性比实用新型的创造性要求更高。创造性的判断以所属领域普通技术人员的知识和判断能力为准。③实用性。实用性是指该发明或者实用新型能够制造或者使用，并且能够产生积极效果。它有两层含义：第一，该技术能够在产业中制造或者使用，产业包括了工业、农业、林业、水产业、畜牧业、交通运输业以及服务业等行业，产业中的制造和利用是指具有可实施性及再现性；第二，必须能够产生积极的效果，即同现有的技术相比，申请专利的发明或实用新型能够产生更好的经济效益或社会效益，如能提高产品数量、改善产品质量、增加产品功能、节约能源或资源、防治环境污染等。

（2）外观设计专利的授权条件相对较低，具体包括：①新颖性。授予专利权的外观设计，应当同申请日以前在国内外出版物上公开发表过或者国内公开使用过的外观设计不相同和不相近似。外观设计必须依附于特定的产品，因而“不相同”不仅指形状、图案、色彩或其组合外观设计本身不相同，而且指采用设计方案的产品也不相同。“不相近似”要求申请专利的外观设计不能是对现有外观设计的形状、图案、色彩或其组合的简单模仿或微小改变。②实用性。授予专利权的外观设计必须适于工业应用。这要求外观设计本身以及作为载体的产品能够以工业的方法重复再现，即能够在工业上批量生产。③富有美感。授予专利权的外观设计必须富有美感。美感是指该外观设计从视觉感知上的愉悦感受，与产品功能是否先进没有必然联系。富有美感的外观设计在扩大产品销路方面具有重要作用。

不得与他人在先取得的合法权利相冲突。这里的在先权利包括了商标权、著作权、企业名称权、肖像权、知名商品特有包装装潢使用权等。“在先取得”是指在外观设计的申请日或者优先权日之前取得。

2. 专利法不予保护的对象

《中华人民共和国专利法》不予保护的对象主要包括：违反法律、社会公德或妨害公共利益的发明创造，科学发现，智力活动的规则和方法，疾病的诊断和治疗方法，动物和植物品种，用原子核变换方法获得的物质。

（五）商标及其法律保护

商标俗称牌子，是指经营者在商品或服务项目上使用的，将自己经营的商品或提供的服务与其他经营者经营的商品或提供的服务区别开来的一种商业识别标志。商标最基本的功能就是识别商品或服务的来源，区别相同商品或服务的不同经营者。

商标权的取得可分为原始取得和继受取得。根据《中华人民共和国商标法》第三条规定，商标权的原始取得，应按照商标注册程序办理。商标注册人对注册商标享有的专用权，受法律保护。

继受取得应按合同转让和继承注册商标的程序办理。

商标注册的国内申请人可以自己直接到商标局办理注册申请手续，也可以委托商标代理组织办理。商标注册向国家商标局申请，经审核、公告后取得商标权，商标权每 10 年需要续展一次。

转让注册商标的，转让人和受让人应当签订转让协议，并共同向商标局提出申请。转让注册商标经核准后，予以公告，受让人自公告之日起享有商标专用权。受让人应当保证使用该注册商标的商品质量。

1. 商标注册的条件

自然人、法人或者其他组织对其生产、制造、加工、拣选或经销的商品或者对其提供的服务项目，需要取得商标专用权的，应当向商标局申请商标注册。两个以上的自然人、法人或者其他组织可以共同向商标局申请注册同一商标，共同享有和行使该商标的专用权。

2. 商标构成的条件

（1）商标的必备条件。商标的必备要件包括两项。第一，应当具备法定的构成要素。任何能够将自然人、法人或者其他组织的商品与他人的商品区别开来的可视性标志，包括文字、图形、字母、数字、三维标志和颜色组合以及上述要件的组合，均可以作为商标申请注册。视觉不能感知的音响、气味等商标不能在我国注册。第二，商标应当具有显著特征。

（2）商标的禁止条件。商标的禁止条件，也称商标的消极要件，是指注册商标的标记不应当具有的情形，如不得侵犯他人的在先权利或合法利益，不得违反商标法禁止注册或使用某些标志的条款，《中华人民共和国商标法》第十条、十二条和十六条作出了具体规定，如不得同中华人民共和国的国家名称、国旗、国徽、军旗、勋章相同或者近似。

3. 商标权的内容

商标权是指商标注册人在法定期限内对其注册商标所享有的受国家法律保护的各种权利，从内容上看，包括专用权、禁止权、许可权、转让权、续展权和标示权等，其中专用权是量重要的权利，其他权利都是由该权利派生出来的。正因为如此，一般都把商标权与商标专用权不加区分地利用。

4. 商标侵权行为

商标侵权行为是指违反《中华人民共和国商标法》规定，“假冒或仿冒他人注册商标，或者从事其他损害商标权人合法权益的行为。商标侵权行为的表现形式：假冒或仿冒行为；销售侵犯商标权的商品；伪造、擅自制造他人注册商标标识或者销售伪造、擅自制造的注册商标标识的行为；未经商标注册人同意，更换其注册商标并将该更换商标的商品又投入市场的；给他人的注册商标专用权造成其他损害的。侵犯他人商标行为，需要承担民事侵权责任，构成犯罪的，追究刑事责任。”

（六）著作权及其法律保护

对于创业者而言，尤其是计算机专业毕业的大学生而言，可能已开发具有一定市场价值的计算机软件。对于计算机软件的法律保护，我国知识产权法律将其纳入著作权范畴，这里仅对软件著作权作简单介绍。

1. 软件著作权的客体

软件著作权的客体是指计算机软件，即计算机程序及其有关文档。计算机程序是指为了得到某种结果而可以由计算机等具有信息处理能力的装置执行的代码化指令序列，或者可以被自动转换成代码化指令序列的符号化序列或者符号化语句序列。同一计算机程序的源程序和目标程序为同一作品。文档是指用来描述程序的内容、组成、设计、功能规格、开发情况、测试结果及使用方法的文字资料和图表等，如程序说明、流程图、用户手册等。

应当指出的是，对软件著作权的保护，不延及开发软件所用的思想、处理过程、操作方法或者数学概念等。

2. 软件著作权人及其权利归属

软件著作权人，是指依法享有软件著作权的自然人、法人或者其他组织。除法律另有规定外，软件著作权属于软件开发者，即实际组织开发、直接进行开发，并对开发完成的软件承担责任的法人或者其他组织；或者依靠自己具有的条件独立完成软件开发，并对软件承担责任的自然人。

需要注意的是，职务计算机软件的著作权归属有一定的特殊性。自然人在法人或者其他组织中任职期间所开发的软件有下列情形之一的，该软件著作权由该法人或者其他组织享有：针对本职工作中明确指定的开发目标所开发的软件，开发的软件是从事本职工作活动所预见的结果或者自然的结果，主要使用了法人或者其他组织的资金、专用设备、未公开的专门信息等物质技术条件所开发并由法人或者其他组织承担责任的软件。

3. 软件著作权的内容及保护期限

软件著作权的内容包括人身权与财产权。人身权为发表权、署名权、修改权、专有使用权、使用许可权、转让权。财产权为自然人的软件著作权，保护期为自然人终生及其死亡后50年，截止到自然人死亡后第50年的12月31日；法人或者其他组织的软件著作权，保护期为50年，截止于软件首次发表后第50年的12月31日，但软件自开发完成之日起50年内未发表的，不再保护。

4. 软件登记

为促进我国软件产业发展，增强我国信息产业的创新能力和竞争能力，国家著作权行政管理部门鼓励软件登记，并对登记的软件予以重点保护。软件登记分为软件著作权登记、软件著作权专有许可合同和转让合同登记。国家版权局主管全国软件著作权登记管理工作。国家版权局认定中国版权保护中心为软件登记机构。软件登记文件是证明登记主体享有软件著作权以及订立软件许可合同、转让合同的重要书面证据，需要说明的是，软件登记不是软件著作权产生的依据，未经登记的软件著作权或软件许可合同、转让合同仍受法律保护。

第三节　创业终止的相关法律制度

在创业过程中，由于创业者之间创业理念的分歧等原因，部分创业者退伙或股权转让并不鲜见，而创业者协商一致自愿解散企业或因违法等原因非自愿解散企业也时有发生，甚至由于经营不善导致企业破产。依法终止创业事业需要了解相关的法律制度。

一、退伙与股权转让制度

根据《中华人民共和国合伙企业法》的规定，退伙可以分为声明退伙与法定退伙，法定退伙又分为当然退伙与除名退伙。

声明退伙体现在《中华人民共和国合伙企业法》第四十五条、四十六条。该法第四十五条规定，“合伙协议约定合伙期限的，在合伙企业存续期间，有下列情形之一的，合伙人可以退伙：合伙协议约定的退伙事由出现，经全体合伙人一致同意；发生合伙人难以继续参加合伙的事由，其他合伙人严重违反合伙协议约定的义务。”第四十六条规定，“合伙协议未约定合伙期限的，合伙人在不给合伙企业事务执行造成不利影响的情况下，可以退伙，但应当提前三十日通知其他合伙人。”

法定退伙中的当然退伙规定在该法第四十八条，“合伙人有下列情形之一的，当然退伙：作为合伙人的自然人死亡或者被依法宣告死亡；个人丧失偿债能力；作为合伙人的法人或者其他组织依法被吊销营业执照、责令关闭、撤销，或者被宣告破产；法律规定或者合伙协议约定合伙人必须具有相关资格而丧失该资格；合伙人在合伙企业中的全部财产份额被人民法院强制执行。”

除名退伙体现在该法第四十九条，“合伙人有下列情形之一的，经其他合伙人一致同意，可以决议将其除名：未履行出资义务；因故意或者重大过失给合伙企业造成损失；执行合伙事务时有不正当行为；发生合伙协议约定的事由。”

合伙人退伙，其他合伙人应当与该退伙人按照退伙时的合伙企业财产状况进行结算，退还退伙人的财产份额。退伙人对合伙企业造成的损失负有赔偿责任的，相应扣除其应当赔偿的数额。退伙人对基于其退伙前的原因发生的合伙企业债务，承担无限连带责任。合伙人退伙时，合伙企业财产少于合伙企业债务的，退伙人应当依照规定分担亏损。

若创业者选择了有限责任公司形式，部分创业者想退出则可以通过股权转让方式实现。

《中华人民共和国公司法》第七十二条规定了有限责任公司的股权转让规则：有限责任公司的股东之间可以相互转让其全部或者部分股权。股东向股东以外的人转让股权，应当经其他股东过半数同意。股东应就其股权转让事项书面通知其他股东征求同意，其他股东自接到书面通知之日起满三十日未答复的，视为同意转让。其他股东半数以上不同意转让的，不同意的股东应当购买该转让的股权；不购买的，视为同意转让。经股东同意转让的股权，在同等条件下，其他股东有优先购买权。两个以上股东主张行使优先购买权的，协商确定各自的购买比例；协商不成的，按照转让时各自的出资比例行使优先购买权。公司章程对股权转让另有规定的，从其规定。

二、企业解散的法律制度

对创业者而言，不仅可能选择退伙、股权转让实现自己退出但保持企业继续存在，而且还可能因协商一致解散企业，甚至因严重违法被强制解散企业。

《中华人民共和国个人独资企业法》第二十六条规定，“个人独资企业有下列情形之一时，应当解散：投资人决定解散；投资人死亡或者被宣告死亡，无继承人或者继承人决定放弃继承；被依法吊销营业执照；法律、行政法规规定的其他情形。”第二十七条规定，“个人独资企业解散，由投资人自行清算或者由债权人申请人民法院指定清算人进行清算。投资人自行清算的，应当在清算前十五日内书面通知债权人，无法通知的，应当予以公告。”第二十八条规定，“个人独资企业解散后，原投资人对个人独资企业存续期间的债务仍应承担偿还责任，但债权人在五年内未向债务人提出偿债请求的，该责任消灭。”

《中华人民共和国合伙企业法》第五十七条规定，“合伙企业有下列情形之一时，应当解散：合伙协议约定的经营期限届满，合伙人不愿继续经营的；合伙协议约定的解散事由出现；全体合伙人决定解散；合伙人已不具备法定人数；合伙协议约定的合伙目的已经实现或者无法实现；被依法吊销营业执照；出现法律、行政法规规定的合伙企业解散的其他原因。”第五十八条规定，“合伙企业解散后应当进行清算，并通知和公告债权人。”

《中华人民共和国公司法》第一百八十条规定，“公司因下列原因解散：公司章程规定的营业期限届满或者公司章程规定的其他解散事由出现；股东会或者股东大会决议解散；因公司合并或者分立需要解散；依法被吊销营业执照、责令关闭或者被撤销；人民法院依照本法第一百八十三条的规定予以解散。”

类似地，个体工商户不再从事经营活动的，应当到登记机关办理注销登记。若企业解散时资产不足以清偿债务的，对于个体工商户、个人独资企业的投资人需承担无限责任，合伙企业的普通合伙人需承担无限连带责任，而对于有限责任公司而言，则进入破产清算程序。

三、企业破产的法律制度

在市场经济条件下，企业经营不善导致资不抵债并不鲜见。为了实现企业依法退出市场，保护相关债权人的利益，法律规定了破产法律制度。由于个体工商户、合伙企业的普通合伙人、个人独资企业的投资者均承担无限责任，故不存在破产问题，依照《中华人民共和国企业破产法》的规定，只有具备法人地位的企业才适用破产制度。

（一）破产的条件

《中华人民共和国企业破产法》规定，企业法人不能清偿到期债务，并且资产不足以清偿全部债务或者明显缺乏清偿能力的，可提出破产申请。企业的债权人、企业（债务人）及负有清算责任的人均有权提出破产申请。为进一步明确破产的条件，最高人民法院 2011 年 8 月 29 日颁布了《关于适用企业破产法若干问题的规定》，该司法解释第二条规定，“下列情形同时存在的，人民法院应当认定债务人不能清偿到期债务：债权债务关系依法成立；债务履行期限已经届满；债务人未完全清偿债务。”

《中华人民共和国企业破产法》第四条规定，“债务人账面资产虽大于负债，但存在下列情形之一的，人民法院应当认定其明显缺乏清偿能力：因资金严重不足或者财产不能变现等原因，无法清偿债务；法定代表人下落不明且无其他人员负责管理财产，无法清偿债务；经人民法院强制执行，无法清偿债务；长期亏损且经营扭亏困难，无法清偿债务；导致债务人丧失清偿能力的其他情形。”

《中华人民共和国企业破产法》规定了企业法人破产的程序，大体包括以下步骤：向企业法人住所地法院提出申请、法院裁定是否受理、指定破产管理人、管理人清理企业的债权债务、债权人申报债权及组成债权人会议、破产清算、注销破产企业。在破产程序中，债权人及破产企业可以提出和解及重整。

（二）破产的法律后果

企业破产即意味若对企业资产进行变卖、对债务进行清偿，若企业资产不足以清偿债务的，债权人的债权仅能部分受偿，企业法人随即注销而不复存在，对于企业法人未能清偿的债务，企业法人的出资者即股东不承担偿还责任。由此可见，创业者采用有限责任公司形式的，承担责任以出资为限，故风险可以控制，这也是选择公司形式的优点。

参考文献

[1] 王宝生，赵居礼．大学生就业指导教程［M］．北京：机械工业出版社，2007.
[2] 周明星．现代职业生涯设计［M］．北京：清华大学出版社，2007.
[3] 张彦军，杜峰．大学生就业指导与实践［M］．北京：北京工业大学出版社，2011.
[4] 邓长青，李斌成，王燕．大学生就业指导概论［M］．武汉：华中科技大学出版社，2005.
[5] 邱吉，王佳菲．大学生就业痛与搏［M］．昆明：云南教育出版社，2013.
[6] 韩秀景．赢在谋划 大学学生就业自我突破［M］．南京：南京师范大学出版社，2010.
[7] 杜学森．大学生就业指导［M］．北京：北京理工大学出版社，2015.
[8] 聂强，陈兴国，疏勤．大学生就业与创业教育［M］．北京：北京理工大学出版社，2014.
[9] 尹训红．人力资源管理视角下的大学生就业竞争力研究［M］．成都：西南交通大学出版社，2015.
[10] 吴雄鹰，靳代平，包惠珍．大学生就业与创业指导［M］．上海：复旦大学出版社，2011.
[11] 邱小林，刘雪梅，陆瑞新．大学生就业与创业指导［M］．大连：大连理工大学出版社，2007.
[12] 苗天峰．大学生就业指导概论［M］．长春：吉林人民出版社，2007.

[13] 李福明. 大学生就业与创业指导 [M]. 重庆：西南师范大学出版社，2013.

[14] 吴国新，刘极霞. 大学生就业与创业指导 [M]. 成都：电子科技大学出版社，2013.

[15] 谭一平，王正一. 大学生就业与创业训练 [M]. 上海：上海财经大学出版社，2013.

[16] 付进扬，章松松. 大学生就业与创业指导 [M]. 南昌：江西高校出版社，2010.

[17] 赵北平，魏超，刘喆. 大学生就业指导 [M]. 武汉：武汉理工大学出版社，2011.

[18] 杨兰生. 大学生就业实训指导 [M]. 哈尔滨：哈尔滨工程大学出版社，2010.

[19] 董文强，谭初春. 大学生就业指导 [M]. 西安：西北工业大学出版社，2004.

[20] 吴汉德. 大学生就业指导 [M]. 南京：东南大学出版社，2010.

[21] 王琳娜，黄昭彦. 大学生就业指导 [M]. 北京：北京理工大学出版社，2010.

[22] 陈士玉，马晓明，周佳峰. 大学生就业指导 [M]. 上海：上海交通大学出版社，2010.

[23] 杨东明. 大学生就业创业导航 [M]. 武汉：武汉大学出版社，2007.

[24] 董玉河，何忠诚，林志强. 大学生就业指导 [M]. 北京：中国农业大学出版社，2008.

[25] 李莉. 大学生就业指导实训教程 [M]. 北京：北京理工大学出版社，2015.

[26] 吴雄鹰，姚智军，包惠珍. 大学生就业与创业理论指导 [M]. 上海：复旦大学出版社，2014.

[27] 黄晓梅，崔楠. 大学生就业能力培养研究 [M]. 沈阳：辽宁教育出版社，2010.

[28] 李燕，邵林，王志军. 大学生就业指导创新研究 [M]. 杭州：浙江大学

出版社，2013.

［29］李肖鸣. 大学生就业与创业指导教程［M］. 保定：河北大学出版社，2011.

［30］张溪，楼世礼. 大学生就业指导与创业指导［M］. 武汉：武汉大学出版社，2010.

［31］张晓根. 大学生就业指导与职业发展［M］. 郑州：河南科学技术出版社，2012.

［32］李肖鸣. 大学生创业精神导论［M］. 北京：清华大学出版社，2012.

［33］陈丽莉，刘若冰. 大学生创业概论［M］. 成都：四川大学出版社，2015.

［34］庹进平，朱建国，王明勇. 大学生创业指导［M］. 北京：新华出版社，2009.

［35］李肖鸣，朱建新. 大学生创业基础［M］. 2 版. 北京：清华大学出版社，2013.

［36］毕于建. 大学生创业教育与管理［M］. 郑州：郑州大学出版社，2013.

［37］许燕平. 大学生创业指导［M］. 上海：上海交通大学出版社，2013.

［38］董青春，孙亚卿. 大学生创业基础［M］. 北京：经济管理出版社，2012.

［39］汪春胜，张志红. 大学生创业教育［M］. 合肥：安徽教育出版社，2009.

［40］郑瑞伦. 大学生创业与社会适应［M］. 重庆：西南师范大学出版社，2012.

［41］丁继安，翁士增，李晓英. 大学生创业实践［M］. 杭州：浙江大学出版社，2011.

［42］蒋德勤. 当代大学生创业教育［M］. 北京：现代教育出版社，2009.

［43］杨向荣，沈文青. 大学生创业教育［M］. 北京：冶金工业出版社，2011.

［44］钟晓红. 大学生创业教育训练教程［M］. 长沙：中南大学出版社，2014.

［45］李家华，郑旭红，张志宏. 创业有道 大学生创业指导［M］. 北京：高等教育出版社，2011.

［46］万哨凯，肖芳. 大学生创业教育［M］. 武汉：武汉大学出版社，2015.

［47］李闻一，胡永政. 大学生创业教育与实践［M］. 南京：南京大学出版社，2011.

[48] 尹琦. 大学生创业原理与实务 [M]. 北京：高等教育出版社，2011.
[49] 谢志远，吕一军，邹良影. 大学生创业教育转型发展研究 [M]. 杭州：浙江大学出版社，2012.
[50] 沈超红，彭巍. 国外创业环境研究内容分析 [J]. 湖南大学学报：社会科学版，2010 (1)：30—33.